本文集（全四卷）系河北省社会科学基金项目"《胡如雷先生全集》整理与研究"（批准号：HB23ZL001）结项成果

河北师范大学历史文化学院双一流文库

胡如雷◎著
阎荣素◎编

第一卷·中国封建社会形态研究

胡如雷文集

中国社会科学出版社

图书在版编目（CIP）数据

胡如雷文集：全四卷／胡如雷著；阎荣素编.
北京：中国社会科学出版社，2025.7. -- ISBN 978-7-5227-4853-5

Ⅰ. K207-53

中国国家版本馆 CIP 数据核字第 2025NH8834 号

出 版 人	季为民
责任编辑	安　芳
责任校对	张爱华
责任印制	李寡寡

出　　版	中国社会科学出版社
社　　址	北京鼓楼西大街甲 158 号
邮　　编	100720
网　　址	http://www.csspw.cn
发 行 部	010-84083685
门 市 部	010-84029450
经　　销	新华书店及其他书店

印　　刷	北京君升印刷有限公司
装　　订	廊坊市广阳区广增装订厂
版　　次	2025 年 7 月第 1 版
印　　次	2025 年 7 月第 1 次印刷

开　　本	710×1000　1/16
印　　张	116.75
字　　数	1828 千字
定　　价	598.00 元（全四卷）

凡购买中国社会科学出版社图书，如有质量问题请与本社营销中心联系调换
电话：010-84083683
版权所有　侵权必究

年轻时期的胡如雷

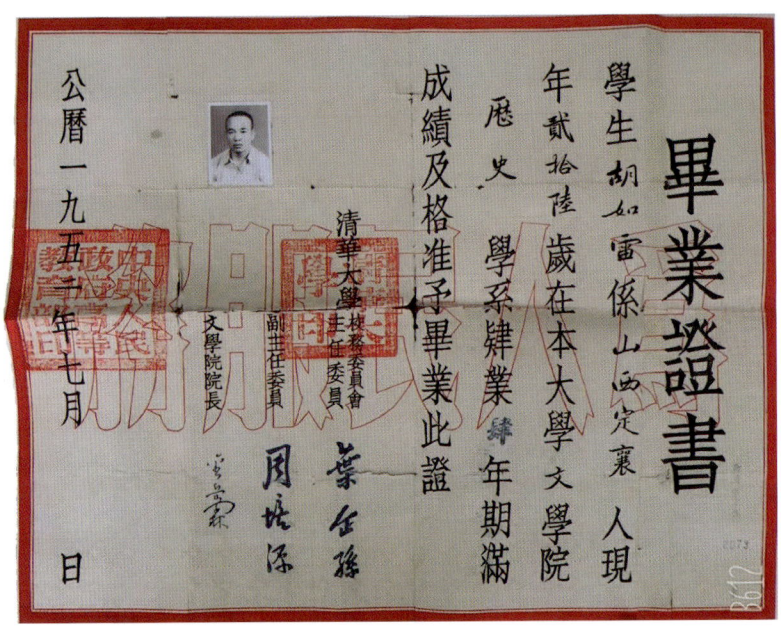

胡如雷毕业证书

胡如雷与妻子（孔宪节）

胡如雷与其子胡宝华
在东京孔子像前

胡如雷与其子胡宝国

胡如雷夫妇与子女

[前排：大女儿（左一）、妻子（孔宪节，左二）、胡如雷（左三）、二女儿（左四）、两外孙女；后排：其子胡宝华和儿媳张栩]

1987年昆明唐史讲习班合影

（前排中间四人分别为：陈仲安、胡如雷、张广达、胡戟）

胡如雷与国内专家的合影

（左起：程喜霖、陈国灿、胡如雷、韩国磐、唐长孺、朱雷、李文澜）

胡如雷（左）与菊池英夫（右）在东洋文库

堀敏一（左一）、胡如雷（左二）、菊池英夫（左三）
胡宝华（左四）于东洋文库留影

胡如雷（右）在京都大学砺波护研究室

胡如雷访问京都的合影
（前排左起：辻正博、谷川道雄、胡如雷、砺波护；中排左起：伊藤宏明、吕春盛、爱宕元、金民寿。后排左侧起：胡宝华、郑炳俊、中砂明德、中村圭尔、吉川忠夫、福原启郎、气贺泽保规）

胡如雷访问东京

(左起：菊池英夫、胡如雷、古贺登、池田温)

胡如雷与学生合影

(左起：宋大川、杜来锁、胡如雷、李燕捷)

胡如雷手稿1

胡如雷手稿2

魏征——千古流芳的诤臣和一代著名的史臣

唐代以降，人们一提起历史上的忠臣和诤臣，注意较中肯的第一个肯定就是魏征。唐太宗虚怀纳谏，魏征面折廷争，已经成了中国政治史上的一段佳话。这个人格，彦朋皮很高，《旧唐书》和《新唐书》都已经给他立了传，他身上作文章，似乎已经难无隙了。还有什么可说呢？个人感到，似仅仅从表面上说这个历史人物，目前会归于平淡无奇，设不上有什么新意，如果我们吓能复作历史政治环境从多方面进行探讨，就会觉得问题并不那样简单。况且，魏征虽以谏臣闻名千古而外，还是一个卓越的史臣，他的著作大多流传至今，主要学史上也还有

胡如雷手稿3

敦煌子简介

一、敦煌的历史

1. 汉武帝时始置郡——汉以前或曰……匈奴，苏州窑河东，远在漠东川仁二郡子置武威、敦煌……甘肃河西……太初元年（前104）至征和……西汉敦煌郡……武威郡……以武威为……通往西域之……边塞上的……敦煌是丝绸之路上……进了子……匈奴以后，或在郡……以人后把家人点迁德……迁至敦煌

2. 东吞十六国时中西兴盛，五胡十六国时期中原……三国或西晋是中原政权，中原浑乱时，此数是一处较大的置我地……（古时每于行政上的不敢，大夫敢、此州中，此地……他，敦煌属改成州，改此经州……他把……经的刘文）

3. 此魏起至一州至三刺史（沙州、瓜沙刘），至中一人西为或味，5、35千敦煌之称，四年北元崇华敬始改此新州刺史，于绥于东不敢，北……他敢，此夫不绝永，故氏重政从十萼数，此改，名古利此不将民保……般此之宝不说，我，从这就，這迁私以主……文之百余代，他的地名多……後知，第一开佛洞——敦煌文物研究所保存的艺术的一所代或利敢的这为民我，千佛洞奇称于竟元二年（366）由乐傅和，尚开当以曲群次建第……开此小佛洞，还开宁

胡如雷手稿4

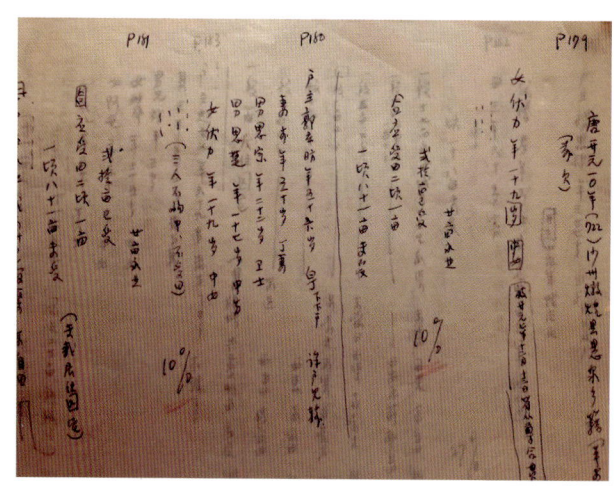

胡如雷手稿5

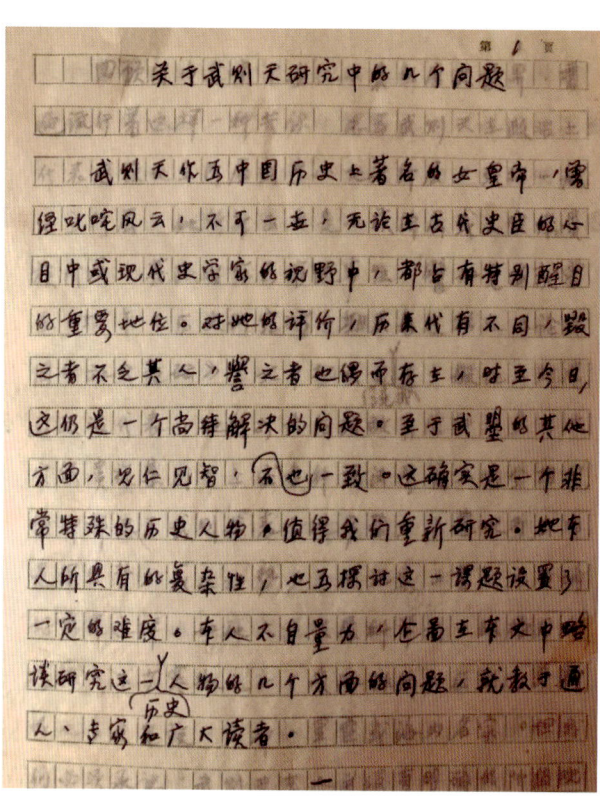

胡如雷手稿6

《河北师范大学历史文化学院双一流文库》
编辑委员会

主　任：贾丽英　李志军
副主任：宋　坤　陈瑞青　申艳广　贺军妙
委　员：（以姓氏笔画为序）
　　　　王向鹏　牛东伟　邢　铁　汤惠生　李　君
　　　　陈灿平　张怀通　张翠莲　吴宝晓　武吉庆
　　　　赵宠亮　郭　华　徐建平　倪世光　康金莉
　　　　董文武

目 录

中国封建社会形态研究

代序　父亲的书 …………………………………………… 胡宝国（3）
序言 …………………………………………………………………（8）

第一编　封建土地所有制
第一章　中国封建土地所有权的几种类型 ………………………（19）
　　第一节　私有土地与国有土地的区别 ……………………………（19）
　　第二节　国有土地及其界限 ………………………………………（22）
　　第三节　私有土地的两种类型
　　　　　　——地主土地所有制与自耕农小块土地所有制 ………（29）

第二章　地主土地所有制占支配地位 ………………………………（32）
　　第一节　从社会面貌和阶级斗争看地主土地所有制的支配地位 …（32）
　　第二节　地主土地所有制在土地关系总和中起主导的制约作用 …（38）

第三章　地主土地所有制的特点 ……………………………………（47）
　　第一节　土地买卖与土地兼并 ……………………………………（47）
　　第二节　没有形成封建土地所有制的等级结构 …………………（52）
　　第三节　自耕农的大量存在及利润、利息向地租的转化 ………（56）
　　第四节　没有形成庄园制经济体系 ………………………………（59）

第二编 地租、剥削形式与农民的经济地位

第四章 地租、赋税与地价 (69)
  第一节 地主的经济职能与地租的占有 (69)
  第二节 地租与赋税 (75)
  第三节 地主土地最低必要限量 (81)
  第四节 地租与地价 (86)

第五章 租佃制剥削关系与佃农的经济地位 (95)
  第一节 租佃制的产生原因及其特点 (95)
  第二节 地租形态与租佃制的两种基本形式 (99)
  第三节 佃农的租地限量 (107)
  第四节 佃农经济地位的特点 (112)

第六章 自耕农的经济地位 (117)
  第一节 自耕农经济的优越性 (117)
  第二节 自耕农经济的不稳定性 (120)

第七章 其他农业生产者的性质和经济地位 (125)
  第一节 均田制下的受田农民与国家佃农 (125)
  第二节 奴婢与雇农 (128)

第八章 超经济强制与专制主义中央集权的政权结构 (133)
  第一节 超经济强制及其特点 (133)
  第二节 专制主义中央集权制度形成的原因 (139)
  第三节 专制主义中央集权制的社会政治影响 (145)

第三编 自然经济与商品经济

第九章 中国封建社会的自然经济商品生产和商品流通 (157)
  第一节 自然经济 (157)
  第二节 商品形态 (162)

第三节　商品的生产及其性质 …………………………………（170）
　　第四节　商业形态 ………………………………………………（177）
　　第五节　中国封建社会商品经济发达较早的特点 ……………（185）

第十章　商品价格、价值规律与商业利润 ……………………………（191）
　　第一节　商品价格 ………………………………………………（191）
　　第二节　价值规律 ………………………………………………（194）
　　第三节　对"用贫求富，农不如工，工不如商"的分析 ………（200）
　　第四节　商业利润 ………………………………………………（203）

第十一章　货币 …………………………………………………………（210）
　　第一节　货币职能 ………………………………………………（210）
　　第二节　货币的物质形态 ………………………………………（218）

第十二章　城市经济和城乡对立 ………………………………………（224）
　　第一节　封建城市产生的特殊途径 ……………………………（224）
　　第二节　城市的基本面貌及其特色 ……………………………（227）
　　第三节　城市手工业和商业 ……………………………………（233）
　　第四节　城市中的行会 …………………………………………（240）
　　第五节　市集和市镇 ……………………………………………（247）
　　第六节　城乡对立关系 …………………………………………（253）
　　第七节　市民运动的特点 ………………………………………（256）

第四编　农业经济的再生产与周期性经济危机
第十三章　佃农经济与自耕农经济的再生产 …………………………（265）

第十四章　高利贷资本 …………………………………………………（268）
　　第一节　高利贷信用确立的条件 ………………………………（268）
　　第二节　高利贷资本的物质形态 ………………………………（273）
　　第三节　利息与利息率 …………………………………………（276）

第四节　中国封建社会高利贷资本的猖獗及其对社会经济的作用 …………………………………………………………（280）

第十五章　土地兼并和经济危机 ……………………………（284）
　第一节　大土地所有制的发展与经济危机的爆发 ……………（284）
　第二节　危机爆发时期的"荒政"问题 …………………………（287）
　第三节　危机爆发时期的流民问题 ……………………………（291）

第十六章　经济危机爆发时期各种矛盾的激化 ……………（296）
　第一节　生产萎缩同分配集中的矛盾 …………………………（296）
　第二节　剥削阶级内部瓜分地租的矛盾 ………………………（298）
　第三节　生产人口、农业人口减少同消费人口、非农业人口增加的矛盾 ……………………………………………（304）

第十七章　生产关系与生产力在发展过程中的相互制约 …（309）
　第一节　危机阶段向恢复阶段的过渡 …………………………（309）
　第二节　经济发展阶段 …………………………………………（313）
　第三节　社会经济发展的周期性特点及其影响 ………………（317）

第十八章　商品经济发展的周期性特点 ……………………（322）
　第一节　危机阶段商品经济的病态发展 ………………………（322）
　第二节　恢复阶段和发展阶段的商品经济 ……………………（328）
　第三节　商品经济周期性发展的某些影响 ……………………（331）
　第四节　城市经济的一起一伏和城乡对立关系的一张一弛 ……（334）

第五编　中国封建社会史的分期
第十九章　从理论上探讨封建社会史分期的标准 …………（341）

第二十章　中国封建社会史前期、后期的划分及社会发展的巨大变革 ……………………………………………（345）
　第一节　农民起义纲领性口号的变化 …………………………（345）

第二节　地主土地所有制的发展和自耕农的佃农化 ………… (349)
第三节　赋役制度的变化及地主政权同地主斗争方式的演变 …… (354)
第四节　城市经济及商品货币关系的发展 ………………… (357)
第五节　统一集权趋势的加强 ……………………………… (361)
第六节　中国封建社会史前期、后期划分的意义 …………… (366)

第二十一章　在前、后期基础上的段落划分 ………………… (369)

结束语 ……………………………………………………………… (374)

中国封建社会形态研究

中国佛教居士名人传

代序　父亲的书

胡宝国

如果父亲还活着，今年正好八十岁了。他的《中国封建社会形态研究》（以下简称《形态研究》）一书是1979年由生活·读书·新知三联书店出版的，距离现在已经有近三十年了。在这样的时候，作为儿子、同行，似乎应该写点什么，但我实际上是有些为难的，一方面，我是研究魏晋南北朝史的，对他所从事的经济史研究纯粹是个门外汉，没有什么资格说话。另一方面，儿子评价老子总是比较困难的，不论是说好，还是说不好，都不妥。我想，学术上的分析、评价还是留待他人来作吧。适合我说的，或许只是围绕着他的书、他本人所发生的那些边边角角的事情。

人有了一个念头以后，就会不知不觉地朝着这个方向走。父亲写《形态研究》其实是由来已久了。他在清华历史系读书时，政治经济学课程是由《资本论》的翻译者王亚南先生讲授的。据他说，王亚南先生的课讲得非常好。这对他以后学术道路的选择产生了很大影响。他后来对我说："当时我就想，马克思写了一部《资本论》，我以后要写一部《地租论》。"那时他才二十几岁，这是一个很容易产生大想法的年龄。后来他虽然以研究隋唐史为主，但这本《形态研究》的问世也绝不是偶然的，应该说，此书就是他心中一直酝酿着的那本《地租论》。

1962年他在《历史研究》上发表了题为《关于中国封建社会形态的一些特点》的文章。这篇文章就是以后《形态研究》一书的前奏。文章发表后，王亚南先生来京开会，特意约他到北京饭店谈话，鼓励他在这方面继续工作。1978年，他在序言里没有提到任何人的名字，只是泛泛地说："很多师友不断对我进行鼓励。"以后的多年里，他总是为此感到遗憾，多次对我说，如果以后再版的话，一定要专门讲讲王先生对自己的影响。很可惜，他没有这样的机会了，此书重印过，但从未再版。有趣的是，他虽然在书中没有提到王亚南先生的名字，但日本学者却发现了这一点，菊池英夫先生在一篇文章中明确指出，"不论在书名上还是在手法上，这本书都可以说是一部真正继承王亚南先生的工作，追溯前近代史的著作。"父亲看后很高兴。

《形态研究》是以马克思主义为指导的，他的其他论著也基本上是如此。大概因为这个缘故，有一次赵守俨先生问我："你父亲是党员吗？"我说："不是。"父亲没有参加过任何党派。他对马克思主义的兴趣起初只是局限在学术方面，当然，最终还是影响到了他人生道路的选择。

20世纪早期，我的祖父留学日本，学的是纺织。他死得早，对父亲没有影响。我有时想，如果祖父一直活着，受家庭环境影响，父亲或许不会对文科的书籍有那么浓厚的兴趣，如果是这样，他的人生可能完全是另外一番样子。我是学历史的，当然知道假设一段历史没有什么意义，但"假设"毕竟是一件很好玩的事情，所以闲下来的时候，就不免会有些"假设"的念头产生。

1949年，父亲不过二十来岁，由于特殊的家庭背景，属于他的，以及他可以继承的房子居然有好几百间，其中一些还是带花园的高级宅院。这些房产他都没有要，他认为很快就要进入共产主义了，以后用不着钱了。他只为自己买了一支价格不菲的派克笔。就这样，他把自己变成了一个穷人，终其一生都是如此。母亲去世后，父亲对我说："你妈真可怜啊，嫁了个有钱人，穷了一辈子。"

在清华读书时，他学习很好，老师们想让他留校，或者保送他去读研究生，但是因为家庭出身不好，又不积极参加政治运动，所以1952年毕业后就被分配到了河北。河北省又把他分配到了邢台师范学校。连生气带着急，二十多岁就得了糖尿病。即使如此，他仍然不愿意放弃自己的理想，在给周一良先生的信中，表达了继续研究的愿望。周先生回信说，收到来信"有如空谷足音，倍感亲切"。周先生还为他开了详细的书单。按照这个书单，他买了自己的第一批书，以后孙毓棠先生又送了他一批书。这样终于有了研究的可能。在类似于中学的师范学校当教员是比较苦的，他年轻，上课任务繁重，常常只能是利用课间休息的十分钟看两页书，晚上回到家，再点着煤油灯继续读，那时他住的地方还没有电。

但是，这样的日子也没有持续很久，肃反时，他被关了半年。当局说他是阎锡山留下的特务。他一再辩解说，阎锡山不可能留下自己的外甥当特务。不知道是因为辩解发生了作用，还是因为没有找到任何证据，最终被放了出来。

因为连续在《历史研究》等杂志上发表了几篇文章，他终于被调进了一所大学——河北师范学院。1949年以后，他这个人在关键时刻常常会有出色表现。"文化大革命"后期"评法批儒"时，有杂志约他写一篇署名文章。他谢绝了，还写信告诉人家他的几个"不写"，如不符合历史事实的文章不写，不符合历史唯物主义的文章不写，不符合自己意愿的文章不写，等等。

在《形态研究》的序言中，他写道："本书初稿完成于一九六四年。在'文化大革命'中，书稿曾一度失落，后来在一个偶然的机缘中找了回来。可是那时林彪和'四人帮'正在横行，显然没有出版的可能。从一九七四年开始，我每晚利用业余时间在书斋里进行修改，也没有想到几年后就能和读者见面。的确，如果不是打倒了'四人帮'，恢复了党的'百家争鸣'的方针，这部稿子是出版不了的。"他说得含混，没有说清楚书稿是怎么失落的，也没有说清楚后来怎么又找了回来。事情是这样的："文化大革命"前，人民出版社已经决定出版这本书了，"文化大革命"时期，一切都被搁置了，书稿被退了回来。几年以后，一个学生在一个破旧的仓库里发现了这部书稿，这才找了回来。这个学生多亏以前看惯了父亲写的各种交代材料，所以对他的笔迹相当熟悉，一看到书稿就立刻辨认出来。

1998年父亲去世后，关于这部书稿我又知道了一些事情。一位河北师院的老师从人事处复印了一份1961年6月5日上海人民出版社给河北师院人事处的来信。信中说："贵系教师胡如雷撰有'中国封建制形态简编'一稿，尚有一定见解，但亦并不成熟，我社本拟争取出版，以供学术界的讨论参考，校样也已排出，后接贵处来信，告以胡的政治情况，我们决定不予出书……"当即列举书稿的缺点，将稿件退还给我的父亲。这说明在《形态研究》之前，甚至在《历史研究》1962年发表文章之前，他曾经写过一本类似的书。这件事，我居然完全不知道。我想，当时出书大概都是要政审的，所以上海人民出版社才会与河北师院人事处联系。父亲没有参加过国民党，也没有当上右派，为何"政治情况"不合格？我想这大概还是因为他的家庭出身吧。上海人民出版社的信中还抄有父亲给他们的信。从信中看，这本书最晚是1959年冬天完成的。书没有能出版其实是因祸得福了，他1952年才大学毕业，1959年就写出了书，质量肯定好不了。

1979年刚刚拨乱反正，没有多少人可以立刻拿出著作来出版，所以这本书在当时的学术界很轰动，第一次就印了五万册，不久又加印了一次。以后，台湾地区还出了盗印的。20世纪80年代初，日本出版了一本书，书名是《中国历史学界的新动向》。该书用了一章的篇幅专门介绍《形态研究》，作者就是前面提到的菊池英夫先生。周一良先生看到此书后，立刻告诉了我。言谈话语间，能够感觉到周先生很是高兴。当老师的，看到学生有了成绩，自然是高兴。

为了写《形态研究》，他花费了很多年心血，读了不少书，史料不说，单是《资本论》就认真读了三遍。但是，这本书既然是要谈中国封建社会的特点，就不可避免地要拿中国史与外国史广泛对比。进行这种研究，作者必须对外国史有非常深入的理解、研究，而他当时并不具备这样的条件。此外，这本书是通贯性的，涉及从战国到明清的漫长历史时期，他虽然在大学教过很多遍中国通史，但毕竟不具备像钱穆等老一辈学者那样广博的通史知识，所以，这本书到底说对了多少？到底有多高的价值？老实说，我是始终心存疑虑的。但不管怎样，对他来说，研究自己有兴趣的问题毕竟是一次快乐的旅程。抛开一切庄严的、宏大的理由不谈，对研究者个人而言，还有什么比快乐更重要呢？

《形态研究》出版的时候，他已经五十多岁了，尽管当时很风光，但他并没有因此而得意忘形。一直到老，他对自己始终还是有一个清醒认识的。去年春天，在一个纪念唐长孺先生和父亲的会议上，播放了他在七十岁生日祝寿会上的讲话录像。他说:"我经学、小学、外语都不行。外语学过三种,没有一种能通的。"他还说:"我的成绩只能做到这样,再大了也不可能了。"说这话时,距离他去世只有两年时间,当时他因多次脑梗,已经出现了一些明显的老年痴呆的征候,没想到还能讲出这样清醒的话。这好像又印证了我前面说的:"他这个人在关键时刻常常会有出色表现。"

父亲去世后,我和哥哥、姐姐继承了他的藏书。线装书基本都归我了。过了几年,我把这些书都卖了。按说我们是同行,不论是为了工作还是为了纪念,这些书我都应该留下来,但我觉得没必要了,那些线装的二十四史我基本不会看,有标点本的,何必看线装的呢?我又不搞校勘。我知道,这种态度必定会受到严肃学人的批评,所以不大敢对人说。父亲的好几箱卡片我也全扔掉了,因为我不信卡片,总觉得要真想把文章写好,材料必须在脑子里活起来才行,如果拿起卡片才想起来,放下卡片就忘了,这种状态是写不出好文章的,更何况那还是别人的卡片,我要它干什么?没用的就卖掉,没用的就扔掉,我这种态度并非不孝。父亲晚年常常对我说:"看到你发表一篇文章,比我自己出版一本书还高兴。"所以我想,自己把文章写好了,才是对父亲最好的纪念。再往深一层说,其实纪念不纪念又怎么样?死去的人已经不存在了,他什么都不能感知了,所谓"纪念",说到底不过是活人的一种自我安慰而已。

(原载《书城》2006年第1期)

序 言

一

马克思和恩格斯创建的历史唯物主义，把各个阶段的人类历史看作"自然历史过程"，并把社会发展史划分为先后相承的各种生产方式。马克思又在《资本论》这部光辉的著作中，对资本主义生产方式进行了详尽的解剖。这为我们研究任何其他社会形态提供了锐利的武器。在这部书稿中，我不自量力，企图在马克思主义的指导下，粗略地剖析一下中国封建社会形态。

对中国的封建社会进行解剖，必须把历史科学的研究和政治经济学理论密切地结合起来。恩格斯特别强调："政治经济学本质上是一门历史的科学。它所涉及的是历史性的即经常变化的材料；它首先研究生产和交换的每一个发展阶段的特殊规律。"① 严格地说，剖析中国封建社会形态，首先也就是研究中国封建主义生产方式的政治经济学。因此，本书的绝大部分，即前四编的结构，与一般单纯的历史著作有所不同，它是按照政治经济学体系的要求建立起来的。只有最后一编，即第五编，才主要从历史发展的角度对中国封建社会史进行纵的分析。

马克思主义经典作家在不少著作中都对封建社会史有所论述，这些理论无疑是我们研究中国封建社会形态的重要根据。但由于革命实践的迫切需要，马克思毕竟只详尽地解剖过一个社会形态，即资本主义社会形态。经典作家关于其他生产方式的论述与此相比，就显得少得多了。所以，我

---

① 《马克思恩格斯选集》第3卷，人民出版社1972年版，第186页。

们在研究中国封建社会形态时，仅仅运用经典作家已做出的理论性结论是会感到有所不足的。必须进一步学习马克思解剖资本主义社会形态的立场、观点和方法，才能把这项工作大大推向前进。正如马克思自己所说："人体解剖对于猴体解剖是一把钥匙。"表现资产阶级社会的"各种关系的范畴以及对于它的结构的理解，同时也能使我们透视一切已经覆灭的社会形式的结构和生产关系"。① 马克思分析资本主义社会时所用的逻辑和历史统一的方法、辩证的方法、抽象的方法、建立理论体系的方法和叙述的序列，对我们都有莫大的启发。不仅如此，他还把资本主义时代的生活习惯、政治制度、自由平等思想及家庭关系等"和盘托出"。② 毫无疑问，我们在研究中国封建社会形态时，也应当结合具体的历史实际，充分运用上述方法，注意社会生活的各个方面。由于个人能力和水平所限，本书距离这一要求还有很大的差距，只不过是在力所能及的范围内尽量争取这样去做。

列宁说："在分析任何一个社会问题时，马克思主义理论的绝对要求，就是要把问题提到一定的历史范围之内，此外，如果谈到某一国家……那就要估计到在同一历史时代这个国家不同于其他各国的具体特点。"③ 因此，我们研究中国封建社会形态时，必须注意把握它的特点，只有如此，所作的结论才能是具体的、符合实际的，才不至于是一般化的空疏泛论。

揭示中国封建社会形态的特点，必须以世界各国、各民族封建主义生产方式所共有的基本规律和特征为基础。这些规律和特征就是：大土地所有制是封建生产关系的基础；地租是剩余劳动的通常体现形式；超经济强制和人身依附的不同程度的普遍存在；生产过程个体性同大土地所有制之间的矛盾是基本经济矛盾；自然经济占支配地位；商品经济为封建社会服务，在它日益发展的基础上最后产生资本主义生产关系；扩大再生产的进程非常缓慢。如果离开这些规律和特征进行研究，或者把并非共同规律和特征的东西当作共同规律和特征，都容易犯错误。我虽然力求避免这两种错误倾向，恐怕本书中这两种错误都存在。

---

① 《马克思恩格斯选集》第2卷，人民出版社1972年版，第108页。
② 《列宁全集》第1卷，人民出版社1955年版，第121页。
③ 《列宁全集》第20卷，人民出版社1958年版，第401页。

为了认识中国封建社会形态的特点，免不了要就中外历史进行比较，这种比较最好是在广泛的范围内进行；但是由于个人水平所限，对欧洲以外其他地区各国的情况了解甚少，无从进行广泛比较。所以本书所指出的中国封建社会形态的特点，只是与西欧中世纪史比较的结果，有很大的局限性。如果将来能对欧洲以外的各国的历史有更多的了解，我愿在这个问题上继续进行工作。

进行中外历史的对比，还必须注意历史阶段的选择是否合适。列宁曾经指出，这种比较"必须作得适当。这里有一个起码的条件，就是要弄清拿来作比较的各个国家的历史发展时期是否可以互相比较"①。我认为中国封建社会史没有可以和西方中世纪史16、17世纪相比较的阶段，不能把北宋以后的时期叫作下降阶段，所以在中国历史上长期、普遍存在的现象，只要它是15世纪以前的欧洲基本上不存在的，我就一律当作中国封建社会的特点看待。

比较各民族、各国相应历史阶段的特点，还应当注意把握基本的事实和主要的趋势。在这个民族或国家是基本地、普遍地、长期地存在的事实，在另一个民族或国家也可以个别地、偶然地、暂时地存在，但我们不能因为某些现象在各族、各国都有，而不看它是主流还是支流，就否认各族、各国的历史特点。在社会历史现象中，"'纯粹的'现象是没有而且也不可能有的"②。"因为社会生活现象极端复杂，随时都可以找到任何数量的例子或个别的材料来证实任何一种意见。"③所以列宁一再批评那种玩弄个别举例的拙劣做法。我们在研究各国历史的特点时，应该充分注意这一点。

二

为了研究中国封建社会形态，还必须占有和分析相当数量的历史资料。

---

① 《列宁全集》第20卷，人民出版社1958年版，第405页。
② 《列宁全集》第21卷，人民出版社1959年版，第212页。
③ 《列宁全集》第22卷，人民出版社1958年版，第182页。

在接触史料的过程中，我深深地感到，尽管我国保存下来汗牛充栋的封建时代的史籍，但由于时代的局限性和编纂者政治立场的限制，史料所反映的社会经济状况是极其片面的，在某些问题上甚至是异常贫乏的。以《史记》《汉书》为代表的纪传体"正史"，是典型的历代帝王将相史。不仅劳动人民的状况、一般的生产关系，如租佃制等情况，在其中很少反映，就是"庶族"地主的经济地位、生活状况也很少入于"二十四史"。其中记载最多的是皇族、贵族和官僚，连篇累牍地呈现在我们眼前的是"除""迁""转"……我们知道，特权地主只是地主阶级中的一个集团而已，庶族地主人数并不少，也是研究经济关系时不可忽略的。可是"正史"对地主阶级本身也记载得很不全面。所谓《食货志》及政书中的《田赋考》《食货典》等类的记载，确实包括一部分经济资料，但就其总体而言，编纂者注意的中心是税收方面的问题，对生产关系并未加以重视，所以这类记载的缺陷是："国计"多于"民生"，财政多于经济。这些史籍也基本上满足不了我们的需要。

在这方面，地主的某些"家训"、笔记及地方志在一定程度上可以弥补上述几类史书所存在的那些缺陷。不过，唐宋以前，这类书籍比较少，有的时候根本没有。所以它们也不能完全解决问题。加之，这类书籍浩若烟海，过去又无人系统整理过其中的经济资料，仅凭一个人的精力，很难穷尽。我为本书搜集资料的过程中，曾就手头方便的笔记之类翻检过几十部，查阅了一些常见的"家训"。至于方志，最初也翻过一部分，以后就放弃了广泛阅读的初衷，主要原因是感到：第一，地方志数量虽多，但良莠不齐，有不少方志的纂修水平很低，泛泛地读起来浪费时间，而且所获无几；第二，数量过多，远非一个人短期所能尽读。由于时间和工作条件的限制，我于是另辟蹊径，改而重点翻阅《天下郡国利病书》及《古今图书集成·职方典》，以资弥补。

本书大部分篇幅采取政治经济学的体系，而政治经济学本身必然有相当一部分环节是不好用资料证明的，有纯粹推理的地方，所以在资料的运用上不免有畸轻畸重之感。这是由本书体系带来的一个缺陷，很难克服。此外，由于前面所说主、客观方面的许多条件的限制，我所掌握的材料也非常贫乏，所以本书在史料方面的挂一漏万、选用不当，恐是不少的。但为这样大的问题全面搜集资料，实际是一个无底洞，我想赶快从中自拔，好回过头来专攻隋唐史。

三

我的主要学术兴趣，本来是攻读隋唐史，只是出于偶然的机缘，提出了自己关于中国封建土地所有制形式问题的粗浅看法，原无意于全面解剖中国封建社会形态。后来所以研究这本书所包括的全部问题，有两方面的原因：首先，20世纪60年代以前学术界长期争论中国封建土地制度问题，使我逐渐确信，自己提出的地主土地所有制在中国封建社会占支配地位的看法基本上是正确的，而且在大家的批评、推动下，克服了一些自己的片面、错误提法，并且思路逐渐开展起来，于是对经济问题考虑的面越来越宽了。这样，学习马列主义经典著作时，也就较多地偏重于政治经济学部分；读世界中世纪史时，同样较多地偏重经济史部分。从经典著作中受到的启发日渐增加，对中外封建社会进行比较，中国的特点也逐步鲜明起来，因而促使自己决定做个大胆的尝试。其次，我一方面攻读隋唐史，一方面在教学中又接触了一些其他朝代的基本经济情况，因而初步感到，在隋唐五代史中发现的不少问题，在其他各代也或多或少地存在，只是表现形式略有不同而已，于是渐渐觉得历代社会发展是有共同规律的。我在考虑历代总情况的基础上，把隋唐五代史当作麻雀来解剖；在隋唐五代史中发现新的问题后，再进一步考虑历代的状况。经过这样若干次反复，形成了一些看法，把这些看法联系起来进行由表及里的分析，终于产生了这本书中所包括的全部论点。

上述研究经过说明，这本书的问世，本来是始料所不及的，也可以说它是一个意外的产儿。关于经济史方面的很多问题，我并非内行，仅仅是个"票友"而已。这就决定了本书中很多问题的提法，很多结论，必然属于片面、肤浅和错误。总之，无论在理论方面还是史料方面，本书都存在着不少的严重缺点，我诚恳地期待着大家的批评和指正。

书中论点在逐渐形成的过程中，有些曾以论文的形式刊登在刊物上

（某些文章是用笔名发表的）。此外，在编写和修改本书时，个别论点已与原来论文中的论点有些出入。当然，将来我的看法还可能有改变，不过那是以后的事了。在这方面，我一贯坚持的原则是：勇于接受批评，乐于改正错误，不把过去的错误论点当作包袱背起来，而是准备随时把它们扔掉。

本书初稿完成于 1964 年。在"文化大革命"时期，书稿曾一度失落，后来在一个偶然的机缘中找了回来。可是那时林彪和"四人帮"正在横行，显然没有出版的可能。从 1974 年开始，我每晚利用业余时间在书斋里进行修改，也没有想到几年后就能和读者见面。的确，如果不是打倒了"四人帮"，恢复了党的"百家争鸣"的方针，这部稿子是出版不了的。

在写作本书的过程中，很多师友不断对我进行鼓励，给予帮助，甚至提供资料，代借书籍。谨在此表示衷心的谢意！

1978 年 6 月 30 日

第一编

封建土地所有制

农业是封建社会最主要的生产部门，而任何生产必然具有自己的社会表现，即体现为生产关系。封建社会的农业生产不仅意味着人与自然的交往，而且不可避免地存在着人与人之间的交往。土地不但作为一种自然条件而存在，而且一定会引导出某种经济关系。如果撇开土地的社会利用形态，那它对于农业生产，只不过与阳光、雨水具有相同的意义。

土地所有权是封建社会农业生产中一切经济关系的基础，是一个经济范畴，而我们知道，"经济范畴只不过是生产方面社会关系的理论表现，即其抽象"①。封建主占有土地的最终目的，就是通过这个剩余劳动吸收器获取地租，因此，土地所有权就是封建主占取地租的"权利名义"，是他向农民要求地租的"证明书"。对于直接生产者，土地是"作为别人所有的、和他相独立的、人格化为土地所有者的劳动条件"②。封建社会的很多经济关系都直接或间接与土地所有制有关，因此，分析封建土地所有制，是我们研究封建制经济形态各个方面的出发点。

在封建社会中，可以存在不同类型的土地所有制，但占绝对支配地位的，却只能是封建主的大土地所有制。正是在这个基础上，产生了封建社会的下述基本经济矛盾：封建的大土地所有制与生产过程个体性之间的矛盾。这一基本经济矛盾是与封建社会的产生、发展和衰落过程相始终的，它随着生产力水平的提高而日趋尖锐化，并且它必然表现于阶级对抗之中。这个基本矛盾还是派生封建社会一切矛盾的根源，是使封建社会形态具有历史过渡性质的最深刻的原因之一。

我们在研究封建社会的土地关系时，必须在理论上注意以下几个问题：第一，不能孤立地探讨封建土地所有制形式，而忽略地租，忽略阶级对抗，因为我们必须把封建社会"当做以对抗为基础的生产方式来考察"③。否则，就会走上经济唯物主义的错误道路。第二，封建土地制度的研究是一个政治经济学问题，我们不应当过多地强调经济问题的法权

---

① 《马克思恩格斯全集》第 4 卷，人民出版社 1958 年版，第 143 页。
② 《马克思恩格斯全集》第 25 卷，人民出版社 1974 年版，第 895 页。
③ 《马克思恩格斯全集》第 4 卷，人民出版社 1958 年版，第 154 页。

方面，也就是应当遵循马克思的教导，不是从法律的表现上来考察所有制关系，而是从社会-经济实际来考察所有制关系。否则，就会走上资产阶级法律学派的错误道路。第三，应该结合各民族的特点研究封建土地所有制形式，不能教条主义地忽视各民族的实际历史状况。把世界各国的封建土地制度说成是千篇一律的，或者把某一民族的情况削足适履地强加于另一民族，都是完全错误的。在承认全世界封建土地制度的共性的基础上，必须注意具体事物具体对待的唯物主义原则。因此，我们研究中国封建土地制度时，必须充分注意中国的历史现实和民族特点。

第一章　中国封建土地所有权的几种类型

在我国历史上，同时存在着三种土地所有制形式：国有土地、地主的土地和自耕农的土地。其中国有土地和地主的土地虽然表现形式不同，但就阶级性而言，均属于地主阶级所占有，都是对农民进行剥削的生产手段；地主的土地和自耕农的土地虽然具有截然相反的阶级内容，但均属于私人所有的土地。这三种类型的土地所有制结合在一起，随着社会经济的发展变化，阶级斗争浪潮的一涨一落，阶级力量对比的此消彼长，其配置状况也经常发生变化。以下，我们就对这几种土地所有权分别进行分析。

第一节　私有土地与国有土地的区别

如果说，春秋以前，我国奴隶社会盛行着"溥天之下，莫非王土"和"田里不鬻"的土地国有制原则，那么，就土地占有形态而言，我国封建社会的形成恰恰是从土地私有制的出现而开始的。不过，我国封建社会的长期发展过程中，国有土地并没有完全消灭，而且有时还具有不容忽视的重要意义，它始终与私有土地同时共存。因此，我们既不能否定中国封建社会确实有土地国有制，也不能把私有土地说成国有土地，从而根本上否定土地私有权的存在。甚至古人也知道："古者田皆在官……后世田有官民之分。"[①] 国有土地与私有土地的划分，在历代都是十分清楚的。如马端临说："曰公田之赋，官庄、屯田、营田，赋民耕而收其租者

[①]《昭代经济言》卷1，王叔英《资治策疏》。

是也；曰民田之赋，百姓各得专之者是也"。① 所谓"公田""官田"，就是国有土地，所谓"民田"就是私有土地。顾炎武对官田、民田的划分曾经做过这样的解释："官田，官之田也，国家之所有，而耕者犹人家之佃户也；民田，民自有之田也。各为一册而征之。"② 尽管国有土地与私有土地在实际上和观念上已经明显地区别开了，但古人中确实也个别地存在过一些界限不清的模糊观点，如唐人陆贽就曾执拗地说："夫以土地，王者之所有；耕稼，农人之所为。而兼并之徒，居然受利。"③ 在对待这类议论时，应该首先区别古人对"三代"的幻想与他们面对的社会现实。很显然，陆贽在这里是到奴隶制时代去招唤"井田制"的亡魂，杜撰自己幻想式的土地国有制观念，用这种脱离实际的"理论"去批判现实生活中土地恶性兼并的无情实际。陆贽所借重的"理论"是苍白的，虚幻的；"兼并之徒，居然受利"却是生动的，实在的。我们必须揭去辞令的纱幕，洞悉事物的本质。

　　古人划分官田、民田的议论是否合乎马克思主义政治经济学的原则呢？我觉得二者是符合的。土地所有权是一个抽象的概念，只有与剥削的性质及形式联系起来，才能具有实际的内容。马克思正是根据这一原则来判断土地所有权的类型的。他在《资本论》中说："如果不是私有土地的所有者，而象在亚洲那样，国家既作为土地所有者，同时又作为主权者而同直接生产者相对立，那末，地租和赋税就会合为一体，或者不如说，不会再有什么同这个地租形式不同的赋税。"④ 可见，国家在国有土地上征收的剩余产品，兼具地租与赋税两种性质，而地主在私有土地上征收的剩余产品，却只具有单纯的地租性质。地租与赋税是两个截然不同的概念，这一点，古人也是知道的。如金代有"官田曰租，私田曰税"⑤的说法。这里所说的"租"，就是地主政权直接从国有土地上征收的地租；所说的"税"，就是国家在私有土地上征收的赋税。因为私田的

---

① 《通考》卷1，《田赋考》。
② 《日知录》卷10，《苏松二府田赋之重》。
③ 《陆宣公集》卷22，《均节赋税恤百姓第六条》。
④ 《马克思恩格斯全集》第25卷，人民出版社1974年版，第891页。
⑤ 《金史·食货志》。

税是从地主占有的地租中分割出来的，所以在数量上，赋税一般都比租税合一的官田租为轻。明代有人主张在苏松一带官田、民田不分等则，征收同一税额时，唐鹤征就举出理由反对说："官民一则之说，殊为可恨。何也？官田者，朝廷之有而非细民之产；耕之者，乃佃种之人而非得业之主；所费者，乃兑佃之需而非转鬻之价；所输者，乃完官之租而非民田之赋。……以租为赋而病其过重，俾民田均而任之，是上夺朝廷之田以惠奸宄，下又苦纯良之民代任其租也。"以后真正"扒平"官、民田税则时，又有人起而反对，指责这一措施是"将朝廷入官之田，无价而白与顽民"①。上述议论不但严格地区别了官田与民田，而且把地租和赋税的不同当作了区别土地所有权形式的根据，认为国有土地上的地租一旦转化为赋税以后，国家对土地的所有权就从根本上被动摇了。

遗产制是以私有制为前提的，土地的私人继承权是土地私有制存在的重要表现之一，我国封建社会中私人所拥有的土地是可以当作遗产被继承的。秦将王翦曾向秦始皇"请田宅为子孙业"②。这是关于土地继承的较早记载。清人张英在强调地主占有土地的重要性时说："三代以上，虽至贵巨富，求数百亩之田贻子及孙，不可得也。后世既得而买之矣，以乾坤之大块，国家之版图，听人画界分疆，立书契、评价值而鬻之，县官虽有易姓改氏，而田主自若。……其乃祖乃父以一朝之力而竟奄有之，使后人食土之毛善守而不轻弃，则子孙百世苟不至经变乱，亦断不能为他人之所有。"③ 这种子孙百世可以继承的遗产，当然是私有土地。欧洲早期封建社会的采邑也是逐渐转化成可以世袭的地产以后，才终于获得了领主私有权的属性。

西方不能买卖的领地，由于可以世袭继承，还算作私有土地，我国封建社会中，土地不但可以继承，而且可以买卖，其私有性就更见鲜明了。自从商鞅变法，"民得卖买"土地以后，土地私有化的过程就以空前的规模进行。私有土地的买卖也影响了国有土地，使后者也按照买卖的方式，常常与私有土地交互转化。汉武帝曾"举籍阿城以南，盩厔以东，

---

① 《天下郡国利病书》原第7册引《武进县志》。
② 《史记·白起王翦传》。
③ 张英：《恒产琐言》。

宜春以西，提封顷亩，及其贾（价）直，欲除以为上林苑"。[①] 事实说明，国家想征用民间的私有土地，尚须给予价值。宋代以后，国家购买民田的记载就更属司空见惯了。[②]

一个民族中既存在土地国有制，又存在土地私有制，这并不是什么个别的反常现象，而恰恰是很多国家都出现过的通常现象。社会历史现象是极其复杂的，封建土地所有制不可能以纯粹的单一形式表现出来，因此，不但以土地私有制为主的民族中会存在国有土地，而且在以土地国有制为主的民族中也可能出现处于从属地位的私有土地。印度是公认的以封建土地国有制为特点的国家，但马克思却承认："在克里什纳以南的同外界隔绝的山区，似乎确实存在土地私有制。"[③] 埃及是另一个重要的东方国家。当埃及从奴隶社会向封建社会过渡时，也发生过私有土地排挤国有土地的情况。到东罗马帝国时期，埃及国有土地的概念就烟消云散了。伊朗在早期封建社会，除萨萨尼王室土地所有制外，就已经出现了封建主土地所有制。据此可见，在中国封建社会中同时并存着这两种所有制，也没有什么可奇怪的了。

第二节　国有土地及其界限

马克思一针见血地指出："地租的占有是土地所有权借以实现的经济形式。"[④] 土地所有权是产生地租的前提条件，所以，应当主要根据地租归谁占有来判断土地所有权的属性，即谁取得了要求地租的"权利名义"，谁就是土地所有者。在一般情况下，运用这一原则划分土地所有权是毫无问题的。但社会现象极其错综复杂，除了典型的、单纯的所有权形态外，往往还存在一些中间色层，有时现象与本质还发生矛盾，部分假象还会蒙蔽我们的视觉，在这种情况下，如果不运用理论上的透视，就很可能看不到事物的本质，从而做出错误的判断。在对待国有土地的

---

① 《汉书·东方朔传》。
② 参阅《宋会要·食货》《通考·田赋考》《宋史·食货志》等。
③ 《马克思恩格斯全集》第28卷，人民出版社1973年版，第272页。
④ 《马克思恩格斯全集》第25卷，人民出版社1974年版，第714页。

界限问题上，情况也是如此，所以我们必须进行具体的解剖和分析。

一般说来，屯田、营田、官庄、没入田等，都是历代经常出现的国有土地。此外，地主政权支付土地价格后买来的土地，不论其用途如何，也是国有土地。在这类土地上产生的地租归国家所有，是不言而喻的。这是最单纯、最典型的土地国有形式。

当我们接触到官吏的职分田时，问题就复杂了。一方面，职分田的占有权是从国家那里取得的；另一方面，地租却完全归职分田的占有者所有。这种土地属于国有范畴呢？还是属于私有范畴？在这里，我们就不能简单地根据地租归谁占有的原则来确定职分田是私有土地，因为就实质而言，官吏从职分田上所取得的只是禄米，而不是地租。这种剩余产品，只对国家来说才具有地租的性质。所以官吏取得的禄米是国家地租的转化物，而不是土地所有权的直接体现。至于官吏从职分田上直接收租，那只是出于分配手续上的简化。北魏颁行均田制时规定："诸宰民之官各随地给公田，刺史十五顷，太守十顷，治中、别驾各八顷，县令、郡丞六顷。更代相付，卖者坐如律。"① 在这种土地上收租的权利，与其说是属于作为所有者的个人，不如说是属于某种职位，这种"更代相付"的土地毫无私有性质，实际上就是国家的职分田，所以杜佑在记载此事后紧接着就说："职分田起于此。"② 上述事实说明，职分田是国有土地，不应当根据官吏征租把它看成私有土地。

汉代的山林川泽的租税归天子个人所占有，是他的"私奉养，不领于天子之经费"③。当时的国家财政与帝室收支分属于不同部门，即《史记》所谓"山海，天地之藏也，皆宜属少府"。《索隐》韦昭云："天子私所给赐经用也。公用属大司农也。"④ 少府所管的土地，是属于皇帝个人的私有土地么？并非如此。我国历代都有内、外藏之分。唐代除转运、度支之外，还有琼林、大盈二库，为"人君私藏"。⑤ 宋代也有"内藏库，

---

① 《魏书·食货志》。
② 《通典》卷1，《食货典》。
③ 《汉书·食货志》。
④ 《史记·平准书》。
⑤ 《旧唐书·杨炎传》。

盖天子之别藏也"①。清代的"内务府"也是同类性质的机构。唐宋以后的这些天子私藏与汉代的少府不同，前者并不以山林川泽的收入为基础，与土地关系没有直接的联系，可见国家财政与帝室财政的划分是财政制度上的行政措施，并非基于山林川泽的皇帝私有权。正因为均属国家财政范围之内，所以这两种收支有时是可以互相通融的。汉代的孔仅和东郭咸阳就曾对汉武帝说："山海，天地之藏也，皆宜属少府，陛下不私，以属大农佐赋。"②这是以人主私藏佐国用的例子。唐代"安史之乱"以后，京师豪帅求取无节，第五琦于是"悉以租赋进入大盈内库"，"是以天下公赋为人君私藏，有司不得窥其多少，国用不能计其赢缩"③。这是以国用入私藏的例子。由此可见，我们不能以国用、私藏的区别来论证汉天子对山林川泽的土地私有权，而汉代山林川泽归少府掌管正足以证明，这些土地，对皇帝来说，只具有天子职分田的性质，它与一般官吏的职分田相同，也是属于国有土地。只有像汉成帝那样，"置私田于民间"，④才能说是皇帝个人占有了真正的私有土地。

历代皇族、勋戚等从国家那里所获得的土地，其性质颇为复杂，很难一概而论。西晋品官的占田，唐代官僚的永业田及历代的赐田，不但可以收租，而且可以传诸子孙，甚至允许典质出卖，此类土地显然属于私有土地。明代权贵宗室的一部分庄田由"或赐或请"的方式取得，而明世宗却能下令"改称官地，不复名皇庄，诏所司征银解部"⑤。一般赏赐皇戚、勋臣的庄田也都规定了传袭的世代，原定远者可保留原田十分之三，其余十分之七退还国家。⑥显然，明代这种庄田的所有权属性就具有中间色层的特色。实际上，它是一种不稳定的所有权，既具有国有性质，又具有私有性质；有可能完全转化为国有土地，也有可能完全转化为私有土地。我们不应该把这种土地的所有权属性看得太死了。

在均田制实行时期，桑田与露田、永业田与口分田的性质，也是一

---

① 《宋史·食货志》。
② 《史记·平准书》。
③ 《旧唐书·杨炎传》。
④ 《汉书·五行志》。
⑤ 《明史·食货志》。
⑥ 参阅李文治《明清时代的封建土地所有制》，《经济研究》1963年第8期。

个比较复杂的问题，尤其是露田和口分田的所有权属性，是非常不单纯的。北魏桑田是私有土地，它"不在还受之限"，"身终不还"，受田者的后代有土地继承权。况且桑田"盈者得卖其盈，不足者得买所不足"，可以买卖。但朝廷又规定："诸受田者，男夫一人给（桑）田二十亩，课莳余种桑五十树、枣五株、榆三根……限三年种毕；不毕，夺其不毕之地。"通过土地收夺干涉土地经营的规定确实微弱地体现了土地国有权的遗迹。北齐以后，这种规定就不再存在了，永业田遂成了完全的私有土地。北魏的麻田"皆从还受之法"，① 基本上属于国家所有，但到北齐，麻田则"如桑田法"，不在还受之限，② 完全成了私有土地。北魏的露田不得出卖和继承，北齐和隋的口分田亦均还受，就法权观念而言，这些土地是单纯的国有土地。但就实际情况而言，这种土地的国有权并不巩固和完整，北齐时已出现了这样的情况："露田虽复不听卖买，卖买亦无重责。贫户因王课不济，率多货卖田业。"③ 土地买卖的出现，说明当时的口分田已经渗入了部分的私有性质。唐代国家三令五申禁止买卖口分田，而实际状况却是禁者自禁，卖者自卖。何况法令还明文规定："乐迁就宽乡者，并听卖口分。""卖充住宅、邸店、碾硙者，虽非乐迁，亦听私卖。"④ 可见从北朝的露田到唐朝的口分田，是具有国有和私有两重性质的土地，并且在历史发展过程中，其私有性质还有逐渐加强的趋势。

历代的无主抛荒土地是否均属国有土地呢？未可一概而论。黄巾起义之后，司马朗主张恢复井田制，曾指出当时是"民人分散，土业无主，皆为公田"⑤。宋人叶适更进一步加以发挥："当时天下之田，既不在官，然亦终不在民。以为在官则官无人收管，以为在民则又无簿籍契券。"⑥ 他们认为这种无主土地，或者算作"公田"，或者干脆算作没有任何所有权的土地。宋代地主政权曾经出卖过这种"闲田"。⑦ 明太祖则认为："公

---

① 《魏书·食货志》。
② 《隋书·食货志》。
③ 《通典》卷2，《食货典》，引宋孝王《关东风俗传》。
④ 《通典》卷2，《食货典》。
⑤ 《三国志·魏·司马朗传》。
⑥ 《通考》卷1，《田赋考》。
⑦ 《宋会要·食货·农田杂录》中有很多记载。

侯大官以及民人，不问何处，惟犁到熟田，方许为主，但是荒田，俱系在官之数。"① 两例说明，宋、明统治者是把这种土地当作国有土地看待的。我们知道，只有当土地进入生产过程以后，其所有权才具有经济意义，才能得到经济的实现。这种抛荒土地并没有在生产中当作物质条件而发挥作用，所以各种议论中的所有权只不过是抽象的空中楼阁，没有多大的实际意义。也正因如此，所以众说纷纭的情况才会出现。应该说，国家通常对这种无主抛荒土地拥有处理权，而这种处理权并不是完整的国家所有权，只有经过处理以后，土地才重新进入生产过程，我们才能根据处理后的具体状况，确定这些土地的所有权。曹魏实行屯田制，是把此类"既不在官，亦不在民"的土地，经过处理，转化成了国有土地。西晋官僚按品占田，唐代官僚占有大量永业田，是把这种土地，经过处理，转化成了私有土地。宋代国家出卖"闲田"是另一种处理方式，地主政权收回的地价是处理权的经济实现，但经过处理以后，这种"闲田"也终归转化成了私有土地。明代"犁到熟田，方许为主"，是通过法令承认，使无主荒田直接转化为私有土地。大致既已成为没有土地所有权的荒田，则国家采取何种方式处理这些土地，都不会受到社会的阻碍，因而荒地经过处理后转化为何种类型的土地，就取决于国家所采取的方式。

西周时期，实行宗法分封制，那是奴隶制的产物。战国以后，地主政权往往采取不同于西周的另一种分封王、侯的制度。这种新的分封制是否也是一种土地关系呢？王、侯对于封国、封区是否具有土地占有权呢？这是一个很有趣味的重要问题。

为了研究这个问题，必须首先明确下述原则：在复杂的土地关系中，所有权是居于绝对统治地位的，占有权和使用权只能从所有权那里派生出来，只有在土地所有者的认可下，其他人才能取得土地的占有权和使用权。以此原则来衡量，则如果把分封制说成是土地占有关系，那么就只能把全部封国和封区都说成是国有土地，因为封君、列侯只有得到皇帝的批准，才能取得部分国有土地的占有权。显然，这样的说法是完全不符合新的分封制的实际的。

---

① 《明会典》卷17，《户部》卷4，《田土》。

第一章　中国封建土地所有权的几种类型

第一，我们已经指出，在中国封建社会里，既存在国有土地，也存在私有土地。西汉时的吴王就可以"王三郡五十三城"，① 在这样广大的封国中不可能没有地主和自耕农的私有土地。如果我们既承认地主和自耕农对自己土地的私有权，又承认封君、列侯在同一地区有土地占有权，则必然陷于自相矛盾，因为封君、列侯不可能在地主、自耕农这些土地所有者的认可下获得土地占有权，土地占有者也不可能拥有向土地所有者征收课役的权力。在肯定土地私有权存在的前提下，只能认为，封君、列侯从皇帝那里取得的，并不是土地占有权，而是一种政治上的特权。

第二，封国、封区只具有行政区划上的政治意义，而不具有土地关系上的经济意义，王、侯在自己的封国、封区中，只具有征收部分赋税的特权，并不具备征收地租的经济权力。因此，王、侯受封的，与其说是土地，毋宁说是户口。战国时，已经有封户的记载，如齐国孟尝君曾被"封万户于薛"。② 所谓"万户"，恰恰道出了分封的实质；至于"薛"，只是一个行政区划而已。楚昭王也曾因申包胥却吴师有功，而欲"封之以荆五千户"③。实际上，薛的户口不可能正好是一万户，荆的户口也绝不会正好是五千户，必然有所超过，且有奇零。可见即令在封区内，受封者所得到的也不是对全封区所有户口的征税权，而只是对其中部分户口的征税权。因为封区以户为根本，故有时可以封之以城，如赵国曾封平原君虞卿"以一城"。④ 赵孝成王为了报答魏无忌夺晋鄙兵以存赵，亦"以五城封公子"。⑤ 秦汉时期的分封制就是沿袭战国而来的。西汉初年，"时大城名都民人散亡，户口可得而数裁什二三，是以大侯不过万家，小者五六百户"。"逮文、景四五世间，流民既归，户口亦息，列侯大者至三四万户，小国自倍。"⑥ 可见封国、封区不仅包括农村，而且包括"大城名都"的户口。国相征收赋税时，封区居民"但纳租于侯，以

---

① 《史记·吴王濞传》。
② 《史记·孟尝君传》。
③ 《史记·范雎蔡泽传》。
④ 《史记·平原君虞卿传》。
⑤ 《史记·魏公子传》。
⑥ 《汉书·高惠高后文功臣表》序。

户数为限"。① 这一部分赋税的基本数量也是"岁率户二百",② 以户为单位来计算的。王、侯向天子所纳的献费也是按口征收。汉代分封并非绝对不提亩数,如西汉末,就曾有人"请以新野田二万五千六百顷"益封王莽。③ 这是否说明分封是一种土地关系呢?仍然不能。因为王莽的封区不是按整郡、整县的规模扩大,而只是增加这二万五千六百顷的区域以"满百里"。汉代"县大率方百里",④ 说明给王莽益封的数字是为了达到一县这个行政区划的通常面积。既然这部分新增封区不足以称县称邑,那就只有称亩了。封区之间调整面积而称亩的记载,在其他列传中也有。⑤ 可见这种特定情况下的计亩并不说明分封制具有土地关系的性质,而仅能说明它只是在特定条件下计算封国、封区的一种补充办法。实际上,在王莽益封的新野田中,仍会存在大量的地主和自耕农,汉政权不可能在新野一处就拥有无主官荒二万五千六百顷。汉代"减户邑""分户邑"的记载经常出现,⑥ 更雄辩地证明户口对于封国、封区的重要经济意义。晋及南朝时期,诸王开国仍是"并以户数相差为大小三品"。⑦ 唐代食实封者,也只具有对一定数量户口的征税权,后来封区逐渐取消,他们就只能根据自己所得的封户数,按每百户若干端匹帛绢去官府领取实物。⑧ 这时食实封者连行政区划意义上的封区也丧失了,当然更谈不上有什么土地占有权了。顾炎武曾指出:"唐、宋以下,封国但取空名,而不有其地。明代亦然。"⑨ 确实是很好的概括。

由此可见,把中国封建社会王、侯征敛的赋税看成是地租,把分封制当作土地占有关系,是不妥当的。

通过上述分析可以看出,占有地租权、土地继承权和土地买卖权等条件,是判断各种土地所有权界限的基本原则。必须把这几个原则结合

---

① 《后汉书·百官志》。
② 《史记·货殖列传》。
③ 《汉书·王莽传》。
④ 《汉书·百官公卿表》序。
⑤ 《汉书·匡衡传》。
⑥ 如《汉书·张汤传》附延寿传、《汉书·诸侯王表》序。
⑦ 《陈书》卷28。
⑧ 《唐会要》卷90,《缘封杂录》。
⑨ 《日知录》卷14,《封国》。

起来，联系不同历史时期的实际情况，进行具体分析，才能得出可靠的结论。孤立地运用任何一个原则，都不可能做出科学的结论。

第三节 私有土地的两种类型
——地主土地所有制与自耕农小块土地所有制

与国有土地相比较，私有土地是另一种土地所有权的体现。对于这种土地，国家是主权者，却不是所有者，只有对土地获得独立的专有权，并能决定在土地上进行生产的形式的个人才是土地私有者。由于土地所有者在生产中的地位不同，产品的分配方式不同，土地私有制又可划分为地主土地所有制和自耕农小块土地所有制。

"占有土地，自己不劳动，或只有附带的劳动，而靠剥削农民为生的，叫做地主。"[①] 土地对于地主来说，是其生存的物质基础，所以作为土地所有权的人格化，地主对于地产有无限的冲动，用一切方法占有和扩大土地就成了我国地主阶级的本性。南朝的地主王鉴曾经"广营田业"，其弟王惠问他："何用田为？"王鉴的回答很简单："无田何由得食？"[②] 地主如果没有土地，也就无从剥削农民，那就不免饿死，而土地越多，地主的物质生活水平也就越能水涨船高，所以"士大夫一旦得志，其精神日趋于求田问舍"，[③] 此为自然之理。宋代有人把地主的处世哲学概括为这样的原则："人生不可无田，有则仕宦出处自如，可以行志。不仕则仰事俯育，粗了伏腊，不致丧失气节。有田方为福，盖'福'字从'田'。"[④] 在地主阶级看来，"福"与"田"是一而二，二而一的东西，因而"'福'字从'田'"也就成了地主的文字学！正因为土地具有如此神妙的作用，故有的地主为了"与人争数尺地"而不惜"捐万金"，[⑤] 这真是达到了土地拜物教的地步！

---

① 《毛泽东选集》，人民出版社1968年版，第113页。
② 《宋书·王惠传》。
③ 《西园闻见录》卷4，《谱系》。
④ 《青波杂志》卷11。
⑤ 《五杂俎》上卷4，《地部》。

地主阶级的代言人总是编造出各种理由,辩护地主经济的合理性,他们往往把地主获得土地、扩大地产的原始根源完全归之于"勤俭发家"。这完全是谎言,是一个大骗局。在中国封建社会形成过程中,很多地主是由奴隶主转化而成的,他们今天用以剥削农民的土地就是昨天奴隶垦辟的成果。以后历代的地主往往还用霸占、抢夺、强买等横暴手段获得土地。官僚地主则可凭借政治特权得到赐田。工商业者购买土地的资金也来源于利息和利润,根本就是剥削、榨取的结果。有相当一部分地主是支付过土地价格的,自耕农中也确实可能有一小部分上升为地主,即令他们最初兼并土地的资金是自己劳动的成果,但在几年之后,他们征收的地租总额也早已抵偿了原来的地价,而作为土地所有者,他们却可以凭借这块土地无限期地继续剥削下去。总之,地主土地所有制的形成过程是剥削阶级最丑恶的历史之一页,那里充满了欺骗勒索、巧取豪夺和残酷剥削,是用刀剑和血泪写成的历史记录。

所谓"上农资累巨万;次农自足产业,不仰给于人;下农无寸土一椽,全仰给于人"的说法,[①] 大致划分出了地主阶级和农民阶级中的两个类别——自耕农与佃农。这里所说的"次农",大致相当于我们所说的自耕农。这种农民必须占有自己的私有土地,即"中人治生必有常稔之田",[②] 才能进行生产。自耕农的土地只能是小块的,因为它不足以成为剥削别人劳动的手段,只能是自己生产和生存的有限条件,清代有人指出:"瘠田十亩,自耕尽可足一家之食。若雇人代耕,则与石田无异。若佃与人,则计其租入,仅足供赋役而已。"[③] 可见只有私有土地扩大到一定数量,量变才能引起质变,自耕农土地所有制才能转化为地主土地所有制。

战国时期,已经出现了大量的自耕农,李悝所谓"一夫挟五口,治田百亩"者,就是指自耕农而言。西汉"五口之家","其能耕者不过百亩",也是有关自耕农经济的记载。[④] 大致由奴隶制向封建制过渡时,随

---

① 《古今图书集成·职方典》卷715,《常州府风俗考》。
② 《陶庐杂录》卷5。
③ 《杨园先生全集》卷50,《补农书》下,《策邬氏生业》。
④ 《汉书·食货志》。

着国有土地向私有土地转化,很多井田农民就转化成了自耕农。秦国统治者招徕三晋之民,给予田宅,复之三世,也是培植自耕农的措施。汉以后,历代大规模的农民起义和农民战争是培植自耕农的主要条件,因为每一次剧烈的阶级大搏斗都有力地打击了地主阶级的大土地所有制,使之部分地分化为自耕农的小块土地所有制。此外,农民自行垦荒也是自耕农小块土地形成的途径之一。应当特别指出的是,自耕农私有土地的重要特点是其不稳固性,个别自耕农虽可能兼并土地,上升为地主,但绝大多数自耕农却走上了出卖土地,纷纷破产的道路。因此,自耕农土地所有制可以说是一种处于十字路口的经济,具有过渡的特色。

地主土地所有制与自耕农小块土地所有制同样属于土地私有制的范畴,但在性质上,二者却截然相反。地主的土地是土地所有者对佃农进行剥削的物质基础,自耕农的小块土地却是土地所有者被地主政权榨取的客观条件。正是由于有如此重大的区别,我们才能在这两个私有土地的社会集团间划分出阶级来。就剥削关系而言,地主土地所有制与自耕农小块土地所有制具有不同的性质,前者却与土地国有制具有相同的属性。实际上,地主土地所有制是地主阶级的个人私有制,地主政权的土地国有制则不过是在地主阶级的总头子(皇帝)支配下的、名义上不属于任何个人私有的土地所有制,二者表现形式不同,阶级基础却是一致的。

在一般情况下,单个地主的地产均大于自耕农的小块地产,但这两种土地所有制的不同性质毕竟不是由简单的数量差别相互区别,而是由土地与劳动力相结合的不同方式而相互区别。一个仅仅占有十亩土地的商人或高利贷者,在出租土地的情况下,他不是兼有了自耕农的身份,而是兼有了地主的身份,在这里,数量不起决定性作用,规定土地关系性质的是土地的社会使用方式。

第二章　地主土地所有制占支配地位

在土地国有制、地主土地所有制、自耕农小块土地所有制三者中，哪一种土地所有制占支配地位呢？这是一个极其重要的问题，因为它牵涉经济基础、阶级对立等方面的根本内容及社会的基本面貌，同时也关系到上层建筑的职能及其组成形式等重大问题。如果说，研究土地所有制是我们分析中国封建社会形态的关键所在，那么，哪一种土地所有制占支配地位的问题是上述关键问题的核心。

第一节　从社会面貌和阶级斗争看地主土地所有制的支配地位

决定哪一种土地所有制占支配地位的最重要的根据，是看哪一种土地所有制能够决定社会的基本面貌。怎样才算决定了社会面貌呢？那就要看最基本的阶级关系、阶级对抗是在什么土地所有制的基础上产生的，因为在对抗性的阶级社会中，最主要的生产资料所有制是构成基本阶级对立的物质基础，统治阶级必然是那个占有主要生产资料的剥削阶级。根据这一原则来衡量，中国封建社会中占支配地位的生产关系必然是地主土地所有制。

毛泽东十分明确地肯定：中国"封建社会的主要矛盾，是农民阶级和地主阶级的矛盾"。"地主阶级对于农民的残酷的经济剥削和政治压迫，迫使农民多次地举行起义，以反抗地主阶级的统治。"[①] 而产生这一阶级

[①] 《毛泽东选集》，人民出版社1968年版，第588页。

对立的物质基础，就是"封建的统治阶级——地主、贵族和皇帝，拥有最大部分的土地，而农民则很少土地，或者完全没有土地"①。这里，毛主席说的农民，是佃农和自耕农都包括在内的。在中国的长期的封建社会里，自耕农小块土地所有制是受地主土地所有制支配的，剥削自耕农的主要是地主阶级的国家。所以，主要矛盾是农民阶级和地主阶级的矛盾这一论断，应当说已经肯定了地主土地所有制占支配地位。

在土地兼并剧烈的时期，地主土地所有制当然占支配地位，就是在自耕农数量超过佃农的时期，在实行内地屯田的曹魏、实行占田制的西晋，实行均田制的北朝及隋唐，地主土地所有制也仍然是决定社会基本面貌的关键因素。秦末农民战争之后，西汉初年"未有兼并之害"，②很可能自耕农的数量远远超过了佃农，但社会上的基本阶级对立状况仍然是地主阶级同农民阶级的矛盾和斗争，而地主占有土地剥削佃农，"分田劫假"，还是最基本的剥削形式和生产关系。如果没有这一生产关系，也就无所谓地主政权，无所谓地主阶级的国家对自耕农进行剥削了。曹操在中原大兴屯田的时候，国有土地确实不少，曹氏政权虽然大力打击豪强地主，并"为强豪所忿"，③但他所反对的只是豪强的"擅恣"，并不是豪强地主本身。大地主任峻、李乾（及其从孙李典）、吕虔、许褚、田畴等人实际上是曹氏政权的社会支柱。至于中小地主之拥戴曹操，就更不待言了。曹魏把租牛、客户赐给官僚地主，明显地说明了魏政权的阶级实质。九品中正制的确立，其后果也不免于"权归豪右"。④西晋政权的出现这一事实本身就是豪强地主势力发展的证明。罢屯田为郡县，占田制取代屯田制，不但不是国家土地所有制发展的表现，而且应当说是国有土地削弱，私有土地发展的反映。关于此点，下面还要具体论证。拓跋魏入主中原时，北方存在着大量"百室合户，千丁共籍"的大地主，著名的大地主分子范阳卢玄、赵郡李灵、渤海高允、博陵崔绰、广平游雅、河间邢颖、太原张伟等都立刻参加了北魏政权。均田制的推行不但

---

① 《毛泽东选集》，人民出版社1968年版，第587页。
② 《汉书·食货志》。
③ 《三国志·魏·武帝纪》注引《魏武故事》。
④ 《新唐书·柳冲传》。

没有撼动地主土地所有制这一基础，而且北方地主阶级内部的门阀等级也日趋森严。如清河崔氏、范阳卢氏、荥阳郑氏、太原王氏、赵郡李氏及关中的韦、裴、柳、薛、杨、杜等氏都是当时著名的"郡姓"。地主阶级内部的等级划分反映到政治上，就表现为"以贵承贵，以贱袭贱"① 的清浊分明。北齐也推行均田制，然而农民阶级同地主阶级的矛盾比北魏时更深刻化了，因之有"强弱相凌，恃势侵夺，富有连畛亘陌，贫无立锥之地"② 的情况。经过隋末农民战争的打击之后，门阀地主虽然严重削弱，但北方有的地主"代袭簪裘，周魏以来，基址不坠"③。江淮间的大地主田氏、彭氏在均田制推行时期仍然称著于世，故当时有"富如田、彭"之语。④ 如上所述，从曹魏到隋唐，即令在推行屯田、占田、均田等土地制度时期，地主阶级剥削客户的情况仍然普遍存在，并且是产生阶级对抗的基本经济因素。

因为存在着地主与农民的阶级对立，才出现了地主政权，才能产生国家剥削自耕农和占田农民、受田农民这一事实。在古代东方，由于有了奴隶劳动和奴隶主剥削奴隶的经济关系，广大的农村公社成员才处于被奴隶主国家剥削的地位。正是在这一意义上，我们才能说奴隶劳动占支配地位，奴隶制决定了社会面貌。如同不能根据古代东方的奴隶远比农村公社成员为少就否定奴隶制占支配地位一样，我们也不能根据自耕农、占田农民及受田农民数量比较大就否认地主土地所有制占支配地位。在资本主义国家，大都存在过小商品生产者的农民在农业人口中占绝对优势的情况，然而这并不妨碍资本主义农业占支配地位，因为足以决定阶级对立关系和社会性质的并不是那种小农经济，而是资本主义性质的大企业。我国封建时代占支配地位的是地主土地所有制，其道理是差不多的。

封建社会的阶级对立是由剥削关系，即剩余劳动的占有产生的，因此，哪一种土地所有制是产生封建地租的主要物质条件，它就必然占支

---

① 《魏书·魏麒麟传》附显宗传。
② 《通典》卷2，《食货典》，引宋孝王《关东风俗传》。
③ 《旧唐书·于志宁传》。
④ 《新唐书·郝处俊传》。

配地位。在中国封建社会，问题在于地主土地所有制与国家土地所有制都能产生地租，何者占支配地位呢？历代地主政权所征收的赋税并不是直接来源于国有土地。它属于上层建筑范畴，是财政而不是经济。至于国有土地上产生的地租，即令在曹魏实行屯田时期，也只占国家总收入中的较小部分，而地租总额中的绝大部分是地主的私租。远在汉代就有人说："今汉民或百一而税，可谓鲜矣。然豪强富人占田逾侈，输其赋太半。"① 明代的王夫之把历代的情况作了总的概括："言三代以下之敝政，类曰豪强兼并，赁民以耕而役之，国取什一而豪强取什五。"② 在土地高度集中的时候，甚至国家的财政收入与私租总量相比，恐亦有不能匹敌之感。尽管地主政权的横征暴敛在"官逼民反"中起了不小的作用，但农民起义大多爆发于土地兼并剧烈的阶段，可见，地主兼并农民的土地、地主对佃农的敲骨吸髓的盘剥，是促使阶级矛盾深刻化的最重要的社会根源。

从农民起义的纲领性口号也可以看出地主土地所有制占绝对支配地位。"伐无道，诛暴秦"和"苍天已死，黄天当立"是农民反对地主政权的残暴统治的政治口号，从中看不出主要反对哪一种土地制度。农民起义提出的反对封建经济的纲领性口号，如"均贫富""均田""天朝田亩制度"，矛头主要是指向地主土地所有制，而不是国家土地所有制。其所以如此，就因为地主土地所有制是造成阶级矛盾极度激化的最主要根源。

从农民起义的作用也可看出地主土地所有制占支配地位。大规模的农民战争之后，往往出现地主土地所有制削弱，自耕农增加，国有土地膨胀的现象。曹魏屯田实行的条件正如司马朗所说："宜复井田。往者以民各有累世之业，难中夺之，是以至今。今承大乱之后，民人分散，土业无主，皆为公田，宜及此时复之。"③ 恢复井田制是不切实际的空想，曹操通过实行屯田终于把这一部分土地转化成了国有土地。唐太宗利用隋末农民战争打击地主土地所有制的成果，更有效地推行均田制，亦部分地具有这一性质。如果认为土地国有制在我国封建社会占支配地位，

---

① 荀悦：《汉纪》卷8。
② 《噩梦》。
③ 《三国志·魏·司马朗传》。

那就必然会得出这样的错误结论：农民起义不但没有打击主要的封建经济关系，而且起了促使它发展的作用。实际上，只有把地主土地所有制当作占支配地位的经济制度，才能正确地理解农民起义的历史动力作用。关于此点，以后还要详细讨论。

我国的封建土地所有制是在民主主义革命中最终被消灭的，而土地改革所消灭的主要还是地主土地所有制，虽然所谓"官地"等封建性的或官僚资产阶级的"国有土地"也一起被消灭了。毛泽东在谈到鸦片战争以后的近代社会时指出："封建剥削制度的根基——地主阶级对农民的剥削，不但依旧保持着，而且同买办资本和高利贷资本的剥削结合在一起，在中国的社会经济生活中，占着显然的优势。"[1] 这说明，农民同地主的矛盾仍然是过去数千年封建制度中阶级对立的继续，因此，地主土地所有制既是近代的，也是古代的占支配地位的封建土地所有制。辛亥革命虽然推翻了封建帝制，但并没有在社会制度上完成民主主义革命的任务，所以这是一次失败了的革命。如果肯定国家土地所有制占支配地位，那就必然会错误地过高估计这次革命的意义，因为随着帝制和皇族的被推翻，岂不是可以说占支配地位的土地国有制也消灭了？实际上，只有伟大的土地改革运动才最终埋葬了封建土地制度，这是最终的一次农民阶级对地主阶级的斗争，也是有决定意义的一次斗争。毛泽东在谈到土地改革运动时说："中国土地法大纲规定，在消灭封建性和半封建性剥削的土地制度、实行耕者有其田的土地制度的原则下，按人口平均分配土地。这是最彻底地消灭封建制度的一种方法，这是完全适合于中国广大农民群众的要求的。""土地制度的彻底改革，是现阶段中国革命的一项基本任务。"[2] 所谓"土地制度的彻底改革"，正是指废除地主土地所有制而言。因此，战国时期"田连阡陌"的地主对缴纳"见税什伍"的佃农进行剥削的生产关系的形成，宣告了我国封建社会的开始；土地改革运动废除地主土地所有制，宣告了我国封建社会的死亡。地主土地所有制是与中国封建主义时代相终始的占支配地位的封建土地所有制。

---

[1] 《毛泽东选集》，人民出版社1968年版，第593页。
[2] 《毛泽东选集》，人民出版社1968年版，第1146、1148页。

离开封建国家的阶级性质，就无法正确理解国家土地所有制。我国封建社会的地主政权是代表和保障地主阶级的根本利益的，它并不是独立于地主阶级利益之外的政治实体，也不是仅仅保障皇族利益的政治工具。尽管皇帝在全国拥有至高无上的地位，政治上确立着"前主所是著为律，后主所是疏为令"①的原则，但封建国家说到底还是为地主土地所有制这一经济基础服务的。唐太宗就曾坦率地对臣下说："朕终日孜孜，非但忧怜百姓，亦欲使卿等长守富贵。"②所谓"忧怜百姓"是欺人之谈，"欲使卿等长守富贵"才是由衷之言。宋代的文彦博就不再使用"忧怜百姓"这样的遮羞布了，而是对宋神宗赤裸裸地建议："为与士大夫治天下，非与百姓治天下也。"③明代的张居正则进一步公开承认："人所以能守其富而众莫之敢攘者，恃有朝廷之法故耳。"④这就把国法同地主土地所有制间的关系讲得一清二楚了。从秦代的"黔首自实田"到明代的鱼鳞图册，都是封建政权承认和保障地主土地所有制的表现。我们只能以地主阶级为出发点来理解政权的职能和性质，而不能以皇帝和皇族为出发点来对之进行说明。既然国家是地主阶级的政治工具，那么封建的土地国有制在实质上也就是地主阶级的土地所有制，仅仅在形式上不属于任何私人所有而已。在这种情况下，土地的国家所有制不但不占支配地位，而且它本身只不过是地主土地所有制的补充形式。

至于自耕农小块土地所有制，则不可能在全部封建经济关系中占支配地位，因为它不能构成封建社会阶级对立的物质基础，世界上也没有一个以小块土地所有制为经济基础的社会形态。封建国家对自耕农进行剥削，榨取课役，纯粹依靠行政、法律等强制手段，根本不凭借地主政权对土地的所有权。自耕农占有的土地是他提供课役的客观条件，然而却不是剩余劳动吸收器。自耕农之所以处于被剥削地位，不是由于他耕种了什么国有的土地，而是由于封建国家由以建立的地主剥削佃农的生产关系已经作为一个前提而存在了。在这一意义上，也可以说，地主土

---

① 《汉书·杜周传》。
② 《贞观政要》卷6，《论贪鄙》。
③ 《通考》卷4，《职役考》。
④ 《西园闻见录》卷25，《保家》。

地所有制对自耕农土地所有制产生了支配作用。此外，自耕农不可能长期稳定地占有其小块土地，这部分土地迟早要在土地兼并中转化成地主的土地。因此可以说，自耕农小块土地所有制只不过是地主土地所有制的附庸。

在阶级对立和阶级斗争的意义上，地主阶级、封建政权构成剥削的一方，佃农、自耕农构成被剥削的一方，国家与农民阶级的矛盾从属于整个地主阶级与农民阶级的矛盾，自耕农与国家的矛盾也从属于整个农民阶级与地主阶级的矛盾。把国家同自耕农的矛盾当作主要的阶级矛盾，就不免流于本末倒置。

第二节 地主土地所有制在土地关系总和中起主导的制约作用

在上一节中，着重从社会面貌和阶级斗争方面分析了地主土地所有制的支配地位。现在，我们进一步研究三种土地所有制之间的相互制约关系以及这种关系的运动发展趋向，并由此论证地主土地所有制占支配地位。

一般所谓制约，是就两种或两种以上的事物之间的关系而言。在通常情况下，制约也是相互的，不是单方面的，但这种相互制约作用不可能是平衡的，必然有一方起着主导的制约作用，而能起这种作用的一方总是居于支配地位的事物。在中国封建社会中，土地国有制、自耕农土地所有制也能对地主土地所有制起制约作用，却不是主导制约作用；只有地主土地所有制能对其他二者起这种作用。这正是地主土地所有制占支配地位的反映。关于这个问题，可以从时间和空间两个方面进行分析。

就时间方面，即发展过程而言，一般规律总是地主土地所有制逐渐侵蚀国有土地和自耕农土地，由此体现其支配地位。

商周时期，我国奴隶社会确立着"溥天之下，莫非王土"的土地国有原则；封建社会形成以后，就确立了土地私有的经济原则，这种私有原则首先就体现为地主土地所有制。此后，在两千多年的封建主义时代，国有土地和自耕农土地虽然始终存在，时多时少，但历史发展的总趋势是地主土地所有制由小到大，由弱到强，日益扩张。我们可以用唐中叶均田制的最后破坏为界标，把中国封建土地制度史划分为两个不同的历史阶段。在前一个阶段，国有土地和自耕农的土地占相当大的数量，地主的土地虽然有时"田连阡陌"，但这种所有制发展水平尚不高。在后一个阶段，国有土地大为减少，自耕农大批转化为佃农，地主土地所有制就占了压倒的优势。明清之际的顾炎武敏锐地觉察到了这种变化，所以他说："汉武帝时，董仲舒言：'或耕豪民之田，见税什五'。唐德宗时，陆贽言：'……兼并之徒，居然受利。'……然犹谓之'豪民'，谓之'兼并之徒'。宋以下则公然号为'田主'矣。"① 这一看法并非徒然而发，确实反映了客观实际。

在前一阶段，地主土地所有制发展水平有限。商鞅变法时，大量招徕三晋之民以垦田，说明秦国境内有很多可垦可耕的无主土地，尚未为地主所占有。汉高祖徙齐、楚大族昭、屈、景、怀、田等氏于关中，曾"与利田宅"。② 武帝大量徙民茂陵，亦"赐徙茂陵者户钱二十万，田二顷"③。昭帝也曾"募民徙云陵，赐钱田宅"④。在整个魏晋南北朝时期，大量徙民的记载俯拾即是。但到唐代以后，这种现象就突然减少了。这不能不说是地主土地所有制发展、无主荒地锐减的结果。只有到明代初年，我们才又看到大量徙民的现象昙花一现。为什么当时又能出现大量无主田呢？恐怕与金、元以来的民族占领有关。朱元璋的北伐，驱逐了成批的蒙古贵族地主，这是产生大量无主田的特殊条件，此一特殊条件一旦消失，明成祖迁民实北平以后，从此"移徙者鲜矣"。⑤ 因此，明初的特殊情况并不影响我们所作的结论。从曹魏到隋唐，地主政权不断实行内地屯田、占田制和均田制，也说明社会上存在着大量无主田可供统治者处理和分配。而到唐中叶以后，这些制度就失去生命力，再也无法推行了，其原因就在于地主土地所有制发展到了新的阶段。古人也看到

---

① 《日知录》卷10，《苏松二府田赋之重》。
② 《汉书·高祖纪》。
③ 《汉书·武帝纪》。
④ 《汉书·昭帝纪》。
⑤ 《明史·食货志》。

了此点，故有人说："唐初定均田，有给田之制，盖由有在官之田也。其后给田之制不复见，盖官田益少矣。"①"官田益少"正是由于地主的私田益多，这是不言而喻的。

为什么唐中叶以前，能够不断出现大量无主抛荒田，地主土地所有制不能达到较高的水平呢？这与当时的生产力水平有密切关系。大致战国以后，西汉时期，由于耕垦技术所限，大多数垦田分布于土地平敞、肥沃、人口聚居的地区，劳动力稀少的南方、河西、幽州等地及黄河流域的山泽地区大部分土地还没有来得及开垦，因此，一旦爆发农民起义或大规模的战争，中原的地主就带着大批的劳力远逃他乡，并且很容易占有一块可以开垦的沃土。汉末，北人南迁已经开始，"徐方士民多避难扬土"②。鲁肃曾因"中州扰乱"而率男女三百余口南徙"沃野万里"的江东。③ 此外，韩融、田畴、孔潜、郗鉴、庾衮等都是一些开发山区土地的典型人物。④"永嘉之乱"以后，大量地主一批又一批地南逃，不胜枚举。他们在南方也能占垦无主荒田，譬如侨人集中的晋陵一带原来就是"地广人稀，且少陂渠，田多恶秽"⑤的地区。谢灵运、郗鉴、沈庆之等占有的"湖田"⑥大多也是初垦的荒地，不但谢灵运的"凿山浚湖，功役无已"，求决瞳湖为田等事实说明了此点，而且孔灵符建议下徙山阴无赀之家于余姚、鄞、鄮三县界"垦起湖田"，"并成良业"，⑦也是如此。由于地主很容易垦占无主荒地，所以只要有足够的劳动力，他们就不怕逃到新地区后无地可垦，这是地主流亡时往往携带数百家以至数千家的根本原因，甚至一些流民集团的首领也往往是大族，如李特、杜弢等都是如此。各代均有流民，只有魏晋南北朝才有侨郡侨县，不但南方如此，

---

① 《困学纪闻》卷16。
② 《三国志·吴·张昭传》。
③ 《三国志·吴·鲁肃传》注引《吴书》。
④ 参阅《后汉书·荀彧传》《三国志·魏·田畴传》《晋书·孔愉传》《世说新语·栖逸》篇注引《孔愉别传》《晋书·郗鉴传》《晋书·庾衮传》等。
⑤ 《元和郡县志》卷25，《江南道》卷1，《润州丹徒县》。
⑥ 参阅《宋书·谢灵运传》、《太平寰宇记》卷99《江南东道温州瑞县》及《宋书·沈庆之传》。
⑦ 《宋书·孔季恭传》附灵符传。

慕容廆在燕、张轨在凉也都设立侨郡。① 只有一起逃来的人能够按原籍聚居在一处才能侨立郡县，如果没有大量无主荒地可垦，这种情况就无法设想。逃亡地主既然在新的地区占垦大量荒地，当然就渐渐乐于就地落籍，不企求再重返旧墟。东晋桓温建议还都洛阳，孙绰以为不可，其理由是："播流江表，已经数世。存者长子老孙，亡者丘垅成行。……植根于江外数十年矣，一朝拔之，顿驱蹠于空荒之地，提挈万里，逾险浮深，离坟墓，弃生业……田宅不复可售，舟车无从而得……"② 这些地主因为在南方占有大量土地，所以就不思恢复故土了。

历代均田制的破坏均由于土地兼并，唐代亦然，但唐中叶均田制破坏以后为什么不能再恢复这一制度呢？我觉得与生产力水平的提高和两晋南北朝的大规模垦荒的成就有关。大致到 8 世纪中叶时，大部分易垦、可垦之地已经被开发出来了。开元时唐玄宗诏曾称："今原田弥望，田浍连属，繇来榛棘之所，遍为粳稻之乡。"③ 元结亦称："开元、天宝之中，耕者益力，四海之内，高山绝壑，耒耜亦满。"④ 所以，中原如果发生战乱，四散逃亡的地主也很难在别的地区垦占大片土地，一俟战争停止，他们就必然返归故里，重理田业。如"安史之乱"时，赵郡李莹、李岷兄弟南逃避乱，岷家田地"为人所影占"，以后他回到故乡，"皆公讼收复之"。⑤ 这样，地主政权就必须为逃亡地主保留其土地所有权，而不能任意处理这些抛荒田。关于此种复业还田的情况，安辑流亡的法令中有大量的记载。⑥ 封建国家失去实行屯田、占田、均田的条件，土地私有权进一步得到巩固，是地主土地所有制发展到新阶段的表现。

---

① 《晋书·慕容廆载记》及《晋书·张轨传》。
② 《晋书·孙楚传》附绰传。
③ 《册府元龟》卷497，《邦计部·河渠》。
④ 《元次山集》卷7，《问进士》。
⑤ 《太平广记》卷336《李莹》条，出《广异记》。
⑥ 如后唐长兴三年敕："有逃户未归者，其桑土即许邻保人请佃，供输租税。种后本主归来……至秋收后还之。"（《五代会要》卷25，《逃户》）
又如宋代淳祐二年敕："四川累经兵火，百姓弃业避难，官以其旷土权耕屯以给军食，及民归业，占据不还。自今凡民有契券，界至分明，析在州县屯田，随即归还。其有违戾，许民越诉，重罪之。"（《宋史·食货志》）明代，"凡开垦荒田，洪武初，令各处人民先因兵燹遗下田土他人开垦成熟者，听为己业。业主已还，有司于附近荒田拨补"（《明会典》卷17，《户部》卷4，《田土》）。

即令在一个朝代或一个较短的时期内，地主土地所有制也是逐步膨胀和发展的。西汉初年，地主所占有的土地比较有限，到汉武帝时，土地兼并日趋严重，武帝曾通过算缗、告缗的办法没收私有大地产，"大县数百顷，小县百余顷"①。看起来，好像土地国有制对地主土地所有制起了主导的制约作用，但历史的发展是无情的，到西汉末年，又出现了"强者规田以千数，弱者曾无立锥之居"②的情况，说明地主土地所有制再次战胜了土地国有制和自耕农土地所有制。黄巾起义以后，出现了大量无主田，"当时天下之田，既不在官，然亦终不在民。以为在官则官无人收管，以为在民则又无簿籍契券"③。曹操把这种没有土地所有权的土地变成屯田，体现了土地国有的原则。但西晋实行占田制后，又把国有土地转化成了私有土地，因为占田者只受不还，土地可以继承，占田制下的土地并不具备国有性质。曹魏屯田是一时权宜之计，司马氏的占田制则与封建社会的经济制度有密切关系，所以由屯田发展为占田制，体现了地主土地所有制的支配地位。

均田制实行时期也有国有土地私有化的总趋势。北魏均田令规定："诸宰民之官各随地给公田，刺史十五顷，太守十顷，治中、别驾各八顷，县令、郡丞六顷。更代相付，卖者坐如律。"④这种官僚所受的"公田"毫无私有性质，实际上就是职田，所以杜佑说："职分田起于此。"⑤但这种"公田"在历史发展过程中部分地转化为私有土地了。《通典》卷2，《食货典》引宋孝王《关东风俗传》：北齐时，"其赐田者谓公田及诸横赐之田。魏令职分公田，不问贵贱，一人一顷，以供刍秣。自宣武出猎以来，始以永赐，得听卖买。迁邺之始，滥职众多，所得公田，悉从货易。又天保之代，曾遥压首人田以充公簿，比武平以后横赐诸贵及外戚佞宠之家，亦以尽矣"。此段记载时间交错，须加以辨明。《风俗传》虽在谈到北齐均田制时插入此段，然"公田"及"横赐田"却包括了北

———————

① 《史记·平准书》。
② 《汉书·王莽传》。
③ 《通考》卷1，《田赋考》卷2，引水心叶氏曰。
④ 《魏书·食货志》。
⑤ 《通典》卷1，《食货典·田制》下。

魏、东魏及北齐时期的演变情况。"魏令"显系指东魏的法令而言，因为北魏授公田并非一人一顷。不过这种公田私有化的过程是从北魏宣武帝开始的，所以追述至"宣武出猎以来"。当时既"得听卖买"，又为"永赐"，这种"公田"遂开始失去了职田的性质，转化成了官僚的永业田。"迁邺之始"是指孝静帝迁都而言，以下"所得公田，悉从货易"系指东魏"公田"私有化而言。"天保之代"即北齐以后，不但官吏已得之"公田"都成了私有地，而且地主政权搜刮来的无主土地赏赐殆尽，全部成了私有土地。北周、隋、唐官僚所受之田均为永业田，即私有土地。虽然当时又出现了职分田，但并不意味着土地国有原则有所加强，因为永业田的数量在唐代不但超过了北魏的"公田"，而且超过了东魏、北齐时期的"公田"，职分田再度出现后，在土地总量中必然为永业田的大量发展所冲淡。

　　北魏的露田，在任何情况下均不得出卖和继承，完全是国有土地。北齐和隋朝的口分田亦"悉入还受之分"，在法律上没有私有性质，但就实际情况而言，国有制已经不十分巩固和完整，北齐"露田虽不听卖买，卖买亦无重责。贫户因王课不济，率多货卖田业"①。唐政权曾三令五申禁止出卖口分田，而实际情况也是禁者自禁，卖者自卖，口分田的买卖"尚未能断"。②此外，唐代法令还规定，狭乡农民乐徙宽乡及卖充住宅、邸店、碾硙者，口分田均可合法出卖。这些新的规定说明，口分田的私有原则也在逐步加强和发展，其国有性质在日趋削弱。宋人叶适敏锐地觉察到了此点，故云："唐却容他自迁徙，并得自卖所分之田。方授田之初，其制已自不可久。许之自卖，民始有契约文书而得以私自卖易。故唐之比前世，其法虽为粗立，然先王之法亦自此大坏矣。"③

　　从空间范围研究各类土地的配置，也可说明地主土地所有制占支配地位。首先，地主政权能够分配、支配多少土地，主要取决于地主阶级所占有的私有土地有多少，只有私田以外的无主田才有可能转化为国有土地。曹操实行屯田的前提是"民人分散，土业无主，皆为公田"，如果

---

① 《通典》卷2，《食货典》，引宋孝王《关东风俗传》。
② 《全唐文》卷30，玄宗《禁买卖口分永业田诏》。
③ 《通考》卷1，《田赋考》卷2，引水心叶氏曰。

土业大多有主，就根本不可能有那么多的"公田"以实行屯田。北魏实行均田制时也曾规定："诸土广民稀之处，随力所及，官借民种莳。……诸远流配谪、无子孙及户绝者，墟宅、桑榆尽为公田，以供授受。"① 唐朝的均田制与此相同，而且所实行的屯田、营田也是"因隙地置营田"。② 开元时的李元纮也说："若人闲无役，地弃不垦，发闲人以耕弃地，省馈运以实军粮，于是乎有屯田。"③ 由此可见，私有土地的数量是决定无主荒地和国有土地数量的前提，国家处理、掌握土地的多少，不取决于皇帝的主观愿望，而取决于地主经济力量的大小。这种情况体现了地主土地所有制对土地国有制处于支配的地位。

其次，在均田制实行的范围内，桑田和永业田基本上是私有土地，露田和口分田的国有性质超过了私有性质，在数量上虽然桑田和永业田少于露田和口分田，但在原则上，也是前者成为后者的界限。北魏均田制规定："诸桑田不在还受之限，但通入倍分。于分虽盈，没则还田，不得以充露田之数，不足者以露田充倍。"唐长孺同志认为，当时的桑田有时是指受田者原有的私有土地，有时是指"初受田者"所得到的土地，而这段记载所说的正是前一种情况。④ 据此，我觉得这段话的意思是：桑田缺额首先用倍田补充，倍田补充后仍有缺额，则以露田充倍田继续补充。可见统治者授田的原则是：首先保证私有权最充分的桑田足额，在狭乡受田严重不足之处，则以先减少倍田、然后减少露田的办法保证桑田足额。唐代受田很少足额，也坚持二十亩永业田保证足额、余以为口分的原则。敦煌户籍残卷所记载的情况，受田一般仅五十亩左右，而永业田大多足二十亩，其中间或有缺一二亩者，可能由于卖田所致，未见得是原来授永业田时所缺。这样，由北魏至唐朝，均田制中也是永业田成为口分田的界限，而不是后者成为前者的界限，这也反映土地私有制原则对土地国有制原则的优势。

---

① 《魏书·食货志》。
② 《新唐书·食货志》。
③ 《旧唐书·李元纮传》。
④ 唐长孺：《北魏均田制中的几个问题》，《魏晋南北朝史论丛续编》，生活·读书·新知三联书店1959年版。

再次，前面已经指出，北方能够实行大规模屯田和均田制，是以地主土地所有制在南方及幽州、凉州等地区的发展为前提的，没有大批中原地主逃亡他乡"求田问舍"，北方就不会出现大量无主田可供实行均田制。因此，不顾江南大土地所有制的迅猛发展，孤立地看待北方的屯田和均田制，必然会夸大土地国有制的地位和意义。

最后，地主政权处理无主荒地，实行均田制，固然反映了部分土地国有的因素，但也要看到，统治者急于处理这种土地，往往是由地主土地所有制的扩张引起的。南朝刘宋时期，扬州刺史西阳王子尚曾奏称："山湖之禁，虽有旧科，民俗相因，替而不奉，炻山封水，保为家利。自顷以来，颓弛日甚，富强者兼岭而占，贫弱者薪苏无托，至渔采之地亦又如兹"，因此他建议："凡是山泽，先常炻爊种养竹木杂果为林芿，及陂湖江海鱼梁鳅鰲场，常加功修作者，听不追夺。官品第一、第二，听占山三顷；第三、第四品，二顷五十亩；第五、第六品，二顷；第七、第八品，一顷五十亩；第九品及百姓，一顷。"① 统治者接受这一建议规定占山顷亩，完全是由"富强者兼岭而占"引起的，而且对已经"炻爊"的土地"听不追夺"，承认其私有权的合法性。北魏实行均田制时也有类似的情况，史称："强宗豪族，肆其侵凌，远认魏晋之家，近引亲旧之验。又年载稍久，乡老所惑；群证虽多，莫可取据；各附亲知，互有长短；两证徒具，听者犹疑；争讼迁延，连纪不判。"② 正是为了遏制这种猖獗攘夺土地的情况，北魏统治者才毅然实行均田制，把无主田统一地加以处理和分配。可见即令在均田制的推行中，我们也看到了地主土地所有制日益发展的消息。

国有土地尽管经常受地主土地所有制的侵蚀，甚至完全转化为私有土地，但某些大规模的农民战争之后，又往往出现国有土地增加的倾向，这是否能证明土地国有制在历史发展过程中起了主导的制约作用呢？仍然不能，因为这是阶级斗争的结果，而不是封建国家向地主土地所有制斗争的结果。国有土地的增加，与其说是土地国有制的胜利，毋宁说是

---

① 《宋书·羊玄保传》。
② 《魏书·李安世传》。

地主土地所有制的暂时削弱。在这个问题上，农民获得占田、受田的占有权和所有权的意义居于首要地位，地主政权获得官荒处理权的意义只居从属地位。

综上所述，地主土地所有制是中国封建社会的主要基础，不论在任何历史阶段，都在全部土地关系中占支配地位。它既决定了中国封建社会的面貌，又对其他土地所有制起主导的制约作用。离开了这个经济基础，就失去了理解中国封建社会形态的最主要的根据和凭借。

第三章　地主土地所有制的特点

地主土地所有制是中国封建社会生产关系的核心，它本身所具有的特点不仅能反映农业生产中各种经济关系的特殊性，而且还能影响手工业、商业和城市的面貌。甚至上层建筑、国家组织形式的某些特点也直接、间接地由地主土地所有制的特点派生出来。因此，揭示地主土地所有制的特点，是全面认识中国封建社会形态的关键所在。

第一节　土地买卖与土地兼并

土地买卖是中国地主土地所有制的最基本的特点。在东、西方的其他国家，虽然在封建主义时代也稀疏地存在过土地买卖的现象，但它并没有成为占支配地位的经济关系。

西方在中世纪早期曾经出现过可以出卖的自由地，然而这种情况只意味着封建土地制度还不够成熟和发达。在中世纪的绝大部分时期，西方占支配地位的封建土地所有制形式，是基本上不能出卖的世袭领地和采邑。领主获得这种土地的通常途径是封授，而不是购买。只有到货币地租阶段，西方才普遍出现了土地自由买卖的现象。在鸦片战争以前，我国封建社会从未发展到这个相应的历史阶段，实物地租一直占支配地位，所以我们不能根据西方封建社会末期的情况否认土地买卖是中国封建社会的特点。我们就中外历史进行比较，必须"要弄清拿来作比较的各个国家的历史发展时期是否可以互相比较"[①]。把鸦片战争以前的中国

---

① 《列宁全集》第20卷，人民出版社1958年版，第405页。

封建社会与西方早期和发展期的封建社会相比，是比较妥当的。

东方某些国家土地不能买卖的原因是土地国有制在经济关系中占支配地位。西方土地不能买卖的主要原因是什么呢？现在还没有科学的答复。我觉得，土地的长子继承制可能是使土地免于买卖的一个重要保证。这个制度使领主经济非常巩固，使地产的占有在家族中非常稳定，基本上不发生扩大或缩小的现象。这种领地自然就容易成为"已经硬化了的私有财产"①。

在中国封建社会中，土地国有制并不占支配地位，土地私有制的普遍存在为土地买卖提供了可能性。另一方面，无论在奴隶社会或封建社会，我国都没有确立过长子继承制的原则。西周的宗法分封制虽有大宗、小宗之别，但小宗也一定继承和占有相当数量的土地。这样，经过若干代宗族繁衍之后，随着贵族集团人数的成倍增加，下层贵族所得到的封地越来越小，于是在奴隶制崩溃的过程中，宗法土地继承制也就根本无法维持了。进入封建社会以后，我国盛行的仍然不是长子继承制，而是分户析产的家族财产关系，因此就根本不可能形成稳定的土地占有状况，产生"硬化"了的私有地产。在这种情况下，破产的家族自然容易出卖土地，逐渐富裕起来的家族就能够购买土地。恩格斯在《致康·施米特》的信中曾说："在英国立遗嘱的绝对自由，在法国对这种自由的严格限制，在一切细节上都只是出于经济的原因。但是二者都反过来对经济起着很大的作用，因为二者都对财产的分配有影响。"② 可见中、西土地继承制的上述区别，是个不可忽视的因素。

早在战国时期，我国就出现了土地买卖的记载。如中牟之人有"弃其田耘、卖宅圃"者③，赵括曾以国君所赐金帛"日视便利田宅可买者买之"④。到商鞅变法时，则干脆肯定了"除井田，民得卖买"的合法性。秦汉以后，土地买卖是我国封建社会经常普遍存在的事实。

汉代的董仲舒开始斥责商鞅变法"改帝王之制"，以后历代不断有人

---

① 《马克思恩格斯全集》第1卷，人民出版社1956年版，第369页。
② 《马克思恩格斯全集》第37卷，人民出版社1971年版，第488—489页。
③ 《韩非子·外储说》。
④ 《史记·廉颇蔺相如传》。

千百次地重复这个陈旧的论调。直到明代,海瑞还说:"欲天下治安,必行井田,不得已而限田。"① 对于古人来说,三代之所以特别值得缅怀和憧憬,就是因为奴隶社会的土地国有制被他们理想化了。然而他们不知道,"田里不鬻"的原则不改变,战国以后的封建制就根本无法诞生。其实,战国以后的土地制度早已是具有封建灵魂的躯体了。春秋、战国之交,赏田、赐田、争田等土地私有的现象比土地买卖出现得更早,但只有土地能够合法普遍买卖以后,地主土地所有制的成熟和发展才具有了社会规模。在以后历代,奠基于土地买卖之上的土地兼并,从来就是大土地所有制产生和扩大的主要土壤。购买土地是地主获得土地的基本手段,占有赐田、赏田,强占豪夺民田等方式,只不过是地主土地所有制形成和发展的补充手段而已。

只要土地买卖存在,土地兼并就必然会如影随形地出现。古人斥责土地买卖的原因,就是由于他们看到了土地兼并的可怕后果。历代政论家提出的"行王田""复井田""限民名田"等倡议及均田制实行时期土地买卖的禁令,无不在无情的土地兼并的客观事实面前失去效力,化为泡影。王莽是第一个企图把幻想付诸实施的倒霉政治家,当他"行王田"禁止土地买卖时,区博曾谏称:"井田虽圣王法,其废久矣。周道既衰而民不从。秦知顺民之心,可以获大利也,故灭庐井而置阡陌,遂王诸夏,讫今海内未厌其敝。今欲违民心,追复千载绝迹,虽尧舜复起,而无百年之渐,弗能行也。"② 区博的见识比王莽就现实得多了,他虽然不能看出西周与汉代的社会性质有本质差异,却能意识到这已经是两个起了巨大变化的不同时代。实际上,历代的"井田论"都是脱离实际的、乌托邦式的幻想,当一部分人感伤主义地迷恋于"先王之制""三代之法",从井田制获得自己的诗情时,头脑比较清醒的苏洵却嘲笑他们"亦已迂矣!"③ 并且现实地指出:"三代井田,虽三尺童子知其不可复。"④ 马端临更讥之为:"欲复井田,是强夺民之田亩以召怨嗟,书生之论,所以不

---

① 《明史·海瑞传》。
② 《汉书·王莽传》。
③ 《嘉祐集》卷5,《田制》。
④ 《嘉祐集》卷5,《兵制》。

可行也。"① 此外，明人邱浚也曾冷静地说："井田既废之后，田不在官而在民，是以贫富不均。一时识治体者咸慨古法之善而卒无可复之理，于是有限田之议、均田之制、口分世业之法。然皆议之而不果行，行之而不能久。何也？其为法虽各有可取，然不免拂人情而不宜于土俗，可以暂而不可以常也。终莫若听民自便之为得也。"② 区博、苏洵、马端临和邱浚的论点反映了地主阶级的利益和要求。这个阶级的存在，在当时的具体历史条件下具有不可避免性，所以这里所说的"民心""人情""土俗"，既是地主阶级的意志的表现，也是社会现实在人们意识中的必然反映。

在单纯的地主经济内部，地主对于消费有无限的追求，这就决定了他们必然尽量兼并土地，扩大自己的经济能力。土地兼并的过程，实际就是地租地产化的过程，因为地主兼并土地的原则就是"将以其夺之人者辗转而为夺人之具不已"③。地主拥有的土地越多，地租积累的数量就越大，兼并土地的力量就越强。因此，土地兼并的进程不是等速度地前进，而是按照加速度的步伐前进的。

地主兼并土地的对象，主要是自耕农的小块土地。中国封建社会一确立，自耕农和其小块土地的分离就不只会不断再现，而且总是以日益扩大的规模向前进展。对于地主经济的扩张来说，大批自耕农的失去土地，是其不可缺少的条件。无论就土地而言，还是就劳动力而言，地主经济吞并自耕农经济都是土地兼并的主要途径。

在盛行领主庄园制的西方，也曾出现过土地转手的现象，但那是在僧俗领主及皇室间的土地攘夺，与我国建立在土地买卖原则之上的土地兼并迥然不同。在盛行土地国有制的东方各国，自然也不存在买卖私有土地的问题。正是在这一意义上，我们才能把土地兼并当作中国封建社会的特殊现象。

我国封建社会尽管可以买卖土地，但这种土地买卖与一般的商品买卖是有很大差别的。商品流通的最终目的，是从生产者手中转移到消费者手中。不论这种消费是生产的消费还是个人的生活消费，商品一旦被

---

① 《通考·自序》。
② 《大学衍义补》卷14，《制民之产》。
③ 《切问斋文钞》卷10，郑半人《俭论》。

消费，就不能当作商品重新进入流通领域了。因为商品在社会上不断被消费，所以它就必须不断再生产出来。这就决定了，商品的买卖是比较迅速而频繁的。土地不是普通商品，只是由于它被私人所垄断，才具有了可以买卖的属性。同时，土地的扩大是个相当缓慢的过程，它也不会在购买者手中被消费掉，社会上不需要有大量新增加的土地经常进入流通领域。地价远比一般商品价格为高，其购买者不像普通商品的消费者那样普遍。这些条件就决定了，土地买卖，即使在最自由的条件下，也不可能像一般商品那样迅速和频繁。正因如此，地产往往被称作"不动产"。地主阶级很欣赏土地的这种经济品格，认为"田之妙，正妙在急切难售。若容易售，则脱手甚轻矣"①。土地"急切难售"的特点给兼并土地的地主带来了极大的利益，他们可以利用此点，尽量压低地价，兼并农民的土地。

土地买卖的频率，在一般情况下，与商品经济的发展水平成正比。随着各个历史时期商品经济水平的变动，土地买卖的频率也会有所升降。魏晋南北朝时期，自然经济的色彩比较浓厚，所以关于土地买卖的记载也比较少，不少地主是通过占田、受田和山泽占领来扩大地产的。唐宋以后，商品经济的水平有了显著提高，土地买卖随之趋向频繁，于是有的地主认为："贫富无定势，田宅无定主，有钱则买，无钱则卖。"②这种观点确实反映了当时土地转手的状况。明清时代，商品经济发展到了更高的水平，甚至出现了资本主义萌芽，土地买卖也就更为迅速和频繁了，所以当时"俗语云：百年田地转三家。言百年之内，兴废无常，必有转售其田至于三家也。今则不然……十年之间，已易数主"③。所谓"千年田，八百主"④，也是中国封建社会后期出现的谚语。

土地买卖越频繁，土地再分配也进行得越迅速，这样，土地畸零的现象就必然趋向严重。反之，在自然经济色彩比较浓重的历史时期，地主对土地的占有在空间上就易于连成一片。从东汉到隋唐，地主大田庄

---

① 张英：《恒产琐言》。
② 《袁氏世范》卷3，《治家》。
③ 《履园丛话》卷4。
④ 《天下郡国利病书》原第7册引《武进县志》。

之所以能够普遍出现，恐怕与此点有关。明清时期，尽管大土地所有制比以往任何时期都发展，但除了依仗特权形成的王府庄田外，一般地主的土地能够形成完整田庄的却比较少，恐怕与商品经济、土地买卖的高度发展有关。

不同历史时期，尽管土地买卖的速度和频率有某种程度的不同，但土地买卖，作为一个经济原则，却始终存在。在任何历史时期，它都是地主土地所有制的一个根本特点。当然，我们也应该承认，在不同历史时期，土地买卖的速度和频率的变化，是能够对社会经济的某些方面产生一定影响的。

土地买卖与土地兼并是中国封建社会土地制度的根本特点，在此基础上，还派生出来了其他很多社会经济的特色。

第二节 没有形成封建土地所有制的等级结构

中国封建社会地主土地所有制的第二个特点是，没有形成封建土地所有制的等级结构。在此基础上，地主阶级在政治、法律上的等级划分，也很不严格。

西方封建社会盛行有条件的封建土地占有制，在贵族领主阶级内部，各等级之间有人身依附关系，低级领主对高级领主有一定的义务。这种等级制度的基础就是领地占有的等级结构。西方的等级制是十分严格的，所以有"没有无爵位的王侯"的谚语。此外，严格的等级制还表现在：阶级的划分与等级的划分是一致的，贵者必然是富者，贱者必然是贫者。没有土地的农奴，在政治上也就没有任何权利；拥有土地的领主，每人均具有一定的政治特权。

我国封建社会，也有等级制度。历代都存在贵贱、士庶的等级划分，在贵族、官僚集团中还有品级高低的区别，法律规定，车骑、服饰和器用方面不得任意僭越。社会上还存在着不同类型的"贱民"和奴婢，甚至医、巫、商贾、百工，在秦汉时期，与"良家子"的法律地位也有显著差别。就是到了明清时代，雇农、佃农与地主之间，往往还存在"主仆名分""贵贱有等"及不能平起平坐的习俗。但是，当我们把这些等级差别与土地制度结合起来研究时,却不能得出结论说,地主土地所有制也具有严格的等级结构。秦汉以后,根本不存在全国土地全部逐级封赐的制度,官僚、贵族地主与庶族地主之间,大地主与中小地主之间,根本不存在土地关系上的有条件占有制。在我国,贵者必然是富者,富者却未必都是贵者。秦始皇曾经下令"黔首自实田",把自耕农和地主都统称为"黔首",这在西方是完全不能想象的事。

这种情况产生的原因,仍然是土地买卖和土地兼并。马端临曾说:"随田之在民者税之而不复问其多寡,始于商鞅。"[①]为什么统治者不问私有土地的多寡呢?"盖自秦开阡陌之后,田即为庶人所擅,然亦惟富者、贵者可得之。富者有赀,可以买田;贵者有力,可以占田。"[②]在有赀者可以随意买田的情况下,地主占有土地的多少,主要取决于其经济力量的大小,而不取决于等级身份的高低,从而封建国家就不可能根据政治、法律地位,为土地的占有划定有效的法定界限。明人蔡虚斋也洞悉此中奥妙,他说:"三代以降,井牧之政不复,又别是一乾坤矣。天下之生纷纷董董,上之人大概都不甚照管他。号照管者,恐亦未尽其道,只是任他自贫自富,自有自无,惟知有田则有租,有身则有庸而已。田连阡陌由他,无置锥之地亦由他也。"[③]在这种条件下,统治者既无法把全国土地按等级分赐,也无法在地主阶级内部缔造出一系列的等级依附关系。

西晋实行过官僚、贵族按品级占田的制度,唐代有亲王、百官按品级受永业田的制度,宋代还公布过按官品限田的规定,这是否说明我国历史上确实存在过土地占有的等级结构呢?仍然不能。西晋和唐代的官员在占田、受田之外,还可以无限制地购买土地,所占、所受者只是按职位得到的土地,并不意味着对土地拥有的数量有真正有效的限制。此外,各级官员均直接从中央政权获得颁赐的土地,并无各品级之间逐级互相封赐土地的情况,所以土地完全属于占有者自己,根本不存在土地所有权分别属于各等级,每一等级只有局部所有权的事实。因此,西方

[①] 《通考·自序》。
[②] 《通考》卷1,《田赋考》。
[③] 《西园闻见录》卷25,《治生》。

土地所有制的等级结构是削弱中央皇权的重要因素之一，而我国占田制和均田制的推行恰恰成了加强中央集权的重要措施。至于宋代的限田，规定如下："品官之家，乡村田产得免差科，一品一百顷，二品九十顷，下至八品二十顷，九品十顷。其格外数，悉同编户。"① 事实说明，这里不是限制土地的占有数量，只是限制土地的免差科限额，地主只要负担课役，就可以无限制地占有土地。在我国封建社会，正因为没有土地占有的等级限制，所以"身无半通青纶之命"的地主，可以"有千室名邑之役"，可以"荣乐过于封君，势力侔于守令"。② 无怪乎司马迁只得把"无秩禄之奉、爵邑之入，而乐与之比者"称作"素封"了。③ 这种现实的经济关系，反映在人们的意识中，就产生了"富为上，贵次之"④ 的观点。

唐宋时期，有户等的划分。唐初分为三等，以后因三等未尽升降，增为九等。宋代把主户划分为五等。这种户等划分是否意味着等级制的存在呢？实际上，户等与等级是貌似而实异，二者毫无共同之处。地主政权把民户划分为高低不同的户等，完全是出于课役的需要，而不是为了在政治、法律上根据权力进行等级编制。西方的等级是一种特权，唐、宋的户等是一种义务。因此，在我国，为了减轻课役负担，社会居民都在力求降低户等。唐代的富商大贾"多与官吏往还，递相凭嘱，求居下等"⑤。宋代的"势家豪民"，亦"分析版籍，以自托于下户"。甚至有"鬻田减其户等者"⑥。由此可见，把唐宋时期的户等制与西方的等级制等同起来，或作不适当的类比，就是只看到了现象上的类似，而忽略了本质上的区别。

在土地买卖的制约下，中国封建社会各阶级的阶级地位和经济身份还具有变动不居的特色。既然"人之贫富不定则田之去来无常"，⑦ 就必

---

① 《宋会要·食货》卷6之1。
② 仲长统：《昌言·损益篇》。
③ 《史记·货殖列传》。
④ 《史记·日者列传》。
⑤ 《唐会要》卷85，《定户等第》。
⑥ 《宋史·食货志》。
⑦ 《皇清经世文编》卷30，李光坡《答曾邑侯问丁米均派书》。

然出现"田亩移换""贫富升降"① 的现象。这种经济地位的不稳定性，反映在政治上，就是等级制的极端不严格性。这就决定了，我国不存在"阶级即等级"的原则。秦朝的"黔首"既包括庶族地主，也包括劳动人民；历代所谓的"百姓"，也须要运用阶级观点进行分析，因为其中同样有庶族地主的成分。这种等级制的不严格性，还表现为等级身份也可以经常变动。秦代有"纳粟拜爵"② 的规定。汉代则实行"以赀为郎"，买爵卖爵的记载俯拾即是。③ 应当看到，这是土地买卖的特点在政治上的准确反映。

如上所述，在中国封建社会中，士与庶的等级界限，同地主与农民的阶级界限，并不完全吻合。土地所有权没有"硬化"，封建主的等级地位也不可能"硬化"。因为没有土地所有制的等级结构，所以也不可能在政治上形成严格的等级编制。

既然肯定土地买卖对政治上的等级编制有决定性作用，那就必须看到，在不同历史时期，随着商品经济水平的变动和土地买卖频率的高低，各阶级、各阶层在政治、法律方面的等级地位的不稳固性，也会发生一定程度的变动。魏晋南北朝时期，商品经济的水平特别低，土地买卖不太频繁，地主的经济地位比较稳定，从而等级身份也可以在一定的时期比较固定，这是当时门阀制度能够长期坚持的主要原因。南北朝末期，商品经济渐趋活跃，寒人势力兴起，土地买卖的增加导致了阶级地位的变化，门阀制度于是开始动摇。隋唐以后，商品经济的水平发展到了新的阶段，土地买卖进一步频繁，门阀制度终于被迫退出了历史舞台，科举制遂取代了九品中正制。魏晋南北朝时期，门阀制度与自然经济的强化同时出现，绝非历史的偶然，我们应当在经济关系的变化中，寻找上层建筑演变的深刻社会根源。

两晋到唐初，虽然存在官僚、贵族按品级占田、受田的土地制度，但它却不是九品中正制和门阀制度产生的物质基础，因为土地国有制在

---

① 《唐会要》卷83,《租税》。
② 《史记·秦始皇本纪》。
③ 如《史记·张释之传》："以赀为骑郎"；《司马相如传》："以赀为郎"；《文帝纪》："民得卖爵"，《索隐》崔浩云："富人欲爵，贫人欲钱，故听买卖。"

中国封建社会从未占支配地位，而地主土地所有制的时代特色才能对当时的等级编制的稳定性起决定作用。实际上，九品中正制产生以前，在东汉后期，乡举里选的办法和豪门世族已经出现了，而当时还根本没有实行什么占田制。东晋南朝并未实行过占田制和均田制，但门阀制度却发展到了极致。隋朝和唐初，均田制达到了最完善的时期，门阀制度和九品中正制却逐渐被废除了。事实上，正是由于土地买卖加速进行，所以在农民战争的打击下，隋唐时期才出现了世族门阀"名虽著于州闾，身未免于贫贱"[①]的现象。在这种情况下，尽管贵族、官僚还能按品受田，由于地主土地所有制的制约，门阀制度也终难于维持了。运用马克思主义的经济基础决定上层建筑的理论时，必须对复杂的经济关系进行全面的分析，抓住其中的主要环节，用以说明上层建筑领域中的变化。

西方封建土地所有制的等级结构限制了领主个人对土地的权利，他们不能轻易地兼并别人的土地。我国的封建地主不受这种等级结构的限制，因而就有条件无限量地兼并土地。可见土地买卖造成了土地所有制等级结构的缺乏，后者又反转来为土地兼并大开方便之门。这一点对我国封建社会基本经济矛盾的尖锐化，也起着不小的作用。

第三节 自耕农的大量存在及利润、利息向地租的转化

土地买卖和没有封建土地所有制的等级结构这两个特点又派生出下述两个附带的特点：第一，占有土地的自耕农大量存在；第二，工商业利润和高利贷利息不断向地租转化。

在中国封建社会，既然土地非国家所有，又不通过等级分封把全部土地分配给领主占有，而土地买卖又使有赀者即可买田，这样，地主阶级的土地就不能囊括全部耕地，而地主土地所有制就必然会出现空隙，这一空隙很容易为自耕农的小块私有地所填补。在土地兼并过程中，自耕农的数量自然在一定时期趋于减少，但大规模农民起义之后，大量的自耕农又会再度出现。在个别的场合，极少数上升的佃农也能够购买土

---

① 《唐大诏令集》卷110，《诫励氏族婚姻诏》。

地，转化为半自耕农或自耕农。① 占田制、均田制的实行及明初的移民垦田、清初的"更名田"，都是自耕农大量存在的事实。虽然在不同的历史阶段，自耕农所占有的土地总量有多有少，但在世界史上，像中国封建社会这样经常存在着相当数量的拥有私有土地的自耕农民，却很少见。正因如此，所以我们才可以把这种现象作为一个土地占有形式的特点来看待。

在有赀者可以买田的情况下，没有任何等级特权的工商业者和高利贷者，只要具有一定的经济能力，就可以用利润和利息购买土地，这就意味着利润和利息不断向地租转化。在西方，"由于地产是不可转让的，所以在它那里社会神经被割断了，它和市民社会的隔离也巩固了"②。只有到封建社会末期，市民与土地所有权间的鸿沟才因土地自由买卖的出现而被填平。中国封建社会一开始，商人、手工业者就根据"以末致财，用本守之"③ 的原则进行经济活动。就是到了资本主义萌芽已经产生的明代，这一原则仍被有效地坚持着。④ 清代徐州一带尚有"末不忘本，风气使然"的记载。⑤ 甚至手工业经营者，也愿意尽量购买土地，力争身兼地主身份。⑥ 至于高利贷资本，它本身就是促进土地兼并的杠杆，利息之转化为地租，更是司空见惯的事。

既然"耕田之利十倍，珠玉之利百倍"，为什么工商业者和高利贷者总是愿意把利润和利息转化为地租呢？第一，从事工商业和高利贷的风险较大，而购买田地剥削佃农则相形之下，显得保险得多。张英曾有一段精辟的议论："大约田产出息最微，较之商贾，不及三四。天下惟山右

---

① 《唐会要》卷85，《籍帐》："客户若住经一年以上，自贴买得田地有农桑者，无问于庄荫家住及自造屋舍，勒一切编附为百姓差科。"《五峰集》卷2，《与刘信叔书》："客户……衣食有余，稍能买田宅三、五亩，出立户名，便欲脱离主户而去。"《袁氏世范》卷3，《治家》："人家耕种，出于佃人之力。……不可见其自有田园，辄起贪图之意。"

② 《马克思恩格斯全集》第1卷，人民出版社1956年版，第368页。

③ 《史记·货殖列传》。

④ 《澹园续集》卷14，《怀泉许隐君墓志》："（许怀泉）谓治生当以末起家，以本守之。"转引自傅衣凌《明代江南市民经济试探》，上海人民出版社1957年版，第45页。

⑤ 《古今图书集成·职方典》卷771，《徐州府风俗考》。

⑥ 元代有此例：李"公名椿……以陶为业，器不苦窳。……中年以后，买田力穑，不二十年，为里巨族"[《安默庵先生集》卷2，《寿李翁八十诗三首并序》，转引自柯建中《试论明代商业资本与资本主义萌芽的关系》，《四川大学学报》（社会科学版）1957年第3期]。

新安人善于贸易。彼性至悭啬,能坚守。他处人断断不能然,亦多覆蹶之事。若田产之息,月计不足,岁计有余;岁计不足,世计有余。尝见人家子弟厌田产之生息微而缓,羡贸易之生息速而饶,至鬻产以从事,断未有不全军尽没者。余身试如此,见人家如此,千百不爽一"。他认为地产则是最稳妥的财产:"天下货财所积,则时时有水火盗贼之忧。至珍异之物,尤易招尤速祸。草野之人有十金之积则不能高枕而卧。独有田产,不忧水火,不忧盗贼。虽有强暴之人,不能竟夺尺寸;虽有万钧之力,亦不能负之以趋。千万顷可以值万金之产,不劳一人守护。即有兵燹离乱,背井去乡,事定归来,室庐畜聚,一无可问,独此一块土,张姓者仍属张,李姓者仍属李,芟夷垦辟,仍为殷实之家。呜呼!举天下之物不足较其坚固,其可不思所以保之哉!"① 确实,对于地主来说,土地不但是摇钱树,而且是保险柜,无怪乎封建社会出现了这种土地拜物教的观点。在这种思想的支配下,地主的治家格言是:"理家之道,力农者安,专商者危"②;人们选择职业的原则是:"耕读为上,商贾次之,工技又次之"③;置产的根据是:"自当以田地为上,市廛次之,典与铺又次之。"④ 这些观点都是"以末致财,用本守之"原则的进一步运用和高度发挥。

第二,在封建社会,地租是剩余劳动的通常形态,利润率和利息率尽管可以比年地租量与地价的比率高,但就全社会的剩余劳动而言,利润、利息总量必然少于地租总量。因此,地租的剥削带有根本的性质,它是剩余劳动产生的主要源泉,这一现实反映在人们的意识中,就出现了"本富为上,末富次之"⑤ 的观点。在资本主义社会中,购买土地也比经营工商业保险,但却不发生大量利润向地租转化的事实,原因何在呢?因为工业利润和农业资本家的利润是剩余劳动的通常形态,地租只不过是从利润中分割出来的一部分剩余价值,所以人们总会首先把资金投向

---

① 张英:《恒产琐言》。
② 《西园闻见录》卷34,《开垦》。
③ 张又渠:《课子随笔》卷3,《宗约》,转引自柯建中《试论明代商业资本与资本主义萌芽的关系》[《四川大学学报》(社会科学版)1957年第3期]文。
④ 《履园丛话》卷7。
⑤ 《史记·货殖列传》。

生产部门。由此可见，在对抗性的阶级社会中，剩余劳动的主要来源决定着人们的主要经济兴趣和经营趋向，不同的经济观点和原则正反映了不同的社会制度和生产关系。

土地买卖与土地所有制等级结构的缺乏，使地租、利润、利息三者结合在一起，形成"三位一体"的经济纽带，这确实是中国封建社会的特殊现象。这三者的结合，也加速和加剧了土地兼并的进程，促进了大土地所有制的发展。

第四节 没有形成庄园制经济体系

地主土地所有制的另一个特点是不能形成完整的庄园制经济体系。

庄园制是西方中世纪普遍流行的领地经营形式，大庄园本身不仅是一块大地产，而且内部具有一整套生产体系和经济制度。缺乏这些内容，即令土地连成大片，我们也很难把单纯的大地产称为庄园制。在中国学术界，"庄园制"这个概念是从外国输入的，当这个概念传入之前，尽管古代史料中也不断有"庄""园"等字样，但谁也不会把这些名词理解为经济制度。其之所以如此，就因为中国封建社会实际上不存在庄园制。

这一特点产生的根源，仍然是土地买卖。既然购买土地是地主获得土地的主要途径，那么地主的地产就很难保证一定集中在一起，形成庄园。虽然历代都出现过一些大田庄，然而在大多数场合下，私有土地与国有土地之间，私有土地与私有土地之间，地主土地与自耕农土地之间，都是相互交织、犬牙交错在一起的。土地所有权的集中与地段的分散发生了矛盾，这就为庄园制的确立设置了天然的障碍。宋代嵊县学田就是最好的例证。这些学田买自王周者，分布于升平乡及仁德乡各畈；买自杨滂者，分布于方山乡、仁德乡及升平乡各畈；买自张隘者，分布于剡元乡各头、畈。上述地产均系数亩、数十亩自成片段。[①] 又如宋代绍兴府小学田二百零二亩，亦分布于山阴乡、感凤乡、温泉西管乡、迎恩乡、旌

---

① 《越中金石记》卷4，《嵊县学田记》。

善乡、新安乡、安昌乡及清风乡等处，各乡土地则又分别属于各都。① 学田的这种土地配置状况十分普遍。② 嵊县学田不但说明学田的分散，而且说明这些地产原来属于王周、杨滂等人时，也是散布各乡，并未集中在一起。由于这种情况十分普遍，所以朱熹推行经界法时深感不便，产田、官田、职田、学田以及常平租课田"散漫参错，尤难检计"，必须考虑"田业散在诸乡"的情况。③ 在土地可以随时买卖的情况下，即令已经形成的大块地产，也很不稳定，可以在地主分块出售下重新陷于片段畸零。明人吕坤曾说："西里孙丙有地一顷，卖与北里李丁二十亩，卖与东里周戊三十亩，卖与南里吴己二十五亩。此三人者，又转卖于东里三家。此三家者，俱卖与西里一人。数年之间，地分几里，卖经几人矣。"④ 这虽然是吕坤的假设举例，却反映了社会上存在的现实状况。这些土地，不论对于孙丙、李丁、周戊或吴己，都根本无法形成庄园。明清时代，土地转手更为迅速和频繁，地段的分散必然更趋严重，因而清代江南一带有这样的情况："住此图者，多兼业彼图田；住城郭者，多兼业各图田；即田不过数十亩，亦多分散四乡各图者。"⑤ 因此，在中国封建社会中，称庄称园的大田庄尽管历代都有，但在任何时期，它都不是地主经营地产的唯一形式。

即令是连成一片的大田庄，也并不具备什么庄园制的经济内容，在经济管理上，它与散布各处的地主土地完全相同。宋代的寺田、学田有些确实是千亩相连的，与私人的大田庄基本上相同。但这些大地产，也被分片出租，为佃户的零星租种所瓜分，地主除统一收租外，在生产和管理上，并没有建立什么统一的制度。清代也有类似的记载："一段地亩，或佃户认种划分，或业主分契出典，致成数段。"⑥ 可见在土地出租

---

① 《两浙金石志》卷13，《绍兴府建小学田记》。
② 参阅《江苏金石志》卷13《吴学田籍记》、卷14《吴学续置田记》、卷16《华亭学田碑》、卷16《常熟县学田籍》，《金石续编》卷19《广州赡学田记并阴》、《广州学额管田数地基碑》等。
③ 《朱子大全》卷19，《条奏经界状》。
④ 《实政录》卷4，《改复过割》。
⑤ 《皇清经世文编》卷33，赵锡孝《徭役议》。
⑥ 《清通考》卷5，《田赋考》。

及地产管理上,地主的大田庄与一般未形成田庄的地主土地完全相同,既然后者不成其为庄园制,大田庄也就很难说是什么庄园制了。

西方的庄园制是有确定内容的,它是一种领主经营领地的通常固定形式。只要属于一个经营单位,即使一个庄园的土地分别属于两个或两个以上的领主,一个农奴占有的份地属于几个领主,这个庄园也仍然是一个完整的经营体系。西方庄园制崩溃的标志,主要有三个:第一,领地不再划分为领主自用地和农奴份地,领主把全部土地出租给农奴;第二,随着份地制的废除,条田制、敞地制等无法继续推行;第三,领主把公用的山林川泽据为己有,也分块出租给农民。可见离开了份地制、条田制、敞地制、公用山林川泽的制度以及饲草地的分配制度等,就根本谈不上什么庄园制。

我国由于大地产很不稳定,在田庄内没有形成特有的固定的成套生产制度,也不存在大量的农奴手工业者,其经济结构比西方的庄园简单得多,所以,我们很难把这种田庄称作庄园制。实际上,我国历代的田庄与西方庄园制崩溃以后的情况很相似,如果这种田庄可以称为庄园制,那么西方的庄园制就根本没有崩溃,上述的三点变化只能说是中世纪的庄园向另一种庄园转化而已。因此,我们不但不能说中国封建社会有庄园制,而且不能认为大田庄是另一种类型的庄园制。

如果抛开庄园制的具体经营体制,认为只要有超经济强制、自给自足的自然经济、农业与家庭手工业相结合的生产和地主武装,就可以称作庄园制,那么,盛行土地国有制的东方某些国家中的公社岂不是也成了庄园制?显然,我们应当在严格的意义上理解庄园制的经济概念,不能把它太一般化了。

为了正确认识庄园制,还必须搞清译名的混乱。现在的拉丁美洲早已不是封建社会,但仍然存在大庄园,是否能够以此为理由,肯定我国古代有庄园制呢?显然不能。所谓中世纪的庄园,在英文是 manor。拉丁美洲的庄园是 plantation,应当译作"种植园",与中世纪的庄园毫无共同之处。因此,尽管由于译名的混乱,我们可以把"种植园"也叫作"庄园",但却根本不能因此断言,拉丁美洲直到现在还存在封建庄园制。英国庄园制崩溃以后的土地称 estate,应当译作地产,从未有人再译作庄园。我国的大田庄既然与 manor 迥然不同，类似庄园制崩溃以后的状况，所以我们就不应再肯定历代庄园制的存在了。

中国封建社会确实存在着"田连阡陌"的土地，有的形成了地主田庄。史料中往往把这种地产称作庄、园、别业、庄墅，有时也偶而称作庄园。我觉得，只要肯定我国封建社会不存在庄园制经济体系，大田庄中也没有实行庄园制，则这些大地产称田庄或庄园，就仅仅是一个名称问题了，因为庄园制是个经济概念，它的存在与否，是个实质问题。不过，为了在理论上不发生误解和引起混乱，还是称田庄为好。

两汉时期，我们很少发现"田庄""庄墅"等字样，称"园""田园""园囿"者则有之。① 东汉崔实所撰《四民月令》②描绘了一幅地主经济生活的生动画面，但根本没有涉及土地占有及经营方式，我们不能肯定这里所记录的就是庄园制体系，甚至也很难肯定这种地产就一定是大田庄。地主的大量土地即使相当分散，他也完全可以过这样的农村生活。魏晋南北朝时期，关于大田庄的记载多起来了，但如孔灵符、谢灵运等的著名田园，大多远离城市，坐落在山湖地区。大致此时平原地带的地主土地形成大田庄者还不太多。这一历史时期大田庄的产生，可能与山泽占锢有关。唐宋时期，大田庄有向大城市附近集中的倾向，现存有关记载说明，唐代田庄大多分布于长安、洛阳、渭南、济源、汝州、江陵、金陵等著名城市附近。这与城市经济的发展及商人地主的增加有关，也与科举制的兴起和官僚集团的膨胀有关。他们既能凭仗政治权势强夺、强市土地，又须要在城市附近建置园林，以供玩赏。当时毫无经济意义而只用作玩赏的田园非常普遍，故宋代有这样的记载："天下郡县无远迩大小，位署之外，必有园池台榭观游之所，以通四时之乐。"③ 洛阳在唐代已为名园集中的盛地，宋代"园池多因隋唐之旧"，④ 而且更向仅供玩赏的方向发展。甚至有不少园池就位于洛阳城内，如"归仁园"

---

① 参阅《史记·梁孝王世家》，《汉书·东方朔传》，《三辅黄图》卷4，《后汉书·窦宪传》《梁冀传》等。
② 《全后汉文》卷47。
③ 《韩魏公集》卷1,《定州众春园记》。
④ 《洛阳名园记·富郑公园》。

所占之处，就是原来的"归仁坊"。因而有人说："河南城方五十余里，中多大园池"。① 这种非生产性的园林同经济意义上的庄园制毫无关系。唐宋时期，庄、园、别业、庄墅等名称还很杂乱，看不出有显著差别。明清时代，庄与园就在概念上有了较为明显的区别。所谓园，就是地主们寄情山水、吟风弄月的场所，其中充满了楼台亭榭。个别的园林仍有生产事业，具有经济意义，②但大多数园林中是不事生产的。钱泳在《履园丛话》中列举了清代分布于京师、江宁、苏州、常熟、扬州、瓜州、仪征、通州、如皋、松江、上海、青浦、太仓、嘉定、清河、芜湖、杭州、嘉兴、嘉善和绍兴等地的大量园林，但很少涉及其中的农业生产，几乎全部都是关于土木工巧、风景幽静的描写，而且其中不少园林也是置于城市之中。③ 大多数园林不但不给地主带来什么重大的经济利益，而且其中土木工程的兴建和奇花异石的购置成了地主经济中纯消费的部分。有的地主在园林中"恒不治生产，即岁入租税或四方贤豪有所馈遗，悉以供一园之费"④。可见，根据明清时期的大量园林论证庄园制的存在，就更属无稽之谈了。实际上，当时大批园林的存在不能说明庄园制的发展，而只能反映地主阶级已经更加腐朽，日益明显地成为"多余的"寄生阶级。

除园林之外，历代的田庄还是农业生产的场所，即令到了明、清两代，也还有很多官庄、皇庄、寺庄和旗庄等。然而在土地买卖加速和频繁的条件下，一部分田庄也由于地块的分裂而渐渐失去了原来的意义，人们遂给"庄"以另一种解释："其业田之民，比户而居者谓之庄。"⑤ 这种庄已经成了农村的居民点，不再是一个经济上的单位或整体，当然也就更谈不上实行庄园制了。

大田庄并不是地主经营土地的唯一通常形式，它本身又没有庄园制所具备的一整套经济结构和生产制度。不但各代的大田庄不同，同一时

---

① 《邵氏闻见录》卷25。
② 《云间据目抄》卷5，《土木》：高礼部仕"独选胜于西郊外二里许，为瑶潭之居，内皆高楼广厦，列植奇花怪石。四围膏腴六顷有奇"。
③ 《履园丛话》卷20，《园林》。
④ 《云间据目抄》卷5，《土木》。
⑤ 《皇清经世文编》卷33，赵锡孝《徭役议》。

代的田庄与园林也不尽相同。地主的土地集中一处形成大田庄或分散各处不形成大田庄,都是采取分块出租的方法剥削佃农,在经济上并无重大差别。因此,把西方中世纪的庄园制概念移植到中国来,不免流于削中国历史之足,适外国历史之履。

以上就是地主土地所有制的一些基本特点。这些特点对剥削关系和地租形态都有重大的影响。往下,我们在讨论农民的经济地位时,将涉及这些问题。

第二编

地租、剥削形式与
农民的经济地位

土地制度不是一个抽象的所有权概念，而是一种人与人之间的相互关系。只有劳动力与土地相结合，土地所有权才能人格化为地主。因此，我们在研究封建土地所有制的形式以后，必须进一步分析土地与劳动力结合的形式。

马克思曾经指出，劳动者"以什么方式占有自己的产品（或产品的一部分），要看他同他的生产条件发生什么关系"①。不同社会形态的必要劳动，必然随着生产关系的不同显示出明显差异。这就决定了，封建农民所占有的必要劳动，也必然具备独有的特点。在封建生产关系中，依附农民是个体生产者，生产过程的组织者，基本上拥有除土地以外的其他一切生产资料，所以，农民的必要劳动除包括生活资料外，还必须包括一部分补偿生产资料的产品，以便维持再生产，即马克思所说的，"徭役劳动者的产品在这里必须在补偿他的生活资料之外，足够补偿他的各种劳动条件"②。不仅如此，农民进行扩大再生产的追加生产费用，也应属于必要劳动的范畴。由此可见，封建社会的剥削关系，在某种意义上，比奴隶社会和资本主义社会显得复杂。

封建社会的地租是"表现为剩余劳动的普遍形式，即无偿地完成的劳动的普遍形式"③。因此，地租量与必要劳动量之比就构成了封建社会的剥削率。在中国封建社会，因为土地可以买卖，很早就出现了具有社会意义的地价，我姑且把地租量与地价之比称作地租率。在这里确定地租率这个概念，是为了以后讨论的方便。

剩余劳动与必要劳动的关系，可以大致表述如下：产量一定，地租量取决于剥削率；剥削率一定，地租量取决于产量；必要劳动量与剩余劳动量呈反比例增减。封建社会阶级对立、阶级斗争的根源，就在于必要劳动与剩余劳动的尖锐对立。所以，农民为改善自己经济地位的任何

---

① 《马克思恩格斯全集》第 26 卷第 3 册，人民出版社 1974 年版，第 457 页。
② 《马克思恩格斯全集》第 25 卷，人民出版社 1974 年版，第 890 页。
③ 《马克思恩格斯全集》第 26 卷第 3 册，人民出版社 1974 年版，第 440 页。

斗争，都具有降低剥削率以致否定剩余劳动被他人无偿占取的性质，都能发挥推动社会进步的作用。

在这一编里，我们将着重分析地租、租佃制、各类农民的经济地位、超经济强制及国家政体形式等重要问题。

第四章　地租、赋税与地价

地租是封建土地所有制的经济实现，地租问题是封建生产关系的关键所在。本章讨论地租的占有和地主的经济职能。

在封建社会，地租会被瓜分，表现为赋税、商业利润等，但只有赋税是最简单、最直接地从地租中分割出来的，所以我们在这里讨论地租时，亦顺便涉及赋税问题。

中国封建社会的地价主要是直接由地租决定的，地租的多少与地价的高低有密切关系。决定地租的很多条件，亦同时通过地租的高低决定地价的涨落，所以我们在研究地租与赋税时，亦同时对地价进行分析。

第一节　地主的经济职能与地租的占有

地主与资本家的经济职能有显著区别。资本家除了自己占有一部分剩余价值当作生活上的消费资料外，还必须把绝大部分剩余价值当作生产资料，也就是当作资本再投入生产过程。封建地主根本不过问生产过程，他的主要经济职能就是占取地租，而地租却只是他的一个纯所得，即全部作为地主家庭的生活消费资料被消耗掉，根本不投入生产领域。地主拥有的土地越多，他的消费能力越强，其物质生活方面的欲望也就更加强烈。明代有人说："人方困时，所望不过十金之资，计其衣食之费，妻子之奉，出入于十金之中宽然而有余。及其一旦稍稍蓄聚，衣食既足，则心意之欲日以渐广；所入益众，所求益以不给；不知罪其用之不节而以为求之未至也。是以富而愈贪，求愈多而财愈不供。此其为惑，未可知其所终也。"① 可见腐化、贪婪、刻薄就是从地主的经济职能中派生出来的阶级本性。因为地主"欲壑难填",就产生了对土地无限追求的情欲。唐代有所谓患"地癖"的大地主,② 这确实是历代地主阶级的一个通病,但也是来源于其阶级劣根性的一个不治之症。正因为地主与资本家的经济职能不完全相同,所以土地兼并与资本积累有本质的区别。绝大部分资本是在生产过程中被消费,它不仅是一个阶级关系,而且是一个生产过程不断更新的必要条件。土地被地主购买以后,则是永远可以使用的财产,根本用不着加以更新,它只包括一个阶级关系,而不参加生产中的物质条件运动过程。所以,资本家无限地追求剩余价值,是为了增殖资本,扩大生产规模,地主无限地兼并土地,却是为了增加纯所得。这就必然使地主阶级在占取地租之外,在生产过程中毫无经济职能,所以他们"知兼并而不知尽地之利"③;"但知收租而不修堤岸"④。对于地主来说,生产的意义仅仅就是地租的生产,得不到地租,生产就是毫无经济意义的事。反之,如果不进行生产也能获得地租,那他就宁愿土地荒芜,也不会去关心生产。清代曾经发生过这样的事:"淮徐凤阳之地,蒿莱多而禾黍少。……淮徐凤阳一带之民,全不用人力于农工而惟望天地之代为长养。其禾麻菽麦亦不树艺而惟刈草以资生者,比比皆然也。究厥所由:大抵每地一亩,其岁所产之草茂者可得千余斤,稀者可得四五百斤。刈草千斤者,运至城市,值银五六钱,内去运价一半,实可得银二钱有奇。刈草四百斤者,运至城市,值银二钱,内去运价一半,实可得银一钱。而每亩额税,不过征银一二分不等。在小民有地一亩,不费牛种,不事耕耘,每亩止输分许之额租而可得草价一二钱有奇不等。是以相因成俗而废弃国家之地土一至于此。"⑤ 这种经济原则使地主阶级成为一个极端寄生腐朽的阶级,故有人慨叹地说:"近见富家巨室,田主深居不出,足不及田畴,面不识佃户,一任纪纲仆所为,至有盗卖其产、

---

① 《西园闻见录》卷14,《节俭》。
② 《旧唐书·李憕传》:"憕丰于产业,伊川膏腴水陆上田,修竹茂树,自城及阙口,别业相望。与吏部侍郎李彭年皆有地癖。"
③ 《古今图书集成·职方典》卷1112,《湖广总部》。
④ 《履园丛话》卷4。
⑤ 《皇清经世文编》卷26,靳辅《生产裕饷第一疏》。

变易区亩而不知者。"① 问题确实很严重，任其发展下去，这种腐朽寄生本性甚至能使地主丧失地产，故有的地主教训他的子孙："田地土名圻段，俱要亲身踏勘耕管，岁收稻谷及税粮徭差，要悉心磨算。若畏劳厌事，倚他人为耳目，以致菽麦不辨，为人所愚，如此而不倾覆，吾不信也。"② 须说明的是，地主占有土地和征收地租的职能在这里并未丧失，只是由"纪纲仆"代他承担而已。所谓"为人所愚"，也就是"为纪纲仆所愚"，并不是地主轻易丧失土地，被劳动人民所占有。上述议论均告诉我们，地主们谆谆告诫子孙的，仅仅限于辨认地产、征收地租和计算开支，而丝毫没有关心生产过程本身。

历史上也有这样的记载：有的地主"烈日笠首，自督农夫"③，或有城居者"下乡督农"④。这是否意味着地主组织了生产过程呢？仍然不是。因为佃农是作为个体农民在自己的经济单位内进行生产的，这种监督只不过是一种对个体生产的外部干涉而已。因为地主的唯一经济职能是占取地租，所以尽管平日他们不组织生产，不进行投资，而在收租的时候，他们却会极其自然地"往庄收刈"⑤，甚至经年不居住于别业的地主，为了收租，也要"时往其所，检视钱粮"⑥。

在开垦荒地的时候，地主必须在生产上进行一些垫支。东晋南朝时期，北方的地主大量南逃，他们在"凿山浚湖""伐木开迳"⑦时，不可能不在生产费用上有所支出。清代有人指出，广西垦荒，"经费为难，购宜植之种有费，雇教耕之人有费，为茅庐以居民有费，兴陂塘以蓄水有费，贷牛种有费，给食用农器有费"⑧。畿辅一带也因垦荒费用很大，故

---

① 《杨园先生全集》卷50，《补农书》下。《杨园先生全集》卷19，《赁耕末议》："今以卿士庶人思不逮乎雨旸，趾不举乎疆场。祁寒暑雨，人受之；水旱螟虫，人忧之；东阡西陌，弗之辨；秋秫菽麦，不之别。以至頑勤惰异其情，壮老强赢异其力，劬动休乐异其时，均弗之识也。燕息深居，坐资岁人，几不知稼穑为何事，面目黧黑、手足胼胝为何人。习逸生骄，习骄生罔，淫侈之端，日日以起。"
② 庞尚鹏：《庞氏家训》。
③ 《樊川文集》卷9，《杜谂墓志铭》。
④ 《涌幢小品》卷17，《与伞》。
⑤ 《太平广记》卷134，《毋乾昭》。
⑥ 《夷坚丁志》卷18，《刘狗麽》。
⑦ 《宋书·谢灵运传》。
⑧ 《皇清经世文编》卷34，李绂《条陈广西垦荒事宜疏》。

"非中等以上之家不能开垦"①。但这仍不能说明地主是生产过程的组织者和领导者，这种生产垫支与资本家的生产投资仍有本质的区别，因为土地一旦开垦之后，正常的生产一开始，地主就立刻退出了生产过程，而资本家的资金却需要不断更新和周转，继续在生产过程中发挥作用。东晋南朝的地主尽管组织农民进行开垦，然而在生产上，却是"未有力田，悉资俸禄而食耳。假令有者，皆信僮仆为之，未尝目观起一坺土、耘一株苗"②。实际上，地主在垦荒之始的垫支费用，也不是生产的投资，而只是等于支付了一个地价，所以这笔费用超过地价时，他就宁肯买地而不从事垦荒。清代就有这样的情况："向来开垦之弊，自州县以至督抚，俱需索陋规，致垦荒之费浮于买价。百姓畏缩不前，往往膏腴荒弃。"③ 可见这种垦荒费用只是地价的转化形态，地主进行垫支，不是为了推动生产过程，而是为了取得土地所有权，即取得一个征收地租的权利名义。

有的地主确实是"但知收租而不修堤岸"，但也有一部分地主过问灌溉工程的兴修。明代有这样的记载："贫民种田，牛力粪草不时有，塘池不能浚而深，堤坝不能筑而固，一遇水旱则付之天而已矣。今富室于此等则力能豫为，故非大水旱未有不收成者。况富室不能自种，必业与贫民，贫民虽弃产而实与富室共其利，收一石则人分五斗。"④ 上述事实好像说明，地主不但为兴修水利进行投资，而且也给佃农带来了利益，在生产上具有经济职能。其实并非如此。地主主持水利事业，只等于提高了土地的丰度，也就是等于提高了地价，所以，地主在这里所支出的费用，实际上等于是在原地价外追加了一个补充地价。他根据此点，也就可以因土地改良而增收一部分追加的地租。地主所关心的，并不是贫民能否"共其利"，而只是地租的增加和地价的提高。如果这个地主在水利兴修之后又出卖这块土地，则买地者必须支付更高的地价，但这个买地的新地主却不能因为多付了地价就成为生产的投资者。在这种情况下，原地主不过等于替新地主预付了一个追加地价，他与后者实质上处于同

---

① 《皇清经世文编》卷28，陆陇其《论直隶兴除事宜疏》。
② 《颜氏家训·涉务篇》。
③ 《清通考》卷3，《田赋考》。
④ 《天下郡国利病书》原第8册引《上元县志》。

等地位。

不仅如此，在兴修灌溉工程时，地主还在"共其利"的幌子下额外榨取了农民的一部分剩余劳动。宋人董煟说："水利，凡农民之与税户，自知留心。……但农夫每患贫而无力，税户虽助之，然工用终不坚实。"①所谓"税户助之"，农民也"自知留心"，即说明在兴修这些工程时，佃户是提供了一定数量无偿劳动的。袁采更主张兴工时，"田主出食，佃人出力"。② 地主政权的法令也明文规定："工力稍大，欲率大姓出钱，下户出力，于农隙修治。"③ 可见地主在出卖这些土地时，不但收回了自己支付的费用，而且多收回了合并在地价中的佃农所提供的追加剩余劳动。在实质上，这后一部分是一个不易为人所觉察的额外地租。在这一意义上，地主主持兴修水利，比购买土地更为有利，因为在前一种场合，剥削关系建立得更早、更直接。

水利兴修提高了土地的丰度和产量，从而也就必然使地租量有所增加。对于地主来说，同量的财富，是用于购买土地扩大剥削范围呢？还是用于兴修水利提高地租呢？他的经营原则必然是：在二者间进行比较，哪一种办法有利，他就采取哪一种办法。因此，地主的经济原则，不是根据是否能促进生产来确定，而是根据是否能带来更大量的地租来确定。在这种单纯追求地租的原则的支配下，地主在兼并土地时，往往还以邻为壑，破坏水利工程，摧残社会生产。南宋时浙江一带的豪强官僚"废湖为田"，扩大自己的地产，致使明、越二州"岁被水旱之患"④。宋代以后，历元、明、清各朝，地主或则"占江以遏水道"⑤，或则因辟圩田而堵塞海口⑥。有的时候，因为害怕水利工程侵占私有土地，地主们甚至起而反对水利兴修事业。元代发生过这样的事，"田间沟渠，势要之家阻挡不得，开挑纵自流通，却行淤没邻田"⑦。明代徐贞明曾"遍历诸河"，欲

---

① 《救荒活民书》卷1。
② 《袁氏世范》卷3，《治家》。
③ 《宋史·食货志》。
④ 《通考》卷1，《田赋考》。
⑤ 《震川先生集》卷8，《寄王太守书》。
⑥ 《皇清奏议》卷5，杨世学《请复治河成法疏》。
⑦ 《元典章》卷33，《户部》卷9，《劝农》。

大行疏浚，而"阉人勋戚之占闲田者，恐水田兴而己失其利，争为蜚语"，群起反对。① 只有彻底废除了地主土地所有制，才能真正为大规模水利事业的勃兴开辟道路。总之，地主的经济职能是占取地租，兴修水利有利于增加地租时，他们就"田主出食""大姓出钱"以"助之"；当兴修水利有损于地租收入时，他们就抵制、阻挠和破坏。尽管他们有时也能为土地改良支付一些费用，但仍然不能说他在生产过程中有什么经济职能。

在对抗性的阶级社会中，一切剥削阶级的代言人，总是杜撰出各种奇谈怪论，把现实的经济关系颠倒过来，为寄生阶级生存的合理性进行无耻的辩护。在中国封建社会中，宋代的叶适就是典型的地主阶级代言人。他曾说："小民之无田者，假田于富人；得田而无以为耕，借贷于富人；岁时有急，求于富人；其甚者，佣作奴婢，归于富人；游手末作俳优技艺，传食于富人。而又上当官输，杂出无数，吏常有非时之责，无以应上命，常取具于富人。然则富人者，州县之本，上下之所赖也。富人为天子养小民，又供上用，虽厚取赢以自封殖，计其勤劳，亦略相当矣！"② 关于地主的经济职能问题，叶适与我们的观点是完全对立、水火不相容的。叶适对地主的由衷礼赞，实质上就是地主经济的理论体现。他用玫瑰色描绘地主阶级的面貌。在叶适看来，没有地主，土地上就不能生长农作物；没有地主的财富，农业就不能进行生产和再生产；没有地主，劳动人民就会饿死。但地主的财富是从何而来的，对这一点，叶适却始终严守秘密。当叶适发挥这一套谬论时，他心目中所全力注意的，始终是那个闪闪发光的地租折。正是为了论证"厚取赢以自封殖"的合理性，才唤起了叶适心中最卑鄙、最恶劣、最激烈的感情，才把赤裸裸的阶级对立歪曲成了情意缠绵的阶级合作。其实，地主阶级亲身参加了阶级斗争，他们对于阶级矛盾是有深切体会的，清人魏禧就比较坦白地承认："贫民富民多不相得，富者欺贫，贫者忌富。贫民闲时已欲见事生风，一迫饥馑则势必为乱。初或抢米，再之劫富，再之公然啸聚为贼。富

---

① 《陶庐杂录》卷5。
② 《通考》卷1，《田赋考》。后代也有人说："富民，贫之母也，疾其母而不能活其子。"（《陶庐杂录》卷6）

民目前受贫民之害，贫民日后受官府之刑。"① 这里把官、富民与贫民之间的对立关系基本上阐发清楚了，只是魏氏是站在地主阶级的立场来对待阶级矛盾这一社会问题，与我们持有截然相反的态度。由此可见，叶适并不是真正不知道地主的寄生性和腐朽性，他的"富人为天子养小民"，只不过是故意编造的弥天大谎而已。

第二节 地租与赋税

地租是封建社会剩余劳动的主要表现形式，赋税是集中化的地租，二者是既相区别而又相联系的。赋税基本上是属于地租范畴之内的剩余劳动。所以在这一节里，我们把赋税与地租结合在一起进行分析。

马克思说："国家存在的经济体现就是捐税。"② 在封建社会，赋税和徭役是支撑封建国家大厦的主要经济支柱。但在不同的国家中，土地所有制和政权结构不尽相同，赋税和徭役的表现形式也各有特点。在中国封建社会中，由于存在官僚制度和职业兵，农民阶级负担的课役就特别沉重。

赋税与徭役是全部社会剩余产品、剩余劳动中的一个特殊组成部分，一个特定的扣除部分。负担课役的各阶级、各阶层在社会经济中所处的地位不同，课役的征敛方式也就会有所差异。中国封建社会缺乏严格的等级制，无论按丁、按口、按户、按亩、按赀征税，在法律上和政治上，庶族地主与农民均属于纳税居民，有时一部分具有特权身份的贵族地主也不能完全免除赋税负担。这一特殊情况就容易使人们忽略各阶层所纳赋税的阶级内容，甚至不能准确地判断土地所有制的性质。事实上，赋税的征收与分配方式都取决于生产方式和社会经济关系。赋税的占有是社会剩余产品的再分配，它使经济领域中的分配关系大大地复杂化了。所以，必须把生产关系中的分配当作基础，才能把这个复杂问题还原为简单的问题，才能真正把握赋税和徭役的实质。

---

① 魏禧：《救荒策》。
② 《马克思恩格斯全集》第 4 卷，人民出版社 1958 年版，第 342 页。

我们之所以把赋税称作集中化的地租，就是由于赋税来源于地租的再分配。因此，必须首先把地主缴纳赋税这一事实当作基础，当作赋税的典型形态，当作进行研究的出发点。为了先从单纯的形态进行分析，在这里只讨论历史上所说的"正赋"，至于间接税，如盐、铁、酒、茶等的专卖税及其他商税，暂不涉及。

什么是缴纳赋税的典型情况呢？宋人王柏说："嗟夫！田不井授，王政堙芜，官不养民而民养官矣。农夫资巨室之土，巨室资农夫之力，彼此自相资，有无自相恤，而官不与也，故曰官不养民。农夫输于巨室，巨室输于州县，州县输于朝廷，以之禄士，以之饷军，经费万端，其如尽出于农也，故曰民养官矣。"[①] 这是关于典型纳税形式的典型叙述。佃农向地主缴纳私租，地主向国家缴纳赋税，这一事实清楚地说明，地租与课税是截然分开的，赋税是从地租中分割出来的，是地租的转化物。国家向地主征收赋税，实际上是对佃农的一种间接剥削。在这种场合，地主不但不是被剥削者，而且他们还起了赋税转缴人的作用。

就剥削佃农的意义而言，赋税与地租有共同的基础，都来源于佃农的剩余劳动；在地租瓜分的意义上，地租与赋税又处于对立位置。如果我们把地主缴纳赋税以后所余的地租部分称作净租，那么地租、净租与赋税之间的关系就是：地租量一定，赋税量与净租量呈反比例增减；净租量一定，赋税量与地租量呈正比例增减；赋税量一定，净租与地租呈正比例增减。可见净租同赋税的矛盾可以用增加地租的办法缓和，但在地租量固定、无法增加的情况下，二者间的矛盾就会激化。上述分析说明，在阶级对抗的基础上，地主政权与地主之间也存在着瓜分地租的矛盾。

在瓜分地租的斗争中，历代的地主总是想尽办法逃避课役，如所谓脱籍、冒户、飞洒、诡寄等，不一而足。地主政权则用度田、经界、检籍等手段与地主进行斗法。唐人陆贽站在封建政权的立场，曾经愤愤不平地说："今京畿之内，每田一亩，官税五升，而私家收租殆有亩至一石者，是二十倍于官税也；降及中等，租犹半之，是十倍于官税也。""官

---

① 《鲁斋集》卷7，《赈济利害书》。

取其一，私取其十，穑人安得足食，公廪安得广储！"① 所谓"官取其一，私取其十"，正说明地租是赋税的天然界限，赋税只能是地租总额中的一个扣除部分。陆贽忧虑"穑人安得足食"是欺人之谈，他所真正关心的只是"公廪安得广储"。在这个意义上，陆贽的理论正是为地主政权在瓜分地租的斗争中改善其地位而辩护的，也就是企图改变赋税与净租在地租总额中的比重。

赋税虽然来源于地租的再分配，但赋税的严重增加却会通过地租的增加，转嫁于佃农，地主总会以增税为借口对佃农增收地租，以缓和赋税与净租的矛盾。为了从根本上巩固地主阶级的统治，从长远的阶级利益考虑，地主政权有时也实行蠲免课役的政策，但由于统治者不能与佃农直接发生经济关系，所以真正受到实惠的总是地主，农民向地主缴纳的私租却依然如故。汉代的荀悦早已指出："今汉民或百一而税，可谓鲜矣。然豪强富人占田逾侈，输其赋太半，官收百一之税，民收太半之赋"，所以"上惠不通，威福分于豪强也"。② 清代也有人指出："君即薄征，能薄之于敛之所及，不能薄之于敛之所不及"，③ 意思是相同的。实际上，这种薄赋政策对地主阶级最有利，因为在地租量不变的情况下，随着课役的减少，净租所占的比重大大上升了，地主于是就更有能力兼并土地，扩大剥削范围。大致元、明以后，租佃制更进一步发展了，佃农的数量大为增加，地主政权在处理阶级矛盾问题时，不能不考虑主佃关系，所以逐渐对之进行干预。元朝曾宣布："将田主所取佃客租课以十分为率，减免二分。"④ 清代康熙时也推行过类似的政策，朝廷宣布："凡遇蠲免钱粮，合计分数，业主蠲免七分，佃户蠲免三分，永著为例。"⑤这种法令的出现，反映了中国封建社会后期地主土地所有制更为发展，主佃矛盾更加扩大和深刻化。同时清朝规定蠲免钱粮时按主七佃三计算，又说明封建统治者是优待了地主的，因为在通常实行对分制的情况下，

---

① 《陆宣公集》卷22，《均节赋税恤百姓第六条》。
② 《汉纪》卷8。
③ 《切问斋文钞》卷15，陈赖儒《授田论》。
④ 《元典章》卷3，《圣政》卷2，《减私租》。
⑤ 《清圣祖实录》卷244，康熙四十九年十一月。

主七佃三是使地主在经济上占了便宜。

自耕农所缴纳的赋税也具有集中化地租的性质。中国封建社会的自耕农是具有二重性的：一方面，他们是劳动者与被剥削者，在这一意义上，他们与佃农相同；另一方面，他们又是土地私有者，并根据土地多少缴纳赋税，纳税的方式因而与地主相同。在地租是赋税的界限的前提下，当自耕农与佃农耕种相同土地面积时，前者的课役负担总是较后者的私租为轻。地主占有土地、农民与土地所有权分离是我国封建社会的常态，农民的私有土地不占支配地位。这样，各种不同的职能就会集中在自耕农身上。他既是土地所有者，又是生产者，自耕农好像是自己占有了自己所生产的地租。纳税以后，自耕农比佃农多占有的劳动成果显得像一个净租额。这部分产品与赋税结合在一起，就取得了地租的资格。在自耕农看来，他之所以能够占有这些产品，与其说是由于劳动，毋宁说是由于拥有土地所有权。在这一意义上，地主政权也会把赋税看作地租的再分配。通过上述分析，自耕农所负担的赋税也同样可以看成集中化的地租。总之，"农夫输于巨室，巨室输于州县"是占支配地位的剩余劳动产品的分配形式，它也必然会指示自耕农所纳赋税的地位和影响，能够决定其特点。

地主政权除向地主和自耕农征税外，也向佃农直接进行课役剥削。大致由于租佃制的发展，越到后期，对佃农的课役在整个赋税中所占的比重越小。唐朝的两税法实行后，尤其是明朝的一条鞭法和清朝的"摊丁入亩"以后，这种趋势就十分明显了。但不论所占比重的大小，佃农承担的课役实际上同样也是集中化的地租，不过是从地主私租中预先划分出来的一部分。如果地主政权完全免除佃农的课役，地主决不可能听任农民自己占有，而必然会把它全部合并到私租中来。西晋贵族官僚"得荫人以为衣食客及佃客"，[①] 东吴有过复客制，都说明国家免除的赋税归地主私人占有。李雄据蜀时，为了优待范长生，曾宣布："复其部曲，不豫军征，租税一入其家。"[②] 可见佃农所缴纳的赋税，在实质上也是地

---

① 《晋书·食货志》。
② 《晋书·李雄载记》。

租的一部分。它与地主所缴纳的赋税只在缴纳形式上有区别，一种是剩余劳动先归地主占有，然后再转化为赋税；一种是佃农的剩余劳动直接升华为赋税（佃农不租种地主的土地，就根本无法纳税），二者的性质是完全相同的。

自耕农和佃农缴纳的赋税是劳动人民的一种额外负担，这种负担不是以土地国有制为基础，而是在物质生产领域之外，用强制剥夺的方法实现的。地主缴纳的赋税是地租再分配的体现物，也不是在生产领域中直接实现的。毋庸讳言，赋役的苛重会对阶级矛盾的激化起显著的作用，但它本身并不是由土地国有制引起的。西方封建社会盛行领主土地私有制，但中世纪的农民起义也首先反对过重的封建捐税，而在16—18世纪，反对封建主义的革命历史上，抗议苛捐杂税的要求和口号也经常被置于显著的地位。道理是相同的。在这个问题上，重要的是要识别国家政权的阶级本质。占支配地位的阶级关系不仅决定赋税的性质，而且决定其分配方式。我国大批地主通过察举制、九品中正制及科举制被输送到各级地主政权机构之中，而赋税的用途，除"饷军"之外就是"禄士"。经过各种不同形式的俸禄制，地主阶级在国民收入中所占去的份额必然大为提高，农民所得的份额反而由此大为降低。因此，赋税就成了地主政权代表地主阶级掠夺国民收入的一种重要途径。其阶级性极为明显。针对这种情况，于是农民起义就把"免粮""免赋"的口号写在自己的斗争旗帜上。

沉重的赋役在封建社会不仅是一个严重的浪费，是促使阶级矛盾尖锐化的催化剂，而且对土地的社会利用起阻碍和破坏作用。当土地税恶性增加，吞没了全部地租和一部分必要劳动时，作为生产手段的土地就不再是社会生产的物质条件，一向受人钟爱的地产就必然丧失其经济意义，甚至被地主、自耕农和佃农弃若敝屣。明代就发生过这样的情况："豪右兼并而寄之外邦，或假之屯蘖，甚有与地贫民，不收其直，而令代纳倍粮，身则艺无粮地，名曰佃粮。贫民不能给则必弃捐，鞠为茂草。"[①]这种土地由于"不能给""倍粮"，不但为土地所有者所放弃，而且被耕

───────────

① 《天下郡国利病书》原第13册引《南阳府志》。

作者所拒绝，良田就只能"鞠为茂草"了，这对土地的社会利用是一个极大的损失。因为赋役苛暴而妨碍荒地开垦的记载，就更属俯拾即是了。如宋代鄂州荒田很多，请佃者"开垦未几，便起毛税，度田追呼，不任其扰，旋即逃去"①。清初奖励垦荒而成效不大，主要原因之一，就是"科差太甚"，所以"富民以有田为累"。②甚至已经垦种的土地，在"粮额加重"的条件下，也会流于"田皆抛荒"。③此外，田税过重还能成为土壤改良的严重障碍，如清代"豫省旱田可改水田者尚多，衹以旱田赋轻，水田赋重，一经改种，必须题请加赋。小民既费工本，又增粮额，未免因循观望"④。由此可见，历史上的横征暴敛不仅使农民阶级的生活陷于极度的贫困，而且对社会生产力本身也是一个严重的摧残。历代头会箕敛、转死沟壑、土地抛荒这几种社会现象常常是孪生在一起的。

既然赋税的征收是地租的再分配，那么赋税制度的演变就必然随着土地关系的演变而亦步亦趋地前进。大致在唐中叶以前，地主土地所有制还处于前期阶段，自耕农的小块土地所有制在整个土地关系中还占相当可观的比重，所以按丁按口征税的部分在全部课役中占有重要地位。汉代实行轻田赋的政策，号称什五税一、三十税一，但人们往往因此忽略了口赋、算赋、更赋及献费给人民带来的灾难，如果把上述课役全部合并计算，汉代的赋税和徭役并不轻薄。隋唐时期，租庸调三项主要课役都是按丁征收的。户税和地税虽然与户等与土地数量有关，但在整个赋税中只居从属地位。只有在占有土地的自耕农较多的情况下，才能实行这种只问身丁、不问贵产的租庸调制。唐中叶以后，均田制最终破坏，地主土地所有制从此发展到了一个新的历史阶段，自耕农的小块土地所有制遭到了严重削弱，失去土地的人口日益众多，他们再也无力缴纳按丁、按口征收的大量赋税，于是随着土地关系的这一变化，按丁按口征收的赋税就大为减少，按土地、财产数量征收的赋税在全部课役中所占的比重就大大上升了，"农夫输于巨室，巨室输于州县"的地租再分配形

---

① 《宋史·食货志》。
② 《清通考》卷2，《田赋考》。
③ 《四友斋丛说》卷14，《史》卷10。
④ 《清通考》卷4，《田赋考》。

式也就日益居于更加突出的地位。职役从一般徭役中分离出来，由土地所有者负担，宋代里正、衙前的盛行，明代粮长制的盛行，都反映了地主土地所有制的发展。大致唐代杨炎倡行的两税法，是中国赋税制度史上的历史界标，它所反映的，不仅是唐代土地关系的变化，而且是全部封建主义时代土地关系与赋税制度的变化。

此外，在每一个较长的朝代，也均经历过土地兼并的过程，上述赋税制度的演变在不同程度上也往往出现在不同的历史阶段。明代一条鞭法实行按丁、粮派役的办法，清代的摊丁入亩，都是在土地兼并、自耕农减少的情况下出现的税制改革，都是土地关系演变的反映。

第三节 地主土地最低必要限量

地主的土地没有最高限量，只要有经济能力，一个地主可以无限制地兼并土地。但地主的土地却有一个最低的限量，达不到这个限量，土地所有者就不能取得地主的经济身份。因此，地主土地最低必要限量是地主经济存在的物质前提。

地主土地最低必要限量主要取决于地租的需要量，能够影响这个地租需要量的其他条件也能参与决定这个土地限量。大体说来，地租的最低需要量取决于地主及其家族成员的最低消费量，地租的最低需要量又与剥削率和赋税量的变动有关。此外，地主土地最低必要限量还会随着亩产量的高低而增减。总之，这是一个比较复杂的问题。

地租是地主的一个纯所得。先抛开地租中扣除赋税的问题不谈，又假设地主有一个最低的一般消费水平，剥削率为一般水平，在这种条件下，起码拥有多少土地才能取得地主的资格呢？这取决于亩产量。如果地主全家的最低消费量是五十石，亩产量是二石，剥削率是100%，即对分制，则地主土地最低必要限量就是五十亩。如果亩产量增加为三石，剥削率不变，则地主土地最低必要限量就会降低为 $33\frac{1}{3}$ 亩。反之，如果亩产量降低为一石，则地主土地最低必要限量就会上升为一百亩。

在亩产量不断提高的基础上，历代地主土地最低必要限量的变动是很明显的。北朝时，由于生产力水平较低，亩产量不高，所以元文遥"有地十顷"，而仍"家贫，所资衣食而已"。① 这里所谓的"家贫"并不是真正的贫困，而是站在剥削阶级的立场，不满于未能豪华奢靡，但这一记载毕竟可以说明，当时的地主土地最低必要限量还是比较高的。唐人陆龟蒙"有田奇十万步"，按当时吴田一亩合二百五十步，则十万步当折合田四百亩，但他的生活却仍"苦饥困，仓无斗升蓄积"。② 大致有四百亩地，在唐代还只能算个小地主。宋代石介一族有田三百亩，但"困不满三百石，食常不足"③。到清代，江南亩产量有了显著提高，出现了这样的地主经济的状况："课耕数亩，其租倍入，可以供八口。"④ 可见地主土地最低必要限量的水平大大降低了。事实说明，越到封建社会后期，生产力水平越高，亩产量越高，土地所有者越有条件取得地主的经济身份。尽管地主土地最低必要限量降低了，比过去较少的土地就可以成为剥削手段，但就经济关系的质量而言，这种数量较少的土地却取得了大土地所有制的资格，在实质上，这等于地主土地所有制更向前发展了。唐代亩产量比汉代猛增一倍，所以唐中叶以后，土地私有制有巨大的发展，地主经济被推进到了一个新的阶段，其最深刻而且最难被人洞察的经济根源，就是地主土地最低必要限量的降低。

当然，唐宋以后，拥有大量土地的大地主也相应地增加了，这是大土地所有制发展的另一个方面，不容忽视。这点对于地主人数的增加起了缓和作用，但和我们讨论的问题没有关系，因为不论一个地主可以拥有多大的地产，地主土地最低必要限量都仍然是它的一个可除部分，全国的地主土地的总和毕竟是由若干个地主土地最低必要限量合并成的。

由此可见，生产力越发展，地主土地最低必要限量越低，大土地所有制就等于越发展，所以越到封建社会末期，封建社会所固有的生产过程个体性与大土地所有制之间的矛盾也就必然越加深刻化和尖锐化。

---

① 《北齐书·元文遥传》。
② 《甫里先生集》卷16，《甫里先生传》。
③ 《石徂徕集》上，《上王状元书》。
④ 张英：《恒产琐言》。张是个有田千余亩的地主，文中所说"课耕数亩"的"数亩"，只是表示一个不定数而已。

所谓地主土地最低必要限量，只意味着地租仅够维持地主家族的最低一般消费水平。实际上，地主决不会因占有这个数量的土地而感到满足，因为：第一，农业是一个产量极不稳定的生产部门，没有一定的地租储备，就很难保证地主们能够度过荒年，他们知道"耕三余一，耕九余三"的意义，懂得"国既若是，家亦宜然"[①]。这就必然促使地主们尽力扩大地产，超过最低必要限量。第二，地主的生活不会满足于停留在最低的一般消费水平，"欲壑难填"是地主阶级的本性，他们对物质、文化享受的要求的增长，总是超过了生产力发展的速度，地主阶级必然力争扩大地产，无限制地超过地主土地最低必要限量。第三，地主对于土地有无限的冲动，即使地租能够满足其消费需要，那他仍然无法把地租地产化，地主必然尽力使地产远远超过最低必要限量，疯狂地进行土地兼并。

为了保持住自己的地主经济地位，并力争有能力兼并土地，地主就会在生产力水平不变的前提下，想尽办法人为地降低地主土地最低必要限量的水平。

第一种办法是避免增加生活消费量和适当压缩消费量。在地租是一个定量的场合，地主土地最低必要限量会随着消费量呈正比例升降。从这一经济关系中就产生了地主阶级的吝啬的阶级品格，所以古人指出："富者多悭，非悭不能富也。"[②] 我们知道，地主阶级同时又是一个追求奢侈生活的腐朽阶级，看起来，这种品格与吝啬的品格是有矛盾的，但二者却有其一致的一面。今天的吝啬正是为了明天的奢侈，对人的吝啬正是为了自己的享受。在看到这种一致性的时候，我们也必须承认，维持地主经济地位的本能和力求扩充土地的冲动，毕竟与奢侈生活的追求在同一时期会发生相互间的矛盾，为了解决这个矛盾，地主就提出了这样的治家原则："家业之成，难如登天，当以俭素自绳是准。"[③] 以上的分析，说明地主阶级所自诩的"节俭持家"，并不是什么美德，而恰恰是刻薄吝啬的同义语。他们一面对农民进行敲骨吸髓的剥削，一面如果在可

[①] 《西园闻见录》卷25，《治生》。
[②] 《五杂俎》上卷5，《人部》。
[③] 郑太和：《郑氏规范》。

能范围内压缩自己的消费，目的不过是加强其购买土地的能力，占取更多的地租。地主"最贪而吝之极"，于是"银币钱谷日益，甚充积"。①地主之所以成为最自私的阶级，是有其经济根源的。

中国封建社会没有实行长子继承制，家长死后，必然分户析产，甚至地主政权有时也明文规定："分析家财田产，不问妻妾婢生，止依子数均分。"② 在这一继承制度下，大地产就很易于被瓜分成小块土地。同时，分户析产本身还能使地主家族成员的消费总量有显著的增加，即所谓"分其财产，立数门户，则费用增倍于前日"③。因此，分户析产有可能导致下述后果：对于每户而言，所分得的土地会降至地主土地最低必要限量的水平之下；另一方面，随着"费用增倍于前日"，地主土地最低必要限量的水平却必然相应提高。这种情况对于地主来说，确实是一个威胁，它可以使地主丧失其原来的经济地位，沦为自耕农。为了对抗这种趋势，地主阶级尽力维持聚族而居的原则，把"五世同堂""十世不分居"当作一种美德、一种家族规范来大肆宣扬。地主的治家原则是："应本家田产等，子子孙孙并不许分割"；"即世世为一户，同处居住，所贵不远坟垅"。④ 有的地主甚至规定："房屋、田地、池塘，不许分析及变卖；有故违者，声大义攻之，摈斥不许入祠堂。"⑤ 从汉代一直到明清，我们随处可以看到有关宗族、义田、义庄的记载。因此，中国封建社会也存在着马克思和恩格斯所指的那种中世纪"笼罩在家庭关系上面的温情脉脉的纱幕"⑥。

在看到此点的同时，我们也应当承认，这种宗族聚居的原则并不能真正造成什么家族公社，因为在土地可以买卖和转手的条件下，货币权力已经渗透到了地权之中，它对土地的稳定占有是一种侵蚀剂，它也使地主家族内部产生了剧烈的利害之争，故有这样的情况发生："争邻畔颇

---

① 《西园闻见录》卷24，《戒黩货》。
② 《明会典》卷19，《户部》卷6，《户口》。
③ 《袁氏世范》卷2，《处己》。
④ 赵鼎：《家训笔录》。
⑤ 庞尚鹏：《庞氏家训》。
⑥ 《马克思恩格斯全集》第4卷，人民出版社1958年版，第469页。

步之田，互相纷竞；甚者，兄弟宗族斗讼谛不肯已，遂为世仇。"① 一族内部的社会分化是个严酷的事实，汉代大地主已经须要在宗族内"以亲疏贫富为差"，替"同宗有贫窭久丧不堪葬者"共同举办葬事。② 历代地主所置义田，也往往成为族内各房争夺的对象，因而终于不免破坏。③ 无怪乎历史上总是出现"同居异爨""共甑分炊"的事实，所以"间有纠合宗族，一再传而不散者，则人异之，以为义门"。④ 唐中叶以后，土地买卖日趋频繁，宗法家庭关系随之走向松弛，故宋人苏洵慨叹地说："自秦汉以来，仕者不世，然其贤人君子犹能识其先人，或至百世而不绝。无庙无宗而祖宗不忘，宗族不散，其势宜亡而独存，则由有谱之力也。盖自唐衰，谱牒废绝，士大夫不讲而世人不载，于是乎由贱而贵者耻言其先，由贫而富者不录其祖，而谱遂大废。"⑤ 实际上，唐代以前，"宗族不散"的真正原因是自然经济色彩的浓重和土地买卖的不够频繁，并不是"由有谱之力也"。唐代以后，商品货币关系的显著发展大大加速了土地买卖，因而使宗法关系这层温情脉脉的纱幕变成了望之若雾的半透明体，在这种情况下，血缘纽带不可能不松弛下来。因此，地主们虽然希望用同族合产的办法压缩地主土地最低必要限量的标准，尽力维持原有的经济地位，却不能长久抗拒分户析产所引起的后果，历代地主的破产，仍是司空见惯的事。

地主力图坚持同宗共居的原则，是由于地主土地所有制的特点造成的；地主宗族的分化瓦解，同样也是由地主土地所有制的特点造成的。矛盾的两个方面统一体现在地主土地所有制上，这就是历史的辩证法。我们必须同时看到事物的这两方面，才能抓住地主经济的全貌。否则，如果忽略了宗族关系的存在，就不可能说明"族权"这根绳索的社会根源；如果把宗族关系夸大为家族公社，就会看不到宗族内部的贫富分化和阶级对立。

---

① 《古今图书集成·食货典》卷63引《闲燕常谈》。
② 《全后汉书》卷47，崔实《四民月令》。
③ 《涌幢小品》卷10，《好事难干》。
④ 《日知录》卷13，《分居》。
⑤ 《嘉祐集》卷13，《谱例》。

地主降低地主土地最低必要限量的第二种办法是提高剥削率。我们知道,产量固定,地租量与剥削率呈正比例增减。如果亩产量仍为2石,剥削率提高至200%,则生产50石地租,现在不再需要50亩土地,而只需要37.5亩就够了。这样,就比剥削率100%时地主土地最低必要限量减少了50亩－37.5亩＝12.5亩。由此可见,地主为了维持和巩固自己的经济地位,总是力图对佃农加强剥削,增加地租量,以避免失去地主资格。

地主降低地主土地最低必要限量的最后一种办法是逃避赋税。为了说明方便,我们在以上的讨论中总是没有涉及地租的瓜分问题。事实上,真正最后决定地主土地最低必要限量的,是从地租中减去赋税以后的净租,而不是地租。赋税在地租中扣除的部分越多,所余的净租部分就越少,地主土地最低必要限量就必然随之越高。因此,为了降低地主土地最低必要限量的标准,以维持地主的经济地位,净租与赋税的斗争就会趋向剧烈,统治阶级内部的矛盾就会尖锐化。

通过上述分析可以看出,决定地主土地最低必要限量的几个基本条件是:地主家族的最低消费量,亩产量,地租与必要劳动量之间的相对范围,赋税在地租中所占的比重。这些复杂的关系可以用公式综合表示如下:

$$\text{地主土地最低必要限量} = \frac{\text{地主家族的最低消费量}}{\text{亩产量} - \text{亩必要劳动量} - \text{亩赋税量}}$$

分户析产的趋势不可能从根本上避免,净租与赋税的矛盾可以用提高剥削率、增加地租量的办法加以缓和,而亩产量的提高是既受生产力水平的限制,又非地主职能范围内的事,所以,在上述三种办法中,提高剥削率、向农民的必要劳动进攻,是降低地主土地最低必要限量的根本途径。上述事实也说明,统治阶级内部瓜分地租的斗争趋向剧烈时,也会最终导致阶级矛盾的尖锐化。

第四节　地租与地价

在资本主义社会中,产业利润是剩余价值的通常形态,也是利息和商业利润的天然界限，利息率和商业利润率必须通过竞争，与产业利润率取得平衡。至于地价，则通过利息率的计算加以决定，地主以此来衡量其年地租量与地价的关系。所以马克思把地价称为资本化的地租。在我国封建社会中，地租本身就是剩余劳动的通常形态，而且地租是地主的一个纯所得，可以被大量储存起来，不去参加利息与利润的追逐，因此，我们在分析地价时，就只能把地租与地价的关系作为基础，然后再考虑其他条件的变化和影响。在这里，利息率与利润率并不起决定地价的作用。

地价的高低主要取决于地租的多少，这是中国封建社会确定地价的基本原则。这个原则，甚至在古人思想中也是比较明确的。南宋贾似道强买民田以为公田时，曾采取这样的办法："立价以租一石者，偿十八界四十楮；不及石者，价随以减。"① 清人叶梦珠说："吾邑七斗起租之田，价至二两一亩"；"华娄石四五斗起租之田，价至七八两一亩"。② 清政府召买公产旗地的办法也是，"按租作等，按等定价"③。可见地价与地租的关系，也就是水涨船高、水落船低的关系。

既然地租的多少能够决定地价的高低，那么能够影响地租增减的很多条件，也就必然影响地价的涨落。

第一，地租的多少与土地的丰度有密切关系，所以"负郭之田"就成为历代地价较高的一部分土地。《史记·苏秦传》《索隐》称："负郭之田"是"近城之地，沃润流泽，最为膏腴"。为什么"负郭之田"就必然"最为膏腴"呢？第一，这是首先被开垦、优先被利用的一部分土地，即使一时抛荒，也会很快就再度垦为熟田。明代有这样的记载："以近郭为上地，远之为中地、下地。盖自金、元之末，城邑丘墟，人民稀少，先耕者近郭……后垦者远郊。"④ 第二，城市人口集中，"负郭之田"可以从城市中优先得到大量的肥料，土地丰度必然较高。正因为有这些有利条件，所以在人们意识中形成了这样的概念："凡田，以近郭为上

---

① 《齐东野语》卷17，《景定行公田》。
② 《阅世编》卷1，《田产》。
③ 《清通考》卷5，《田赋》。
④ 《日知录》卷10，《地亩大小》。

地,迤远为中地、下地。"① 这种土地种植谷物,则为"亩钟之田",② 但更多的是用以种植蔬菜等经济作物,首先供城市人口消费,其收入自然更大。所谓"近郭之家,间开园圃种蔬菜,利倍于田",③ 就是一例。土地丰度的提高必然导致亩产量和地租量的增加,而地租量的增加最终会导致地价的提高。汉代"丰镐之间"在长安附近,故"号为土膏,其贾(价)亩一金"。④ 远郊土地,往往交通不便,丰度也较差,地价便随之而低,所以清代有这样的记载:"凡地附郭价高,为人竞置之也;远者价甚薄,率弃而荒芜。"⑤ 前面已经指出,地主改良土壤、兴修水利工程时,会把所用工本带来的追加地租与增购土地所增加的地租进行比较,其衡量利害的尺度就是地价,因为经过改良的土地,其丰度必然增加,这就等于提高了地价。

第二,地价与人口密度有密切的关系。清代乾隆时杨锡绂说:"国初地余于人,则地价贱;承平以后,地足养人,则地价平;承平既久,人余于地,则地价贵。向日每亩一、二两者,今至二十余两。"⑥ 康熙末年,四川地区有这样的记载:"先年人少田多,一亩之田,其值银不过数钱;今因人多价贵,一亩之值竟至数两不等。"⑦ 乾隆时,甘肃一带也因"丁口愈盛,食指愈繁",而"田地贵少,寸土为金"。⑧ 为什么人口增加会引起地价上涨呢?首先,劳动力严重不足时,农业经营必然比较粗放,亩产量比较低,所以地价较贱;反之,人口增加必然使耕作趋向集约,亩产量与地租量增加,所以地价随之上涨。其次,在人口稀少的时候,招佃比较困难,劳动力之间的竞争还不明显,这就有可能使剥削率下降,地租量减少,因而地价随之下落;反之,当人口密度增加,劳动力竞争剧烈,夺佃增租日益盛行的时候,地价就必然上升。(关于劳动力的竞争

---

① 《明史·食货志》。
② 《史记·货殖列传》。
③ 《古今图书集成·职方典》卷278,《登州府风俗考》。
④ 《汉书·东方朔传》。
⑤ 《古今图书集成·职方典》卷61,《永平府风俗考》。
⑥ 《皇清经世文编》卷39,杨锡绂《陈明米贵之由疏》。
⑦ 《清通考》卷2,《田赋考》。
⑧ 《清高宗实录》卷175,乾隆七年九月。

与剥削率的关系问题，以后还要详细论及。）

第三，地租会随着租谷价格的涨落而变动，谷价对地价也能发生一定的影响。土地买卖也是一个流通过程，必须通过货币的中介来完成，因而地价与地租发生关系时，必然会加入一个物价的因素。在通常情况下，物价的涨落与地价的涨落是呈正比例发展的。宋代"治平之末"，长安物价较低，"米麦斗不过百钱，粟豆半之"，故"上田亩不过二千"。①"熙宁变法"时，"青苗法""免役法"的实行影响物价下落，于是"田日益贱，谷帛日益轻"。②清初康熙十九年（1680），"因米价腾贵，田价骤长"，发生了"昔年贱价之田，加价回赎者蜂起"的现象。次年（1681），"米价顿减，其风稍息"。③可见谷价与地价的关系是相当密切的，在通常情况下，二者会亦步亦趋地同涨同落。

第四，赋税的增减对地价的涨落也有巨大的影响。对于地主来说，其实际经济利益的大小，与其说是抽象地决定于地租，不如说是具体地决定于净租。赋税在地租中所占去的部分是个可变量，如果赋税与地租等量，净租则为0，这时地主占有土地就会变成毫无经济意义的事，土地也就不再具有价格，而变成弃若敝屣的废物了。可见赋税与地价变动的相互关系是：赋税越重，地价越低；赋税越轻，地价越高。黄梨洲在谈到明代地价时曾说："田土之价不当异时之十一，岂其壤瘠与？曰：否，不能为赋税也。"④清初康熙时，"差役四出，一签赋长，立刻破家"，土地所有者悉弃地而逃，故地价极低，"中产不值一文，最美之业，每亩所值不过三钱、五钱而已"。⑤这同样是地价因课役增加而下落的事实。当官僚地主、豪强地主兼并了大量土地而又依仗特权免税或交通官吏大量逃税时，赋税就更多地落在了自耕农和庶族中小地主身上，这时，由于赋税几乎有全部吞没地租的可能，所以就造成了地价下落的趋势。如能整顿赋税，并确有成效，地价就又会回涨。明朝有这样的记载："往昔田

---

① 《续通鉴长编》卷56，元符二年原注。
② 《东坡奏议》卷3，《乞不给散青苗钱斛状》。
③ 《阅世编》卷1，《田产》。
④ 《明夷待访录·财计》卷1。
⑤ 《阅世编》卷1，《田产》。

粮未均，一条鞭未行之时，有力差一事，往往破人之家，人皆以田为大累，故富室不肯买田，以致田地荒芜，人民逃窜。"推行一条鞭法以后，"从此役无偏累"，"城中富室始肯买田，乡间贫民始不肯轻弃其田矣"，所以土地"价日贵，亦由富室买田之故也"。① 有时，尤其在封建社会后期，赋税的加重采取了多收货币的办法，这时赋税的增加就会与物价的下跌结合起来，造成地价下落。清人任源祥曾说："征愈急则银愈贵，银愈贵则谷愈贱，谷愈贱则农愈困，农愈困则田愈轻。"② 唐宋以后，这种情况是司空见惯的。物价涨落影响地价，仍是赋税轻重影响地价这一规律的转化形态。

关于赋税与地价的变动，也有这样的记载：清代"淮徐地方，赋额本轻，田价甚贱"③。这与我们以上的论点是否矛盾呢？并不矛盾。因为这里并非仅就赋税与地价二者的关系而言，而是涉及土地丰度的问题。实际上，淮徐地方赋额之所以轻，是由于土地丰度差，亩产量低，而地价贱则同样是由于土地丰度差，亩产量低。在这里，"赋额本轻"并不是"田价甚贱"的真正原因。

仅仅指出净租决定地价，还不足以说明全部问题，因为地价增加的比例总是超过地租增加的比例，地价涨落的幅度比地租增减的幅度大得多。汉代有"酆镐之间，号为土膏，其贾亩一金"的高价土地，边郡地区也有"田五顷五万，田五十亩五千"，④ 每亩只值一百钱的低价土地。李蔡盗取冢地三顷，"卖得四十余万"，⑤ 则每亩合价一千三百多钱。可见汉代每亩地价由一百钱而一千多钱，而至一万钱，上下悬殊百倍。亩产量和地租量的悬殊绝对不会如此之大。明代也有"上田一亩之价有至二、三两者，下田一亩不能数铢"的记载。⑥ 黄梨洲曾说："今民间田土之价，悬殊不啻二十倍。"⑦ 地价悬殊在历代都是一个普遍现象。显然，完全用

---

① 《天下郡国利病书》原第 8 册引《上元县志》。
② 《皇清经世文编》卷 29，任源祥《赋役后议》。
③ 《皇清奏议》卷 53，陈宏谋《陈招垦淮北事宜以广生计疏》。
④ 《居延汉简释文》第 3 卷，第 48 页。
⑤ 《汉书·李广传》。
⑥ 《西园闻见录》卷 32，《赋役》前。
⑦ 《明夷待访录·田制》卷 3。

土地丰度的悬殊和赋役剥削的畸轻畸重解释这一现象是不能令人信服的。实际上，地价的悬殊与土地供求的市场规律有关。决定地价的内部条件是土地丰度、剥削率和赋税，其外部条件则是供求关系。又因为土地和一般商品不同，不能任意增加其数量，所以买卖土地的竞争还必然会超过一般商品买卖上的竞争。尽管地主在支付地价时也很吝啬，但作为一个经济原则，他们却不惜高价购买土地，因为将来出卖土地时，还会把这个买地的高价收回来。同时，地主支付地价与资本家投资不同，资本在生产过程中被消费后，必须得到更新才能进行再生产，一定的资本量只能带来一定的剩余价值量；地主则支付一次地价之后，可以无限期征收地租。因此，当竞相争购土地时，地主不惜高价购买。关于这两层道理，张英曾经指出："予置田千余亩，皆苦瘠，非予好瘠田也，不能多办价值，故宁就瘠田。其膏腴沃壤，则大有力者为之，余不能也。然细思膏腴之价数倍于瘠田，遇水旱之时，膏腴亦未尝不减，若丰稔之年，瘠土亦收，而租倍于膏腴矣。膏腴之所以胜者，鬻时可以得善价，平时度日，同此稻谷一石耳，无大差别。"①张英所谓瘠田、沃壤"同此稻谷一石"，是有些夸大，也有些出于自我安慰。但他的话却确实反映了下述情况：在增加的比例关系上，地价远远超过了地租量。尽管如此，人们还是力争购买上等土地，因"鬻时可以得善价"。其实，当地价不断上涨时，地主卖地岂止收回原价，甚至还能得到一个原价之上的余额。

地价的不断上涨意味着土地兼并的剧烈进行。破产的农民不但无力购买土地，而且自耕农为了贪图善价，也会纷纷出卖土地，这就使大量土地源源流入地主手中。顺治初年，"人争置产"，随着地价的上涨，"因而破家者有之，因而起家者亦有之"②。应当指出，"破家者"是自耕农，"起家者"就是地主。因此，地价的上涨意味着大土地所有制的发展和基本矛盾的逐渐激化。

当卖地的人很多，土地在市场上供过于求时，由于竞争的加剧，地价就会大幅度下落。宋代有这样的记载：荒年时，"卖田拆屋，斫伐桑柘，

---

① 张英：《恒产琐言》。
② 《阅世编》卷1，《田产》。

鬻妻子，货耕牛，无所不至，不较价之甚贱，而以得售为幸"①。地价的猛烈下跌同样有利于地主兼并土地，因为地主可以低价购进大量土地。清代有这样一个故事："张瑛，字玉采，汾阳县人，家素饶"，"康熙三十六年饥"，"赈所不及者持田契求售，踵接于门，皆自贬损价值。瑛第②如其愿售（买）之，价视平时盖不及十之二，于是得田且千亩"。③ 可见地价下落同样意味着土地兼并的加速进行和封建社会基本矛盾的激化。

在农业生产衰败、灾荒袭击时期，由于谷物的供不应求和土地的供过于求，会出现粮价上涨和地价下降结合在一起的现象，这和我们前面所说的地价随物价按正比例涨落的论点并不矛盾，因为我们前面所说的，是地价、物价涨落的内部条件，而这里所说的却是外部条件，即市场竞争规律对二者的影响。这种外部条件取决于复杂的因素，可以各自按相反的方向作用于地价和物价。

大致当社会生产比较健康地向前发展时，逐渐破产的自耕农就易于被较高的地价所诱惑而出卖土地，走上"舍本逐末"的道路；当社会生产日趋衰落时，地价下落就为土地兼并提供了更为有利的条件，如清代的嘉庆上谕中说："直隶大名府属三十余州县，前因连年荒歉，民间地亩多用贱价出售，较丰年所直减至十倍。本处富户及外来商贾多利其价贱，广为收买。"④ 不论在哪一种情况下，地主阶级都在进行土地兼并，但在后一种情况下，土地兼并进行得更加剧烈和疯狂。总之，地价的波动意味着大土地所有制的发展和封建社会基本矛盾的趋向尖锐化。

由于社会经济的发展在不同时期有不同的特色，时而繁荣，时而衰落，我国封建社会的地价也就呈现出时涨时落的往复变化。这种变化反映了生产力的时而向前发展，时而遭到严重阻碍和破坏。关于明代地价，邱浚曾说："臣按今承平日久，生齿日繁，天下田价，比诸国初，加数十倍。"⑤ 关于明末至清前期的地价，钱泳曾说："前明中叶，田价甚昂，每

---

① 《朱子大全》卷16，《奏救灾事宜状》。
② "第"原误作"弟"。——编者注
③ 《荟蕞编》卷11，《张瑛》。
④ 《畿辅通志》卷4，《诏谕》。
⑤ 《大学衍义》卷35，《屯营之田》。

亩值五十余两至百两，然亦视其田之肥瘠。崇祯末年，'盗贼'四起，年谷屡荒，咸以无田为幸，每亩只值一、二两；或田之稍下，送人亦无有受诺者。至本朝顺治初，良田不过二、三两。康熙年间，长至四、五两不等。雍正间，仍复顺治初价值。至乾隆初年，田价渐长，然余五、六岁时，亦不过七、八两，上者十余两。今阅五十年，竟亦长至五十余两矣。"① 抛开小幅度的暂时涨落及导致小幅度涨落的暂时原因不谈，上述两段记载大致可以说明，地价的涨落有这样一个总的规律：当农民起义之后，生产逐渐恢复时，地价逐渐缓慢上涨；当社会经济取得较大发展时，地价涨到了最高峰；当土地高度集中，农民大批破产，农民战争爆发的时候，地价就猛烈下跌。关于这种生产与地价的有机关系，古人也有所察觉。清人朱国桢就曾说："近来田价日增，不知时和年丰，既庶且富使然？抑田役均平，民不甚苦，乐趋为长久计也？"② 至于生产衰落造成地价下落，亦历代皆然。如唐德宗时，均田制已完全破坏，土地兼并正在加速进行，所以有这样的记载："今年虽旱，谷田甚好，由是租税皆不免，人穷无告，乃彻屋瓦木，卖麦苗以供赋敛。优人成辅端因戏作语为秦民艰苦之状云：秦地城池二百年，何期如此贱田园！一顷麦苗五硕米，三间堂物二千钱。"③ 显然，这与明代末年地价下落的条件是大体相同的。我们可以这样说：从总的情况看，历代地价的涨落，反映了我国封建社会经济发展的周期性特点。

中国封建社会的地价，作为一个特有的通常经济范畴，对人们的经济观点是会产生影响的。在资本主义社会中，人与人间的剥削关系被物与物的关系所掩盖。在封建社会，经济上的剥削关系同样也受到掩盖，马克思在谈到奴隶社会和封建社会时说："在那里，生产条件对生产者的统治，已经为统治和从属的关系所掩盖。"④ 在我国，地主也对佃农施以超经济强制，剥削关系建立的物质因素也会局部地被统治和服从的关系所隐蔽。但是，由于我国没有形成土地所有制的等级结构，地主个人毕

---

① 《履园丛话》卷1，《田价》。
② 《涌幢小品》卷14，《先兆》。
③ 《旧唐书·李实传》。
④ 《马克思恩格斯全集》第25卷，人民出版社1974年版，第940页。

竟没有亲自拥有行政权和审判权,所以这种隐蔽作用比欧洲淡薄得多。然而在另一种意义上,由于土地能够买卖,地价的经常普遍存在,却能作为我国所特有的事实,在一定程度上起这种掩盖剥削关系的作用。我们知道,地租的存在是产生地价的根源,得不到地租,地主就不会支付地价购买土地;然而经济关系建立的程序却是地主先支付了地价,然后才取得了征收地租的权利名义。因此,地主阶级总是离开事物的本质,仅就经济关系建立的表现形式,用地价的支付论证他们征收地租的合理性。他们认为,地主买地,征收地租;农民种地,得到种食;是天经地义的事。这样,历史的真实就完全被颠倒了。我们必须从本质上揭示地租决定地价的关系,把颠倒了的历史再颠倒过来,还历史以本来面目。

我国封建社会土地买卖的存在是地价存在的基础,而地价的存在本身是一个巨大的浪费。对于通过购买土地而发展成自耕农的农民来说,地价占去了他们一个相当可观的财富,而这部分财富本来是可以用于生产垫支的。希望上升为自耕农的佃农,也会把一定的经济力量储备起来,以便支付地价,从而减少了他们的生产垫支。地价的较早出现,是我国封建社会的特点之一,也是我国封建社会所特有的一个经济上的浪费现象。

第五章　租佃制剥削关系与佃农的经济地位

我们的研究顺序是由土地所有制问题到地租问题，所以在上一章中，主要从剩余产品分配的角度，也就是从剥削者方面，对生产关系进行分析。这一章中，将从农民方面，也就是从劳动者与土地结合的角度，继续对生产关系进行分析。就某种意义而言，本章所涉及的问题更加重要，因为只有真正弄清直接生产者与主要生产手段结合的方式，才能在理论上把必要劳动与剩余劳动完全对立起来，才能揭示中国封建社会阶级对立的实质。

依附佃农与地主的对立，是我国封建主义时代最主要的阶级对立；依附佃农与地主土地的结合，是占支配地位的生产关系。只有把握住这个关键问题，才能正确地对待从属问题。基于这种考虑，在本章中只分析主佃剥削关系，自耕农、雇农、奴婢等劳动者的身份、经济地位等问题，留待下章研究。

第一节　租佃制的产生原因及其特点

对租佃制进行探讨，是研究中国封建土地制度的继续和深入。租佃制是我国封建农民同地主土地结合的特定形式，对社会结构、产品分配等方面有重大的作用和影响。正是通过这一制度，土地关系才体现为人与人之间的剥削关系，土地所有权才人格化为地主。

首先应当明确租佃制的内容。汉代已有"豪民侵陵，分田劫假，厥名三十税一，实什税五也"的记载。① 唐人颜师古对"分田劫假"的解释是："分田，谓贫者无田而取富人田耕种，共分其利也。假，亦谓贫人赁富人之田也。"② 这样的解释是准确的，大体也反映了唐代现实的主佃关系状况。所谓"三十税一"，是指国家征收的赋税而言，与租佃制没有直接关系。所谓"共分其利""实什税五"，就是董仲舒所说的战国以来"或耕豪民之田，见税什五"③的封建地租。这一租佃制度从战国形成以后，一直延续下来，故宋人苏洵说："井田废，田非耕者之所有，而有田者不耕也。耕者之田资于富民，富民之家地大业广，阡陌连接，募招浮客，分耕其中。……田之所入，己得其半，耕者得其半。"④ 在这里，苏洵对租佃制的描写更详细、更确切了。

封建农民与奴隶的重要区别之一，在于后者不但没有任何人身自由，而且没有任何生产工具，而前者则不但是半自由的依附者，而且还拥有一定的生产工具。中国封建社会的情况也是如此，所以毛泽东概括地指出："农民用自己的工具去耕种地主、贵族和皇室的土地。"⑤ 在特定的条件下，有时地主也提供一部分农具和种子，这只是上述典型关系的变态。历史上有这样的记载："若有田不能自耕，佃客税而耕之者，每亩乃得一斛一斗而已。有牛具种粮者，主客以四六分，得一斛一斗；无牛具种粮者，又减一分也。"⑥ 可见部分生产资料，有属于地主的，有属于佃农的。在地主提供部分牛具种粮的场合，也完全不具备资本主义经营的性质，因为这一部分生产资料不是独立于土地关系之外的社会物质条件，毋宁说，却是土地的附属物，所以对这一部分生产资料所提供的剩余劳动，不是利润，而是追加的地租。这一部分生产资料既然是土地所有权的附属物，因而也就成了地主剥削佃农的补充物质手段。

列宁曾经给农奴制下过这样的定义："在农奴制社会中，农民被束缚在土地上。农奴制的基本特征，就是农民……被束缚在土地上，由此就

---

① 《汉书·王莽传》。
② 《汉书·食货志》。
③ 《汉书·食货志》。
④ 《嘉祐集》卷5，《田制》。
⑤ 《毛泽东选集》，人民出版社1968年版，第587页。
⑥ 《双溪集》卷1，《上林鄂州书》。

有农奴制这一名称。"① 中国的佃农"实际上还是农奴",② 因为这种依附佃农也是被束缚在地主的土地上的。汉代的"徒附万计",魏晋南北朝的"客皆附家籍",都说明我国封建社会前期,农民对地主的人身依附关系是很严重的;就是到了封建社会后期,佃农仍然是束缚在地主土地上的劳动者。宋代有这样的记载:"私下分田客非时不得起移。如主人发遣,给与凭由,方许别住。多被主人抑勒,不放起移。"③ 元代甚至有随着土地买卖的"随田佃客"。直到清代,还有"十年一佃"④的事。这种佃农确实是"被束缚于封建制度之下,没有人身的自由"⑤。

在肯定中国的佃农与西方的农奴都处于农奴地位的共同点时,还必须看到二者间的显著区别。这种区别主要表现在以下几个方面:

第一,西方的农奴是终生被束缚在领主领地上的,他们在任何情况下,都不能合法地离开领地;中国的佃农虽然长期被束缚在地主的土地上,但这种束缚却不是终生的,在一定条件下,佃农可以改佃,地主也可以撤佃。唐代以后,出现了很多租佃契约,更说明了农民只在契约规定的时限内才被束缚于某一个地主的土地,契约时限一旦届满,佃农就可以合法离土。宋代既然明文规定佃客"非时不得起移",那就等于说,到了一定的期限,就可以合理合法地"起移"和"别住"。至于地主的超时限"抑勒,不放起移",在法令上也是当作不合法的行为看待的。宋代以后,地主有时候会"划佃增租""夺田改佃",佃农有时也"利于易田"而改佃,⑥ 所以出现了这样的记载:"富民召客为佃户,每岁未收获间,借贷周给,无所不至。一失抚存,明年必去而之他。"⑦ 所谓"借贷周给,无所不至",是封建文人给地主脸上贴金;所谓"一失抚存",佃农就"去而之他",正说明农民改佃是进行阶级斗争的一种方式。但既然可以"去而之他",就证明农民没有终生束缚在地主的土地上。就劳动力

---

① 《列宁全集》第29卷,人民出版社1956年版,第437页。
② 《毛泽东选集》,人民出版社1968年版,第587页。
③ 《宋会要·食货》卷1之24。
④ 《古今图书集成·职方典》卷1193,《荆州府风俗考》。
⑤ 《毛泽东选集》,人民出版社1968年版,第587页。
⑥ 《履园丛话》卷4。
⑦ 《续通鉴长编》卷397,元祐二年三月。

与土地结合的稳定性而言,我们可以说,中国的农民是一种佃农式的农奴。

第二,西方的领主曾有一个时期把领地划分为份地(一般是同样大小的),交农奴占有和使用。我国农民租佃的土地却从未采取过这种份地形式,租地面积的大小主要取决于佃农的经济能力和实际耕作需要,并不受其他土地占有关系的约束。

第三,西方的领主在实行劳动地租的阶段,除把份地交农奴占有和使用外,还给自己保留了一部分自用地;中国的封建地主则多半是把全部土地分块出租给佃农,而很少保留什么自用地。

为什么在劳动力与土地结合的方式上,西方与中国有上述这些差别呢?主要原因是,西方的领地不能出卖,我国地主的土地却可以买卖和转手。在领地"硬化"的前提下,稳定的土地所有权使领主可以长期稳定地占有农奴,这样,农奴就成了"他出生的那一块土地的奴隶"[①]。中国封建社会由于土地可以买卖,地主并不永远占有一块固定的土地,所以他也就无法分给佃农一块终生占有的份地,永久归他佃耕。没有土地的人,一旦购买了土地,就会成为地主,需要建立新的租佃关系;地主在出卖土地后,就会削减自己的佃户,甚至全部解除租佃关系。这就决定了,佃农同土地的结合不可能长期稳定,地主对佃农的束缚和占有,也只能是有时限的。加之,大量自耕农经常有一部分在佃农化,个别佃农在特定的情况下也可以转化为自耕农,所以,农民的经济地位也具有不稳定的特点。自耕农与佃农队伍的此消彼长,同样也是由土地买卖这一根本特点派生出来的。由此可见,土地所有权的灵活性也给剥削关系带来了某种灵活性,正是这种灵活性使租佃制与农奴份地占有制间显示出了显著的差别。

因为佃农与地主的关系并不十分稳定,所以尽管主佃之间也存在某种程度的宗法纽带,但同西方的情况比较起来,宗法色彩就不免显得淡薄。越到封建社会后期,人身依附关系越趋缓和,商品经济的洪流就更加有力地冲刷这种宗法色彩,使之越加减退。这种情况有利于佃农从意

---

① 《马克思恩格斯全集》第 2 卷,人民出版社 1957 年版,第 471 页。

识上把自己的利益与地主的利益对立起来，有利于阶级斗争更向纵深发展。

在对抗性的阶级社会中，最基本的剥削关系越简单化，社会经济呈现的全貌就会越复杂化；反之，最基本的剥削关系越复杂，社会经济呈现的全貌就越加简单。在资本主义社会中，工人与资本家间的关系，已经简化到劳动力的商品买卖关系的程度，所以资本主义社会就呈现出了超过以往任何社会形态的极其复杂的社会经济全貌。与此相同，中国封建社会的租佃关系比西方的农奴份地占有关系简单，所以前者所呈现的社会经济全貌就比西方封建社会的早期和中期显得复杂。主佃关系比资本主义社会的劳动力买卖关系复杂，所以中国封建社会的社会经济全貌毕竟比资本主义社会简单得多。可见明确租佃制的特点，充分估计其社会意义，不仅是了解基本生产关系的关键，而且是认识中国封建社会全貌的基础。

有人认为汉代的租佃制相当于古巴比伦的租佃制、雅典的"六一农"及罗马晚期的隶农租佃制，认为封建社会只能出现西方类型的农奴制。实际上，我们应当看到，魏晋隋唐以后，直至明清，我国始终没有形成西方类型的份地农奴制，而从战国到清代，一直盛行的是佃农式的农奴制。在奴隶社会，租佃制不能决定主要的社会面貌，不能说明占支配地位的生产关系，所以它不能决定社会性质。在封建社会，如果租佃制能决定基本的阶级关系和社会面貌，那么它本身就是十足的封建生产关系。我们不能脱离开生产关系及阶级对立情况的总面貌，孤立地看待租佃制的性质。

第二节 地租形态与租佃制的两种基本形式

封建社会地租形态的一般发展顺序是：劳动地租、产品地租和货币地租，后两种形态也称作代役租。这三种地租形态虽然按顺序发展，但纯粹的形态很少有，常常发生相互之间交错的情况，也有些民族可以缺一两种地租形态。

中国封建社会地租形态的特点是：产品地租从一开始就占支配地位，

劳动地租和货币地租始终没有占绝对支配地位。

在中国封建社会初期，劳动地租也未能占支配地位，其主要原因仍与土地制度有关。马克思在谈到劳动地租时曾经指出："在这个场合，直接生产者以每周的一部分，用实际上或法律上属于他所有的劳动工具（犁、牲口等等）来耕种实际上属于他所有的土地，并以每周的其他几天，无代价地在地主的土地上为地主劳动。"[①] 因此，"直接生产者为自己的劳动和他为地主的劳动在空间和时间上还是分开的"[②]。中国封建社会通行租佃制，土地并不划分为地主自用地和农民份地，剩余劳动和必要劳动根本不可能在时间上和空间上分开，所以也就无法形成劳动地租。地主把全部土地分块出租，佃农只能把产品中的一部分作为地租向地主缴纳，这就决定了，从封建社会一开始，我国就盛行产品地租。诚然，农民有时也必须为地主提供一些劳役，如"夜警资为救护，兴修赖其筋力，杂忙赖其使令"，[③] 但这种劳役并非剩余劳动的主要部分，而绝大多数剩余劳动仍然以实物形态来体现的。

中国封建地租的原始形态就是产品地租，这一特点并不违背世界各民族封建社会的基本规律，因为在世界史上，产品地租到处都占优势，劳动地租占统治地位的时间是不长的。不仅如此，在特定的环境下，其他国家也出现过产品地租与劳动地租在封建社会初期同时并存的现象。有的时候，产品地租还可能是封建义务的原始形态。

虽然在我国劳动地租不占支配地位，但地主阶级，作为一个整体，通过国家政权，却在劳动的自然形态上，对全国农民进行过剥削和榨取。越在封建社会早期，这种徭役在赋税中所占的比重越大。农民负担的徭役，是一种国家义务的履行，是在生产领域之外，以超经济强制为基础而实现的，它虽然是集中化的地租，却不是严格意义上的劳动地租，因为它本身不是土地所有权的直接的经济实现。不过，在赋税和徭役中，实物部分逐渐增加，徭役部分日益减少，这一发展趋势同样符合封建地租形态的通常发展规律。

---

① 《马克思恩格斯全集》第25卷，人民出版社1974年版，第889—890页。
② 《马克思恩格斯全集》第25卷，人民出版社1974年版，第892页。
③ 《实政录》卷2，《小民生计》。

第五章　租佃制剥削关系与佃农的经济地位

依照历史发展的一般规律，产品地租最后必然为货币地租所取代。鸦片战争以前，明清时代也确实稀疏地出现了货币地租。但由于商品货币关系水平较低，商品经济对农业的侵蚀还不严重，所以货币地租始终没有取得支配地位。

资本主义社会的地租都是货币地租，但封建社会末期出现的货币地租仍然是封建地租，并不具有资本主义性质，它只为农业中资本主义萌芽的产生提供前提。在英国，14世纪时货币地租已经在农村占了优势，而到15世纪，农业上才出现了资本主义生产关系的萌芽。因此，既承认明末清初仍以产品地租为主，又认为当时农村已有资本主义萌芽，颇有难通之处。如果当时情况确系如此，那就要用中国的特殊条件加以解释；否则，是不能令人信服的。

在中国封建社会，租佃关系大体上有两种形式：分成制和定额租制。明清之际的顾炎武说："汉武帝时，董仲舒言：'或耕豪民之田，见税什五'。唐德宗时，陆贽言：'今京畿之内，每田一亩，官税五升，而私家收租，有亩至一石者……'仲舒所言，则今之'分租'；贽所言，则今之'包租'也。"① 这里所说的"分租"，就是分成制租佃形式；所说的"包租"，就是定额租制租佃形式。

佃农须按他当年生产的粮食产品的一个固定的比例数（或称若干成）交纳地租的，就是分成制。从理论上说，分成制是租佃关系的基本形态；从历史观点看，分成制也是租佃关系的原始形态。汉代"见税什五"是关于分成制的最早记载，也是关于租佃制的最早记载。一直到魏晋南北朝及隋代，我们在史料中经常看到的，仍然是分成制。如马援"请与田户中分以自给"②。在私有土地的影响下，国有土地出租时，也偶而采取这种形式，如曹魏实行屯田的办法是，"兵持官牛者，官得六分，士得四分；自持私牛者，与官中分"③。所谓"其佃谷皆与大家量分"，④ 恐怕也是指分成制而言。

---

① 《日知录》卷10，《苏松二府田赋之重》。
② 《水经河水注》。
③ 《晋书·傅玄传》。
④ 《隋书·食货志》。

分成制把归佃农自己的和归地主占取的两个部分的产品划分得十分清楚，一望而知剥削率有多高。当封建社会代替了奴隶社会时，前者体现了先进生产关系的优越性，甚至在新分配方式中吃了亏的佃农，也会对租佃制抱着满意的情绪。如果说农民也对封建社会本身进行过抗议，那么陈胜、吴广起义恰恰是把斗争的矛头首先指向秦政权的课役；其次才指向地主的地租。因此，地主阶级不怕把剥削率赤裸裸地暴露出来，这就使分成制成了十分自然的原始租佃形式。在分成制下，地主决定分成比例的基本原则是，把产品中归佃农的部分尽量压低，最大限度地提高地租部分。当然，佃农要对地主进行反抗，力求扩大归佃农自己的部分，所以剥削率最终是通过阶级斗争来确定的。

在我国封建社会确立之初，分成制对生产力的发展能起促进作用，具有进步意义。奴隶没有任何生产工具，没有自己的私有经济，他们无法预料努力生产的结果对自己有什么好处，所以不可能关心生产技术的改进。封建租佃关系建立以后，分成制佃农不但有了私有经济，而且会直接感受到增产对自己的好处，他们必然对提高劳动生产率发生兴趣。

实行分成制的时候，在剥削率固定的前提下，农民为了改善自己的生产条件和生活条件，就会自动地延长劳动时间和增加劳动强度。但由此增产的产品，却有一部分按分成比例被地租占去。不仅如此，随着剥削率的提高，增产给佃农带来的好处，还会进一步按比例下降。这样，农民的生产积极性就必然比例于剥削率的提高而降低。由此可见，分成制既是地主鞭策农民努力生产的经济鞭子，又是掠取农民提高生产力的成就的手段。

从唐代开始，出现了定额租的记载。解放以后，在新疆发现的"贞观十七年（643）赵怀满耕田契"中载明：租价是"壹亩与夏价小麦贰酙□"[1]。在敦煌发现的"乙亥年索黑奴等租地契"也规定："其地断作价值，每亩一硕二斗。"[2] 唐宋以后，一般史料中有关定额租制的记载也逐渐出现，而且越来越多。不但私有土地采用定额租制，而且在它的影

---

[1] 新疆维吾尔自治区博物馆：《新疆吐鲁番阿斯塔那北区墓葬发掘简报》，《文物》1960年第6期。

[2] 《敦煌资料》第一辑，中华书局1961年版，第326页。

响下，国有土地也开始计亩规定租额。① 在中国封建社会后期，定额租制虽然没把分成制完全排挤掉，甚至前者也没有居于绝对优势地位，但它却日趋普遍和发展。

定额租制是按亩规定地租量的租佃形式。从现象上看，它既没有涉及必要劳动，也没有涉及剩余劳动与必要劳动之间的关系。如果说，分成制地租确定的原则是以必要劳动的最低水平为基础，那么定额租制好像是首先以剩余劳动为基础来确定地租。实际上，这种区别只是一种假象。地主确定每亩租额时，不能不以必要劳动的最低水平为依据，受当时的生产力水平及分成制的剥削率的制约。地主之所以必须首先考虑必要劳动，不是出于对佃农关心，不是为了"保证"农民有生活条件，而是为了"保证"地主有劳动力。正如马克思和恩格斯所说："到目前为止的一切社会都是建立在压迫阶级和被压迫阶级的对立之上的。但是，为了有可能压迫一个阶级，就必须保证这个阶级至少有能维持它的奴隶般的生存的条件。"② 由此可见，定额租制不过是分成制的变态。与分成制不同的只是，定额租制的剥削率是随着年成的好坏和是否增产而经常变动的。

在定额租制实行的情况下，由于租额固定，所以佃农改进生产技术、增加劳动强度、延长劳动时间所增产的成果，全部归自己所有，这种租佃形式对农民的生产积极性有较大的刺激作用。因此，无论从理论的观点和历史的观点而言，定额租制是比分成制较为进步的租佃形式。

在分成制实行的条件下，各个地区、每年的产量都会有变动，但由于产品中归佃农的部分和归地主的部分都会比例于产量的高低，自行增减，所以地主较多地关心农业的丰歉，较少关心分成比例的调整。从汉代到明清，对半分成都是通常的情况，就说明了此点。而在实行定额租制的情况下，随着生产力水平的逐渐提高，地主就感到固定的租额对自己不利了。他们决不甘心让地租的增加落在生产力发展之后，因而就更加关心地租量的调整。这种情况的具体表现，就是宋代以后大量出现的

---

① 如唐代职田在开元十九年（731）规定："仍依允租价对定，无过六斗；地不毛者，亩给二斗。"（《唐会要》卷92，《内外官职田》）

② 《马克思恩格斯选集》第1卷，人民出版社1972年版，第263页。

"划佃增租""夺佃增租""改佃增租"。归根结蒂，定额租制是刺激佃农进一步提高生产积极性的经济鞭子，也是地主进一步掠夺农民生产新成就的工具。

在看到定额租制的先进性的同时，也不可忽略，当歉年、荒年农业大减产的时候，分成制却可使地租量随着亩产量的减少而减少；与此相反，在严重减产的时候，定额租制硬性规定的地租量，就成了佃农更加无力负担的剥削。农业是一个受自然条件影响最严重的生产部门，所以不同的租佃形式，通过收获的丰歉，对社会生产和农民经济所产生的不同作用，是非常显著的。正因为如此，定额租制虽然具有一定的先进性，却始终无力把分成制完全排挤掉。

实行分成制的时候，产量与地租量息息相关，地主对生产比较关心，因而他们对佃农的监督和控制比较厉害，超经济强制比较严重。实行定额租制的时候，尽管有时佃农的严重减产也会引起地租的"灾多收少"，[①]但与分成制相比，在通常情况下，产量小幅度的增减不会影响地租量，所以地主对产量和农业生产的关心就相对地有所减少，这样，剥削关系更简单化了，超经济强制和人身依附关系趋向缓和了，地主阶级的腐朽寄生性也随之更进了一步。

定额租制是导致"划佃增租""夺田增租"的主要原因。由于经常需要通过"改佃""换佃""撤佃""夺佃"的方式增加地租，所以地主不需要把佃农永久固定在自己的土地上，这也是定额租制促使超经济强制缓和的另一个原因。

这种"夺佃""改佃"是地主掠夺农民生产成就的另一种新途径。定额租制的实行意味着佃农更加关心产量，为了提高产量，农民就必然要设法改良土壤，增加施肥，提高土地丰度。而在"夺佃""改佃"时，地主不但利用农民竞相争租土地而提高地租额，并且把原有佃农提高土地丰度的成果据为己有，并使之转变为改佃后进一步剥削新佃农的手段。

[①] 《道光重修宝应县志》卷3，《书院》。再如清初，也有类似的情况："予有薄田在泖上，佃户不过六七家，病殁者男妇凡三人。……因旱而病㾕车无力，召募无人，田多抛灾，即号称熟者，亦皆歉收。三斛起租之田，上好不过收米二石，次者一石五斗，甚者只收石许。"（《阅世编》卷1，《灾祥》）

第五章　租佃制剥削关系与佃农的经济地位

马克思在分析"爱尔兰的租佃权"时指出："在租佃者以这种或那种形式把资本投入土地，因而改良了土壤以后（这种改良或者是直接的，如灌溉、排水、施肥，或者是间接的，如农用建筑），地主就插了进来，要租佃者出更高的租金。如果租佃者让步，结果就是他用自己的钱，而给地主利息。如果他坚持不肯，那末他就会被人不客气地赶走，换上新的租佃者，新的租佃者由于接收了前一个租佃者投入的费用，于是就能够付出更高的租金了……爱尔兰的每一代农民都为改善自己和家庭的状况而作了努力和牺牲，但他们反而直接为了这个缘故而在社会阶梯上下降一级。"① 中国封建社会的情况与19世纪的爱尔兰有很大差别，但马克思对爱尔兰租佃关系的透辟分析却对我们很有启发，我们完全可以把马克思的上述理论用来解剖宋以后的"改佃增租"。中国封建社会后期佃农争取永佃权的斗争，就是针对着地主阶级这种狡猾掠夺手段而进行的阶级斗争。因此，随着定额租制的出现，又出现了改佃与反改佃、增租与反增租的阶级斗争形式。

我们应当运用辩证的观点对待佃农同地主土地结合的稳定性问题。当地主力图把佃农束缚在他的土地上，农民租地的竞争不严重时，这种劳动力与土地结合的稳定性意味着超经济强制和人身依附关系的强化。当地主力图用"夺田改佃"的办法增加地租、掠夺土地丰度，农民租地的竞争比较严重时，永佃权、佃农与土地结合的稳定性，就是有利于农民发展生产的条件，就具有积极性。不区别具体历史条件，把农民通过阶级斗争而赢得的长期租佃权和永佃权也一律目之为超经济强制的加强，一律说成是束缚农民于地主的土地，是不妥当的。当然也应当看到，农民所争得的永佃权，并不是佃农对土地的权利，而仅仅是他在地主土地上改良土壤、提高土地丰度的权利。

在实行定额租制的情况下，增产的产品归生产者所有，经济条件较好的农民易于改进生产技术，提高劳动生产率，因而更有条件富裕起来；由于减产时地租并不像在分成制下那样按比例减少，经济条件较差、经常陷于减产的农民就更加容易陷于贫困。因此，定额租制的出现使佃农

---

① 《马克思恩格斯全集》第9卷，人民出版社1961年版，第177—178页。

内部的贫富分化有了进一步的发展。在个体小农私有经济的基础上，每一个经济制度上的进步，都意味着农民内部分化的前进一步。不同地租形态的过渡是如此，由分成制发展为定额租制也是如此。

为什么唐代以后形成了新的租佃形式定额租制呢？我觉得主要原因有二：第一，大土地所有制的空前发展是定额租制产生的物质条件。大致唐中叶均田制最终破坏后，不但随着亩产量的提高，地主土地最低必要限量有所降低，而且由于土地兼并的空前严重，形成了很多"膏腴别墅连疆接畛，凡数十所"[1]的大地主。唐代商品经济的进一步繁荣也对土地兼并起了明显的刺激作用，有的商人地主"邸店园宅遍满海内"[2]。宋以后，拥有土地百顷、千顷，年收地租千石、万石的地主不乏其人。一个拥有大量土地，而且地产分布很广的地主，不再可能亲身监督生产和征收地租，于是他们采取了两种新的经营土地的方式：其一，用家奴、家仆、管干、干仆、管庄、庄头等代理人管理地产，唐宋以后这种人员的有关记载大量出现，显然不是偶然的现象。其二，改分成制为定额租制，地主就可以坐等佃农纳租，而自己则不必再去逐亩逐段地较量产量，确定租量。这就大大简化了征租手续和剥削关系。

第二，农民采取逃亡、起义等各种方式进行斗争，反抗地主对佃农的超经济强制，在这种形势下，狡猾的地主就用缓和人身控制、改行定额租制的办法，来保证地租总额不受损失，甚至借此增加剥削。因此，比分成制进步的定额租制的出现，应该看作农民进行阶级斗争的重要成果。

唐宋以后，尽管大土地所有制有了空前的发展，但拥有两三百亩土地的中小地主仍然不少。商品经济对土地关系侵蚀的结果，很容易引起土地的小块零星出售，这也是宋以后土地严重畸零的原因之一，而这种现象也容易导致中小地主的大量存在。此外，中小地主的人数还会随着地主土地最低必要限量的降低而增加。对于这些中小地主来说，没有必要把分成制改为定额租制。何况在严重减产的年代，分成制也还有优越的一面。基于上述原因，唐宋以后，定额租制与分成制只能同时并存，

---

[1] 《旧唐书·元载传》。
[2] 《太平广记》卷495，《邹凤炽》。

前者并没有完全把后者排挤出经济领域。

大土地所有制的发展是定额租制产生的重要物质条件,定额租制的实行又刺激了个体生产者的积极性。在分化中富裕起来的佃农必然进一步要求经济独立性,在分化中走向破产的佃农一定会更加反对封建的大土地所有制。因此,无论在哪一种情况下,定额租制的出现都意味着封建社会基本经济矛盾的更趋激化,可见租佃形式的发展和变化,也是基本矛盾发展的一种运动形式。

第三节　佃农的租地限量

佃农租地可多可少,但却有个最高限量和最低限量。超过了最高限量,佃农就无力经营;不足最低限量,简单再生产和最低生活水平就无法维持。在这两个限量之间,有相当大的距离,佃农的实际租地限量会在这个范围内上下摆动。

佃农的最低租地限量取决于必要劳动的最低必需量,即缴纳地租之后,农民占有的产品必须足以维持生活和进行简单再生产。在最低必要劳动总额为定量的场合,最低必要租地限量还随着亩产量的增减和亩地租量的增减而变动。也就是说,亩产量越高,最低必要租地限量越低;亩地租量越高,最低必要租地限量越高。这几种条件的相互关系可以用公式表示如下:

$$最低必要租地限量 = \frac{最低必要劳动总额}{亩产量 - 亩地租量}$$

上述公式说明,生产力水平越高,由于亩产增加,佃农越有可能少租地,农业生产就可能更为集约化;亩地租量越高,最低必要租地限量随之增加,农业生产就必然趋向粗放化。

在一般的情况下,佃农的实际租地面积大多在最低限量之上,只有在特定的条件下,才会接近这个最低水平。随着土地丰度和人口密度的不同,最低租地限量也发生很大变化,清代"南方种田一亩,所获以石计,北方种地一亩,所获以斗计,非尽南智而北拙、南勤而北惰、南沃而北瘠也。盖南方地窄人稠,一夫所耕,不过十亩,多则二十亩,力聚而功专,故所获甚厚。北方地土辽阔,农民惟图广种,一夫所耕,自七八十亩以至百亩不等,意以多种则多收,不知地多则粪土不能厚壅而地力薄矣,工作不能遍及而人事疏矣"[①]。可见农民的租地量确实取决于很多条件。在这里,人口密度、佃农的生产垫支能力、耕作技术水平、土地的肥瘠都直接影响亩产量,所以都能在决定最低租地限量方面起一定的作用。大体上说,越到封建社会后期,生产力水平越高,亩产量越高,人口密度可能越大,佃农的最低租地限量也就越低。清代南方一夫租地十亩的事,在战国、秦、汉时是完全不可思议的。

从理论上明确最低租地限量不断降低的必然趋势,可以帮助我们了解剥削率与农民起义的关系。由秦汉到明清,农民起义不断爆发,但"见税什五"和对分制是历代普遍盛行的剥削状况,通常的剥削率始终维持在100%的水平。如果不考虑最低租地限量的降低,只从亩产量和剥削率观察,就会出现这样的疑问：明清亩产量比秦汉提高了好多倍,剥削率始终相同,农民的生产状况、生活条件有了这么大的改善,为什么阶级矛盾反而越来越尖锐化呢？如果把租地量的减少加以考虑,问题就迎刃而解了。租地一百亩的佃农,在亩产量1石,剥削率100%的场合,必要劳动总额 $= \frac{1 \text{石}}{2} \times 100 = 50$ 石。如果租地减为五十亩,亩产量增加为2石,剥削率仍为100%,则必要劳动总额仍 $= \frac{2 \text{石}}{2} \times 50 = 50$ 石。这样,农民的经济状况就没有任何改善,仍然会由于饥寒交迫而起来斗争。当然,在封建社会后期,农民对经济独立性的要求会有所增强,这对阶级矛盾的尖锐化起一定作用,但此点并不影响我们目前讨论的问题。如果佃农的最低租地限量和剥削率从古至今始终不变,而亩产量却成倍增长,即使农民对经济独立性的要求再加强,阶级矛盾尖锐化的程度也会大为降低。

唐朝陆龟蒙是长江下游地区的一个小地主,"有田奇十万步","有耕

---

① 《切问斋文钞》卷16,尹元孚《敬陈末议疏》。

夫百余指"。① 当时吴田一亩合二百五十步，则佃农十余夫共耕地四百余亩，每夫合租地四十亩。清代同一地区佃农每夫只租地一二十亩，租地量的减少远远超过了亩产量增加的比例。清代北方一户农民耕地七八十亩，超过南方好几倍，但南方、北方的生产力水平也不会有这么大的悬殊。为什么会出现这种情况呢？原因在于佃农还有一个最高租地限量。

佃农的最高租地限量首先取决于佃户劳动力的数量和生产垫支能力。劳动力的多少是佃农耕作能力大小的自然界限，全部满足劳动力所需的土地面积，就是最高租地限量。不过，这里有一个前提，即农民有足够的垫支能力；否则，这个租地量就无法成为可能实现的最高限量。其次，佃农在扩大租地面积时，在原有技术水平的制约下，必然导致农业生产趋向粗放化，降低亩产量，而把这一部分投在增租土地上的工本投在原有租地上，却可以提高单位面积产量。这样，佃农就会在两种经营方式之间进行比较和抉择。只有增租土地带来的经济利益超过在原有土地上追加工本带来的利益时，这一部分增租土地才能包括在最高租地限量内。可见佃农最高租地限量会随着劳动力的多少、垫支能力的大小呈正比例增加，也会比例于增租土地引起的亩产量减少的程度而变化。

此外，佃农的最高租地限量还与耕作技术水平有关，这个水平越高，农民就越有能力耕种较大面积的土地。因此，到封建社会后期，随着生产力水平的提高，不但佃农的最低租地必要限量降低了，而且最高租地限量也提高了。可见生产力水平越高，佃农经济的灵活性和适应性越大。

佃农的生产垫支能力还取决于地租量的大小，剥削率的高低。剩余劳动所占的比例越大，必要劳动所占的比例就越小，生产垫支能力就随之减少，这时最高租地限量就必然下降。由此可见，当剥削率提高或地租量增加时，不但佃农的最低租地限量提高了，而且最高租地限量也会随之降低，这样，佃农经济的灵活性和适应性就大大削弱，再生产就会在比较困难的条件下进行。

佃农的实际租地量会在最高限量与最低限量之间上下摆动，最后将固定在哪一点上，那要取决于极其错综复杂的情况。明代松江"东西两

---

① 《甫里先生集》卷16，《甫里先生传》。

乡不但土有肥瘠，西乡田低水平，易于车戽，夫妻二人可种二十五亩，稍勤者可至三十亩。且土肥获多，每亩收三石者不论，只说收二石五斗，每岁可得米七八十石矣。故取租有一石六七斗者。东乡田高岸陡，车皆直竖，无异于汲水，稍不到，苗尽槁死，每遇旱岁，车声彻夜不休，夫妻二人极力耕种，止可五亩。若年岁丰熟，每亩收一石五斗，故取租多者八斗，少者只黄豆四五斗耳。农夫终岁勤动，还租之后，不毂二三月饭米。即望来岁麦熟，以为种田资本"①。这个例子说明：首先，松江东乡同西乡比较时，劳动力都假定为"夫妻二人"，这是进行其他比较的前提，可见佃户劳动力的多少是直接影响租地量的天然条件。其次，土地的肥瘠对亩产量有明显的影响，西乡亩产量为二石五斗，东乡则只有一石五斗，所以西乡的佃农即令少租一点土地，也可以维持简单再生产。但实际情况是西乡农民租地量远远超过了东乡，原因何在呢？这是由于，再次，东乡农民车水费工，这实际等于相对地减少了劳动力，也等于相对地降低了耕作技术水平，可见不但家庭劳动力的减少可以迫使佃农减少实际租地量，而且播种多费工本的作物，如烟草、棉花、蔬菜等经济作物，或者在条件特别不方便的土地上耕作，也会迫使佃农减少实际租地量。最后，地租越重，佃农生活越困难，"种田资本"越少，经济灵活性越小，多种则无力垫支，少种则难以维持生活。上述事实证明，决定佃农实际租地量的条件很多，从而各户佃农的实际租地量就必然有显著差别。

有的时候，由于地租极度的苛重，耕作条件特别不利，生产垫支能力已无法满足劳动力所要求的租地面积时，实际租地量就会降至最低租地限量之下，这时，佃农就连简单再生产也无法维持了。松江东乡农民在纳租之后，"不毂二三月饭米。即望来岁麦熟，以为种田资本"，就是这种情景的写照。渐趋破产的农民"举质以备粮种，其势无余力以及畚臿之功"。② 农业生产遂趋向粗放化。因此，当佃农的实际租地限量降至最低租地限量以下时，再生产的规模不但从外延上，而且从内含上日益

---

① 《四友斋丛说》卷14，《史》卷10。
② 《天下郡国利病书》原第5册引范成大《水利图说》。

第五章 租佃制剥削关系与佃农的经济地位

缩小。农民的经济能力越低，地租剥削对生产的摧残就越严重。沉重的地租一方面迫使农民的实际租地量降至最低租地限量之下；另一方面又提高了最低租地限量的标准，这是地主经济内部的一个永远无法克服的矛盾。这个矛盾的激化也意味着基本经济矛盾和阶级矛盾的尖锐化。

在正常的情况下，佃农的经济原则是使实际租地量去接近最高租地限量呢？还是接近最低租地限量呢？是前者而不是后者。原因是：第一，佃户家庭会有一个自然的人口增殖，必要劳动量同劳动力都将随之增加，因此，经过几代之后，最低租地限量和最高租地限量的标准都要提高，为了给预料中的这种前景做好准备，佃农在租地时就会争取多租，以便为即将成年的下一代人留有余地。第二，佃农扩大租地，同自耕农扩大耕地不同，不需要支付一个地价，追加的垫支工本比自耕农所需的地价加工本少得多，这样，佃农就有条件最大限度地利用自己的经济力量，扩大租地面积。

在研究佃农的租地量时，还必须考虑两种租佃形式所起的不同作用。定额租制实行的条件下，佃农比较愿意把更多的工本投在原有的租地上，而不愿轻易扩大租地，因为这样做，地租量不变，产量却可以增加，必要劳动所占的比例就会上升；如果扩大租地，则不论产额增加多少，地租已经增加。分成制实行的条件下，地租额增加与否的问题就不会被佃农考虑，因为提高原租地的亩产量或通过增租土地而增加产品，其后果都是一样的，增加的产额都必须按同一分成比例提供地租。所以，定额租制下的佃农不轻易增加租地，耕作比较集约化；分成制下的佃农更易于扩大租地面积，去接近最高租地限量，耕作比较粗放化。从这一方面也可看出，定额租制比分成制进步。

就封建社会总的发展趋势而言，农业进步的规律是由粗放走向集约，亩产量逐步提高，人口密度日益增大，佃农的最低租地限量不断降低，所以实际租地量也有递减的趋势。在封建生产关系的制约和生产力水平的限制下，农业的进步必然意味着个体生产的进步，而佃农的个体经济先天地具有小规模经营的特点。只有生产关系彻底改变以后，农业生产的发展才会与经营规模的扩大齐头并进。

佃农实际租地量的减少使拥有同量土地的地主可以剥削更多的农民。

— 111 —

据唐人陆龟蒙记载每百亩田只能剥削2.5人,清代广东地方"业主耕地百亩,须佃五人"①。同量土地上被剥削的劳动力增加了一倍。因此,从佃农租地量的角度观察问题时,同样可以看出,封建社会越到后期,生产力越发展,亩产量越高,封建制所固有的基本经济矛盾越尖锐,生产关系同生产力的矛盾越激化,阶级矛盾也必然随之更加深刻化。

第四节　佃农经济地位的特点

既然中国封建农民与地主土地相结合的方式是租佃制,而不是份地制,那么,租佃制与西方的农奴份地制比较起来,对生产发展是较为有利呢?还是较为不利?佃农的经济地位比西方农奴的经济地位是较好呢?还是较坏?这个问题是不能一概而论的。

首先,应该肯定的是,租佃制比西方的农奴份地制在某些方面显示了优越性。

租佃制的第一个优越性,表现在我国避免了比较原始的劳动地租形态,比劳动地租进步的产品地租从封建社会一开始就占支配地位。在实行产品地租的场合,农民会有一个较高的文化状态,直接生产者的"劳动以及整个社会已处于较高的发展阶段"。"在这个地租形式上,体现剩余劳动的产品地租,根本不需要把农民家庭的全部剩余劳动吮吸殆尽。相反,和劳动地租相比,生产者已经有了较大的活动余地,去获得时间来从事剩余劳动",并且使这些产品"归他自己所有"。②中国封建社会从一开始就实行产品地租,是战国、秦、汉时代就能够出现繁荣昌盛形势的主要原因之一。

其次,中国佃农基本上没有终生束缚在某个地主的固定田庄之中,比西方终生固定于某一庄园的农奴有较多的人身自由。此外,在土地可以买卖、转手的条件下,少数个别的佃农还有可能上升为自耕农,这对佃农的生产积极性可以起到刺激作用。东汉郑玄曾"假田播植,以娱朝夕"③。杨

---

① 《皇清奏议》卷30,鄂尔达《案察粤东穷民开垦疏》。
② 《马克思恩格斯全集》第25卷,人民出版社1974年版,第895、896页。
③ 《后汉书·郑玄传》。

震亦"少孤贫，独与母居，假田种殖，以给供养"①。这两个人情况特别，也许不能代表一般情况。但明代确有"先世佃仆，今以富强"②的事实。佃农这种特殊地位与较大的生产积极性，同样是中国封建社会前期在经济、文化上超过西方中世纪相应阶段的原因之一。

最后，地主不能终生占有佃农，因而佃户有时可以离开某个地主的土地，"弃而不种"③，或"利于易田"改佃④，这样，地主在招佃时就会发生困难，以致引起彼此之间的竞争，从而导致剥削率降低。产生这种情况的时候，佃农的经济地位就会有所改善。宋人胡宏就曾指出，如果地主对佃农"呼之以奴狗，用之以牛羊"，佃农必然要"忘其怀土重迁之真性，惟恐去之不速"，所以地主对佃户应该"为之安生立业，劝其耕敛"，以便达到"虽逐之不去矣"⑤的目的。地主政权从缓和阶级矛盾以维护地主阶级的根本利益出发，也惟恐佃农流徙，造成"田土抛荒，公私受弊"，因而"劝上户有力之家切须存恤接济本家地客，务令足食，免致流移"。⑥南宋初年安丰一带的地主"常苦无客"，有农民流徙而来者，主户"争欲得之，借贷种粮与夫室庐牛具之属，其费动百千计，例不取息"。⑦清人张履祥也恐怕佃农"今日掉臂而来，异时不难洋洋而他适"，深感"当此土满人离之日"，"羁縻之道一失，即使另召耕佃，未必遂得其良。万一旷而不耕，弗耕既有不可，耕之复重伤资力"，所以他主张"有愿赁此田者，本家给以资本，成熟取偿而不起息"，这样就可使佃农"不忍耕他人之土，则永久无患矣"。⑧由此可见，地主之间在招佃时进行竞争，对佃农和农业生产的发展是有利的。

在看到租佃制的积极方面的同时，还应该看到其消极的一面。

首先，中国的佃农比西方的农奴在经济上缺乏保障。恩格斯曾经指出，

---

① 《后汉书·杨震传注》。
② 《西园闻见录》卷15，《不校》。
③ 《西园闻见录》卷40，《蠲赈》前。
④ 《履园丛话》卷4。
⑤ 《五峰集》卷2，《与刘信叔书》。
⑥ 《朱子大全》卷99，《劝谕救荒》。
⑦ 《浪语集》卷17，《奉使淮西与虞丞相书》。
⑧ 《杨园先生全集》卷8，《与徐敬可》。

西方的农奴"生活有保障",他们"处在竞争之外"。① 也就是说,"农奴的生存有封建的社会制度来保障,在那种社会制度下每个人都有他一定的位置"②。这种"保障"与稳定地占有份地有密切的关系,农奴虽然无权处理其份地,也不能任意离开份地,但领主也不能随便剥夺份地,因此,农奴分别占有各自的份地,彼此之间不发生竞争。在中国则不然,佃农与地主土地的结合并不完全固定,当自耕农大量破产时,或在人多地少的地区,相对过剩劳动力就会产生和增加,农民不免竞相争租土地,地主就有条件利用佃农的竞争而提高剥削率。宋代已有这样的记载:"乡曲强梗之徒,初欲搀佃他人田土,遂诣主家,约多偿租稻。(主)家既如其言,逐去旧客。"③ 在这种竞争中,劳动力较少或垫支能力较差的佃农首先受到排挤,当时"乏力者粟辄不登",地主因而"必易艺者"。④ 至于条件较好的佃农,虽然租到了土地,却不免陷于"多偿租稻"的不利境地。因此,佃农之间的互相竞争最终成为地主进攻农民的一个有利条件。清人盛枫曾说,淮扬一带"无尺寸之荒芜",佃农竞争比较严重,"贫民惟恐不得富民之田而耕之,故豪家之田,不患无十五之税",⑤ 就是这种情景的写照。当地主处于这种有利地位时,就不再考虑"保障"佃农的生活,而是"坐视火客佃户狼狈失业,恬不介意"⑥。唐代有一个官僚地主,出租土地,与佃农"约熟归其半"。适逢大旱,"农告无入",地主的答复是:"我知人,不知旱也。"⑦ 清代甚至有这样的地主,"今年索取明年之租,若不预完,则夺田另佃矣,另佃必添租,租银既重,逋负必多,一遇歉收",佃户"弃地而逃"。⑧ 中国佃农这种破产、失业的情况,显然在西方是很少见的。

其次,西方的领主能够终生占有农奴,并把农奴当作自己的财产看

---

① 《马克思恩格斯全集》第4卷,人民出版社1958年版,第360页。
② 《马克思恩格斯全集》第2卷,人民出版社1957年版,第471页。
③ 《真西山文忠公文集》卷8,《申户部定断池州人户争沙田事状》。
④ 《宋学士文集》卷69,《故王府君墓志铭》。
⑤ 《皇清经世文编》卷30,盛枫《江北均丁说》。
⑥ 《朱子大全》卷99,《约束粜米及劫掠榜》。
⑦ 《新唐书·段秀实传》。
⑧ 《皇清经世文编》卷35,孙嘉淦《八旗公产疏》。

待。领主的权力不依存于地租折的大小,而依存于占有多少农奴。因此,领主比较关心劳动力的再生产,在使用农奴时,既不使他们"闲散",也不致使农奴过于疲劳。中国的地主利用自耕农的破产和农民的竞争来补充自己的佃农,他们不会把佃农看成自己的财产,从而很少关心劳动力的再生产,也不注意佃农是否过于疲劳,总是设法最大限度地提高剥削率,榨取尽可能多的地租。

最后,地主在夺佃、改佃时,还掠夺了佃农改良土壤、兴修水利等提高土地丰度的成就,使农民在这些方面垫支的工本全部丧失,因而大大妨碍了佃农发展生产的积极性。宋人李觏已经看到了这样的现象,佃户"地非己有,虽欲用力,末由也"①。清人钱泳也指出,修兴水利不力的原因之一,就是"佃户利于易田而致湮塞"②。所谓"贫为富者佃作之客而终运地方,知苟活而不知尽农之功",③ 也是同样性质的问题。在清朝的八旗公产上,农民"欲治良田,必积二三年之苦工,深耕易耨,加以粪治。田甫就熟而地棍生心,遂添租挖种矣"④。在这种土地占有相当不稳定的前提下,佃农自然在农田水利的建设上顾虑多端,畏缩不前。

上述租佃制的消极作用有可能在剧烈的阶级斗争中被局部抵消。为了对抗夺田增租,保证耕垦土地所垫支的工本得到补偿,享有改良的收益,佃农展开了争取永佃权的斗争。明末佃农运动就曾提出过"均佃"的要求,其内容是"欲三分田主之田,而以一分为佃人耕田之本。其所耕之田,田主有易姓而佃夫无易人,永为世业"⑤。这种斗争是有成效的,地主政权的法令中有时被迫承认了个别地区佃农对土地的永久使用权。如甘肃省在清初有不少流亡农民开垦土地,因"畏惧差徭,必借绅衿出名,报垦承种,自居佃户,比岁交租"(这种租佃关系的建立本身就具有掠夺农民土地的性质),他们"恐地亩开熟,日后无凭,一朝见夺,复立永远承耕,不许夺佃团约为据",而事实上绅衿地主还是借口"租粮偶欠

---

① 《李直讲文集》卷16,《富国策》第2卷。
② 《履园丛话》卷4。
③ 《古今图书集成·职方典》卷1112,《湖广总部》。
④ 《皇清经世文编》卷35,孙家淦《八旗公产疏》。
⑤ (乾隆)《瑞金县志》卷7,《艺文》。

或口角微嫌","夺田换佃",农民乃通过斗争,最后迫使国家承认,"不许夺佃",即令"业主贫乏,将田另售",原佃户的子孙亦可"照旧永种,不许易佃"①,于是永佃权得到了法律上的认可。在一般的熟田上,因为"瘠田若善经理,则下田可使之为中田,中田可使之为上田",② 所以佃农必然为保存改良土壤的成果而斗争,结果,在某些地区某些时候,地主不能不承认:"田皆主佃两业,佃人转买承种,田主无能过问。"③ 大致越到封建社会后期,随着农业生产日趋集约化,佃农在改良土壤、提高土地丰度和兴修水利方面的贡献越大,而随着人口的增加和土地兼并的日见严重,改佃增租的事也趋向频繁,所以佃农争取永佃权的斗争必然随之越来越剧烈。宋以后,尤其在明清两代,田骨、田皮、田面划分的出现,就是农民进行此类斗争的重要成果。由于永佃权和田骨、田皮、田面等经济关系的形成,租佃制大为复杂化了。

佃农为了缓和租地时的竞争,有时自动移往土旷人稀的地方进行垦荒,力争转化成为自耕农,这也是阶级斗争的形式之一。清代漳、泉、潮、惠等州的佃丁就"因贪"台湾地区"地宽","可以私垦",故纷纷"冒险度台"从事开垦。④

但是,佃农转化为自耕农的主要途径,是农民起义和农民战争。

---

① 《清高宗实录》卷175,乾隆七年九月。
② 张英:《恒产琐言》。
③ 《皇清经世文编》卷31,陈道《江西新城田租说》。
④ 《皇清经世文编》卷31,尹秦《台湾田粮利弊疏》。

第六章 自耕农的经济地位

前面已经指出，自耕农是我国所特有的一个大量存在的土地所有者阶层，是农业人口中的一个重要组成部分。自耕农在社会经济总和中占有不可忽视的地位，对生产的发展起着显著的作用。因此，研究自耕农的经济地位非常重要，可以帮助我们了解一系列与之有关的经济、政治问题。

第一节 自耕农经济的优越性

所谓自耕农经济的优越性，是与佃农经济相比较而显示出来的。究竟优越在哪些方面呢？

首先，自耕农拥有私有土地，虽然也承担对国家的课役，却免去了地租剥削。这样，在经营相同面积土地的条件下，自耕农会比佃农多占有一个净租量。这部分产品不但可以改善生活，而且可以转化为生产资料再投入生产过程。所以，在佃农只能维持简单再生产的场合，自耕农却具有进行扩大再生产的能力。

其次，从上述一点可以派生出自耕农经济的第二个优越性，即自耕农的最低必要耕地限量可以比佃农的最低必要租地限量低，最高耕地限量可以比佃农的最高租地限量高。自耕农经济比佃农经济有更大的适应性和灵活性。

决定自耕农最低必要耕地限量的主要条件是：最低必要劳动总额、亩产量和亩赋税量，这几个条件之间的关系可以用公式表述如下：

$$最低必要耕地限量 = \frac{最低必要劳动总额}{亩产量 - 亩赋税量}$$

前面已经指出，佃农的最低必要租地限量 = $\frac{最低必要劳动总额}{亩产量 - 亩地租量}$，而地租量 = 赋税量 + 净租量，因此，在自耕农的最低必要劳动总额与佃农相同的前提下，由于亩产量 - 亩赋税量 > 亩产量 - 亩地租量，所以自耕农的最低必要耕地限量就必然小于佃农的最低必要租地限量。这说明，即使比佃农的最低必要租地限量少耕种一定数量的土地，自耕农仍有维持简单再生产的能力。

自耕农的最高耕地限量也取决于如下几个条件：第一，家庭劳动力的数量和生产垫支能力。自耕农能够把一个净租量合并到必要劳动之中，必然比佃农更容易具备生产所需的垫支能力，因而更有条件经营现有劳动力所能耕垦的最高耕地限量。第二，在进行扩大再生产时，是把工本投在新增土地上有利呢？还是追加同量工本于原有耕地有利呢？自耕农必然会在二者间加以比较。这一点，与佃农基本上相同。此外，自耕农的最高耕地限量还随着耕作技术水平的提高而有所增加，但我们知道，在一般情况下，自耕农的耕作技术水平往往超过佃农，所以，越在封建社会后期，自耕农的最高耕地限量与佃农的最高租地限量之间的差距可能越大。

自耕农虽然比佃农有能力耕种较大面积的土地，但其实际耕地量则往往低于佃农的实际租地量，这是由于：第一，在一般情况下，自耕农扩大耕地时必须增买土地，支付一笔相当可观的地价；而佃农扩大租地时则不必预付地价。因此，自耕农的最高耕地限量还会与地价呈反比例增减。只有在不支付地价而能获得土地的情况下，自耕农比佃农扩大耕地的优越条件才能显示出来。农民起义打击地主土地所有制之后，大量农民能够不支付地价而占有土地，地价也比较低，这是自耕农经济这一优越性发挥作用的有利时机。第二，开垦生荒地也是自耕农不支付地价而可以扩大耕地的重要途径，但这是经济上的一种冒险，如果开荒的工本等于地价或浮于地价，那自耕农在开荒问题上就会裹足不前。农民是经济上最慎重、最小心翼翼的生产者，通常总是宁愿孜孜经营原有的小块土地，而不愿意轻易去进行冒险。第三，"膏土一亩胜薄田十倍，精田一亩胜荒田十倍，而痴农贪多，以为广种无薄收，不知多田有重粮也"。① 作为土地私有者，自耕农在扩大耕地时不可能不考虑这个"重粮"问题，所以，为避免增加赋税，自耕农宁肯尽量在原有耕地上追加垫支，深耕细耨，提高单位面积产量，也不愿轻易去扩大耕地。

由此可见，在个别场合，自耕农可以不支付地价而获得土地；但除此之外，在通常情况下，自耕农的实际耕地量多比佃农的实际租地量为低。这就使自耕农经济又有一个比佃农经济生产集约化的优越性，故清代有人说："小户自耕己地，种少而常得丰收；佃户受地承种，种多而收成较薄。"② 贾思勰所谓"凡人家营田，须量己力，宁可少好，不可多恶"，③ 可能就是根据自耕农的经验总结出来的。总之，自耕农的劳动生产率和产量都超过了佃农。

最后，自耕农虽然经常有破产的可能，但毕竟土地是自己的私有财产，所以在利用土地时就易于从长远打算出发，尽量提高土地的丰度。即使在不得已的情况下出卖土地，丰度较高的土地也可以得到一个较高的地价。佃农耕种的是地主的土地，随时有退佃、撤佃的可能，而在这种场合，农民为改良土壤所投下的工本，就被地主干没。因此，不但在平日，佃农不肯毫无顾虑地向土地垫支，提高其丰度，而且在退佃、撤佃的前夕，还要设法耗尽土地的肥力。后周时，郭威曾经下令："应有客户元佃系省庄田桑土舍宇，便赐逐户充为永业。"国家佃农一旦变成了自耕农，因"既得为己业，比户欣然，于是葺屋植树，敢致功力"④。这是在土地利用方面，自耕农经济比佃农经济优越的一个有力证明。

在中国历史上，从某种意义说，自耕农数量的增减，往往标志着社会生产发展的迟速和经济的繁荣或衰落，也关系着国家财政收入的多寡。封建统治者把自耕农看作一个最有能力提供赋税、兵源的阶层，宋人吕大钧说："为国之计，莫急于保民。保民之要，在于存恤主户；又招诱客

---

① 《实政录》卷2，《小民生计》。
② 《切问斋文钞》卷16，尹元孚《敬陈末议疏》。
③ 《齐民要术·杂说》。
④ 《旧五代史·周太祖纪》。

户使之置田,以为主户。主户苟众则邦本自固。"① 汉代的"赋民以田",西晋的占田,北朝、隋、唐的均田,明代的移民垦田,都是培植自耕农的措施。封建政权这样做,不是真正为了"保民",而是从地主阶级的利益出发,为自己保证税源和兵源。但吕大钧的议论和这些措施却从侧面证明了自耕农经济的重要性。

中国封建社会有大量的自耕农经济,而自耕农在经济上又具有明显的优越性,这同样是中国封建社会在很长时期内,经济、文化比西方相应阶段远为进步的主要原因之一。

第二节 自耕农经济的不稳定性

缴纳产品地租的农民之间,已经能够产生相互剥削和彼此分化,自耕农经济比佃农经济优越,而且也是小规模的个体经济,所以更容易在内部产生剥削关系,更容易发生贫富分化。就上升为地主的可能性而言,佃农不如自耕农。然而自耕农真正能够转化为地主的,毕竟只是极少数,他们中的绝大多数必然归趋是走向破产,沦为佃农或雇农。自耕农经济的二重性使他们先天地带有严重的不稳定性。在这一意义上,与其说自耕农是一个独立的经济成分,不如说它是转向其他经济成分的一个过渡。

自耕农经济比佃农经济更不稳定的重要原因之一,是国家课役增减的幅度远远超过了私租增减的幅度。地租剥削是纯经济关系,不易受其他因素的干扰,而自耕农承担的赋税和徭役,却是经济关系之外的一种法权关系。课役负担的轻重,除了与阶级力量的对比、农民生产的状况等有关外,还取决于封建统治者消费需要的大小,和平环境还是爆发战争,有无大规模工程的兴修以及政策的执行情况等条件。宋人吕南公曾说:"大约今之居民,客户多而主户少。所谓主户者,又有差等之辨,税额所占至百十千、数千者,主户也;而百钱、十钱之所占者,亦为主户。……百钱、十钱之家,名为主户而其实则不及客户。何者?所占之地非能给其衣食而

---

① 《宋文鉴》卷106,吕大钧《民议》。

第六章　自耕农的经济地位

所养常倚于营求，又有两税之徭，此其所以不如客户。"①这里所谓主户中的百十千、数千之家，显然是地主；百钱、十钱之家，显然就是自耕农。他们的经济条件本来比佃农优越，但是由于"两税之徭"而实际状况反而降至客户以下，这一事实有力地说明了赋税和徭役是造成自耕农经济极不稳定的一个重要原因。

地主和自耕农都是土地所有者，均负担课役。地主是剥削者，能够把赋税和徭役转嫁给佃农，有时他们还能通过种种合法、非法手段逃避课役，地主政权为了保证财政收入，就往往把这一部分赋税缺额转嫁给自耕农。至于自耕农，则既无法把课役转嫁于别人，又须承担因地主逃税而转嫁给他的赋税。在这一意义上，自耕农也往往比佃农更易于趋向破产。明人范景文说："所佥实非真大户，何也？大户之钱能通神，力能使鬼，不难幸免；而兔脱雉罹，大半中人耳。中人之产，气脉几何？役一著肩，家便立倾。一家倾而一家继，一家继而一家又倾，辗转数年，邑无完家矣！"②正是在课役的重压下，破产的自耕农像雪球一样，越滚越大，范景文在这里刻画出一幅自耕农经济大动荡的生动画面。在走向破产的过程中，自耕农最后只得忍痛放弃自己的小块土地，沦为佃农或雇农。

其次，自耕农在经济上的孤立性和经济力量的薄弱也是自耕农经济极不稳定的一个重要原因。农业生产的不稳定性造成产量的大幅度增减，自耕农也知道"耕三余一，耕九余三"的道理，然而为避免支付地价或招致重粮，他们宁愿耕种原有的小块土地而不肯轻易扩大耕地。这种私有的个体经济，规模极其有限，很难抵抗自然灾害的袭击，所以"饥荒之年，中产之家，自不给足"③。当再生产发生严重困难时，地主深恐"客散而地荒"，会在某种程度上考虑佃农维持再生产的问题。因而可以这样说，佃农的生活虽然不如西方的农奴有"保障"，但也还有一定的"保障"。至于自耕农，则在经济上陷于完全的孤立状况，历代地主政权尽管也都有所谓"荒政"，然而"天高皇帝远"，远水不济近渴，况且统

---

① 《灌园集》卷14，《与张户曹论处置保甲书》。
② 《明臣奏议》卷39，范景文《革大户行召募疏》。
③ 《救荒活民书》卷1。

治者认为自耕农拥有一定的财产，不是最贫困的阶层，从而也不是首先需要赈济的对象，所以自耕农受惠极少，故宋人董熼说："自田制坏而兼并之法行，贫民下户极多，而中产之家赈贷之所不及，一遇水旱，狼狈无策，只有流离饿莩耳。"① 自耕农的经济力量不如地主，所受的赈济和"保障"，不如佃农，这种不利的经济地位使自耕农经济具有极端不稳定性。

所有上述因素结合起来，就使"中产之家，往往一岁之入不足以支一岁之用"②。自耕农一旦陷于无力维持简单再生产的境地，就只得被迫减少实际耕地量，甚至降至最低必要耕地限量之下。唐末天复二年（902）有一张这样的典租地契："慈惠乡百姓刘加兴地东□渠上□地四畔共十亩，阙乏人力，奠种不得，遂租与当乡百姓樊曹子奠种三年，断作三年，价直（值）干货斛斗壹拾贰石，麦粟五石，布壹匹肆拾尺。又□□布壹匹，至到五月末分付。又布叁丈余，到□上□并分付刘加兴……"③ 显然，刘加兴不是以地主的身份出租土地，而是以半破产自耕农的身份，因"阙乏人力，奠种不得"而典租土地。就十亩土地典租三年而论，典价远比一般地租为低。实际上，刘加兴虽然还没有完全放弃土地所有权，但这块土地已经局部地成为樊曹子占有的自耕土地，甚至是樊氏可以用以剥削别人的生产手段。在樊曹子亲自耕种的场合，这次典租意味着农民内部的分化；在樊曹子把土地再转租的场合，这块土地已经部分地补充了地主的剥削手段。

自耕农的破产再前进一步，他就会变成土地典卖者。当土地不足耕种时，自耕农就被迫开始向地主租种土地，兼有了半佃农的身份。为了维持残存的小块土地，他们在租地时，能够比佃农接受更加苛刻的租佃条件，忍受更高的剥削率；在经济上发生困难时，他们比佃农更甘于承担高利贷的盘剥。在这种情况下，残存的小块土地不仅不再是自耕农发

---

① 《救荒活民书》卷1。同书卷2称："以常平谷万石兴修水利，以济饥民，此以工役救荒者也。凶年饥岁，上户力厚，可以无饥；下户赈济，粗可以免饥；惟中等之户，力既不逮，赈又不及，最为狼狈。"

② 《鲁斋集》卷7，《赈济利害书》。

③ 《敦煌资料》第一辑，中华书局1961年版，第320页。

第六章　自耕农的经济地位

展生产的有利条件，而且变成了促使自耕农无条件地牺牲自己的利益，忍受各种敲骨吸髓的剥削的物质因素。处于这种半自耕农半佃农地位的农民，其必要劳动往往可以降至一般佃农的平均水平以下。此时，他们能够继续生存的基础，不是生产条件的优越性，而是依靠降低生活水平和增加劳动强度来进行绝望的挣扎。即令如此，他们也根本无法避免最后失去全部土地的命运。

自耕农在完全破产之后，土地为地主所兼并，自身作为劳动力则转化为被地主剥削的佃农和雇农。因此，就社会生产的物质条件（土地）而言，自耕农的小块土地所有制只能是地主土地所有制的后备和补充；就社会生产的劳动力条件而言，自耕农是佃农和雇农的潜在后备军。在土地兼并规律经常发生作用的前提下，自耕农经济每时每刻都在产生着地主经济。正是在这一意义上，我们才认为，自耕农土地所有制是地主土地所有制的附庸。

从我国封建社会一开始，就存在大量流民。早在汉武帝时，就出现了"关东流民二百万口"[①]的严重情况。以后历代，关于流民的记载，史不绝书。大量流民的不断产生，自然与佃农的破产有关，但更重要的，还是由于自耕农的大批破产。宋人富弼在一篇奏疏中说："臣昨在汝州，窃闻河北流民来许、汝、唐、邓州界逐熟者甚多。……臣亲见而问得者，多是镇、赵、邢、洺、磁、相等州下等人户。以十分为率，约四五分并是镇人，其余五六分即共是赵州与邢、洺、磁、相之人。又十中约六七分是第五等人，三四分是第四等人及不济户与无土浮客。即绝无第三等已（以）上之家。臣逐队遍问甚如此离乡土远来他州。其间甚有垂泣告者曰：本不忍抛离坟墓、骨肉及破货家产，只为灾伤物贵，存济不得，忧虑饿杀老小，所以须至趁斛斗贱处逃命。……臣窃闻有人闻于朝廷云：流民皆有车仗驴马，盖是上等人户，不是贫民，致朝廷须令发遣却归本贯。此说盖是其人只以传闻为词，不曾亲见亲问，但知却有车乘行李次第颇多，便称是上等之人。臣每亲见，有七八量（辆，下同）大车者，约及四五十家，二百余口；四五量大车者，约及三四十家，一百余口；

[①]《史记·石奋传》。

一两量大车者，约及五七家，七十口。其小车子及驴马担仗之类，大抵皆似大车，并是彼中漫乡村相近邻里，或出车乘，或出驴牛，或出绳索，或出搭盖之物，递相并合，各作一队起来，所以行李次第力及大户也。"①这是一条极珍贵的有关流民的史料。宋代上三等户是"从来兼并之家"，②基本上都是地主，故无人参加流民集团。四五等户是自耕农和半自耕农，构成上述流民集团中的极大多数。"无土浮客"是破产佃农，也只占少数。富弼于熙宁元年（1068）徙判汝州③，神宗时正是吕南公所谓"客户多而主户少"的阶段，农民中佃农最多而参加流民队伍的却远较自耕农为少，此点有力地证明，自耕农在生活上比佃农更少"保障"，在经济上比佃农更不稳定。宋代是佃农数量大增，封建化过程已经完成的时期，自耕农在流民中的比重尚且如此，在其他各代，流民主要来源于破产的自耕农，就更可想而知了。

自耕农经济的繁荣或枯萎，实际上是测量社会经济兴衰、阶级矛盾缓和与激化的晴雨表，通过流民数量的增减，可以预示政治气象的由阴转晴，或"暴风骤雨"即将来临，故清代有人说："流民安则转'盗'为民，流民散则转民为'盗'。"④

---

① 《宋文鉴》卷45，富弼《论河北流民》。
② 《韩魏公集》卷18，《家传》。
③ 《宋史·富弼传》。
④ 《皇清经世文编》卷34，徐旭龄《安流民以弭盗贼疏》。

第七章 其他农业生产者的性质和经济地位

中国封建社会的绝大多数农民是佃农和自耕农,这两种农民以外的其他农业劳动者,数量不大,只居从属地位,故其性质莫不受佃农和自耕农的影响,多少都带有这两种基本农民的色彩。

大体说来,与自耕农近似的,主要是实行均田制时期的受田农民;与一般佃农相近的,主要是耕种国有土地的国家佃农,其次是奴婢和雇农。兹依次分别讨论之。

第一节 均田制下的受田农民与国家佃农

从北魏到隋唐,各朝均推行均田制,受田农民耕种的土地具有部分的国有性质,他们均须向国家缴纳赋税,因而就发生了这样的问题:均田农民的基本身份是国家佃农呢?还是自耕农?关于这个问题,不能单纯着眼于土地所有权,更重要的是必须具体分析农民所处的实际经济地位。

根据历代均田农民的法定受田量与实际受田量考察,农民对国家负担的租调和徭役,在数量上都近似自耕农所缴纳的赋税,而与私租有很大的悬殊。以唐代为例,每丁受田百亩,每年缴纳租粟二石、地税二石、调绢二丈及绵三两、输庸代役折合绢六丈。据作者推算,唐代粟价只等于米价的百分之六十,则粟四石当折米二石四斗;唐代正常的米、绢比价是一匹绢值米一石五斗,则庸调二匹共值米三石。① 如果把绵三两也估

---

① 参阅拙文《记唐代农产品与手工业品的比价及其变动》,《光明日报》1963年12月31日。

计在内，则租、地税、庸、调的总额当为米五石五斗左右。我们在这里没有计算户税，因为第一，均田制推行最有效的时期，户税并不重要，只有到开元、天宝之际，均田制严重破坏时，户税才逐渐重要起来；第二，户税的增减幅度很大，早期的税额不见于记载，无从计算；第三，户税与均田制的关系不十分密切，很难根据它决定农民是自耕农还是国家佃农。在每丁受田足百亩的情况下，除户税外，以上几项赋税的每亩平均负担额是五升五合；如果受田不足，姑且假定仅五十亩，则每亩平均负担额当为一斗一升。唐代平均亩产量为粟一石五斗，按剥削率百分之一百计算，每亩租粟七斗五升，可折米四斗五升。这说明亩赋税量只相当于亩地租量的12%强或25%。可见受田农民尽管没有充分的土地私有权，但他们的实际经济地位却与佃农相差很大，而与占有私有土地的自耕农基本上相同。

封建国家虽然对口分田有一定程度的所有权，但租调徭役基本上不是实现土地所有权的经济形式，而是实现国家权力的法权形式，因为在任何不实行均田制的时期，占有私有土地的自耕农也不可能不负担课役。均田制的实行，不是封建国家对农民征收赋税与否的根据，它只能决定征收赋税的方式是租庸调这个具体制度。因此，受田的部分国有性质只不过是给课役涂上一层薄薄的地租色彩，并不能改变租庸调、地税是赋税这一基本实质。

均田制实行时期，土地局部地进行还受，在这种情况下，土地兼并虽然并未消灭，但其进程毕竟比较缓慢，受田农民在经济上比普通自耕农稍见稳定，所以受田农民的经济地位不但比佃农、而且比一般自耕农都显得优越。唐代社会经济的恢复和发展过程能够经历长达一个半世纪之久，与均田制的推行有一定的关系。

北魏实行均田制时，有"不听避劳就逸"及"其地足之处，不得无故而移"的限制。① 唐代也规定："畿内诸州不得乐住畿外，其关内诸州不得住余州，其京城县不得住余县，有军府州不得住无军府州。"② 这是

---

① 《魏书·食货志》。
② 《唐六典》卷3。

第七章 其他农业生产者的性质和经济地位

否说明,农民因受田而被束缚在国有土地上,具有国家佃农的性质呢?仍然不能这样说。因为在不实行均田制的时期,地主政权也常常为了保证税收而把农民束缚在一定的地区,限制其迁徙自由。西汉景帝即位时,曾"议民欲徙宽大地者,听之"①。可知景帝之前,人民迁徙是受过限制的。明代也对逃户采取过限制政策,洪武二十三年(1390)下令,"其各里甲下或有他郡流移者,即时送县官,给行粮,押赴原籍州县复业"②。在迁徙问题上,均田农民与汉、明各代的自耕农并没有什么显著的不同,所以我们不能根据此点断言均田农民是国家佃农,因而更不自由。

如果我们把均田农民说成是国家佃农,那就必然要混淆真正的国家佃农与均田农民之间的界限。实则二者间的区别,一如自耕农与佃农之间的区别,是十分明显的。

耕种屯田、营田、职田、官庄等国有土地的农民才是真正的国家佃农。他们与国家土地相结合的方式也是租佃制,其剥削率亦与地主对佃农的剥削率完全相同。曹魏屯田客持私牛者"与官中分",这和两汉以来私田上"见税什五"的剥削率没有区别。唐代职田是"借民佃植,至秋冬受数而已",③租额是每亩"无过六斗,地不毛者亩给二斗"④。这与私租七斗五升也很接近,而比赋税五升五合或一斗一升却多得多。实际上,真正的国家佃农的负担大多比私租还重。唐人元稹曾说:"其诸色职田,每亩约税粟三斗、草三束、脚钱一百二十文。若是京官上司职田,又须百姓变米雇车般(搬)送,比量正税,近于四倍加征。既缘差税至重,州县遂逐年抑配百姓租佃。""其公廨田、官田、驿田等,所税轻重,约与职田相似,亦是抑配百姓租佃。疲人患苦,无过于斯!"⑤南宋籍没的土地转化为国有土地后,"募民耕者,皆仍旧租旧额,每失之重。输纳之际,公私事例迥殊,私租额重而纳轻,承佃犹可;公租额重

---

① 《汉书·景帝纪》。
② 《明会典》卷19,《户部》卷6,《逃户》。
③ 《通典》卷35,《职官典》。
④ 《唐会要》卷92,《内外官职田》。
⑤ 《元氏长庆集》卷38,《同州奏均田》。

而纳重，则佃不堪命。州县胥吏与仓库百执事之人，皆得为侵渔之道于耕者也"①。元代灾荒之年，"官税私租俱有减免之则例，独职田子粒不论歉，多是全征"②。类似的记载很多，不必一一胪列。仅上述数例已足以说明，真正的国家佃农的经济地位，比一般的佃农还低，自然就更难与均田农民相比了。

均田农民虽然没有完全的土地所有权，却与自耕农相同，在缴纳赋税之后，能够占有相当于净租的一部分产品，所以我们说，唐代的租庸调和地税不是地租而是赋税。国家佃农所缴纳的赋税实际上也就是地租，其中既包括赋税，也包括净租，确实是地租和赋税完全合并在一起了。因此，均田农民和国家佃农的经济地位根本不同，前者相当于自耕农，后者是真正的佃农。

第二节　奴婢与雇农

前面已经指出，中国封建社会的佃农比西方的农奴在生活上缺乏"保障"，容易破产；自耕农数量很大，而且在生活上比佃农更缺乏"保障"，更易于破产。这些条件就使中国封建社会经常出现大批失业破产的农民。他们在饥寒交迫、走投无路的时候，或则"卖妻鬻子"，使一部分农民转化成为奴婢；或则出卖劳动力，"佣耕"于南亩，"佣保"于都市。我国封建农民的特殊经济地位遂又派生出下列两个特点：第一，奴隶制的残余尽管日渐削弱，然而却长期严重地存在于封建社会中。第二，雇农出现很早，雇佣劳动有较早的发展。

首先，我们讨论奴婢问题。

在我国历史上，不但两汉有很多关于奴婢的记载，就是到明清时代，奴婢仍然大量存在。清代有一些外任官员在赴任时，还携带"奴婢有多至数百人，甚至千余人者"③。不仅汉代有"与牛马同栏"的"奴婢之市"，④

---

① 《宋史·食货志》。
② 《元典章》卷15，《户部》卷1，《职田》。
③ 《皇清奏议》卷24，刘子章《请裁节外官家口疏》。
④ 《汉书·王莽传》。

第七章　其他农业生产者的性质和经济地位

甚至到明代，有的地方还公然出现过"人市"。① 这些奴婢大多从事家内服役，但也有相当部分确实从事农业生产。两汉、魏晋南北朝距离奴隶社会还不很远，一部分奴隶从事农业劳动是不难理解的。唐宋以后，奴隶劳动仍然屡见不鲜。唐代有的地主购买田地，"使奴耕种，与民无异"；② 还有一些地主，"镃基之功，出于僮指"③。清代地主也有"督家僮治田圃"④ 者。可见农业上的奴隶劳动始终没有完全绝迹。

中国封建社会的奴婢虽然法律地位低下，不能与"良人"平等，可以任人买卖，然而他们毕竟与奴隶社会的奴隶有某种程度上的差异。一是，在大多数时期，从事家内服役的奴婢占绝对优势，从事生产的奴隶占绝对少数，后者在全部农业人口中是微不足道的。二是，有一部分从事农业劳动的奴仆往往有自己的生产工具，并不仅仅是主人的"会说话的工具"，所以有的地方也把佃户称为"庄奴"，这就使佃农与奴仆之间的界限趋向混淆。⑤ 三是，主人杀戮奴婢受法令的限制，如距离奴隶制时代较近的秦汉之际，国家规定，奴隶主必须报官批准，才能处死自己的奴婢，称作"谒杀"。可见奴婢的法律地位，也略较奴隶社会的奴隶为高。上述事实说明，中国封建社会的奴婢，是局部地封建化了的奴隶制残余。就拥有生产工具的庄奴、奴仆而言，毋宁说，他们的实际地位已经很接近农奴了。

其次，我们讨论雇农问题。

我国封建性质的雇农出现很早，战国时期就有"卖庸（佣）而播耕"的记载。⑥ 秦末农民起义的杰出领袖陈胜，就是为地主"佣耕"的雇农。所谓"无田之农受田于人，名为佃户。无力受田者，名为雇工，多自食其力"⑦ 的记载告诉我们，雇农比佃农更加贫困，大概连最起码的生产工具也丧失了，所以"无力受田"，求为佃农而不可得，只得依靠出卖劳动

---

① 《古今图书集成·职方典》卷521，《西安府·纪事》："《渭南县志》：崇祯十三四年，岁大祲，麦米每斗价二两四五钱，各乡镇无粮市，人民馁毙十之七八。邑西关有人市，年少妇人价不及千钱，有饭一餐易一妻、米一斗易一妇者。"
② 《通鉴》卷205，万岁通天元年。
③ 《文苑英华》卷825，《许氏吴兴溪亭记》。
④ 《荟蕞编》卷3，《二俞》。
⑤ 参阅傅衣凌《明清农村社会经济》，生活·读书·新知三联书店1961年版。
⑥ 《韩非子·外储说》。
⑦ 《古今图书集成·职方典》卷760，《扬州府风俗考》。

力为生。据《汉书·昭帝纪》载："比岁不登，民匮于食，流庸未尽还。"师古曰："流庸，谓去其本乡而行为人庸作。""流庸"二字典型而集中地反映了流民与雇农的密切关系。西晋时，关中流民南迁汉川者数万家，到梁、益一带后，很多人也"为人佣力"。① 清代郧、襄一带聚集了很多逃荒的流民，"夏秋之时，田禾在野，农工正兴"，他们充当雇工"觅食"，维持生活。到秋收以后，"农功完了，无工可佣，有食难觅"，② 陷于失业。可见历代的雇农都是破产、失业后极度贫困的农民。

在经济上，佃农与雇农的主要区别是：佃农使用自己的农具，雇农使用地主的工具；佃农向地主缴纳地租，雇农向地主领取报酬；地主对佃农的占有稍为稳定，与雇农的关系不十分稳定；地主对佃农的超经济强制超过对雇农的超经济强制。由于雇佣关系比租佃关系更为不稳定，所以雇农不仅也处于竞争之中，而且竞争的剧烈程度远远超过了佃农。当破产农民大量增加时，随着竞争的加剧，雇价就必然大为降低。如明代崇祯十四年（1641）夏，大旱，粮价"骤贵"，故"雇募工作，惟求一饱"。③ 当然，有时也会发生劳动力缺乏，地主间竞争加剧的情况，宋代有记载称："田家夏耘秋收，人各自立，不给则多方召雇，鲜有应者。"④ 在这种场合，雇价就会上升，明代有的地主曾哀叹："近日农夫日贵，其直（值）增四之一，当由务农者少，可虑可虑！"⑤ 不过，雇价增高的季节，往往破产失业农民较少，很少有人充当雇农；而农闲的季节，失业农民大量增加，却偏偏赶上雇价大跌。因此，雇农比佃农更缺乏生活"保障"，更易于脱离生产过程，更容易走上农民起义的道路。

这种封建社会的雇农与资本主义社会的农业工人不同，它总不免受封建生产关系的影响，打上中世纪的烙印。雇农的封建色彩主要表现在以下几个方面：第一，雇农与地主间除货币关系外，还有等级身份上的差别，即令到了清代，"雇工人"也还不能与主人平起平坐，雇佣关系中掺杂了等级因素。第二，长工、长年等雇佣关系虽然比租佃关系灵活，

---

① 《晋书·李特载记》。
② 俞森：《郧襄赈济事宜》。
③ 《阅世编》卷1，《灾祥》。
④ 《宋会要·食货》卷14之19。
⑤ 《涌幢小品》卷2，《农桑》。

第七章 其他农业生产者的性质和经济地位

但雇主与雇农的结合也往往能维持很长时间，唐代就有佣工达七年之久的雇农。① 这说明地主对长工在人身上实际有一定程度的占有权，超经济强制是存在的。第三，月工、忙工、短工这些短期雇农比较来去自由，也很少有"雇工人"的低贱身份，但他们多半是土地不足最低必要耕地限量的自耕农和土地不足最低必要租地限量的佃农，往往是"人为佣工，家中仅种田一、二亩，以此为食"②。这种农民并没有完全摆脱封建自耕农和佃农的地位，雇价只是他们的补充收入。对于地主来说，短工、月工、忙工也只能是其补充劳动力，不可能是主要的剥削对象。第四，当封建社会向资本主义社会过渡的时候，"农民的破产引起农业的进步"③。我国封建社会在还不具备向资本主义社会过渡的条件的时候，农民的破产，雇农的增加，不但不能引起农业的进步，反而是农业生产萎缩的征兆。因为这种封建性的雇佣劳动并不具有资本主义的进步性质，所以使用雇农并不意味着比使用佃农更有利于发展生产。甚至有的地主也认为："大凡种田者……若雇工种田不如不种"，有时竟能招致"亏本折利"，"家资荡尽"的恶果。④ 明代有的地主使用雇农，曾经叫苦说："全无赢息，落得许多早起宴眠，费心劳力"，反而不如出租土地，"宴然享安逸之利，岂不甚美！"⑤ 看不到这种雇农的封建性质，就会把明清时代很多农业上的雇佣劳动，误认为是资本主义萌芽的表现，把使用雇工的地主，都当作资本主义性质的经营地主。英国在13世纪时，货币地租已经占了支配地位，但在农业上还根本没有什么资本主义萌芽。根据西方历史的实际情况，一般的发展规律是，货币地租兴起于前，资本主义萌芽在农业中产生于后。我国明清时代，产品地租仍占绝对支配地位，货币地租还极其有限。在这样的前提下能否在农业中产生资本主义萌芽，值得怀疑。

正因为雇农劳动具有封建性，所以引起了古人对雇农同佃农在概念上的混乱。《汉书·酷吏列传》载：宁成"买陂田千余顷，假贫民，役使

---

① 《太平广记》卷347，《李佐文》："我佣居袁庄七年矣。"
② 《履园丛话》卷5，《乡贤》。
③ 《列宁全集》第3卷，人民出版社1959年版，第54页注1。
④ 《履园丛话》卷7，《种田》。
⑤ 《沈氏农书》。

数千家"。师古曰："假，谓雇赁也。"在这里，"假"与"雇赁"是相通的。宋代也有为人"佣耕"者，"以负租谷不能偿，泛舟遁归其乡"①。这个农民就不是向地主领取雇价，而是缴纳地租，实际上是个佃农，却被称为"佣耕"者。清代也有"佣耕为户"的说法。② 在某种意义上，我们可以说，封建雇农是佃农的一种形态变化，地主向雇农榨取的，与其说是利润，不如说是一个形态变化的地租。

综上所述，农业奴婢是农奴化的奴隶，雇农是佃农的一种形态变化，他们都是封建性质的农业劳动者，同奴隶社会、资本主义社会的劳动者具有相似的外貌，不同的性质。

---

① 《夷坚乙志》卷20，《徐三为冥卒》。
② 《古今图书集成·职方典》卷1249，《衡州府风俗考》。

第八章　超经济强制与专制主义中央集权的政权结构

超经济强制，即农民对地主的人身依附。它既反映地主和农民在社会生产中的不同地位和相互关系，也对产品分配有重要影响。我们在研究农民的经济地位时，必须涉及这个重要问题。

封建农民对地主除了有经济依附外，还有人身依附和法律依附，统治者掌握行政权、司法权和军事权，是对农民进行超经济强制的必要专横手段。因此，在探讨超经济强制问题时，还必须对上层建筑，主要是政治、法律等方面，进行必要的分析。国家的政权结构形式往往与超经济强制的形式有关。基于这一考虑，我决定把这两个问题合并在一起讨论。

中国封建社会也存在严重的超经济强制。由于中国的封建农民在经济地位方面有明显的特点，阶级结构有独特之处，所以超经济强制也具有特殊面貌，政权结构也具有自己的特殊形式。

第一节　超经济强制及其特点

农民对封建主的经济依附，在西方表现为农奴份地制，在中国表现为租佃制。经济依附关系虽然并非超经济强制，租佃制却能使中国的超经济强制，在程度和方式等方面，与西方的情况有所不同。

在实行租佃制的条件下，超经济强制在封建社会是确实存在的，历代地主对占有劳动者也颇为关心。魏晋南北朝是我国历史上人身依附关系特别严重的时期，有所谓赐客、私属和部曲。唐代以后，超经济强制略趋缓和，但宋代还有地主"投牒州县，争相攘夺"佃户的记载。① 元代的"随田佃客"可以任地主买卖，确实达到了农奴制的人身依附程度。有的地主甚至因为佃客被他人诱去而失去土地。② 因此，租佃关系尽管常常带有契约性质，却不能认为佃农对地主没有任何程度的人身依附。

封建社会之所以必然存在超经济强制，是由于"在直接劳动者仍然是他自己生活资料生产上必要的生产资料和劳动条件的'所有者'的一切形式内，财产关系必然同时表现为直接的统治和从属的关系，因而直接生产者是作为不自由的人出现的"③。在农民占有生产工具的前提下，"如果地主没有直接支配农民个人的权力，他就不可能强迫那些得到份地而自行经营的人来为他们做工"④。此外，在一切社会形态内，生产过程的组织者必然就是全部产品的原始占有者，任何形式的产品分配，只有通过他才能实现。中国的佃农没有占有份地，不用到领主的自用地去从事强迫劳动，但由于佃农也占有部分生产资料，是生产过程的组织者，产品的分配方式不像奴隶社会和资本主义社会那样，是生产者到生产资料所有者、生产过程组织者那里去领取报酬，而是地主向农民征收地租，所以，如果地主不对佃农进行超经济强制，他就无法迫使农民缴纳地租。

就佃农方面而言，封建经济本身的特点也会使他不得不在人身上依附于地主。如果说，封建农民的个体生产同奴隶制的大生产相比，前者是直接生产者在一定程度上得到人身解放的条件；那么，与资本主义的大生产相比，这种个体生产就又成为束缚农民人身的条件。农民个体私有经济的薄弱性和孤立性决定了他们惧怕极微小的动荡，尽量避免一切可能发生的损失，因而具有"安土重迁"的品格。一次轻易的搬迁，对农民来说，是致命的事。宋代有个李诚庄，曾经被没为官庄，地方官在出卖庄田时，欲李诚后人承买，买者苦于无钱，官吏于是动员佃户说："汝辈本皆下户，因佃李庄之利，今皆建大第高廪，更为豪民。今李孙欲

---

① 《王相山文集》卷21，《乞止取佃户札子》。
② 《古今图书集成·食货典》卷61，《田制部》引刘同升《限田均民议》："小民之田与势家连亩，诱致其佃，田主不得收租，不得已而归之势家。势家既欲其田，复捐其直（值）。"
③ 《马克思恩格斯全集》第25卷，人民出版社1974年版，第890页。
④ 《列宁全集》第3卷，人民出版社1959年版，第158页。

第八章　超经济强制与专制主义中央集权的政权结构

买田而患无力，若使他人买之，必遣汝辈矣。汝辈必毁宅撤廪，离业而去，不免流离失职。何若醵钱借与诚孙，俾得此田，而汝辈常为佃户，不失居业，而两获所利耶？"① 对于这些已经成为"豪民"的佃户，"毁宅撤廪，离业而去"还是致命的威胁；对于一般贫苦佃农，"离业失职"就更是不可想象的灾难了。因此，佃农在租地定居下来以后，必然会被迫接受地主的苛刻条件，失去部分人身自由，陷于依附地位。此外，佃农在租地之初，往往不免向地主"贷其种食，赁其田庐"②，他们一旦陷入高利贷罗网，就很难偿息还本，不免失去离土自由，这也是农民易于产生人身依附的一个次要的经济条件。总之，不论封建主与农民之间建立何种形式的剥削关系，超经济强制都是不可避免的。

虽然主佃之间存在超经济强制的关系，但由于中国的租佃制与西方的农奴份地制有所区别，所以超经济强制的程度，也不完全相同。西方的封建领主能够终生地占有农奴，而且农奴随土地的转移而转移，他们是世代束缚于领主土地之上的，因而西方的超经济强制特别严酷。中国的佃农，在大多数时期和一般情况下，并不终生束缚于某块庄田之上，一般租佃关系有长期与短期之别，即令是长期租佃，地主也不能终生地占有佃户。在短期租佃的场合，主佃关系更不稳定，佃农对地主的人身依附就更见削弱。所谓"随田佃客"，也只是个别时期、局部地区的特殊现象，元代人就承认："腹里并无如此体例。"③ 明清时代的佃仆、世仆确实是世代束缚在地主土地上的，但这种情况也只出现于江南，在全国并不普遍。当时南方的生产力水平远远超过北方，而农民的人身依附关系却比北方严重，很有些类似第二度农奴化的情况。对这一反常现象需要进一步深入研究，查明原因，但可以断言的是，我们不能据此肯定，中国的佃农与西方的农奴在人身依附上没有程度差别。

如上所述，单纯就主佃关系而言，佃农实际是处于半农奴地位，既不像西方的农奴那样，终生被地主所占有，也不是自由农民。为什么地主对佃农的超经济强制比较缓和呢？

---

① 《东轩笔录》卷8。
② 《陆宣公集》卷22，《均节赋税恤百姓第六条》。
③ 《元典章》卷57，《刑部》卷19，《禁典雇》。

第一，前面已经指出，此点与租佃制的特点有关。

第二，与西方的领主经济相比，中国的地主本人没有足够的专横手段可以施诸佃农，这同法律依附关系的缺乏有关。马克思在谈到西方历史时说："在封建时代，战争中和法庭裁判中的最高权力是地产的属性……"[1] 这种领主在领地内有"特恩权"，即征税权、司法权和军事权，成了毫无限制的统治者。恩格斯在形容当时的情况时概括地说："棍子和鞭子统治着农村。"[2] 中国封建社会的土地可以买卖和转手，又没有形成严格的等级制，地主的经济身份无法永久固定在个人身上，因而行政权、审判权、军事权也就不能交给某个地主永久掌握。这些特权只能从土地关系中游离出来，由专职的行政官吏掌握。这样，地主对佃农尽管也进行过私刑考讯，随意打骂，但这毕竟不是合乎法律规定的社会常态。通常情况下，地主无法在行政上、法律上亲自直接强制佃农，所以超经济强制和人身依附关系自然就显得比较缓和。

第三，在大规模的农民战争之后，相当一部分佃农可以转化为自耕农。剧烈的阶级斗争不但能够打击地主政权的政治统治，而且也能削弱地主的经济力量。阶级力量对比的经常剧烈变动，也是促使超经济强制和人身依附关系比较缓和的一个重要原因。

最后，中国封建城市的特点（详下）和商品经济的较早发达（亦详下），使农民比较容易转化为小工商业者，这也是地主难于对农民进行人身控制的一个重要条件。

中国封建社会中地主本人对佃农的超经济强制比较缓和，并不意味着地主阶级对农民阶级的超经济强制的总和也比较缓和，因为在地主个人的权力范围之外，还有一个掌握行政权、司法权和军事权的专制主义中央集权的封建政权，代表整个地主阶级，对全体农民阶级进行超经济强制，而这一点，正是西方封建社会所不能比拟的。

地主政权对农民阶级的强制，主要表现于赋役征敛方面。我们知道，征税调役不是经济关系，是在生产领域之外依靠政治、法律等强制手段

---

[1] 《马克思恩格斯全集》第23卷，人民出版社1972年版，第369页。
[2] 《马克思恩格斯全集》第19卷，人民出版社1963年版，第367页。

第八章　超经济强制与专制主义中央集权的政权结构

来实现的。地主政权如果没有这种强制权力，就无法迫使拥有生产工具的个体农民缴纳赋税。正因为我国封建社会从一开始就有中央集权的强大政权，它能够强制征调大量的人力、物力，在历史上才能出现长城、运河等伟大工程。马克思指出："在古代世界、中世纪和现代的殖民地偶尔采用的大规模协作，以直接的统治关系和从属关系为基础，大多数以奴隶制为基础。"[1] 我国历史上许多大工程的兴建，就是国家权力通过强制手段支配大量劳动力的结果。

地主政权为了进行统治、征收赋税、调集农民服徭役和兵役，总是力图通过行政强制手段，把农民限制、束缚在一定的地区。前面在讨论均田农民的经济地位时，已经引用了这方面有关的一些记载。在西方，农奴是被束缚在某个领主的领地上；在中国，农民则是被束缚在一个行政区域内。就这一情况而言，地主政权实际是以地主阶级的代表，对农民阶级进行了局部的人身占有。它的权力的大小，不依存于国家掌握了多少官田，而主要取决于户部控制了多少户口。早在中国封建主义的"黎明时期"，《商君书》就有《徕民》篇。宋人叶适更进一步指出："为国之要，在于得民，民多则田垦而税增，役众而兵强"，故"国民之众寡，为国之强弱，自古而然矣"[2]。在现实生活中，只有户口登于版籍，才算农民归国家占有，隐丁匿口对地主政权并无实际意义，也就是"虽蕃炽昌衍，而其上不得而用之也"[3]。所以历代统治者都把"国之彝伦，资于版籍"，当作自己的座右铭。在这一意义上，农民逃避户口登记，违法进行迁移，就成为经常性阶级斗争的一种重要方式，是对地主政权的打击和威胁，故杜佑说："古之为理（治）也，在于周知人数。""版图脱漏，人如鸟兽飞走莫制"，必然导致"国以之贫"，甚至"倾覆"的后果。[4]

地主政权对农民进行超经济强制，占有户口，所依靠的基层工具，就是"司奸盗""督课役"的乡里、保甲组织。统治者通过这些基层政权，运用"什五连坐""保甲纠告"等办法，把农民编制在农村的统治体

---

[1]《马克思恩格斯全集》第23卷，人民出版社1972年版，第371页。
[2]《通考》卷3，《户口考》。
[3]《通考》卷3，《户口考》。
[4]《通典》卷7，《食货典》。

制中。乡里和保甲是封建国家在政治上的神经末梢，正如马端临所说："役民者官也，役于官者民也。郡有守、县有令、乡有长、里有正，其位不同而皆役民者也。"① 郡县与乡里、保甲的关系就是"如身之使臂，臂之使指，节节而制之，故易治也"。② 我国农村基层政权的这种特殊组织形式，是与土地制度和超经济强制的特点分不开的。

我国的乡里、保甲组织与西方的马尔克在性质和职能上迥然不同。在中世纪早期，自由马尔克根本不是领主统治农奴的工具。自由马尔克转变为农奴马尔克以后，仍然不是领主所需要的组织，它"在整个中世纪时代，都是在和土地贵族的不断的艰苦斗争中生存下来的"③。虽然以后领主在马尔克内部取得了种种特权，但它仍然是农民进行反抗斗争的有力武器。所以恩格斯指出，马尔克公社"使被压迫阶级即农民甚至在中世纪农奴制的最残酷条件下，也能有地方性的团结和抵抗的手段"④。我国的乡里、保甲组织不仅不是农民进行阶级斗争的武器，而且完全是地主阶级对农民进行统治和剥削的有力工具。西方的马尔克和份地制度是孪生的，我国根本不存在份地制，因而不可能形成西方类型的马尔克。

乡里、保甲组织不是马尔克，然而由于它被一层温情脉脉的宗法关系的纱幕所笼罩，所以就会被人误认为是马尔克或公社。这种宗法关系往往表现为同宗同姓，如宋代有"一村数十百家皆常氏"的记载。⑤ 清代松江府也有类似的情况："兄弟析烟，亦不迁徙，祖宗庐墓永以为依，故一村之中，同姓者致十家或百家，往往以姓名其村巷焉。"⑥ 农村这种宗法关系必然在一定程度上反映到乡里、保甲组织之中，从这类组织的名称就可看到此点。北齐时，"百家为族党"。隋代是"闾四为族"。⑦ 把基层政权组织称"族"，是其中杂有宗族关系的典型证明。我们必须拨开这

---

① 《通考·自序》。
② 《切问斋文钞》卷21，刘武仲《里甲论》。
③ 《马克思恩格斯全集》第19卷，人民出版社1963年版，第361页。
④ 《马克思恩格斯全集》第21卷，人民出版社1965年版，第177页。
⑤ 《老学庵笔记》卷4。
⑥ （同治）《松江府志》卷3，《风俗》。
⑦ 《通典》卷3，《食货典》。

层宗法的迷雾，认识乡里、保甲组织的庐山真面目，揭示其本质和职能，因为在这一基层组织中，人们是被共同的纳税义务和封建秩序联系在一起，而不是被共同的利益联系在一起。实际上，在一党一族、一乡一里、一保一甲内部，居民之间存在着严酷的阶级对立和贫富分化，宋人真德秀就曾慨叹地说："古人于宗族之恩百世不绝，盖服属虽远，本同祖宗，血脉相通，岂容间隔。至于邻里乡党，虽比宗族为疏，然其有无相资，缓急相倚，患难相救，疾病相扶，情义所关，亦为甚重。今人于此二者往往视以为轻，小有忿争，辄相陵犯，词诉一起，便为敌雠。"① 这里所谓"古人"的"邻里乡党"，就是指西周井田制推行时的情况而言。战国、秦、汉以后，井田制瓦解了，土地私有制冲击了公社关系。贫富对立、阶级斗争是宗法关系趋向松弛的腐蚀剂。因此，我国封建社会的乡里、保甲组织只具有相当松散的宗法关系，并不具备马尔克的性质和职能。

乡里、保甲等基层政权总是掌握在当地的"乡贤""望族"手中，成为乡绅地主欺压农民的工具。封建国家就是依靠这些地主绅士，作为政治统治的基础。

第二节　专制主义中央集权制度形成的原因

中国封建社会的政体是专制主义中央集权制，其具体表现，就是郡县制的存在。一种政体是否属于中央集权制，关键在于中央政权与地方政权之间的关系。如果中央与地方间只有松散的政治联系，地方政权有较大的独立性，就不是中央集权，而是分散割据；如果二者间有紧密的政治联系，地方严格服从中央政令，就是中央集权。战国、秦、汉以后，郡县官吏由中央政权任免、调迁，向中央政权负责，在政治、法律、军事上服从中央政令，所以体现了中央集权精神。

西方很多国家在中世纪的大部分时间，处于封建割据状态，只有到13—15世纪时，才开始产生了中央集权的倾向。东方国家一般多具有中

---

① 《真西山集》卷40，《潭州谕俗文》。

央集权制形成较早的特点。中国封建社会从一开始就建立了专制主义中央集权制，情况与西方迥然不同，原因亦与东方其他各国互异，我们还是应当就中国的条件进行具体的分析。

为什么中国封建社会的专制主义中央集权制确立较早呢？直到现在，还是众说纷纭，莫衷一是。第一种意见认为，中国与东方处于沙漠地带的国家相同，也是由于大规模灌溉工程的兴修迫切需要集中统治的政府进行组织，所以产生了中央集权制。第二种意见认为，中国与东欧国家相同，是为了抵抗附近民族的进攻，捍卫民族独立，建立了中央集权制。第三种意见认为，中国专制主义中央集权制确立的经济基础是所谓封建土地国有制。实际上，世界各民族中央集权制形成的原因既然各不相同，那么，中国封建社会确立这一政体形式的原因也可以和各国都不一样。解决这个问题的主要途径，还在于正确运用马克思主义的经济基础与上层建筑关系的理论。

仔细分析起来，经济基础决定上层建筑的理论包括下述两个方面：第一，不同性质的经济基础决定不同性质的上层建筑。运用这一理论解决国家性质问题，就是要看政权归哪个阶级所掌握。第二，经济基础的形式能够决定上层建筑的形式，当经济基础的本质不变，形式改变时，上层建筑也可以本质不变，形式改变。把上述两个方面结合起来，情况就复杂化了，即相同性质的经济基础可以产生相同形式的国家政权，也可以产生不同形式的国家政权。列宁曾经指出，奴隶社会的国家在性质上相同，但政体形式却有君主制、贵族共和制和民主共和制之别；同样是封建社会，也出现过君主制和共和制等不同政体。① 由于政体形式的变化与经济基础形式的变化有关，所以不能因为以上复杂情况，就认为一个国家采取何种政体形式是任意的，具有偶然性，不能给予科学说明。马克思在《资本论》中曾经指出："任何时候，我们总是要在生产条件的所有者同直接生产者的直接关系——这种关系的任何形式总是自然地同劳动方式和劳动社会生产力的一定的发展阶段相适应——当中，为整个社会结构，从而也为主权和依附关系的政治形式，总之，为任何当时的独

---

① 见《列宁全集》第29卷，人民出版社1956年版，第437页。

第八章 超经济强制与专制主义中央集权的政权结构

特的国家形式,找出最深的秘密,找出隐蔽的基础。"① 很明显,我们应当运用马克思这一重要理论,对中国封建社会的专制主义中央集权政体给予科学的说明。

中国封建社会从始至终采用中央集权制的根本原因是地主土地所有制和租佃制的特点。15 世纪以前,西方没有出现中央集权制,是由于封建领主不但能够世代相承地、稳定地占有领地,而且能够终生占有农奴;他们不但具有固定的等级身份,而且在领地上亲自掌握行政权、司法权和军事权。领主不需要在地方上另设一套完整的官僚机构,就能够在庄园中对农奴进行统治。与西方相反,我国的封建地主是采取租佃制剥削佃农,地主对土地的占有是不固定的,对佃农的占有也不稳定,地主本身不能亲自掌握行政权、司法权和军事权。这些权力从土地所有权游离出来以后,必须归专门的官吏掌握,于是在地主经济之外,驾乎整个社会之上,就形成了一套完整而复杂的官僚机构。这种机构体现在地方政权上,就是历代流行的郡县制,也就是贯彻中央集权精神的关键所在。土地买卖使我国缺乏严格的等级制,地主的经济身份也很难固定在某个人身上,"以末致富"的商人可以转化为地主,破产的地主在卖尽土地以后就不再成其为地主,这种特色反映到郡县制上,就是"官无定守,民无定奉"②。统治者任用官吏的原则是"择人以尹之","俾才可长民者皆居民上",③ 所以"明主之吏,宰相必起于州部"④。按照这样的原则办事,官职对于个人不是固定的、永久的,官吏只能对皇帝负责,一切权力就只能最后集中于中央。可见中央集权、专职官吏、郡县制度是"三位一体"的。秦代李斯概括地指出,"海内为郡县,法令由一统",⑤ 是一语道破了郡县制与中央集权制的关系的核心所在。汉人班彪也尖锐地看到了此点,故认为秦汉以后是"并立郡县,主有专己之威,臣无百年之柄"⑥。在专制主义中央集权制度下,正是由于"臣无百年之柄",皇帝才

---

① 《马克思恩格斯全集》第 25 卷,人民出版社 1974 年版,第 891—892 页。
② 《亭林文集》卷 1,《郡县论》卷 4。
③ 《读通鉴论》卷 1,《秦始皇》。
④ 《韩非子·显学篇》。
⑤ 《史记·秦始皇本纪》。
⑥ 《汉书·叙传》。

能居于至高无上的地位，集全国大权于一身，而有了"专己之威"。

　　行政权、司法权及军事权尽管从土地所有权那里游离出来，集中在中央政权手中，但这与土地国有制并无内在关系。决定政权性质的关键，是看它掌握在哪个阶级手中，为什么样的经济基础服务，而不是看封建国家采取了什么样的政体形式。在中国封建社会中，皇帝是地主阶级的政治总代表，各级政权中实际掌握统治权的官吏，都是地主分子。察举制、九品中正制和科举制就是向封建政权输送地主分子的主要渠道。郡县地方政权中还有大量胥吏，往往是当地的土豪劣绅。明代顾炎武曾一针见血地指出："善乎叶正则之言曰：今天下官无封建而吏有封建。州县之敝，吏胥窟穴其中，父以是传之子，兄以是传之弟，而其尤桀黠者，则进而为院司之书吏，以擎州县之权。"① 正如乡里、保甲基层政权掌握在乡绅地主手中一样，郡守、县令也只有依靠当地的豪绅，才能有效地进行统治，宋朝曾有明文规定："州县责任乡豪更相统制，三年能肃静寇盗、民庶安堵者，并以其豪补州县职以劝之。"② 可见各级封建政权并不以保护土地国有制为自己的基本职能，它实际是建立在地主土地所有制这一经济基础之上的上层建筑，是地主阶级镇压人民的工具。

　　虽然如此，我们并不否认，国有土地的大量存在对专制主义中央集权的加强有一定的作用；但应特别声明，只能从财政意义上来理解这种作用，它本身并不反映占支配地位的生产关系。汉武帝时实行"告缗"，没收了大量土地，对国家财政收入颇有裨益，有利于加强中央集权；但西汉政权的经济基础却仍然是地主土地所有制，而不是土地国有制。唐朝前期实行均田制，是推行租庸调制和府兵制的前提。租庸调制，尤其是府兵制，有利于加强中央集权。当均田制破坏后，中央集权就被藩镇割据所代替了。然而我们却应当看到，唐政权的职能仍然主要是为地主土地所有制服务。在看到国有土地对加强中央集权发生作用的同时，却不能反过来认为，凡是中央集权强化的时期，必然存在大量国有土地，因为国家的财政来源很多，国有土地的收入并不占主要地位。宋朝中央

---

① 《亭林文集》卷1，《郡县论》卷8。
② 《宋会要·刑法》卷2之5及2之6。

第八章　超经济强制与专制主义中央集权的政权结构

集权比较巩固，但国有土地却比汉、唐、明等朝少得多。总之，在这个问题上也需要对具体事物进行具体分析，不应该把国有土地同中央集权机械地联系起来。

秦汉以后，国家确实组织过大规模的水利建设，中央集权制也的确有利于抵抗周边民族的攻掠，有助于巩固边防，但我们却不能认为中央集权制产生的根源就是地理条件和民族战争。关于这个问题，我觉得王亚南同志的下述论断是十分中肯的："进行水利工程也好，抵御外侮也好，选贤举能也好，都是维持一个专制王朝必要的措施。我们不能倒转过来，说这些措施的任何一方面是专制官僚政治产生的基本原因。没有封建的地主经济作基础，中央集权的专制官僚政体是不可能因为任何理由而发生与发展的。"① 东方某些国家是由于处于沙漠地带，气候和土壤因素使人工灌溉成为农业的首要条件，所以土地国有制与中央集权制孪生在一起。中国的黄河流域并非沙漠地带，灌溉固然对农业有利，却不是农业生产的第一个条件。战国以后，中央集权制恰恰是在西周的"溥天之下，莫非王土"的井田制崩溃以后，土地私有制空前发展的基础上建立起来的。因此，水利工程的兴建不能把中央集权制与土地国有制媒介在一起。俄国、匈牙利和奥地利是在外族入侵的情况下，产生了多民族国家和中央集权制。我国在战国、秦、汉时期，专制主义中央集权的统一国家的出现是华夏族（即汉族）内部各国相互兼并的结果，而不是为了抵御匈奴而自愿联合的结果。所以，边防的需要也不是我国中央集权制与多民族国家孪生的真正原因。在这个问题上，不应该到别国去找现成的答案，应当根据马克思主义的基本理论，具体研究中国的历史实际，才能得出正确的结论。

中国封建社会虽然很早就形成了专制主义中央集权的政体，但这一国家结构并不巩固，有时往往会出现割据和分裂状态，这一现象产生的根本原因，就是集中的政治与分散的经济之间存在矛盾。西方的中央集权制是和国内统一市场、近代民族等同时形成的，其政治的集中与经济的集中平行发展，齐头并进，因而中央集权制一旦产生之后，就相当巩

---

① 王亚南：《中国地主经济封建制度论纲》，华东人民出版社1954年版，第15页。

固，很难遭到严重破坏。中国中央集权制形成于自然经济占绝对支配地位的时期，分散的个体农业是社会组成的主要经济细胞，因此，中央集权制尽管有形成的必要经济基础，却缺乏使它巩固的经济前提。在这种条件下，它的不稳定性，割据、分裂状态在某种程度上的保留，是完全不可避免的。

虽然国内民族市场的形成是西方中央集权制产生和巩固的前提，自然经济占支配地位是我国中央集权制不巩固的原因，但我们却不能认为，商品经济水平在任何程度上的提高都在相应程度上有利于中央集权制的巩固，每一次由分裂割据走向统一集权都是由于商品经济的发展。实际上，由中央集权走向分裂割据，由分裂割据走向统一集权，是取决于很多条件的，并不单纯取决于商品经济水平的一高一低。大土地所有制的发展程度、超经济强制的强弱、商品经济的繁荣与衰落、民族关系的简单和复杂，都对政体形式的变化有一定的作用和影响。譬如唐代初年，商品经济水平比较低，中央集权制却比较巩固；开元、天宝以后，商品经济有了显著发展，中央集权却正走向藩镇割据。又如五代十国时期及北宋初年，商品经济水平并不比唐代有显著提高，统一集权的国家却终于再度重建。我们所以不能简单化地对待这个问题，一方面是因为这样分析问题不能解释上述矛盾现象；另一方面更重要的是因为在理论上，民族市场的形成必须以区域性分工的充分发展为前提，商品经济微小的发展不可能从根本上改变封建自然经济的分散性，不可能为政治的集中提供充分必要的经济集中的条件。

此外，还应看到，即使在中央集权制最巩固的时期，由于我国仍然是自然经济占统治地位，当时也还存在割据的因素和成分，统一集权的程度不可能达到15世纪以后西方的水平；另外，即使在分裂割据状态最严重的时期，也还存在局部地区的中央集权制，无论是魏晋南北朝或是五代十国，各个小国内部仍然实行郡县制和中央集权制。把任何时期的中央集权或分裂割据绝对化了，都容易流于片面。

在中国封建社会中，中央集权和地方割据两种因素都有，然而毕竟前者占支配地位。在两千年漫长的封建历史中，统一集权的时间大大超过了分裂割据的时间，就是有力的说明。

第三节　专制主义中央集权制的社会政治影响

中国封建社会的专制主义中央集权政体对社会经济、阶级斗争和多民族国家的形成等方面都具有不容忽视的影响。

首先，这种政体对社会发展所起的积极影响占支配地位。斯大林曾经指出："如果不能摆脱封建分散和诸侯混乱的状态，世界上任何一个国家都不可能指望保持自己的独立和真正发展经济和文化。只有联合为统一集中的国家，才能指望有可能真正发展文化和经济，有可能确立自己的独立。"① 对于这一理论，需要结合具体史实加以说明和理解。

中央集权制是全国统一的重要条件，而全国大一统的局面能够为经济发展提供有利的政治环境，即可以避免一些纷争和割据，可以减少某些统治阶级内部的有害战争。战国时各国间战争不休，一个大战役造成的损失，"十年之田而不偿也"②。秦始皇统一全国后，"元元黎民得免于战国"，"人人自以为更生"。③ 秦汉以后，割据分裂的时候战争就多，统一集权的时候，也发生过统治集团之间的内争，如西汉有"吴楚七国之乱"，晋有"八王之乱"，明有"靖难之变"，但就总的情况而言，战乱毕竟比魏晋南北朝和五代十国时期少得多。因此，在汉、唐、明、清等统一集权的朝代，社会经济往往有大踏步的发展。

我国专制主义中央集权制形成并不是为了要兴修大规模的灌溉工程，但统一集权局面毕竟有利于治理黄河和修建大规模的水利工程。秦朝的灵渠，汉朝的王景治河，隋、元两代的大运河，都是国家统一时期劳动人民兴修起来的重要水利工程。唐朝前期全国统一，"安史之乱"以后藩镇割据，而水利事业"大抵在天宝以前者居什之七"，"至于河朔用兵之后，则以催科为急，而农功水道有不暇讲求者欤！"④ 这一事实也集中地反映，统一集权是发展水利事业，推动农业发展的重要政治前提。

---

① 《斯大林文选（1934—1952）》，人民出版社1962年版，第503页。
② 《战国策·齐策》卷5。
③ 《史记·平津侯主父列传》。
④ 《日知录》卷12，《水利》。

统一集权的政治环境还有利于全国范围内的经济交流和商品流通。秦汉时中国第一次出现了大一统局面，"海内为一，开关梁，弛山泽之禁，是以富商大贾周流天下，交易之物莫不通得其所欲"①。在西方，中世纪时贵族领主割据纷争，道路阻隔，经商缺乏安全保障，商人都是结成武装商队行动；在我国封建社会的绝大多数时期，商人都可以单独行动，远出经商，只有经营非法商业的私盐贩和私茶贩才必须进行集体武装贩运。这种商旅比较安全的情况，与中国没有西方那种拦劫商旅、杀人越货的领主和骑士有密切关系。

秦修驰道，隋、元广开运河都是出于政治、财政、军事的需要，但在客观上，统一集权国家所创办的水陆交通也有利于经济交流和商品流通。在谈到隋朝开通大运河时，杜佑就曾说："自是，天下利于转输。"②秦朝的驰道，历代的驿站，都具有类似的作用。

出于财政需要，统一集权的封建国家还往往实行全国一致的货币和度量衡。秦始皇在这方面的功绩最为显著，隋统一全国后宣布实行举国一致的五铢钱，这是最著名的两个事例。度量衡和货币的统一，对全国的商业发展，在客观上有积极作用。

全国大一统的政治形势还有利于在非常广泛的范围内交流劳动人民的生产经验。秦统一后，大批人民"谪戍"五岭以南，把中原先进的农业技术和铁制农具传入越族。西汉的屯田西域，也具有同样的效果。元代黄道婆能从海南岛把棉纺织技术传到松江一带，显然也与全国统一有关。类似的例证不胜枚举。在分裂割据的条件下，这种生产技术的交流并非完全没有可能，但比较困难得多了。

专制主义中央集权体制对我国多民族国家的形成有决定性作用。西欧的面积与中国约略相当，在近代却形成很多单一民族的国家，未能联合成一个统一的、领土辽阔的多民族国家，原因就在于中世纪时西欧处于封建割据状态。中国多民族国家形成的真正原因，是汉族在封建主义时代就采用了中央集权政体，成为一个相当巩固的人民共同体，并且有

---

① 《史记·货殖列传》。类似记载还有，如《史记·淮南衡山传》："重装商贾，周流天下，道无不通，故交易之道行。"

② 《通典》卷10，《食货典》。

第八章　超经济强制与专制主义中央集权的政权结构

较高的经济、文化水平，故能作为一个核心民族，克服周边各族的离心力，使他们产生向心力。如果没有形成这一政治体制，则不但中国各族不能联合成一个国家，甚至汉族本身也可能分裂成很多国家。在多民族国家形成的过程中，尽管不可避免地伴随着残酷的民族战争和民族征服，但我国今天的多民族大家庭毕竟是从历史上形成的多民族国家发展而来的。

在中国封建社会的绝大部分时间里，周边各少数民族的社会发展阶段一般都比汉族落后。无论是各族的军事民主主义阶段的上层显贵也好，或是奴隶主贵族也好，往往对汉族发动掠夺战争。汉族中央集权制的国家体制保证了本民族的统一，有利于在民族战争中保卫自己。

专制主义中央集权政体的消极影响虽然只居次要地位，也应加以分析。

中央集权的郡县制意味着国家需要豢养大量的专职官吏和职业兵，这就必然加重了劳动人民的赋税、徭役和兵役等负担。西方中央集权制形成的时候，也出现了大批官僚和职业兵，行政、军事费用也突然猛增，不过当时社会生产已经相当的发展，而且有一个富裕的中等阶级支持王权。中国是在生产力水平较低，社会财富还不能与西方比拟的情况下，形成了中央集权制，就好像一个还没有成年而且身体羸弱的人勉强地穿上了一套不胜负担的铠甲。这样，沉重的赋税落在人民身上，同时也延缓了扩大再生产的进程。唐代的国家开支中，"最多者兵资，次多者官俸，其余杂费，十不当二事之一。所以黎人重困，杼轴犹空"[①]。宋人蔡襄也认为"兵冗为大，其次又有官冗"[②]。明代也有"国家经费莫大于禄饷"的说法。[③] 在兵饷、官俸中，又以前者所占比重最大。历代统治者尽管也想采取"革冗员，去冗兵，节冗费"[④] 的措施，或者实行屯田制、府兵制，通过寓兵于农的办法解决财政支出浩繁的问题，但地主土地所有制和土地兼并只要存在，问题就永远不可能一劳永逸地加以解决。沉重的赋役负担，总是会一次又一次地出现。

---

① 《旧唐书·沈传师传》。
② 《宋文鉴》卷102，蔡襄《去冗》。
③ 《明史·食货志》。
④ 《西园闻见录》卷33，《节省》。

政治集中同经济分散发生严重矛盾，是中央集权政体消极影响的又一个表现。西方中央集权制与统一的民族市场同时形成，国都往往既是政治中心，又是经济中心，而且与全国各地的经济联系已很密切和成熟。所以，中央政权的大量消费并不造成严重的困难。中国从秦汉开始，国都一带就集中了大量的官吏和军队，需要从全国调运大量物资供其消费。在自然经济占支配地位，各地区间缺乏天然密切的经济联系和交通比较落后的条件下，这种出于财政需要的人为大调运就是一个极大的浪费。汉代的桑弘羊就已经看到，"天下赋输或不偿其僦费"。《索隐》引服虔曰："雇载云僦，言所输物不足偿其雇载之费也。"① 明代的赋税分配情况是"郡县食之不能十之一，其解运至于京师者十有九"，② 所以江南漕粮达于京师的费用是"以石五六斗而运一石"③。清人王心敬有一段集中而典型的议论："国家建都燕京，廪官饷兵，一切仰给漕粮，是漕粮者，京师之命也。然其粮米则倚办于江浙湖广之南北，至近在二千里外，远者且四五千。中间公私不赀之耗，至有费过本粮原额一倍者。""究之官廪兵粮毫厘无加，而南民国力徒耗于无益之处耳。然其法终不可易者，漕粮系京师之必需，固不暇顾国力与南民也。"④ 显然，这种浪费必然拖住了社会发展的步伐，加重了农民的苦难。

商税的沉重和自然经济占支配地位，在一定程度上抵消了中央集权制对商品流通所起的积极作用，这是不容忽视的一个侧面。

大量官俸、兵饷的需要迫使地主政权大肆征商。商税的沉重不仅削弱了商业资本，减少了商品流通，而且由于到处设置关津，大大阻碍了转运商业。宋代的"州郡财计，除民租之外，全赖商税"⑤。可见商税已在财政收入中占有重要地位。在我国历史上，不但分裂割据的时候是"增关津之税，盐竹山木皆有赋焉"⑥，就是在中央集权制相当巩固的大一统时期，统治者也总是遍设关卡，进行征商。明朝是"百里之内，辖者三

---

① 《史记·平准书》。
② 《明夷待访录·田制》卷1。
③ 《震川先生集》卷8，《遗王都御史书》。
④ 王尔缉：《裕国便民饷兵备荒兼得之道》，《切问斋文钞》卷17。
⑤ 《宋会要·食货》卷17之41。
⑥ 《晋书·姚兴载记》。南朝也有"税江税市，征取百端"的记载。（《南史·陈本纪》下）

第八章 超经济强制与专制主义中央集权的政权结构

官,一货之来,榷者数税"①。清代"国家设关通天下,凡十三处,皆相隔三四百里"。此外,还有"攒典之设而各据口隘,横行村落,处处皆关,则处处有税",故当时有"关外之关"的说法。②这种情况对商业发展的阻碍作用是十分明显的。南宋时在沿江一带从池州至建康的七百里内设有六处场务,其间有"相去不满五六里者",因而使商旅"困于公家之征"。③明代"客商俱怕征求,多至卖船失业"④。因此,我们不能对中央集权制在商品流通方面所起的积极作用片面地估计过高,还必须承认大量兵饷的官俸对商业繁荣的不利影响。当然,这种情况的出现首先是由于要满足封建政权的财政需要,同时,自然经济占支配地位和商品经济水平较低也是导致关津林立的重要条件。当时商人资本的力量还不足以扫除这些封建障碍。

商税是因地主政权的财政需要而征收的,在商业不发达的时候,商税往往较少,在商业比较繁荣的时候,商税随之增加。唐朝初年,商业不很发达,当时并不征收货物通行税。盛唐、中唐时期,商业空前繁盛,各道节度使、观察使因而"多率税商贾,以充军资杂用。或于津济要路及市肆间交易之处,计钱至一千以上,皆以分数税之"。其后果是"商旅无利,多失业矣"。⑤从明初到明后期,也经历了一个商品经济由低到高的发展过程,所以"关市之征,宋、元颇繁琐,明初务简约;其后增置渐多,行赍居鬻,所过所止各有税"⑥。事实说明,商税成了商品经济的桎梏,这正反映了中央集权制与商业流通相矛盾的一面。

封建国家对商品生产、商品流通的政治干预,也有一定的消极影响。商品经济要在"自由"的空气中顺利发展,西方中世纪的商品生产最初是由摆脱农奴制束缚的城市手工业者发展起来的;以后又在行会所不能控制的地方,织布业成为工场手工业的第一个行业。采矿业在14、15世纪时,也在城市和乡村的边界上发展起来,成为工场手工业最早出现的

---

① 《西园闻见录》卷40,《关税》。
② 《皇清奏议》卷21,许承宣《请禁额外苛征疏》。
③ 《宋会要·食货》卷18之15。
④ 《西园闻见录》卷40,《关税》。
⑤ 《通典》卷11,《食货典》。
⑥ 《明史·食货志》。

部门之一。在这种地区，它既不受领主的干预，也不受行会的控制。当时西方虽然出现了中央集权制，但它不是作为商品经济的对立物而存在，恰恰是适应商品经济的发展而产生，得到了中等阶级的支持和拥护。中国的中央集权制是纯封建经济时代的早产儿，专制主义封建政权不但严密地控制了城市，而且也有效地统治着广大农村。不但农村的纺织业要受课役的盘剥和干扰，就是矿冶业也完全不能摆脱国家的干预。马端临说："征榷之途有二：一曰山泽，茶盐、坑冶是也；二曰关市、酒酤、征商是也。"[①] 宋人石介也概括地指出："国家之禁，疏密不得其中矣。今山泽江海皆有禁，盐铁酒茗皆有禁，布绵丝枲皆有禁，关市河梁皆有禁。"[②] 明代的市民运动首先从矿冶业大规模开始，就反映我国封建社会根本就不存在既不受官府、行会控制，也不受农村封建政权控制的城乡之间的边界地带。至于官府手工业所受的封建统治和它对私营手工业的影响，以后在讨论手工业时还要专门涉及，这里就不予详论了。

专制主义中央集权制对阶级矛盾和阶级斗争也产生过重要影响。

专制主义中央集权的封建国家是促使阶级矛盾激化的一个重要因素。在这样的政治体制下，从中央到郡县的各级封建政权好像组成一个天罗地网，用行政、司法、军事等机构把整个社会紧紧地捆绑起来，劳动人民很难逃脱它的控制。因此，与西方相比，封建统治实际是更有效、更强化了。同时，大量的官俸、兵饷均来源于农民阶级所负担的课役，而赋税、徭役、兵役的"头会箕敛"，往往是促使阶级矛盾极度尖锐化的催化剂。秦、隋、元三代农民起义的反课役色彩，是非常鲜明的。正如在物理学中，作用越大，反作用也越大一样；在我国封建社会中，统治、压迫的强化也带来了反统治、反压迫斗争的强化，课役的沉重也引起了反课役斗争的加强。

由于在中央集权政体下，地主阶级的统治非常严密，农民群众不进行大规模的发动，就很难进行有效的反抗和斗争。这是农民战争规模特别大的一个重要原因。此外，在自然经济和个体经济的条件下，我国农

---

① 《通考·自序》。
② 《石徂徕集》下，《明禁》。

第八章 超经济强制与专制主义中央集权的政权结构

民也是分散的,彼此间的联系不可能很紧密。但处于中央集权的环境中,尤其当斗争展开以后,各地区农民之间进行接触和联系,毕竟比处于分裂割据环境中方便得多。加之,集权中央也意味着中央政权是一切政治压迫的总枢纽,一切横征暴敛的总机关,所以全国农民的阶级斗争锋芒也必然首先指向皇权,这样,共同的政治斗争目标也容易把各地的农民斗争联系起来。恩格斯在总结德国农民战争时曾惋惜地说:"如果是在一个中央集权化了的国家,说不定会创造出多么伟大的成果。"① 可见一个国家是否实行中央集权制,对农民起义有重要影响。秦汉以后,专制主义中央集权制的存在,是我国历史上农民起义、农民战争规模特别大的主要政治原因。

---

① 《马克思恩格斯全集》第7卷,人民出版社1959年版,第385页。

第三编

自然经济与商品经济

自然经济和商品经济是两个既相联系又相对立的概念和范畴。自然经济的色彩越浓厚，商品经济的发展水平就越低；商品经济逐渐发展，必然排挤自然经济，使之趋于瓦解。在生产资料私有制的社会中，生产规模越大，社会分工水平越高；分工水平越高，商品经济越发展。封建社会以小规模的个体生产为基本的经济细胞，社会分工极不发展，所以商品经济的水平很低，自然经济占绝对支配地位。农民的家庭经济规模异常之小，不但生产农产品，而且生产手工业品；生产的目的是供农民或封建主直接消费，而主要不是为了出卖产品；大多数产品只作为使用价值来生产，不作为交换价值来生产。封建主的经济生活也多以自给自足为原则，同商品经济的联系只居从属地位。

封建主义时代也存在商品经济，这种商品生产和商品流通是为封建制服务的。个体农民在满足了自己的生产、生活需要和缴纳地租、赋税之后，"才开始生产商品"。至于城市手工业者，则"一开始就必然为交换而生产"。当时的商品生产"还只是在形成中"。[①] 此外，作为消费者，封建主也不可避免地要出卖部分租谷，用以购买无法从农民那里直接取得的消费品。随着生产力水平的提高，封建社会的商品经济逐步发展，在这一基础上，原来为封建制服务的商品生产最后变成了封建社会的对立物，成为资本主义萌芽的摇篮。这就是封建主义时代商品经济发展的辩证法。

社会经济是一个复杂的有机体，农业与工业之间存在密切的联系，我们不能孤立地研究封建社会的工商业，必须与农业结合起来对它进行分析，才能得出正确的结论。马克思指出："在中世纪……乡村本身是历史的出发点，历史的进一步发展，后来便在城市和乡村对立的形态中进行。"[②] 这就决定了，"工业在城市中和在城市的各种关系上模仿着乡村的组织"[③]。因此，只有研究了中国封建农业的基本结构之后，再分析自然

---

① 《反杜林论》，人民出版社1970年版，第269、270页。
② 《资本主义生产以前各形态》，人民出版社1956年版，第15页。
③ 《马克思恩格斯选集》第2卷，人民出版社1972年版，第110页。

经济和商品经济，才能把握中国商品经济的特点、城市的特殊面貌、城乡对立关系的特色及市民运动的特性。

在这一编，就商品生产和商品流通、商品价格和价值规律、城市经济和市民运动等方面进行探讨。至于商品经济的发展、运动过程，在讨论封建经济的周期性发展和经济危机问题时还要涉及。

第九章　中国封建社会的自然经济商品生产和商品流通

为了研究商品经济，必须首先分析自然经济同商品经济之间的辩证关系。商品生产和商品流通是商品经济的两个基本方面，也在本章中解剖。

第一节　自然经济

中国封建社会与世界各民族相同，也是以自然经济占绝对支配地位的。毛泽东在谈到此点时指出："自给自足的自然经济占主要地位。农民不但生产自己需要的农产品，而且生产自己需要的大部分手工业品。地主和贵族对于从农民剥削来的地租，也主要地是自己享用，而不是用于交换。那时虽有交换的发展，但是在整个经济中不起决定的作用。"[①]

在自然经济占主要地位的封建社会中，社会经济基本单位可分为个体农民经济和地主家族经济两类。我们应当就这两方面分别进行探讨。

中国的封建农民"几千年来都是个体经济，一家一户就是一个生产单位"[②]。这种狭小的生产规模把农民束缚在家庭经济的蜗牛壳中，使农业和手工业紧密地结合在一起，"男耕女织"就是这种经济结构的典型写照，可见社会分工在农民经济中是很难发展起来的。早在商鞅变法时秦国就规定："僇力本业，耕织致粟帛多者，复其身。"这政策所鼓励的，就是发展"男耕女织"的农民经济，用以提高生产力。两千年来，不论

[①]《毛泽东选集》，人民出版社1968年版，第586—587页。
[②]《毛泽东选集》，人民出版社1968年版，第885页。

是自耕农还是佃农，都是既耕且织，既产粟又产帛的。直到明清时期，"耕稼纺绩，比屋皆然"①，仍然是全国各地的普遍现象。尽管当时农民经济与商品经济的联系空前地加强了，但在个体农民的家庭生产中，农业与手工业仍旧密切地结合在一起，如松江府一带"乡村纺织，尤尚精敏。农暇之时，所出布匹，日以万计，以织助耕，女红有力焉"②。"以织助耕"四字说明"女红"的纺织仍是农业的副业，其所以加紧生产于"农暇之时"正反映它处于服从的地位。

封建社会的自然经济是生产力水平较低、社会分工不发展的结果，同时二者又非常吻合和合拍，这样，自给自足就理所当然地作为一个经济原则被人们所坚持。这一原则甚至在封建国家的政策中也有所反映，汉代的渤海太守龚遂"见齐俗奢侈，好末技，不田作"，于是"劝民务农桑，令口种一树榆、百本薤、五十本葱、一畦韭，家二母彘、五鸡"。在他的课督下，农民"春夏不得不趋田亩，秋冬课收敛，益蓄果实菱芡"③。农民按照这样的安排来生产和生活，完全符合当时的社会分工水平，对生产没有什么不利的影响。宋人张乖崖做崇阳令时，"尝逢村氓市菜一束。出郭门，问之，则近郊农家"。他听了以后竟然"笞之四十"，并且说："尔有地而市菜，惰农也。"④ 这种事是司空见惯的，直到商品经济有了显著发展的明清时代，还有人说："谚云：十亩田一亩园，一亩园十亩田。古人以百亩之家，蔬果取足于市者，里正报罚。"⑤ 统治者坚持这种原则，是为了缓慢"商人兼并农人"的过程，防止农民走上"舍本逐末"的道路，以便保证农业税收，缓和阶级矛盾。

除农民的个体经济之外，封建主经济也是一个重要的自给自足的经济单位，是"闭关自守的整体，同外界很少联系"⑥。中国封建社会的地主经济，就是这样一个自然经济的整体。《四民月令》所描写的，是汉代地主田园中一幅自然经济的图画。魏晋南北朝时，地主的"治家"原则

---

① 《乐亭县志》，转引自李文治《中国近代农业史资料》第1辑，第102页。
② （康熙）《松江府志》卷5，转引自彭泽益编《中国近代手工业史资料》第1卷，第229页。
③ 《汉书·龚遂传》。
④ 《萍洲可谈》卷2。
⑤ 《实政录》卷2，《小民生计》。
⑥ 《列宁全集》第3卷，人民出版社1959年版，第158页。

第九章　中国封建社会的自然经济商品生产和商品流通

是："生民之本，要当稼穑而食，桑麻以衣；蔬果之蓄，园场之所产；鸡豚之善，埘圈之所生；爰及栋宇、器械、樵苏、脂烛，莫非种植之物也。至能守其业者，闭门而为生之具以足。但家无盐井尔。"① 唐代地主的理想生活是，"树之谷，艺之麻，养有牲，出有车，无求于人"②。由于中国的封建地主基本上不占有农奴手工业者，所以有一部分地主在"治家"原则中规定，其家庭成员必须从事纺织。明人庞尚鹏就有这样的"家训"：家中女子在六岁以上者，均按不同年龄发给棉麻，"听其贮为嫁衣"。"妇初归"，亦"俱令亲自纺绩，不许雇人。丈夫岁月麻布衣服，皆取给于其妻"。此外，他还规定，"菜蔬各于园内栽种"，认为"家有余地而买菜给朝夕，彼冗食者何事乎？"③ 明代有的徽商经营染业致富，而他仍然要"治甫田以待岁，凿洿池以待网罟，灌园以待瓜蔬，腠腊饔飧，不外索而足"④。商人兼地主的人尚且如此，一般地主的情况就更可想而知了。根据自然经济原则，清代有的地主认为乡居比城居更有利："居乡则可以课耕数亩，其租倍入，可以供八口。鸡豚畜之于栅，蔬菜畜之于圃，鱼虾畜之于泽，薪炭取之于山，可以经旬屡月不用数钱。且乡居，则亲戚应酬寡，即偶有客至，亦不过具鸡黍。女子力作，可以治纺绩，衣布衣，策骞驴，不必鲜华。……况且世家之产，在城不过取其额租，其山林湖泊之利，所遗甚多，此亦势不能兼。若贫而乡居，尚有遗利可收，不止田租而已。"⑤ 我国封建地主的绝大多数居住于农村，按照上述自给自足的原则安排自己的消费和生活。城居的地主虽然与商品经济的联系比较多，但其中有相当一部分亦往往把农村的租谷运入城内，供自己消费。⑥ 而不肯籴谷以食。

---

① 《颜氏家训·治家篇》。
② 《柳宗元集》卷24，《送从弟谋归江陵序》。
③ 庞尚鹏：《庞氏家训》。
④ 汪道昆：《太函集》卷35，转引自秦佩珩《明代经济史述论丛初稿》，河南人民出版社1959年版，第59页。
⑤ 张英：《恒产琐言》。
⑥ 《弃草文集》卷5，《广积谷以固闽围议》："其田主及有力家城居者，仓廒既设外乡，或设他县，每年不过计家口所食谷几何，量运人城，余尽就庄所变粜。"《安吴四种》卷26，《答方葆岩尚书书》：嘉庆时江宁"砻坊每家有粮万余石，是三十二家所贮足敷城中三月之食。又城中富户租入亦不下数十万石，闻俱囤乡庄，陆续运寄砻坊，按日送宅济用"。

农民经济与地主经济都在农村，每一个村庄就成为一个自然经济色彩非常浓厚的居民点，其中居民相互交换极其有限，与外部的商业联系更为稀少。白居易曾用这样的诗句描写过唐代农村的面貌："徐州古丰县，有村曰朱陈。去县百余里，桑麻青氛氲；机梭声札札，牛驴走纷纷。女汲涧中水，男采山上薪。县远官事少，山深人俗淳。有财不行商，有丁不入军；家家守村业，头白不出门。""一村唯两姓，世世为婚姻；亲疏居有族，少长游有群。""生者不远别，嫁娶先近邻。"① 这种农村生活的特点是：与商品经济的联系很少；农民世代经营农业，很少改业；居民定居稳定，安土重迁；宗族、宗法的色彩比较浓厚。直到明清时代，还保留有很多类似朱陈村的村庄，其中"农恒为农，世不徙业"。"男耕女纺，质朴无文。黄发老人有不识城市者。安土重迁，不善商贾。"② 尽管当时资本主义之芽已在某些地区孕育之中，但商品经济并没有普遍地瓦解农村的自然经济。

皇宫、宫廷所需要的用品多由少府等部门自行制造，这一点也可反映自然经济占优势地位。历代少府经营多种手工业品的生产，其中包括营造、杂作及车辇、伞扇、胶漆、画镂等作，还制造皮毛、胶墨、席荐等物，③ 皇族所用的什物几乎应有尽有。再如唐代司农寺的上林署还掌管"苑囿园池之事"，"凡植果树、蔬菜以供朝会、祭祀，其尚食进御及诸司常科亦有差"。④ 甚至东宫亦设有掌园数人，专掌东宫的园苑、树艺、蔬果。⑤ 虽然皇室、宫廷亦从市场购买一些商品，但就总的情况看，统治者还是在力所能及的范围内尽量按自给自足的原则安排其消费。皇族经济是地主经济的放大，前者的自然经济原则是后者的同一原则的集中反映。

朝廷向纳税居民尽量征收多种产品，迫使服役者尽量从事各种生产劳动，也是自然经济的表现。宋代的租税除"金铁之品"包括货币外，

---

① 《白氏长庆集》卷10，《朱陈村诗》。
② 《古今图书集成·职方典》卷778，《安庆府风俗考》。
③ 《通典》卷27，《职官典》卷9，《少府监》。
④ 《唐六典》卷19。
⑤ 《旧唐书·职官志》。

第九章 中国封建社会的自然经济商品生产和商品流通

产品种类非常复杂，其中谷类有粟、稻、麦、黍、稷、菽、杂子等，纺织品有罗、绫、绢、纱、绝、䌷、杂折、丝绵、布葛等，另外还有其他产品六畜、齿革、翎毛、茶、盐、竹、木、麻、草、刍、菜、果、药、油、纸、薪、炭、漆、蜡及杂物等。[①] 历代官府手工业所用的原料除少量科买外，也主要来源于土贡和坐派，或则官府直接经营。[②] 封建政权采取上述措施满足其物质需要，只能是自然经济在整个社会经济领域内占支配地位的必然结果。

在商品货币关系严重削弱的某些历史阶段，还偶尔出现过货币减少、以物易物及钱货兼行的情况。魏晋南北朝就是典型的时期。东汉末黄巾起义以后，董卓"坏五铢钱"，更铸小钱，"自是后钱货不行"。[③] 魏文帝时正式下令，"使百姓以谷帛为市"。[④] "永嘉之乱"以后，河西一带亦"不用钱，裂匹以为段数"。[⑤] 北魏初年至太和年间，"钱货无所周流"。孝文帝始诏天下用钱，但河北州镇新旧钱"并不得行，专以单丝之缣，疏缕之布，狭幅促度，不中常式，裂匹为尺，以济有无"，即"犹以他物交易，钱略不入市也"。[⑥] 直到北齐时，"冀州之北"还是"钱皆不行，交易者皆绢布"。[⑦] 南方商品经济比北方稍见活跃，但"晋迁江南"亦"钱不普用"。[⑧] 南朝元嘉时汉川一带"悉以绢为货"。[⑨] 梁初除三吴、荆、郢、江、湘、梁、益等地用钱外，"其余州郡则杂以谷帛交易"。陈时仍"兼以粟帛为货"。岭南诸州亦"多以盐、米、布交易，俱不用钱"。[⑩] 唐代的商品经济比魏晋南北朝时期有了显著的提高，商品货币关系空前发展，甚至有人说"如见钱流地上"，[⑪] 但绢帛仍然在市场上局部地发挥着

[①]《通考》卷1，《田赋考》。

[②] 参阅白寿彝、王毓铨《说秦汉到明末官手工业和封建制度的关系》，《历史研究》1954年第5期。

[③]《三国魏志·董卓传》。

[④]《晋书·食货志》。

[⑤]《晋书·张轨传》。

[⑥]《魏书·食货志》。

[⑦]《隋书·食货志》。

[⑧]《宋书·何尚之传》。

[⑨]《宋书·刘秀之传》。

[⑩]《隋书·食货志》。

[⑪]《新唐书·刘晏传》。

交换手段的职能，所以有不少人肯定唐代是"钱帛兼行"的时代。清人黄宗羲就认为："唐时，民间用布帛处多，用钱处少。"① 近人陈寅恪也说："唐代实际交易，往往使用丝织品。"② 宋代以后，商品货币关系进一步发展，"钱帛兼行"的情况大为削弱了，但自然经济仍然占绝对支配地位，因为直到明清两代，产品地租始终居于优势地位，货币地租始终没有占上风，甚至赋税中的货币部分也从未压倒过产品、劳役部分。

中国封建社会的自然经济色彩时浓时淡，而且有逐渐削弱的总趋势，但直到鸦片战争以前，它始终对商品经济处于压倒优势。我们只能在这个总的基础上估计各代商品经济的实际水平，不宜片面地夸大某些时期商品经济的发展程度。

第二节 商品形态

不同的商品形态既与不同的生产结构有关，也与社会各阶级不同的消费性需要有关，分析商品的各种形态，是个比较复杂的问题。

农业是封建社会的主要生产部门，农民是最主要的生产者，个体农民的产品有剩余时就拿到市场上进行交换，所以，封建社会中商品的最原始生产者就是农民。战国人李悝在计算农户一年的收入时，认为农民五口之家，一年所得粮食除自己食用和纳税外，可余四十五石，按每石粟价三十钱计算，合钱一千三百五十，"除社闾尝新春秋之祠用钱三百，余千五十。衣，人率用钱三百，五人终岁用千五百。不足四百五十"③。除食粟以外，这里一概用钱币计算其他开支，虽然不能因此断言这些消费全部要通过商业交换，但至少可以说明，农民是一定会出卖一部分产品来换取其他消费品的。像铁农具、食盐，就非农民所能自产，必须在市场上购买。正因为农民经济与商品经济必然发生某种程度的联系，才出现了谷贱伤农的问题。宋人李觏曾经指出："夫农劳于作剧于病也，爱其谷甚于生也，不得已而粜者，则有由焉：小则具服器，大则营婚

---

① 《明夷待访录·财计》卷1。
② 陈寅恪：《元白诗笺证稿》，古典文学出版社1958年版，第252页。
③ 《汉书·食货志》。

第九章　中国封建社会的自然经济商品生产和商品流通

丧，公有赋役之令，私有称贷之责。故一谷始熟，腰镰未解，而日输于市焉。"① 到明代，商业空前发展，农民与商品经济的联系就更明显了，故"一有收熟，视米谷如粪土，变谷以为钱，又变钱以为服食日用之需"②。赋税中的货币部分尽管不占支配地位，但在历史上的绝大多数时期却是基本上存在的，汉代有口赋、算赋和更赋，唐代的户税和两税法中的"居人之税"，都是基本上征钱的。明代一条鞭法实行后，货币在赋税中所占的比重就更见增加了。农民在缴纳货币赋税的前提下，也只得被迫出卖一部分产品。李觏把"公有赋役之令"作为农民粜谷的原因之一，是有事实依据的。

不仅自耕农要出售一部分产品，甚至佃农也往往粜卖谷物。南宋时，西北流寓之人遍满江、浙、湖、湘、闽、广之间，引起麦价上涨，当地种麦之利"倍于种稻"，而"佃户输租，只有秋课"，所以"种麦之利，独归客户"。③ 如果佃农不粜卖小麦，就根本不会得到麦价上涨的好处。

农民在生产情况较好的时候，产品所余稍多，当然易于把其中相当部分转化为商品；就是在生产发生困难，逐渐走向破产的时候，农民有时也会被迫出卖一部分产品。汉代所谓"当具有者，半贾（价）而卖"④，指的就是这种情况。

种植经济作物的农民，则不仅是商品出卖者，而且已经是商品生产者了。他们不像种植谷物的农民那样，仅仅出卖多余的产品，而是从事以出卖为目的的生产。唐宋以后直到明清，茶、棉、烟草、果木等经济作物的品种日益增加，播种面积逐渐扩大，专门经营这种经济作物的农民随之增多，因而农民与商品经济的联系就大踏步地向前发展了。清代上海附近棉花"种植之广，与粳稻等"，其棉"行于浙江诸郡"⑤，可见当地棉农相当普遍，且他们均已成为商品棉的出卖者了。又如陕西城固附近，"沃土腴田，尽植烟苗，盛夏弥望野绿，皆此物也"，秋烟收获之

---

① 《李直讲文集》卷16，《富国策第六》。
② 《大学衍义补》卷25，《市籴之令》。
③ 《鸡肋编》上。
④ 《汉书·食货志》。
⑤ 《阅世编》卷7。

后,"大商贾重载此物,历金州以抵襄樊鄂诸,舳舻相接,岁縻金数千万金"①。这种烟农完全是商品生产者。清代汉川地方"民有田地数十亩之家,必栽烟草数亩,田则栽姜或药材数亩",这种农民虽然并不是完全生产商品,但上述作物则大多出卖,专为"纳钱粮,市盐布,庆吊人情之用"。川东则因"包谷不可以久贮",出卖时交通不便,"价值不足给路费",农民就以包谷酿酒,以酒糟养猪,然后把猪"卖之客贩",得钱"以为山家盐布庆吊终岁之用"。②这实际是农民出卖谷物的一种变态。清代川楚陕交界的地区商品经济的发展水平并不高,但出卖农产品的情况尚且如此,其他地方农民同商品经济的联系就更可想而知了。

农民还出售一部分家庭织妇所生产的手工业品和一些其他的副业产品,为市场提供商品。在土地不足耕种,加强副业以为农民经济的补充时,这种产品的出卖对农民就更显得具有重要意义了。从战国到唐宋,独立的手工业作坊还比较有限,社会上却充满了丝织品,绢帛不但当作商品在市场上流通,当作财富大量被储存,甚至当作交换手段在商业中使用,从各地农户普遍种桑养蚕也可以断言,这些丝织品中的绝大部分并不是城市手工业作坊的产品,而是农村"女红"的产品。所谓"齐部世刺绣,恒女无不能;襄邑俗织锦,钝妇无不巧";③以及蜀地"女工之业覆衣天下"的记载④,都说明汉代从事上述丝织品生产的,主要是齐部、襄邑及蜀地的家庭织妇。明清时代,虽然手工业作坊生产的商品有空前的增加,但"男勤于耕,女勤于纺,成布易钱,以供赋税"⑤,"贫者多织粗布以易粟",⑥即"以织助耕",仍旧是普遍存在的现象。有的地方,农民的副业生产与当地的特殊条件有关,这种产品更易于成为商品。如清代江西盛产麻,均织成夏布,"计城乡所产,岁鬻数十万缗,女红之利普矣"⑦。既云"女

---

① 《皇清经世文编》卷32,岳震川《府志·食货论》。
② 《三省边防备览》卷8,《民食》。
③ 《论衡·程材》。
④ 《后汉书·公孙叔传》。
⑤ 《古今图书集成·职方典》卷1223,《岳州府风俗考》。
⑥ (乾隆)《宝坻县志》卷7,转引自彭泽益编《中国近代手工业史资料》第1卷,第233页。
⑦ 吴其浚:《植物名实图考》卷14,转引自彭泽益编《中国近代手工业史资料》第1卷,第201页。

第九章　中国封建社会的自然经济商品生产和商品流通

红之利", 这些商品中无疑有相当部分是农户的副业产品。又如嘉庆年间, 陕西略阳"乐素河两沟之地, 多产楮材, 故其民三时务农, 而冬则造纸为业焉"①。生产纸的人均"三时务农", 可见这种生产也是农户的副业。

个体农民出卖谷物, 是出于农民经济自身的需要, 主要不是社会分工所驱使。农户出卖手工业品, 也不直接反映分工的发展, 产品仍是个体经济的产物。农民经济既从事农业生产, 又从事手工业生产, 正是社会分工不够发达的表现, 是手工业从属于农业的反映。大致越在封建社会前期, 商品总量中农民出卖的部分所占的比重越大。因此, 在分析历史上手工业品大量充斥市场的现象时, 要根据不同时期的具体情况加以研究, 不能笼统地一概归之于社会分工的发展和作坊手工业的发展。

手工业者生产的产品, 是第二种商品形态。从封建社会一确立, 完全脱离农业的手工业商品生产就出现了。我国考古工作者根据地下发掘的大量实物断言: "战国手工业在生产关系上的最大变革是私营手工业的兴起。"当时的这种产品与官府手工业的产品不同, 不像后者那样标出督造机构、司造的各级官工和生产者的姓名, 而其印记的人名仅仅是产品的制作者和最初的所有者。② 在史料中, "百工之事固不可耕且为也"③的说法也反映了农业同手工业的分离。战国时有关"百工"的记载很多。"百工"中固然有一部分属于官府手工业, 但其中也确实有相当部分是私营的商品生产者, 所谓"纷纷然与百工交易"④, 就有力地证明了此点。战国、秦、汉时代, 有很多煮盐、冶铁致富的大工商业者, 如蜀卓氏、宛孔氏、曹邴氏及程郑等, 都相当著名。如果说, 他们使用奴隶很多, 情况比较特殊; 那么, 一些小的作坊、家庭作坊⑤及隋唐以后大量手工业作坊的存在, 就完全是纯封建性质的手工业商品生产了。汉代冶造农具的个体手工业者, "家人相一, 父子戮力, 各务为善器, 器不善者不集。

---

① 谈金籛《寒蓬山记》; 黎成德等: (道光)《略阳县志》卷4, 《艺文部》, 第55页, 转引自彭泽益编《中国近代手工业史资料》第1卷, 第263页。
② 中国科学院考古研究所: 《新中国的考古收获》, 文物出版社1961年版, 第62、63页。
③ 《孟子·滕文公上》。
④ 《孟子·滕文公上》。
⑤ "坊"原作"业"。——编者注

农事急,挽运衍之阡陌之间。民相与市买,得以财货五谷新弊易货"①。虽然不能确定这种家庭作坊在城在乡,但其不使用奴隶而专事商品生产则是无疑的。唐代国家规定:"工作贸易者为工,屠沽兴贩者为商","工商皆家专其业"。② 可见这种专门从事手工业生产的人是为市场提供商品的。宋代出土的铜镜、漆器,印记都标明制造者的姓名或商铺的字号。我国考古工作者根据大量出土器物得出结论说:"这些日用小商品的突出发展,是这个时期民营手工业的特色。"③大致唐宋以后,城市中的作坊手工业所提供的手工业品,比以往有了显著的增加。清代乾隆间,苏州府有绣作、针作、银作、铁作、锡作、木作、漆作、窑作等,郡中西城仅"业铜作者不下数千家,精粗巨细,日用之物无不具"④。大致到明清时,这种私营作坊所提供的商品就相当可观了。

在以上两种商品提供者间,还有一些过渡性的现象,如兼有农民和手工业者两种身份的生产者。明代有人"世业农",然亦"间出与人执塓甓,治筐筥,又为善工"。⑤ 这种生产与农民家庭织妇的"女红"略有不同,已经是专为消费者的定货而生产,有些近乎手艺。至于纯粹的手艺,则是介乎这种形态与作坊手工业形态之间的过渡。清代北京有铁匠车,"三四人推一席篓小车,载风箱、炸煤、打铁各具,街巷乡村,到处以锤敲碪,有烂铁者,命其打各种常用铁器"⑥。还有这样的记载:"托挑担做鞋的做鞋一双,议定价钱二百六十文。"⑦ 这种手艺还没有发展成独立的作坊生产,却已经是"脱离了宗法式农业的第一种工业形式"⑧。

手艺和手工业作坊提供的商品越多,说明社会分工的发展水平越高,

---

① 《盐铁论·水旱》。
② 《唐六典》卷3。
③ 中国科学院考古研究所:《新中国的考古收获》,文物出版社1961年版,第108、109页。
④ (乾隆)《苏州府志》卷1,转引自彭泽益编《中国近代手工业史资料》第1卷,第168、169页。
⑤ 《涌幢小品》卷20,《工人字议》。
⑥ 蔡绳格:《一岁货声·工艺条·铁匠车》注,转引自彭泽益编《中国近代手工业史资料》第1卷,第165页。
⑦ 《清代刑部钞档·嘉庆十二年六月十八日管理刑部事务董诰等题》,转引自彭泽益编《中国近代手工业史资料》第1卷,第166页。
⑧ 《列宁全集》第3卷,人民出版社1959年版,第293—294页。

因为这种商品的生产者已经不再从事农业生产。农民提供的商品同手工业作坊提供的商品属于不同形态,因为生产它们的经济结构不同,其经济意义也有所区别。

官府手工业为市场提供的产品是第三种商品形态。封建时代的官营作坊主要是直接为满足统治集团的消费性需要而生产的,但其产品也有一大部分进入流通领域,转化为商品。譬如历代官营的冶铁业和煮盐业,就具有生产商品的职能。因为盐是"食肴之将",铁是"田农之本",都"非编户齐民所能家做,必仰给于市"①,而国家生产大量食盐和铁器,也非统治集团所能直接消费得了,所以盐铁必售之于民间。汉武帝实行盐铁官营,"建铁官以赡农用",是"万民所仰而取给之",所以攻击这一政策的人认为是"与民争利"。② 唐代少府监所属的诸冶监,"掌铸兵农之器,给军士、屯田、居民"③。可见官府所生产的农具有相当一部分是要卖给农民的。在国家垄断冶铁业和煮盐业的时候,此类商品的数量相当可观,其使用涉及千家万户,与各阶级、阶层的社会居民都发生联系。

第四种形态的商品是由地租、赋税转化而成的。据《四民月令》所载,当东汉自然经济趋向极端严重的时候,地主们还要粜卖粟、黍、大小豆、麦及胡麻等。晋人江统更指出:"秦汉以来,风俗转薄,公侯之尊,莫不殖园圃之田,而收市井之利。渐冉相放(仿),莫以为耻。"④ 唐宋以后,随着商品经济的发展,地主出卖租谷的记载就更多了。如宋代广西一带,"田家自给之外,余悉粜去","富商以下价籴之,而舳舻衔尾,运之番禺"。⑤ 明清时期,有的地主住在城市中,其外乡他县的仓廒存有大量租谷,除其家口自用部分量运入城外,"余尽就庄所变粜"⑥。历代的常平仓是国家把部分赋税转化为商品的重要机构。在中国封建社会中,商品化的地租和赋税在商品总量中占有不容忽视的比重。大致地主经济越膨胀,它同商品经济的联系越密切,此类商品也就随之越多。

---

① 《汉书·食货志》。
② 《盐铁论·本议》。
③ 《新唐书·百官志》。
④ 《晋书·江统传》。
⑤ 《岭外代答》卷4,《常平》。
⑥ 《弃草文集》卷5,《广积谷以固闽圉议》。

商品的最后一个来源，是对外贸易中的商品输入。远在汉代，已经通过西域从中亚运来一定数量的商品。此外，所谓"朝贡"也是一种国际贸易的特殊方式，如当时外商有的"以献为名"，实际是来"通货市买"①。这种贡品实际是一种变态的商品。唐宋以后，海上贸易兴起，输入的商品就显著增加了。唐代广州"每岁有昆仑乘舶，以珍物与中国交市"②。南海因有"市舶之利"，故"岁贡珠玑"③。宋代专司对外贸易的市舶司遍设于广州、泉州、明州、杭州、密州、华亭等地，输入的"象犀珠玉香药宝货，充牣府库"，统治者"尝斥其余以易金帛刍粟"。④ 明代初年，朝廷规定，"海外诸国入贡，许附载方物，与中国贸易"⑤。不但贡品作为商品进入中国，而且还输入了很多可直接用于"贸易"的商品。尽管通过国际贸易为国内市场提供的商品与日俱增，但在鸦片战争以前，中国毕竟是封建社会，对外贸易的发展有很大局限性，所以此类商品在国内市场的商品总量中是微不足道的。不过，这些舶来品均具有"体轻价贵"的特点，其价值总量不容忽视。

以上，我们从商品的不同来源分析了各种商品形态。下面再从商品的销售对象对这一问题进行分析。

如谷物、布匹、食盐、普通器皿等，是全社会各阶级、各阶层共同消费的商品，其销售对象比较广泛，市场比较广阔。农民是封建社会人口中的绝大多数，所以这些商品的主要市场就是农村。从消费的意义上说，此类商品可以称之为民生日用必需品。这种产品质量一般，尤其是包括大量的农产品，故其对商品经济的意义往往容易为人所忽略；但实际上封建社会的主要商品就是这种民生日用必需品，因为它的数量最大，对社会居民的生活影响最广泛。

另一类型的商品是专供剥削阶级享用的奢侈品，其主要特征是，农产品非常少，绝大多数都是手工业品，而且不是一般的手工业品，毋宁

---

① 《汉书·西域传》。
② 《旧唐书·王方庆传》。
③ 《旧唐书·郑畋传》。
④ 《宋史·食货志》。
⑤ 《明史·食货志》。

说都是高级的手工艺品。此类商品的基本来源有二：一是国内手工业作坊的生产，它的产品可以概括为"雕文刻镂""锦绣纂组"几个字。历代牙雕、制砚、刺绣、铜镜制造等，均属这种类型。二是通过对外贸易由别族、别国输入。远地贩运既可把海外奇珍当作奢侈品运来国内，也可使本来并非奢侈品的商品进入另一民族或国家后转化为奢侈品。汉代"中国一端之缦，得匈奴累金之物"①。可见缦作为商品在跨越边界后身价百倍，成了高级奢侈品。外国商品输入中国后必然也有类似的情况。封建社会交通的阻隔不便、转运路途的遥远，使此类商品必然具有价格很高而又便于携带的特点。市场上奢侈品数量的多少，一方面取决于城市手工业的发展水平和对外贸易的盛衰；另一方面也取决于剥削阶级购买力的大小。大致土地兼并严重，地主阶级特别富裕和腐化时，市场上对这种商品的需求也就显得迫切异常。

民生日用必需品与奢侈品之间的界限不是一成不变的。随着生产力水平的提高和生产技术的改进，本来属于奢侈品范畴的商品可以转化为民生日用必需品。譬如唐文宗看见左拾遗夏侯孜所穿的"桂管布衫"，"嗟叹久之，亦效著桂管布。满朝皆仿效之，此布为之贵也"②。说明棉布在唐代尚属高层显贵所能服用的奢侈品。但历两宋到元代，木棉"种艺制作之法"自海南"骎骎北来。江淮川蜀，既获其利。至南北混一之后，商贩于此，服被渐广"③。棉织品终于变成了民生日用品。到明代，"棉布御寒，贵贱同之"④，更加大众化了。随着社会生产力的不断进步，民生日用必需品的品种越来越多，在商品经济中的意义越来越大。在生产力水平不断提高的过程中，奢侈品也会出现一些新的品种，但它在商品经济中的意义却有相对缩小的趋势。

第三类商品是生产资料。民生日用必需品和奢侈品均用于生活的消费，而这一类商品则用于生产消费，其中主要包括生产工具、作坊手工

---

① 《盐铁论·力耕》。
② 《太平广记》卷165，《夏侯孜》。
③ 王桢：《木棉图谱叙》，转引自李剑农《宋元明清经济史稿》，生活·读书·新知三联书店1957年版，第42页。
④ 《天工开物》上。

业所购买的原料和辅助材料等。大致在封建社会前期，农民所购买的生产资料主要是工具，至于原料则比较少，因为家庭织妇生产的数量有限，而且像蚕丝一类的原料多来源于自己的个体生产。到封建社会后期，尤其到明清之际，随着农民从事商品生产的倾向逐渐加强，他们所购买的生产原料就日益增加了。这主要表现在副业生产方面，如清初浙江平湖一带的棉纺织业相当普遍，"比户勤纺织"，妇女往往灯下夜作，"成纱线及布，侵晨入市，易棉花以归"。[①] 这里棉花作为原料已经成为商品了。至于手工业作坊所使用的原料，自始就是从市场上购买的商品。封建社会以农业为主要生产部门，因而生产资料类型的商品，其基本市场在农村，城市作坊手工业所购买的工具、原料比较有限。当然，随着社会分工的发展，生产资料的市场在城市中会逐渐增加其意义。

在封建社会中，生活消费品是最主要的商品，生产资料是次要的商品，原因在于：一方面，自然经济占支配地位，农民经济和官府手工业所需要的原料大多不仰给于市场；另一方面，扩大再生产的进程十分缓慢，农民及城市中的个体手工业者很少需要通过购买来更新生产设备。

如上所述，在封建社会的全部商品中，农民出卖的商品超过了城市手工业作坊出卖的商品，民生日用必需品的数量大大超过了奢侈品，农村市场的经济意义大大超过了城市市场。但我们在分析问题时，往往从表面现象出发，把注意力全部集中在奢侈品、手工业作坊的产品和城市经济方面。只有克服这种片面性，才能真正全面认识封建社会的商品形态。

第三节　商品的生产及其性质

恩格斯曾经给商品生产下过这样的定义："我们所说的'商品生产'，是指经济发展中的这样一个阶段，在这个阶段上，物品生产出来不仅是为了供生产者使用，而且也是为了交换的目的；就是说，是作为商品，而不是作为使用价值来生产的。"[②] 可见，只有生产者在生产过程中已经

[①] （乾隆）《平湖县志》卷1，第65页，转引自彭泽益编《中国近代手工业史资料》第1卷，第232页。

[②] 《马克思恩格斯选集》第3卷，人民出版社1972年版，第381页。

第九章 中国封建社会的自然经济商品生产和商品流通

具有出卖产品的既定目的时,这种生产才属于"商品生产"的范畴。至于那些本来不打算出卖,后来因某些条件而转化为商品的产品的生产,就不具有"商品生产"的性质。根据这一标准衡量,中国封建社会中既存在商品生产,也有很多商品并非商品生产的产品。在这一节里,将分析各种商品的生产,并不局限于商品生产。

当经济条件较好的时候,农民会出卖一部分多余的农产品和家庭织妇的手工业品,这一部分产品虽然都转化成了商品,但其生产并不具有商品生产的性质,因为农民家庭在生产时并没有明确的出卖产品的既定目的,同时也不能预料,哪一部分产品将留归自己消费,哪一部分产品将拿到市场上出卖。在另一种场合,当农民的再生产不能顺利进行,生活日益贫困的时候,也往往被迫把部分产品出卖,这一部分产品的生产同样不具有商品生产的性质,因为农民本来是把这些产品当作使用价值来生产的,它们之所以后来转化为商品,完全是由于反常的人为因素所致,与原有的生产目的不但毫无关系,而且背道而驰。

农民既出卖农产品,也出卖手工业品,但一般说来,手工业品所占的比重超过了农产品,这是因为:农产品主要是谷物,农业是主要的生产,种子、食用、饲料、纳税、付息偿本都需要谷物,所以农民只能拿出少量农产品到市场上出卖;手工业品的生产受自然条件的限制略少一些,农民家庭对手工业品的需要有较大的灵活性,所以农民就有可能把手工业品中的较大部分拿到市场上出卖。

农民必须从事手工业生产,不仅由于农民经济,尤其是生活方面,不能不消费一定数量的手工业品,而且还由于手工业生产是农业生产的天然补充,二者间存在相互结合、交错进行的有利条件。在农业生产中,劳动的分配是极不均匀的,有农忙的季节,也有农闲的季节。即使在农作物的整个生长过程中,从播种到收获,劳动的分布也是畸轻畸重,生产时间远远超过了劳动作用于产品的劳动时间(劳动时间亦称工作时间)。古人也知道:"农功有时,多则半年。谚云:'农夫半年闲。'"[①] 如何利用这些多余的时间呢?只有加强副业生产和手工业生产。所谓"工商

---

① 《杨园先生全集》卷50,《补农书》下。

各业多行于农隙"①，就反映了农民经济中农业生产与手工业生产间的相互制约作用。至于家庭"女红"对农民经济的重要性，就更容易理解了，故清代有人明确地指出："女工勤者，其家必兴；女工游惰，其家必落。正与男事相类。"② 织妇的纺织品，实际成了农民所卖商品中的最主要部分。

是否农民生产商品，完全没有商品生产的性质呢？也不尽然。因为农民为了购买盐铁和纳税、偿息，必须有相当一部分货币收入，在生产时不可能完全不考虑产品的出卖问题。明清时的新安、开化一带，"居民田事稍闲，即以织席为业，成则负而鬻于浒墅虎丘之肆中"③。个体农民不可能消费大量的席子，他们在生产席子时是具有既定的出卖目的的。应该说，这一部分产品的生产具有商品生产的性质。在承认此点的同时，必须强调指出，农民的绝大部分产品并不出卖；即令是必须出卖的产品，其中绝大部分也不是作为商品来生产的；商品生产在农民经济中，一般只占微不足道的地位。因此，就总体而言，农民毕竟不是严格意义上的商品生产者。

大致农业劳动生产率越高，农民越有能力从事商品生产，所以到封建社会末期，个体农民就产生了把自己转化成为小商品生产者的强烈愿望。

农民经济生产一少部分商品，仍然是封建性质的生产。他们不是为了获得利润出卖产品，而仅仅是"为买而卖"，即维持个体经济的简单再生产。此外，农民出卖的产品多属一般民生日用必需品，还不可能生产技术水平要求很高、生产垫支量很大的奢侈品，也无法把自己的产品运往遥远的市场去出售。

地主出卖租谷，即地租的商品化，也和商品生产毫无关系。资本主义社会的资本家是商品生产的组织者和领导者，只有通过商品的出卖，才能实现产品的价值，占有剩余劳动。封建地主不参与生产过程，只具有占取地租的职能，他们不是把地租当作价值去占有，而只把它当作使

---

① 《古今图书集成·职方典》卷1308，《广州府风俗考》。
② 《杨园先生全集》卷50，《补农书》下。
③ 《古今图书集成·职方典》卷719，《常州府物产考》。

第九章　中国封建社会的自然经济商品生产和商品流通

用价值去占有。生产地租的佃农只知道提供地租的经济义务，根本不关心地租是否转化为商品。可见地租的占有者和生产者都不把地租当作商品来看待，只有在地主出卖租谷时，地租才转化为商品。至于地租的哪些部分留归地主自己直接消费，哪些部分被出卖，是纯系偶然的事情，根本不会为生产者所预料。地主的仓廪中储存有大量租谷，这些谷物也确实不断被部分出卖，然而这仍然不是商品的储存，因为它不是当作商品被生产和占有的。马克思曾经明确地指出过产品储存和商品储存的严格区别①，对我们研究这个问题是具有指导意义的。

只有到封建社会末期，经营地主为出卖产品而向雇佣农民提供生产工具、种子、肥料，并亲自组织生产过程时，才能说地主经济产生了真正的商品生产。不过，经营地主所占有的剩余劳动，已不仅仅是地租，而且包含了一个利润量；他所出卖的商品谷物，已不单纯是由地租转化而来，而且包括商品生产的直接成果；经营地主出卖产品后所取得的货币，不单纯是地租的转化物，而且包括一部分商品的转化物。

在手艺工业中和农民为定货而生产的手工业中，出现了向商品生产过渡的倾向和趋势，但在这两种场合下，产品并不在市场上出现，而是由生产者把它直接送到消费者手中，不需要通过商业资本的中介。只在生产者取得货币工资或出卖一部分实物报酬并用以购买生产资料和生活资料时，才与商品流通发生接触。这种手工业也是纯属封建性质的生产，它"几乎不超出农民的自然经济的领域。因此很自然的，手艺同宗法式的小农业一样，其特征也是墨守陈规、分散零碎、闭关自守"②。

完全与农业脱离的私营手工业，始终都是商品生产。作坊的产品不但当作商品而生产，而且往往要经过商品流通过程，才能送到消费者手中。这种手工业的发展程度、产品的品种和数量，主要取决于社会分工所达到的水平。"商品经济的发展使各个独立的工业部门的数量增加了"，而"社会分工是商品经济的基础"。③

独立手工业本身的发展程度也很不相同，具有各种各样的生产结构。

---

① 见《马克思恩格斯全集》第24卷，人民出版社1972年版，第158页。
② 《列宁全集》第3卷，人民出版社1959年版，第295页。
③ 《列宁全集》第3卷，人民出版社1959年版，第17页。

明人朱蕴奇"家甚贫,僦屋而居,妻子织网巾为生"①。这是独立手工业中最低级的形态。手工业者虽然从事商品生产,出卖产品,但其目的只是为了谋生,而不是为了占有利润,使用的劳动力全部是家庭成员。这种形态的手工业类似农村自耕农所从事的手工业生产,还没有发展到作坊生产的水平。

私营作坊手工业主要存在于城市中,是我国封建社会最主要的商品生产部门。唐宋以后,有关作坊工业的记载渐渐多起来了,但早期作坊的内部结构如何,我们还没有掌握确凿的材料,无从说明。可以肯定的是,清代作坊是用帮工和学徒的了。②雇佣劳动在作坊工业中出现得也比较早。唐代已有这样的记载:"上都通化门长店多是车工之所居也。广备其财,募人集车,轮辕辐毂,皆有定价。"③明清时期,作坊工业使用雇佣劳动的记载就更多了。

使用工匠、学徒的小作坊,店主亦参加劳动,帮工和学徒主要是为学习技术和谋生而劳动,店主经营生产的目的,也是以维持生活为主,占取利润的动机只居从属地位。

独立手工业生产由于有专业化的优点,在技术上比农民的手工业生产有很大的提高。它除了生产一般日用必需品外,还能从事奢侈品和手工艺品的生产。生产者的体力、技艺和熟练程度很容易产生明显的差别,因而作坊间的竞争是存在的,经营者、生产者的地位也很不稳定,不可避免地发生了贫富分化。当手工业者把产品卖给商人而不直接卖给消费者的时候,小作坊、个体手工业者及手艺人还会在商人的盘剥下破产。这和农村的"商人兼并农人",正是一个类似的过程。

我国封建社会的地主政权直接经营大规模的手工业生产,其中除部分产品归统治者直接消费,不具有商品的性质外,也有一部分产品当作商品在市场上出卖。这些产品的生产具有商品生产的外观,但并不具有商品生产的性质,因为这种工业的出现和中央集权制下大量官禄、兵饷的开支有关。统治者往往为了增加财政收入,才把某些生产收归国营。

---

① 《涌幢小品》卷17,《不食官米》。
② 参阅彭泽益编《中国近代手工业史资料》第1卷,第188—192页。
③ 《太平广记》卷84,《奚乐山》。

汉武帝垄断盐铁业后，财政状况大为好转，"用益饶矣"。[①] 唐代在大历末年，盐税达六百余万缗，"天下之赋，盐利居半"[②]。唐宋以后，榷税如盐利、茶利等大为增加，在国家收入中居于重要地位。直到清代还有人说："必欲如西汉文学、北魏甄琛之论，尽弛海内之盐禁而归之百姓，以言乎仁民则得矣，其如经费之无措何！"[③] 可见统治者是按照财政的原则，而不是按照商品生产的原则，经营这种手工业生产的；地主政权占有的剩余劳动，与其说是利润，不如说是赋税。因此，这种利润的产生和实现，不是建立在大生产的优越性上，而是建立在国家垄断的政治特权上。毋宁说，这种利润只不过是一种间接税的变态而已。

在以私有制为基础的商品经济领域内，价值规律起重要的作用，商品生产的经营者必须努力降低成本，增加产量，提高质量，才能维持简单再生产并进行扩大再生产；否则，就有被淘汰的危险。在国营商品生产的场合，统治者可以利用特权进行经营，最大限度地榨取社会居民和手工业者，因而很少考虑提高劳动生产率。大致不具有商品生产性质的官府手工业，专门为统治集团生产奢侈品时，生产技术反而很高，我国历代手工艺品的高度成就，往往表现在这一类产品上面。官府手工业生产的商品往往是一般民生日用必需品，如盐、铁器之类，统治者经营这种生产的目的只在于增加财政收入，所以很少注意降低成本，提高质量。汉代官营盐铁业时，"铁器苦恶，贾（价）贵，或强令民买之"[④]。农民感到不便，"贫民或木耕手耨，土耰淡食"[⑤]。从国家筹措经费抗击匈奴的意义说，汉武帝的这种国营政策是进步的；从生产的意义说，国营对技术的改进并无积极作用。南朝刘宋在蜀地立冶，"一断私民鼓铸，而贵卖铁器"的结果，也是"商旅吁嗟，百姓咸欲为乱"，终于引起了赵广领导的农民起义。[⑥] 元代国家垄断农具制造业后，出现了"苦窳偷浮价增倍"，

[①]《史记·平准书》。
[②]《新唐书·食货志》。
[③] 邱秀瑞：《广盐屯》，《切问斋文钞》卷18。
[④]《史记·平准书》。
[⑤]《盐铁论·水旱》。
[⑥]《宋书·刘粹传》。

"耕时不幸屡破损"①的现象。由于占支配地位的是财政原则，而不是商品生产的原则，价值规律不能正常发挥作用，所以官营商品生产的共同特点就是价格昂贵，质量低劣。

官府手工业所使用的劳动力的特殊性质，也反映这种生产并不具有商品生产的实质。无论官奴婢、徒、匠、卒，都是人身比较不自由的生产者。除了和雇匠外，一般的情况都是由生产者提供劳役，而不是生产者向官府取得报酬；手工业生产者到官营作坊劳动，既不是为了维持生活，也不是为了学习技艺，而是仅仅为了履行强制的封建义务。即使在使用和雇匠的场合，官府也往往不给或少付雇值，和雇匠也常常被束缚在官府，不能自由脱身。官营作坊所使用的原料又多来自各地的贡纳。这样，经营者很少考虑成本计算。这些情况也说明，官府手工业只是一个掠取赋税的特殊渠道而已。

在官营作坊服役的生产者，所以处于被剥削、被奴役的地位，与其说是由于地主政权占有生产手段，不如说是由于它拥有政治特权。统治者对手工业者进行奴役，主要依靠超经济强制。因此，在地主政权面前，这些生产者实际是农奴手工业者。这是中央集权制对全国劳动人民施以超经济强制的另一种表现，即在手工业方面的表现。在封建社会，农村是历史的出发点，城市的工业关系必然要模仿农业中的关系，因此，在我国历史上，农民的人身依附、法律依附趋向强化时，官府手工业者的依附程度也会随之强化；反之亦然。我国农民的人身依附情况曾经发生过多次的反复变化，手工业者的地位也亦步亦趋地发生相应的变化。从北朝的"伎作户"，经过轮番制、纳资代役，发展到唐代的"明资巧儿"和唐宋时期的大量和雇，是和同一历史阶段农民人身依附关系的趋向缓和相照应的。南宋和元代，对农民的超经济强制有再度强化的趋势，不但有"随田佃客"，而且一度出现了"驱口""驱丁"，反映到官府手工业上，就是奴隶手工业者和"系官人匠"的大量使用。明代前期，农民的身份又显著地趋向自由，于是工匠劳动也由"轮班""住坐"改变为征班银、以银代役及雇匠团造。实际上，很多工匠就是被征调的农民，有

---

① 《柴山大全集》卷4，《农器叹寄呈左丞相》。

的工匠即使已经脱离了农业生产，其家庭成员也基本上还是农民，[1] 所以，农村经济关系的变化必然要反映到官府手工业的经济关系上。明乎此，我们就不能轻易地把明代官营作坊中的雇佣劳动同资本主义萌芽完全联系起来，因为按照同样的公式，从北魏到唐宋，就有过一次类似的演算。要想证明明代工匠身份的变化确实是资本主义萌芽的反映，那还须进行细致、深入、具体的分析。

地主政权为了垄断和控制某些手工业生产，往往把手工业者的户口另行编籍，明代甚至有所谓"匠籍""军籍"与"民籍"之分。封建国家对社会分工的人为干预，对商品生产的发展极其不利。马克思指出："社会内部的分工愈不受权力的支配，作坊内部的分工就愈发展，愈会从属于一人的权力。因此，在分工方面，作坊里的权力和社会上的权力是互成反比的。"[2] 可见地主政权对手工业者的支配和控制，是私营作坊内部分工难以发展的重要政治因素。我国手工业者的服役，减少了他们自由从事商品生产的时间；服役、纳资、缴税还使私营手工业产品的价格大幅度提高，从而缩小了商品的市场。在某种意义上说，官府手工业是一种浪费，这种消极作用越到封建社会后期越显著。

官府手工业唯一的积极作用是，它可以使全国各地的工匠聚集一起，便于交流生产技术，能够培养一部分具有专门技艺的手工业者[3]；官营作坊的规模很大，内部可以有细密的分工。但这种作用只居次要地位，占支配地位的却是消极作用。这是由于：在生产关系上，它是落后的；对于社会分工和生产力的发展，它主要起阻碍作用。

第四节　商业形态

封建社会的商品是通过各种不同的渠道进入流通过程的。商品流通

---

[1] 参阅白寿彝、王毓铨《说秦汉到明末官手工业和封建制度的关系》，《历史研究》1954年第5期。

[2] 《马克思恩格斯全集》第4卷，人民出版社1958年版，第166页。

[3] 参阅李文海《唐代官手工业的性质和作用》，见《中国封建经济关系的若干问题》，生活·读书·新知三联书店1958年版。

的各种形式表现为封建商业的各种形态。商业形态与商品形态有一定的关系,商业由低级形态向高级形态发展,也与剩余劳动剥削的情况、社会分工的发展水平有密切的联系。

商品的交换形成商业,但并非所有的商品交换都需要商人资本作用。其间,曾经有农民的产品和城市手工业者的产品"在没有商人作媒介的情况下"进行的交换。① 我国封建社会最低级的商品交换形态,也是个体小生产者间的直接交换。汉代有的手工业者"父子戮力,各务为善器",制成农具后,"农事急,挽运衍之阡陌之间,民相与市买,得以财货五谷新弊易货"②。这种最简单的商品交换形态,一直到封建社会末期,仍然存在,明清时有的地方还是"商以货易货,鲜见银钱"③。当然有时商人资本也进行"以货易货"的交易,但不用货币的交换大多是集市贸易中在小生产者间直接进行的。这种交换的规模一般都比较小,不可能是远地贸易,生产者与消费者对彼此的经济状况,都比较了解和熟习,正如恩格斯所说:"在那里,不仅农民知道手工业者的劳动条件,而且手工业者也知道农民的劳动条件。""因此,中世纪的人能够按照原料、辅助材料、劳动时间而相当精确地互相计算出生产费用——至少就日常用品来说是这样。"④ 这种交换不是为了取得利润,只是为了取得小生产者所需要的生产资料和生活资料,交换基本上是等价的,因而这里没有商人资本活动的余地,不存在产生利润的客观条件。这种初级形态的商品流通,反映了小生产者的利益超不出极狭小的地方范围,小的市集虽然把小生产者联系起来,但市场微不足道,生产者仍极其分散。

比较高级的商品流通必然以商人资本的中介为前提,因为商品的生产者与消费者之间出现了相当的距离,生产者不但无法了解消费者的具体需要,而且也不可能把商品直接送到消费者手中。在这种贸易中,消费者已经无从精确地了解商品生产的费用和劳动时间,这样,商人就可以在贱买贵卖的不等价交换中获取利润,商业资本于是得到了生存的土

---

① 《马克思恩格斯全集》第25卷,人民出版社1974年版,第1017页。
② 《盐铁论·水旱》。
③ (乾隆)《直隶商州总志》卷12,《风俗》。
④ 《马克思恩格斯全集》第25卷,人民出版社1974年版,第1017页。

第九章　中国封建社会的自然经济商品生产和商品流通

壤。尽管这种商业活动有共同的基础，即必须借助于商业资本的中介作用，但其表现形态还是多种多样的，我们应该分别探讨。

商人首先经常从事的是转运贸易。如前所述，我国中央集权的大一统政治环境为转运商业创造了方便条件。从秦汉开始，就有"富商大贾，周流天下"的情况。明清时，远地转运毫不衰落，商人仍认为："良贾急趣利而善逐时，非转毂四方不可。"① 这种商业所贩卖的商品，大多是供统治阶级享用的奢侈品，因为在封建社会交通不发达的条件下，此类商品体轻价贵，便于远地转运。汉人晁错已经指出，珠玉金银所以"众贵之者，以上用之故也，其为物轻微易藏，在于把握，可以周海内"；至于粟米布帛，则"数石之重，中人弗胜，不为奸邪所利"。② 因此，转运商人的经营原则是："百里不贩樵，千里不贩籴。"③ 不过，随着社会分工的发展和交通条件的改进，进入流通领域的转运商品会突破奢侈品的范围，逐渐扩大到一般商品。到明清时，谷物、布匹等均已运往远地出售。但是，一般商品的价值较低，奢侈品数量虽少却价值很高，我们仍不能根据谷、布贸易的增加，过低估计奢侈品在转运商业中的地位。

转运商业在奴隶社会已经出现，在封建社会从少到多，进一步发展，是社会进步的反映。同时也应当看到，如果与更进步的社会发展阶段与商业形态相比，封建社会转运商业占有突出地位，则说明社会分工的发展仍然非常不足。因为当时在集市上农民与手工业者直接进行交换，没有商人资本插足的余地；区域市场尚未形成，商业资本找不到广阔的活动场所；于是商人就被迫走上了远地转运的道路。在这一意义上，商业不从属于产业而独立发展，正说明自然经济仍居统治地位，商品经济的水平很低，所以马克思一再指出："商人资本的独立发展，是与社会的一般经济发展成反比例的。"这一规律在"转运贸易的历史上表现得最为显明"。④

真正认识了转运贸易的这种性质，就不会把远地之间的商业联系误

---

① 《太函集》卷14，《潘次公夫妇九十寿序》。
② 《汉书·食货志》。
③ 《史记·货殖列传》。
④ 《马克思恩格斯全集》第25卷，人民出版社1974年版，第366、367页。

认为民族市场的形成。一个民族总是先形成地方性的小市场，然后再形成区域市场，最后随着区域分工的发展而形成统一的民族市场。可见民族市场的出现是以区域市场的形成、区域间经济联系的必要性和迫切性等条件为前提的。如果缺乏这些前提条件，贸易只具有偶然性，固定的商路尚未形成，则远地之间的商业联系只能是落后的转运贸易，这种商业与民族市场的形成毫无共同之点。

　　西方统一的民族市场与中央集权的政治体制是孪生在一起同时出现的，经济的集中为政治的集中准备了物质基础。欧洲在中世纪早期也有一定的转运贸易，但这种商业联系丝毫也不能为中央集权制的产生创造前提。可见并非任何一种经济联系都能为政治集中开辟道路，只有区域经济之间的贸易已经达到民族市场的高度时，中央集权制才能获得巩固的经济基础。因此，把商业的发展、转运贸易的增加说成是秦统一、隋统一和宋统一的经济前提，是不能令人信服的。实际上，从战国到秦朝，从南北朝到隋朝，从五代十国到宋朝，无论商业有多大发展，也根本没有出现过统一的民族市场，南北贸易和东西商业交流也始终没有超出转运商业的范围。毋宁说，这种分久必合、合久必分的发展轨迹恰恰是由其他因素造成的，统一集权的不巩固性正说明自然经济仍然占支配地位，商品经济的水平还相当低。

　　与转运贸易性质相似的另一种商业形态是域外通商。由于商品流转得更遥远，更需要具有体轻价贵的特点，此类商品就几乎大部分是奢侈品了。汉代番禺是对外贸易的重要场所，"多犀象、玳瑁、珠玑、银铜、果布之凑"[1]。广州是唐代主要的对外贸易港口，海舶运来的商品亦"皆犀象珠琲"[2]之类。宋代与大食、古逻、阇婆、占城、勃泥、麻逸及三佛齐诸蕃通商中，输出的商品有金银、缗钱、铅锡、杂色帛及瓷器等，输入的商品是香药、犀象、珊瑚、琥珀、珠琲、镔铁、鼍皮、玳瑁、玛瑙、车渠、水精、蕃布、乌樠和苏木等，"皆浮靡无用之异物"[3]。明代由暹罗、柬埔寨诸国运来中国的商品仍不外乎苏木、胡椒、犀角和象牙等；

---

① 《汉书·地理志》。
② 《新唐书·王锷传》。
③ 《宋史·食货志》。

第九章 中国封建社会的自然经济商品生产和商品流通

由中国运往佛朗机、吕宋等国的商品则为绫罗杂缯，因为"其土不蚕"，这些丝织品运去后，当地统治阶级"服之以为华好"①，也都转化成了奢侈品。从以上事实还可看出：第一，中国输入的商品主要是珠宝、象牙、玳瑁、犀角之类的高级奢侈品，这些商品的数量一般不能反映输出国的社会生产水平。中国输出的茶、丝织品和瓷器则是国内大量生产的产品，此类商品输出数量的增加则可反映我国社会生产力水平的提高。从这两类商品对比中可以明显地看到，在公元15世纪以前，中国的经济水平是远远驾乎亚洲其他各国之上的。由此可见，当互相贸易的民族和国家都处于封建社会阶段时，输出的商品越是珍奇的奢侈品，越说明其社会经济水平的低下；输出的商品越是大量生产的商品，越反映其生产力水平比较高。第二，购买舶来奢侈品的是本族、本国的上层统治阶级，因而输入的商品单位价格越高，这种商品的数量越大，越能证明输入国剥削阶级的富裕，而剥削阶级的富裕程度既取决于生产发展水平，也与剥削率的高低有关，所以，不能把这种贸易的发达单纯归之于社会的进步。第三，资本主义社会的对外贸易是出于商品生产的需要，如果找不到国际市场，再生产就会停滞；封建社会以自然经济占绝对优势，商品生产极其有限，不进行国际贸易，再生产可以正常进行，所以这种对外通商主要不是出于生产者的需要，更多的是出于本国剥削阶级的消费性需要。在这一意义上，这种形态的商业是一种社会财富的巨大浪费。

就职能而言，封建社会的对外贸易也是为封建制度服务的，也就是为两族、两国的地主阶级的消费性需要服务的。这种贸易越发达，统治阶级越腐化、越堕落，不免引起加强剥削和阶级矛盾尖锐化的后果。这就决定了封建统治者的对外贸易政策必然具有矛盾性和二重性：一方面是放任和鼓励；另一方面是抑制和禁止。

封建统治者和贵族、官僚是舶来品的主要购买者，出于自身的消费性需要，他们不但要求输入海外珍奇，而且希望这些商品因大量输入而降低价格，因此地主政权对海外贸易经常采取放任和鼓励政策。唐文宗曾经下令，对蕃商"除舶脚、收市、进奉外，任其来往，自为交易，不

---

① 《天下郡国利病书》原第26册引傅元初《请开洋禁疏》。

得重加率税"。① 皇帝本人自然可以通过"收市、进奉"等特殊途径获得廉价商品，而大量舶来品涌至，又不"重加率税"，也使一般官僚、地主可以买到廉价的奢侈品。明初有人主张对入朝互市的外商征税，明成祖的答复也是："今夷人慕义远来，乃侵其利，所得几何？而亏辱大体多矣"，于是"不听"。② 有的时候，地主政权从财政观点出发，为了增加税收，也往往采取鼓励对外贸易的政策。唐宋市舶司的设立，就是为了"掌蕃贺、海舶、征榷、贸易之事，以来远人，通远物"③。明代有人主张开放对外贸易，指出它对国家的好处是"抽解俱有则例，足供御用"，可以"充军饷"，"助国给军，既有赖焉，而在官在民，又无不给"；认为"禁绝"域外通商，就"使军国无所资"，是"因噎而废食也"。④

既然大量奢侈品的输入有促使统治集团腐化奢靡，导致阶级矛盾激化的作用，所以有的时候，封建政权从地主阶级的长远利益出发，也会在一定程度上对海外贸易采取限制政策。如唐玄宗时，市舶使周庆立献奇器，柳泽就提出异议："陛下新即位，固宜昭宣菲薄，广示节俭，岂可以怪奇示四方哉？"⑤ 这还只是从原则上反对崇尚舶来奢侈品。宋政权则明确下令，贩运这些商品是要"皆置于法"⑥ 的。但是，由于对外贸易是为封建社会服务的，海外珍奇能够迎合剥削阶级的消费性需要，域外通商又能带来高额利润，所以这种禁令往往无效，经常为走私贸易所破坏。关于此点，明清两代的情况最为典型。宋代虽有严厉禁令，但"海舶之利颛于富家大姓"⑦ 并没有做到真正禁断。明代海禁很严，拥有"违禁大船"的"势豪"却大有人在。有的"豪右之家" "藏匿无赖，私造巨舟"，与"素以航海通番为生"的人"相倚为利"。⑧ 与"倭寇"勾结的就有很多"贵官势豪"和"衣冠盗"。在这种情况下，限制对外贸易的法

---

① 《唐大诏令集》卷10，《大和三年疾愈德音》。
② 《明史·食货志》。
③ 《宋史·职官志》。
④ 《天下郡国利病书》原第33册《交址西南夷》。
⑤ 《新唐书·柳泽传》。
⑥ 《宋史·食货志》。
⑦ 《宋史·食货志》。
⑧ 《明世宗嘉靖实录》卷108、189。

第九章 中国封建社会的自然经济商品生产和商品流通

令总是难免失效。因此，地主政权的对外贸易政策虽然有放任、鼓励的一面和限制的一面，但在事实上，前者往往居于支配地位。

从事贩运贸易和国际贸易的商人都是行商。与行商相对的则为坐贾，他们所经营的商业也可分为两种形态：一种是接鬻商货的商业；一种是投机商业。

手工业者和农民有时可以把产品亲自卖给消费者本人，在这种情况下，不需要有坐贾的中介；但当社会分工有所发展，尤其是手工业品的产量大增时，一部分商品就很难由生产者直接卖给消费者，这样，就出现了接鬻商品的坐贾。宋代已有专"以接鬻缣帛为生"的商人。① 明清时，新安、开化的农民出卖农闲时所织的席子，亦多"负而鬻于浒墅虎丘之肆中，少自卖者"②。肆中承买席子的商人显然与宋代"接鬻缣帛"的商人经营着性质相同的商业。这种商人有的是收购个体生产者的商品，集中起来零售给消费者，在这种场合，小生产者的商品生产已有所发展，因为集市贸易不再能满足他们的要求，产品已可成批出卖。有的坐贾是成批购买转运商人从远地运来的商品，然后零销给消费者，在这种场合，坐贾商业的发展也反映了社会分工的发展。

另外一种坐贾就是经营投机商业的商人。封建经济为投机商业的存在提供了必要的土壤。农业是最主要的生产部门，而农业生产很不稳定，容易受自然条件的影响，产量往往大幅度增减。同时，农业生产的周期很长，产品不能在一年中均匀地提供到市场上来，对商品的供求也有明显的影响。农民出卖的手工业品多生产于农隙，向市场提供也有季节性，商品流通不免有淡旺之分。地主的地租收入也有一定的节令，他们的购买力也容易发生显著的变化。上述种种条件很容易造成商品价格的大幅度涨落，而物价的暴涨暴跌正是投机商业的生存条件。早在战国时，就已形成了投机商业的经营原则："乐观时变，故人弃我取，人取我与。夫岁熟取谷，予之丝漆；茧出取帛絮，予之食。"秦汉之际的宣曲任氏，就以困集谷物，利用"米石至万"的机会而"以此起富"③。此类商业对正

---

① 《夷坚丁志》卷15，《詹小哥》。
② 《古今图书集成·职方典》卷719，《常州府风俗考》。
③ 《史记·货殖列传》。

常的生产和流通毫无好处，是商品经济中的多余环节，它只起加强剥削小生产者的消极作用，而无任何积极职能。

最后一种商业形态是由封建政权直接经营或垄断的国营商业。统治者之所以要经营国家商业，不外乎两方面的原因：首先是为了增加财政收入，补充正税之不足；其次是为了重农抑商，缓慢"商人兼并农人"的过程。汉武帝采取桑弘羊的建议，实行"均输"和"平准"，"大农诸官"根据"贵则卖之，贱则买之"的原则经营商业，目的是使"富商大贾亡所牟大利则反本，而万物不得腾跃"，地主政权则可得到"民不益赋而天下用饶"① 的实惠。王安石变法时所实行的"市易法"和"均输法"，其性质与桑弘羊的"平准"和"均输"大同而小异，实行这些变革的效果是"谷贱则官籴，不至伤农；饥歉则纳钱，民以为便。本钱岁增，兵食有余"②。同时也使大商人的"较固取利"受到限制，所以反对变法的人纷纷攻击新法是"夺商人之利"③。应该看到，这种性质的国营商业虽然也是统治者剥削劳动人民的一种手段，但这一部分国家利润是从商人资本的利润中分割出来的，所以这种性质的国营商业的发展，打击了大商人，缓慢了农民破产的过程，有利于维持和发展农业生产，具有一定程度的进步性。

另一种国营商业是国家专卖制。王莽改制时的"六筦"就有专卖性质。历代对盐、茶、酒有时也采取国家专卖制度。国家经营此类垄断商业，往往不是为了抑制大商人，而是单纯地追求增加财政收入。所以，这种商业利润很高，不但不能缓和阶级矛盾，而且恰恰是促使阶级矛盾激化。唐朝后期实行榷盐政策，盐价由每斗十文逐步涨至三百七十文，"贫民困高估，至有淡食者"④，这是黄巢起义爆发的原因之一。北宋统治者在四川设立"博买务"，终于引起农民起义，"贩茶失职"的王小波、李顺成为起义的领导者，亦非偶然。

无论在哪一种情况下，取得利润都是国家直接经营商业的最主要目

---

① 《盐铁论·错币》。
② 《宋史·食货志》。
③ 《宋史·食货志》。
④ 《新唐书·食货志》。

的。这种利润的占有，主要是凭借国家的政治特权，因此，国营商业的利润不是真正的商业利润，而仅仅是赋税的一种转化形态。

第五节　中国封建社会商品经济发达较早的特点

与西欧封建社会早期相比，中国封建社会显示了商品经济发达较早的特点。西方在奴隶制时代，本来有比较繁荣的商品经济，但从奴隶社会过渡到封建社会以后，商品经济不但没有发展，反而在一定的时期内一落千丈，严重逆转。关于这种情况，恩格斯一再指出："在中世纪的社会里，特别是在最初几世纪，生产基本上是为了供自己消费。它主要只是满足生产者及其家属的需要。在那些有人身依附关系的地方，例如在农村中，生产还满足封建主的需要。"①　"货币在中世纪早期的典型封建经济中几乎是没有地位的。"② 东方某些民族则在封建社会发展的早期阶段，就出现了略较发达的商品经济。从战国、秦、汉开始，中国封建社会的商品经济水平就明显地超过了西方的相应阶段。即令在自然经济色彩最为浓重的魏晋南北朝时期，甚至还能出现《钱神论》这样的货币拜物教思想。有的地主甚至指着自己的土地对人说："钱尽在此中。"③ 商品经济发达较早，确实是中国封建社会的重要特点之一。

这一特点产生的原因何在呢？农业是封建社会最主要的生产部门，农村是经济发展的出发点，应当在中国封建农业的经济特点中寻找这一问题的答案。恩格斯在上述文字中告诉我们，农业既满足农民的需要，又满足封建主的需要，因此，封建社会存在两种自然经济单位：封建主经济和农民经济。分析这两种自然经济单位的特殊性，有助于探讨中国封建社会商品经济发达较早的社会根源。

西方封建社会最重要的自然经济单位是领地庄园。领主在庄园内不但拥有从事农业生产的农奴，而且拥有从事各种手工业生产的农奴手工业者，他不必求助于市场，就能通过劳动地租或产品地租的占有，"从他

---

① 《马克思恩格斯选集》第3卷，人民出版社1972年版，第429—430页。
② 《马克思恩格斯全集》第21卷，人民出版社1965年版，第449页。
③ 《宋书·沈庆之传》。

的农奴那里取得他所需要的一切"。当时"每一座封建庄园都自给自足，甚至军费也是征收实物。没有商业来往和交换，用不着货币"。① 中国封建社会则与此不同，没有形成完整的庄园制经济体系，地主也不能占有为自己生产各种手工业品的农奴手工业者。尽管地主经济也是一个基本上自给自足的自然经济单位，但地主占有的剩余劳动主要是谷物地租，手工业品和农产品的加工制品所占的比重极其有限。这样，地主经济就不可避免地要和商品经济发生较多的联系，以解决消费问题。

据《四民月令》记载，汉代地主曾"属女工趣织布"，"命缝人浣冬衣"，"命女工织缣练"。从表面上看，这和西方的庄园经济完全一样，但必须补充指出：第一，《四民月令》"蚕妾治蚕室"等类的记载说明，这些从事手工业生产的劳动者，既不像农户中的织妇，也不是农奴手工业者，而多半是奴婢。显然，这和汉代奴隶制残余较多有关，具有时代特点，不是封建社会的通常状况。第二，《四民月令》还记载了地主购买布帛、缣练、韦履、敝絮等物的事实，可见即令汉代地主能够利用奴婢生产部分手工业品，也还不能满足其全部需要，仍不免与商品经济发生一定的联系。其他各代的地主经济的自给自足能力，就更难与西方庄园经济相比了。

《红楼梦》第五十三回记录了庄头乌进孝提供的一张地租单子，其中有产品大鹿、獐子、狍子、暹猪、汤猪、龙猪、野猪、家腊猪、野羊、青羊、家汤羊、家风羊、鲟鲤鱼、各色杂鱼、鸡、鸭、鹅、野鸡、野猫、熊掌、鹿筋、海参、鹿舌、牛舌、蛏干、榛、松、桃、杏、虾、银霜炭、柴炭、御田胭脂米、糯及杂色粱谷等。品种名目尽管很多，但其中绝大部分是家畜、野味和粮食，除炭以外，很难再看到其他手工业品，甚至连棉布、绢帛这些最普通的纺织品也付诸阙如。大致贾府需要的大部分手工业品还是从市场上购买的。值得注意的是，地租单的末尾还提到庄头"卖粱谷牲口各项，折银二千五百两"，可见地主与农民间的关系还包括了部分货币关系，庄头在缴纳地租前已经与商业发生过联系。《红楼梦》写成于已经有了资本主义萌芽的清代，地主经济与商品经济的联系

---

① 《马克思恩格斯全集》第 21 卷，人民出版社 1965 年版，第 449 页。

第九章　中国封建社会的自然经济商品生产和商品流通

自然比以往任何时期都要密切。但不少人引用这条材料来证明自然经济的绝对优势，而没有看到其中所反映的商品经济对地主经济的渗透。

中国封建地主按照自给自足原则安排自己消费的能力，既然远不如欧洲的领主，他们就只能较多地购买手工业品来满足自己的需要了。所谓"里有千金之家，嫁女娶妇、死丧生庆、疾病医祷、燕饮赍馈、鱼肉果蔬椒桂之物，与之为市者众矣"，① 就是指的这种情况。

官僚地主、商人地主的大量存在，是我国封建社会的特点之一。这些地主大多居住于城市之中，他们与商品经济的联系更为频繁。汉代的政治野心家王莽为了欺世盗名，曾故意"克身自约，粂食逮给，物物卬（仰）市"。颜师古对此解释说："物物卬（仰）市，言其衣食所须皆买之于市，不自营作，而不夺工商利也。"② 这一行为曾经受到当时舆论的赞美。汉人公仪休也主张"使食禄者不得与下民争利"，所以他"见其家织布好，而疾出其家妇，燔其机，云'欲令农士工女安所雠其货乎'？"③ 这两例说明，城居的官僚地主比乡居的地主更多地依靠市场上的商品供应。越到封建社会后期，这种情况越严重，清人张英指出，城居地主的生活必然是，"自薪炭、蔬菜、鸡豚、鱼鳅、醯醢之属，亲戚人情应酬宴会之事，种种皆取办于钱"④。官、商地主大量城居，也使中国封建社会的地主经济与商品经济的联系大大超过了西方。

为了购买，就得出卖。中国封建地租不够多样化的特点迫使地主必须出卖相当部分租谷才能购买一般手工业品和奢侈品。加之，"米粮非比他物可以收贮数年，富民积粟概于次年秋前发粜，断无留待下年者"⑤。任凭"积谷翁"能够积谷多少堆，他也不得不以新易陈，陆续粜卖陈粮。大量地租商品化的结果，使市场上增加了很多商品粮，这是促使商业发展的一个重要条件。

此外，西方的封建领地是世袭的"硬化"产业，领主既不出卖土地，

---

① 《皇清经世文编》卷7，唐甄《富民》。
② 《汉书·王莽传》。
③ 《史记·循吏列传》。
④ 张英：《恒产琐言》。
⑤ 《皇清经世文编》卷26，陈大受《覆部议禁米囤核城工疏》。

也不买进土地，封建地产本身根本与商业不发生联系。中国封建社会的土地可以买卖，地主为了购买土地，必须出卖租谷，他在出卖土地后，又会有一个货币收入，这种土地所有权的特点也使地主经济更易于同商品经济发生较多的联系。明清时有这样的记载："云阳改氏值丰年则尽取金钱埋之，九里皆满，曰：'有得意田遂可弃无用金。'"[①] 很显然，丰年埋钱与出卖租谷有关，以谷变钱又是为了购买土地。土地兼并对于任何一个地主，都具有无限的吸引力，所以中国的封建地主更倾向于出卖租谷，等待时机购买土地。这是促使地租商品化的另一个原因。

就农民经济进行分析，也会发现，中国封建社会商品经济发达较早，同样有其特殊的条件。

首先，个体农民只把多余的产品出卖，使之转化为商品，因此，农民能提供多少商品，主要取决于他能占有多少多余的产品。中国封建社会有相当数量的自耕农，他们的生产能力比佃农高，比西方的农奴更高。中国的佃农，在一定时期和一定条件下，其经济地位也比西方的农奴具有明显的优越性。这样，中国的个体农民就比西方的农奴更有条件向市场提供商品。所谓"农有余粟，女有余布"，须进行"通功易事"，[②] 就是这种情况的集中写照。

其次，中国的佃农和自耕农比西方的农奴缺少生活"保障"，更易于破产，当他们再生产发生困难，生活日益贫困化时，就会被迫出卖一部分生产资料和生活资料，以解燃眉之急。宋代南康郡"土地瘠薄"、"水源干浅"、"赋税偏重"、"谷贱伤农"，农民虽"尽力耕种，所收之利或不足以纳税赋，须至别作营求，乃可赔贴输官。是以人无固志，生无定业，不肯尽力农桑，以为子孙久远之什"。[③] 这里所谓"别作营求"，自然包括加强副业生产，或出卖劳动力，受雇于人。副业产品免不了要出卖，农民得到雇值后免不了要购买生产资料、生活用品，无论在哪种情况下，都会加强农民经济同商品经济的联系。如果农民的个体经济沿着破产的道路再前进一步，就会走上"舍本逐末"的道路，干脆转化为小

---

① 《古今图书集成·食货典》卷63，《田制部纪事》。
② 《孟子·滕文公》下。
③ 《朱子大全》卷11，《庚子应诏封事》。

第九章　中国封建社会的自然经济商品生产和商品流通

工商业者。汉代已经出现了这样的情况，农民"已奉谷租，又出稾税，乡部私求，不可胜供，故民弃本逐末，耕者不能半。贫民虽赐之田，犹贱卖以贾"①。清人邱嘉穗也概括地指出："后世田不井授，户口流离，徭役不平，小民重困。将籍其数而悉役之，则逐末者多而转徙无常"。② 土地制度决定了农民的经济地位，农民的经济地位决定了个体农民会病态地转化为小工商业者。

中国封建农民无论在经济状况较好时或逐步走向破产时，都易于同商品经济发生联系，这是商品货币关系发达较早的另一个重要原因。

城市是封建社会商品经济活跃的天然场所。西方在中世纪早期几乎没有多少城市，而我国从战国、秦、汉开始，就出现了大批的封建城市。这是中国封建社会商品经济发达较早的又一个原因。（参看以后讨论城市经济的章节）

最后，中央集权的封建政权的某些财政政策和措施，也人为地促使商品货币关系病态地趋向繁盛。

国家所征的贡赋，有些是贡纳地区所不出产的产品，为了完纳贡赋，当地居民就只能把自己的产品首先出卖，然后携钱去产地购买贡品。唐代的土贡如麸金、金、银、麝香等均由三、五十州进贡，而上述产品不可能这样普遍地在各地生产，③ 很容易引起转地采办以完贡纳。宋代两浙路每岁和预买䌷绢，"并不行下出产州军计置，多是科于不系出产州军和买，致使客人规利兴贩前去"④。这种"和买"实际是赋税的一种变态，却为商人资本的活动提供了机会。明初永乐时邹缉指出："前岁买办颜料，本非土产，动科千百。民相率敛钞购之他所。"⑤ 清代也有"采铁于不出铁之乡，责麻于不产麻之地"⑥ 的情况。可见上述现象是相当普遍的，历代均有。这种政策实际是一种横征暴敛，它的出现与中央集权政体财政开支较大的特点有关，对社会生产有害无利，对商业交换的增加

---

① 《汉书·贡禹传》。
② 《切问斋文钞》卷15，邱秀瑞：《丁役议》。
③ 岑仲勉：《隋唐史》，高等教育出版社1957年版，第547—548页。
④ 《宋会要·食货》卷38之4。
⑤ 《明臣奏议》卷2，邹缉《三殿灾请修时政疏》。
⑥ 《皇清奏议》卷21，许承宣《请禁额外苛征疏》。

却起了人为的促进作用。

封建政权部分地征收货币赋税,也使纳税居民被迫出卖产品,为市场提供大量商品。汉代除田租之外,口赋、算赋和更赋均征收钱币,在赋税中所占比重相当大。唐代以后,不但正税中有货币赋税,历代地主政权还通过盐、铁、茶、酒等项间接税或专卖制收入大量钱币。如果货币部分在全部税收中所占的比重与当时商品经济所达到的实际水平相适应,就不能强调这种税收政策的特殊作用。问题恰恰在于,历代征收货币赋税的数量往往超过商品经济的水平,二者间常常产生脱节现象,所以我们就只能把它看作中国封建社会所特有的促使商业病态发达的一个因素了。

第十章 商品价格、价值规律与商业利润

价值规律是通过商品价格围绕着价值上下摆动而体现的,商业利润是通过贱买贵卖的价格差别而被商人占有的。二者均与商品价格有密切关系,因而在这一章里,把商品价格、价值规律和商业利润合并在一起讨论。

第一节 商品价格

与资本主义社会相比,封建社会的商品价格显得很高。产生这一特点的原因是:一方面,"生产价格高,也就是说,劳动生产率低",因为单位时间中生产的产品越少,单位商品所包含的劳动量就越大,而价格高低最终取决于价值量;另一方面,"缺少一般利润率,商人资本从剩余价值中占有的份额,比它在资本可以普遍移动时得到的份额大得多"。[1] 一般利润率之所以不存在,关键在于商业利润不受产业利润的限制,商人资本独立地发生作用,易于兴风作浪。此外,封建制对商品生产有种种特权限制,资本不易在各种生产部门间自由转移,往往形成生产上的垄断现象,这也是促使商品价格易于偏高的重要因素之一。

尽管封建社会的商品价格有普遍较高的特点,同时出现在市场上的各种形态的商品的价格仍有高低之别,这种价格差距并不完全合乎比例关系。

一般说来,农民和小手工业者间直接进行交换时,商品价格较低。因为:第一,小生产者彼此了解对方商品所包含的劳动量,市场价格容

---

[1] 《马克思恩格斯全集》第 25 卷,人民出版社 1974 年版,第 345 页。

易与价值一致。第二，这里很少有商人资本兴风作浪的余地，他们难于哄抬物价。第三，这种商品都是一般民用产品，不是国家经常垄断的商品，受垄断价格干扰的机会较少。从表面上看，手工业品比农产品的价格稍高，但这种价格差距是由复杂劳动与简单劳动之间的差别造成的，交换仍然基本上是等价的。

转运商业所交换的商品，一般有价格较高的特点。这种商品的生产者不了解市场的情况，购买者也不知道生产者的实际花费，商人资本可以利用交通不发达的条件上下其手，既压低买价，又抬高卖价。这种商品价格的神秘性容易使商品生产者在出卖时对商人的给价产生怀疑，也易于使消费者向商人购买时对卖价产生怀疑，所以封建社会的商品交换往往引起买卖双方为了商品价格而争执不下。恩格斯说："人们越是接近商品生产的原始状态……他们也越是把更多的时间浪费在持久的、互不相让的讨价还价上，以便为他们花费在产品上的劳动时间争得充分的代价。"[①] 封建社会的域外通商与转运贸易在这个问题上有共同的特点，而且商品生产者同消费者之间更加互不了解，所以海外奇珍比国内生产的奢侈品的价格更高。

地主政权有时征收榷税，有时亲自生产和出卖某些商品，如盐、铁、茶、酒等，不论采取何种方式，盈利和榷税都是一种间接税，这一部分赋税要合并到商品的价格中去。中国封建政体的特殊性造成官禄、兵饷开支浩繁，因而国家从流通领域中榨取大量财富就成了重要的财政来源之一。这是我国某些商品经常存在垄断价格，从而造成部分商品价格奇高的重要原因。唐代后期盐价上涨三十六倍，而两税法实行后一般物价却长期连续下跌，相形之下，食盐的垄断价格之高是非常突出的。

中央集权政体还经常征调大量手工业者服役，到处征收商税。手工业者必然要把服役带来的损失合并到自己生产的商品的价格之中，以资弥补。商人也会因商税而提高商品的卖价。清代"关津有过路之税，镇集有落地之税"，再加上有司的"浮收过取"，故有人指出："其病不独在商也，商增一分之税，即物长一分之价，而民受一分之害。是所谓赢余

---

① 《马克思恩格斯全集》第25卷，人民出版社1974年版，第1018页。

第十章　商品价格、价值规律与商业利润

者，非富商之资本，实穷民之脂膏也。"① 这是中央集权的官僚政治导致商品价格较高的另一个因素。

封建地主在购买奢侈品时，根本无法了解商品的生产费用，他们尽管也想压低买价，却不知道真正的切合实际的价格应该是多少。封建地主为购买奢侈品所支付的货币是地租商品化的结果，而地租的生产并不是商品生产。地主只购买土地，却不进行固定资本和流动资本的垫支，他出卖租谷购买奢侈品时，不可能比较生产租谷和生产奢侈品的劳动量。加之，地主阶级的腐朽性必然导致"挥金如土"，像西晋的石崇、王恺斗侈争奢，根本不会因奢侈品的价格高昂而吝于购买。因此，地主阶级尽管也愿意高价出卖租谷，低价购买珍玩，而客观实际却总是租谷卖价较低，奢侈品的买价极高。二者间价格的差距大大超过了复杂劳动同简单劳动之间的差别。这也是封建社会商品价格的特点之一。

资本主义社会的商品价格涨落不定，波动很大，主要取决于供求关系。不过，对市场价格起决定作用的是工业品，不是农产品。前者的生产需时较短，随时都有相当数量的商品向市场提供，其价格变动受季节性影响较小。由于资本比较易于在各种生产部门间自由转移，市场价格的涨落经常会围绕生产价格摆动，不致偏离过久、过远。只有在经济危机爆发的时候，才会出现特殊现象。封建社会最大数量的商品是农产品，其生产周期很长，不能经常平均地向市场提供商品粮，市场供求关系受季节性影响很大。加之，农业生产受自然条件限制很显著，商品粮在丰年和歉年向市场提供的数量也很悬殊。这些条件不能不对粮价的大幅度涨落产生影响。战国时人们已经知道："夫良商不与人争买卖之贾（价），而谨司时。时贱而买，虽贵已贱矣；时贵而卖，虽贱已贵矣。"② 这样的经营原则就是建立在物价大涨大跌的基础上的。此外，不少手工业品是农民的副业产品，多生产于"农隙"，向市场提供也不免有季节性，同样容易产生大幅度的季节差价，而这种价格对城市手工业品的价格也不可能不发生感应作用。

---

① 甘汝来：《请除烦苛之权税疏》，《皇清经世文编》卷51。
② 《战国策·赵》卷3。

最后应当特别提及的是，中国封建社会由地主政权进行和籴、和市、科买所引起的反常价格。唐代后期宦官以"宫市"为名，"口含敕命"，进行强买，"率用值百钱物买人数千钱物"。① 宋代政府和买，付价既不如值，且不及时，往往长期拖欠。和籴粮草时"官虽量予钱布，而所得细微，民无所济"。② 籴买官经常"低价满量，豪夺于民"。③ 明代"召商置买"一部分上贡物品，采办之际，"物价多亏，商贾匿迹"。④ 这种特殊的低价格违反正常的商品流通原则，是由政治特权造成的。统治者低价籴买，完全是为了增加收入。唐代和籴有时竟至"强取"，桒者"曾不识一钱"。⑤ 宋代和买紬绢最后也发展为"官不给直而赋取益甚矣"。⑥ 到这种程度，和籴、和市的赋敛性质就赤裸裸地暴露无遗了，商品流通的外衣也就完全脱落了。

地主政权一方面以垄断价格出卖盐、铁、茶、酒，一方面以低价和买、和籴，表现形式不同，实质则一，都是对社会居民进行掠夺，以达到增加财政收入的目的。封建社会的不等价交换由于得到政治特权的助力，如虎傅翼，加以极度地发挥。这种情况对商品的生产和流通都起破坏和干扰作用，不利于社会经济的发展。

铸币质量的变动，某些赋税制度的作用，生产的增长或萎缩，都对商品的价格有不同程度的影响。这些方面，下文还要分别谈到。战争的破坏，特殊的严重灾害，也能对物价有所影响，但因均系决定价格的外在因素，故撇开不谈了。

第二节 价值规律

只要存在商品生产，价值规律就能够发挥作用。封建社会虽然自然经济占支配地位，但简单商品生产却始终存在，并且逐渐有所发展，而价

---

① 《唐会要》卷86，《市》。
② 《宋史·食货志》。
③ 《救荒活民书》卷1。
④ 《明史·食货志》。
⑤ 《通鉴》卷233，贞元三年十二月。
⑥ 《宋史·食货志》。

第十章　商品价格、价值规律与商业利润

值规律"对于整个简单商品生产时期是普遍适用的"①。我们应该结合中国封建社会的实际情况，研究价值规律发挥作用的具体条件。

从商品生产过程中生产出来的商品必然在市场上彼此竞争，尽管价格会或多或少地偏离价值，但价值规律能够最终对此类商品的生产和流通起制约作用。这是价值规律发生显著作用的典型场合。

有很多个体小生产者虽然出卖商品，却不从事商品生产，当他们在市场上进行商品交换时，双方都清楚地知道对方商品中所包含的劳动量，所以彼此是按照商品的价值进行交易的，等价交换的原则基本上适用于这种场合。

当农民走向破产被迫低价出卖产品，地主不计成本地出卖租谷，国家出卖赋税时，大量非商品生产的商品涌现到市场上，价值规律对这些商品的流通是否也起作用呢？答复是肯定的。主要原因是：商品生产的产品与非商品生产的产品同时出现在市场上彼此相遇，它们之间就不可避免地发生竞争，相互比较，社会一般抽象劳动在一定程度上就会作为尺度，自发地起衡量商品价值的作用。在商人资本起中介作用的场合，无论各种商品的形态和来源怎样，即使都是分别小量地集中到市场上来，也必然是"把较小量地生产出来的东西，作为共同产品，而在市场上大量地集中在相对说来比较少的商人手中，由他们作为整个一个生产部门或其中一个或大或小的部分的共同产品堆积在一起并加以出售"②。在这种情况下，商人在收购时会比较各种形态的商品的价格，通过竞争，逐渐确立一个划一的买价。在出卖时，商人也不问商品的不同来源，会按照划一的价格把商品卖给消费者。此外，商人在从事远地转运时，还必然要比较各个城市、各个市场的商品价格，以便有选择地进行买卖。由此可见，尽管封建社会有相当数量的商品并非商品生产的产品，价值规律却能够对整个商品经济领域起制约作用。

封建社会价值规律的作用及其范围是有显著特点的。

首先，在封建社会的绝大部分时期内，自然经济占绝对支配地位，

---

① 《马克思恩格斯全集》第25卷，人民出版社1974年版，第1018页。
② 《马克思恩格斯全集》第25卷，人民出版社1974年版，第202页。

商品经济的水平较低，商品交换往往带有偶然性，因此，商品价值通过价格的摆动而测定，是一个相当长期的过程，尤其对于谷物和家畜等需要较长生产时间的商品，更是如此。这就使人们经历一个冗长的暗中摸索的逐渐接近的过程来测定商品的价值。尽管"摸索"的过程很长，商品的真实价值最终仍可以测定，因为"每个人必须大体上收回成本这一点又总是会帮助找出正确的方向，而且，进入交易的物品的种类不多，这些物品的生产方法往往几百年都没有什么变化，这一切又使得上述目的比较容易达到"①。每当生产力水平大大提高一步，或有新产品加入流通过程时，人们就须要重新经历这样一个长期摸索商品价值的过程。

其次，价值规律在封建社会中，尤其在中国封建社会中，不可能自由地、充分地对商品经济发生作用，而会受到很多封建特权和其他因素的干扰和阻碍。

农民出卖的大部分商品并不是商品生产的产品。当丰年谷物登场之际，他们不免低价出售粮食，吃"谷贱伤农"的亏；在歉收的年景和青黄不接的艰难时刻，农民不但无力出卖谷物，甚至要低价出卖家庭织妇的手工业品以换取种食，尤其是在"家有织妇，织与不织，总要吃饭，不算工本，自然有赢"②的观点支配下，手工业品的价格可以低到难以想象的程度。农民所出卖的谷物和手工业品的总量相当可观，这种商品在市场上参加竞争，必然对商品生产的产品在价格上发生显著影响，从而干扰价值规律的正常作用。尤其在灾荒严重的年头或地方，容易出现谷价猛涨、手工业品价格暴跌同时并存的病态。根据笔者对唐代绢、米比价的研究，在通常时期一匹绢易米一石五斗左右，但"安史之乱"以后农业遭到严重摧残，一匹绢竟至仅值米四斗。③ 北宋末年土地兼并严重，社会经济异常萧条，有的地方"民间买绢一匹，须用一贯四五百文"，④而米价在当时某些地方竟高达每斗三四百文，⑤ 甚至一二千文。⑥ 在这种

---

① 《马克思恩格斯全集》第25卷，人民出版社1974年版，第1017页。
② 《沈氏农书》。
③ 拙文《记唐代农产品与手工业品的比价及其变动》，《光明日报》1963年12月31日。
④ 《续通鉴长编拾补》卷18，建中靖国元年八月引《九朝编年备要》。
⑤ 《宋会要·食货》卷59之6。
⑥ 《陈修撰集》卷1，《登闻检院上钦宗书》、《靖炎两朝见闻录》上。

时候，商品交换是朝着违背价值规律的方向发展的。当农民失去利用价值规律的能力时，地主和商人遂获得了兼并农民的有利机会。

中国封建社会的地主政权往往采取大量征收货币赋税的政策，由于货币征税远远超过了商品经济的实际水平，纳税居民只得人为地被迫出卖产品，造成市场上供过于求的不正常现象。赋役折钱迫使小生产者出卖产品，但他出卖产品并没有换得另一种产品，而只是以自己的产品的价格履行课役义务。这种情况往往引起物价病态下落。唐代两税法实行后，就有这样的记载："自初定两税，货重钱轻，乃计钱而输绫绢。既而物价愈下，所纳愈多，绢匹为钱三千二百，其后一匹为钱一千六百。"①"所纳愈多"就意味着随着物价的下落，农民所卖的产品愈多。这种商品量增加不是由于生产的上升，而是由于赋敛的加重，所以白居易尖锐地指出了"今田畴不加辟而菽粟之价日贱，桑麻不加植而布帛之估日轻"②的病态价格。北宋王安石变法时也发生过类似的情况："又缘青苗、助役之法，农民皆变转谷帛，输纳见钱，钱既难得，谷帛益贱。"③这种政策干扰商品价格，从而使价值规律的作用也遭到严重的破坏。

在西方，城市手工业可以利用行会特权垄断一部分商品的生产。中国封建社会后期，也有类似的情况。但我国更为广泛流行的，却是家庭作坊的技术保密。譬如南宋墓出土的铜镜铭记有"建康茆家""成都龚家""湖州陆家"等字样，都可说明这种生产技术保密的倾向。④ 明代大红色染技，有的"染家以为秘诀，不以告人"⑤。清代浙江归安倪氏所织的倪绫质量佳美，"其法传媳不传女"，⑥ 技术保密的家庭性质就更明显了。类似的记载很多，不胜列举。封建社会产生技术保密的原因是小生产者惧怕竞争。列宁曾指出："小手工业者为了不容许有'毁灭性的竞

---

① 《新唐书·食货志》。
② 《白氏长庆集》卷30，《问进士》。
③ 《乐全集》卷26，《论钱禁铜法事》。
④ 中国科学院考古研究所：《新中国的考古收获》，文物出版社1961年版，第108、109页。
⑤ 《天工开物》上。
⑥ （光绪）《归安县志》第13卷，第18页引《双林志》，转引自彭泽益编《中国近代手工业史资料》第1卷，第67页。

争'，竭力隐瞒技术发明和技术改良，对别人隐讳赚钱的活计。"① 行会特权也好，家庭技术保密也好，都使商品生产者在一定程度上居于垄断地位，使投资不能在各工业部门间自由选择和转移。这是对自由竞争的阻碍，也是对价值规律作用的干扰。

封建国家不但制造垄断价格，而且低价和籴、和市；不但限制盐、铁、茶、酒等商品的自由贸易，而且在采办物资时往往进行强制性的抑配。这种政策妨碍竞争，扰乱价值规律；严重的时候，甚至把价值规律完全排挤出某些商品的流通领域。这种政治干扰的严重情况，在资本主义社会很难看到。

在资本主义社会，自由竞争和价值规律是促使资本家改进生产条件和生产技术的因素。在封建社会，价值规律也经常对商品经济发生作用，所以也能刺激商品生产者改进生产条件和提高生产技术；但由于种种封建特权对价值规律的干扰和阻碍，由于手工业者也是分散的个体小生产者，所以生产条件的改进和生产技术的提高，与农业相似，也只能是蹒跚迟钝的，极其缓慢的。

价值规律通过竞争可以自发地调节商品经济各部门间社会劳动和生产资料的分配，这是资本主义社会价值规律的重要作用之一。在封建社会中，是否也能起这种作用呢？答案是肯定的，只是由于种种封建特权的限制，这种调节作用不能充分发挥而已。

中国虽然有家庭作坊的技术保密，也出现过类似西方的行会限制，但由于封建城市兴起很早，行会限制也不如西方严格（详下），城市手工业者改换行业比较方便，农民弃农从末的情况也经常出现，价值规律在工、农业之间，手工业各部门之间，能起稍大的调节作用。

农民虽然基本上不是商品生产者，出卖的产品大部分是偶然转化为商品的，但价值规律对农民经济内部的生产仍能起局部的调节作用，因为商品生产的因素尽管在农民经济中极其微弱，有时在一定程度上毕竟是存在的。农民家庭既生产农产品，又生产手工业品，当农民为出卖而生产一部分产品时，不可能不考虑市场价格的变动而据以决定自己的生

---

① 《列宁全集》第3卷，人民出版社1959年版，第298页。

第十章 商品价格、价值规律与商业利润

产安排。他们必然选择价格对自己最有利的手工业品和农产品为出卖而进行生产。农民也会随着各种商品价格的此涨彼落而重新调整各种作物和产品间的比例。在缴纳货币赋税和货币地租的场合，他们就更易于根据市场价格来安排生产了。南朝时由于军队大量穿用"袍袄之属"而引起丝织品涨价，于是"绵绢既贵，蚕业者滋，虽勤厉兼倍，而贵犹不息"[①]。这是农民生产受价值规律制约的典型事例。当然，只有农民经济通过赋税、地租或直接交换同外界发生联系时，价值规律才能发生这种调节生产的作用。农民经济中大部分服务于自身消费与再生产的生产，则完全取决于自己的实际需要，不受价值规律的任何影响。

社会分工越发展，商品经济的水平越高，价值规律对生产的调整作用越显著。明清时期，随着手工业生产的发展，农村中出现了很多专门从事纺织业的居民，[②] 农户中手工业生产的比重也在上升，这是价值规律发生调节作用，使农业人口向手工业人口转化的明显表现。随着手工业的发展和经济作物播种面积的扩大，清代前期粮价猛烈上涨，在价值规律作用下商业性农业的增加是不可避免的。类似的例子很多，不胜枚举，都能说明这个问题。

只要价值规律发生作用，小生产者间就必然发生竞争和贫富分化。在封建社会中，尽管竞争受到种种限制和阻碍，但在价值规律的作用下，手工业者之间、农民之间还是能够产生贫富分化，甚至导致建立剥削关系。可见价值规律在封建社会能起加剧基本矛盾尖锐化的作用。只有使小生产者摆脱私有制，组织到公有制经济体系之中，才能避免从他们内部产生分化和剥削的命运。

中国封建社会的土地可以买卖，地主能够转化为商人，商人也能够转化为地主，这种转化往往是由于其他经济、政治原因，与商品价格的摆动和竞争没有关系，不是价值规律发生调节作用的表现。况且地主只是地租的出卖者，而不是产品的出卖者，即使他感到粮价涨落对自己的

[①] 《宋书·孔琳之传》。

[②] 在资本主义萌芽问题讨论中，不少文章引用了能够说明这一情况的材料，今仅举一例：明代嘉定迤东沿海一带，"田土高仰，物产瘠薄，不宜五谷，多种木棉，土人专事纺织"（《震川集》卷8,《论三区赋役水利书》）。

利益有所影响，价值规律也根本不会通过他间接作用于直接生产者。

封建政权出卖相当可观的商品，但由于统治者是商品持有者，基本上不是商品生产者，他们不考虑使自己的经济接受社会核算，尤其因为他们可以利用封建特权和垄断价格等手段增加财政收入，不扩大投资也能加强榨取社会财富，所以，尽管封建国家也从事某些商品的生产，价值规律却不能对这种生产起调节作用。

第三节 对"用贫求富，农不如工，工不如商"的分析

中国奴隶社会"四民不迁"的原则在封建社会遭到破坏，社会居民已经可以改业，但这种改业行动仍旧比较有限，因而存在"利不百，不易业"①的谚语。一直到商品经济高度发展的明清时期，我们还能经常看到"农之子恒为农，以其有专业存也"②的记载。这是自然经济始终占支配地位的表现。

在注意到农民"安土重迁"的一面时，同时也不可忽略，从中国封建社会一开始，人们就已经认识到："用贫求富，农不如工，工不如商，刺绣文不如倚市门，此言末业，贫者之资也。"③历代的事实确实是这样。如元代一个佃客因"家贫，不能出租以输主"，遂改而"为豆乳酿酒，货卖以给食"，结果，经济状况发生了变化，"久之，不复乏绝，更自有余"。④明代濮阳人刘滋，"家贫，田不二十亩，又值水旱，无以自活，乃尽鬻其田，逐什一之利，十余年，致数万金"⑤。虽然"舍本逐末"的农民并不能人人做到"致数万金"，但"逐什一之利"可以在不同程度上改善境遇却是通常的情况。以上两例，一个是佃农，一个是自耕农，弃农逐末的结果基本上相同。这是否说明价值规律发生了调节生产资料和劳动力的作用呢？是否还有产生这一经济现象的其他原因呢？对于这些问

---

① 《宋书·孔琳之传》。
② 《古今图书集成·职方典》卷1249，《衡州府风俗考》。
③ 《史记·货殖列传》。
④ 《辍耕录》卷13，《释怨结姻》。
⑤ 《涌幢小品》卷9，《吴刘心计》。

第十章　商品价格、价值规律与商业利润

题，须具体分析。

首先，从农业和手工业两方面的负担进行比较。佃农必须把产品的一半以上当作地租向地主缴纳，这是一项沉重的负担；从事手工业生产，虽然也有房租之类的负担，但毕竟比佃农低得多。自耕农只缴纳赋税，不缴纳地租，负担比佃农为低；但他们须支付一个相当可观的地价，如果把土地价格投到手工业生产上，将是一笔立即能够周转的生产基金。因此，在拥有同样经济能力的场合，充当手工业者比充当自耕农更为有利。

其次，农业生产的周期较长，从播种到收获，起码需要半年以上的时间。加之，从事农业生产需要一个较大的必要劳动垫支量，耕畜、农具、种子、肥料及半年以上的生活费用，加在一起，相当可观。在生产上大量垫支而不能在短时期得到生产成果，是经营农业生产的一个不利条件。与此相反，手工业生产则显示了生产周期较短，资金周转较快，垫支成本较少的优越性。如果把农业生产的资金改投到手工业上，在农民只能维持简单再生产的场合，手工业者就可以进行扩大再生产。至于从事商贩，一般说来，资金不多，周转又快，获利较易。如唐代一个卖杂粉香药的小商人，"唯有五千之本"，就可"逐月食利，但存其本"，而且已能"衣食常得足"。① 如果一个农民只有"五千之本"，是很难维持简单再生产的。

封建社会农民和手工业者基本上从事简单再生产，扩大再生产的步伐非常缓慢，社会进步往往要经过上百年的时间才能显示出来。在这种情况下，个体生产者很难得到赢余，而且他们还受商人的剥削。但是商人资本，则从一诞生起，就具有无限追求利润的品格，它既剥削小生产者，又榨取消费者，获利独厚，也非小商小贩所能望其项背。这是经营农业和手工业都不如经营商业的重要原因之一。

最后，在赋役负担上，从事商业比从事手工业有利，从事手工业比从事农业有利。汉人贡禹早已指出："商贾求利，东西南北，各用智巧，好衣美食，岁有十二之利，而不出租税。农夫父子暴露中野，不避寒暑，捽草杷土，手足胼胝，已奉谷租，又出稾税，乡部私求，不可胜供。故民

---

① 《太平广记》卷165，《王叟》。

弃本逐末，耕者不能半。贫民虽赐之田，犹贱卖以贾。"① 宋人司马光也说："今农夫苦身劳力，恶衣粝食，以殖百谷，赋敛萃焉，徭役出焉，岁丰则贱粜以应公上之须，给债家之求，岁凶则流离异乡，转死沟壑。如是而欲使夫商贾末作之人，坐渔厚利、鲜衣美食者，转而缘南亩，斯亦难矣。"② 农民是封建社会的主要生产者，必然也是赋税徭役的主要承担者。为什么工、商业者的赋役远较农民为轻呢？宋人苏东坡说："夫民之为农者，莫不重迁，其坟墓、庐舍、桑麻、果蔬、牛羊、耒耜，皆为子孙百年之计。惟其百工技艺、游手浮食之民，然后可以怀轻资而极其所往。"③ 这里透露了一点消息，即乡居地著的农民很难逃避赋役，而"怀轻资极其所往"的工、商业者，尤其是商人，可以利用迁徙方便的条件规避课役。此外，农民的财物是充分暴露、一目了然的，不易有所隐漏，很难逃税；工、商业者的财富则容易隐藏和转移，便于逃税。唐人陆贽曾说："资产之中，事情不一。有藏于襟怀囊箧，物虽贵而人莫能窥；有积于场圃囷仓，直虽轻而众以为富。有流通蕃息之货，数虽寡而计日收赢；有庐舍器用之货，价虽高而终岁无利。""由是务轻费而乐转徙者恒脱于徭税，敦本业而树居产者每困于征求。"④ 这不但说明工、商业资金的周转和生息都比较快，而且反映工、商业者的财富比农民的财富更便于逃避赋役。所谓"役累土著而利归商人"，⑤ 其原因就在于此。

导致农民"舍本逐末"的上述原因都与价值规律没有关系，但这并不说明，价值规律在这个问题上就毫无作用和影响。马克思说："整个中世纪中，农产品比工业品便宜。"⑥ 这种价格差距必然使农业生产与手工业生产之间产生相互比较，农产品与手工业品在市场上产生一定程度的竞争；但价值规律的这种作用极其有限，不应当给予不适当的夸大。因为：第一，农民的绝大部分产品根本不进入商品流通领域，仅仅适用于商品经济的价值规律对农民经济的主要部分并不发生作用，所以工、商

---

① 《汉书·贡禹传》。
② 《司马温公文集》卷3，《论劝农上殿札子》。
③ 《东坡应诏集》卷3，《策别》卷14。（"策别"原误倒。——编者注）
④ 《陆宣公集》卷22，《均节赋税恤百姓第一条》。
⑤ 《天下郡国利病书》原第5册引《吴县城图说》。
⑥ 《马克思恩格斯全集》第4卷，人民出版社1958年版，第104页。

业比农业的优越性，主要不是通过价格关系显示出来。第二，当农业歉收的年景，往往出现谷物涨价和手工业品落价同时并存的现象。在西方中世纪，也是每次物价上涨，总是从农产品开始，而且手工业品价格的上涨比农产品涨价的时间较晚，速度较慢，程度较差。在这种情况下，农民的"舍本逐末"就更不是由于价值规律的作用了。第三，手工业品比农产品价格昂贵的主要原因之一，是复杂劳动与简单劳动之间存在距离，如果把复杂劳动还原为简单劳动计算，两种商品的交换仍然是等价的，手工业者并没有在交换中占了多大便宜。

既然"用贫求富，农不如工，工不如商"，为什么农民经常能够安于垅亩，不肯轻易改业呢？首先，封建社会是以自然经济为特色的，而手工业则基本上属于商品生产的范畴，尽管农民可以"舍本逐末"，整个社会对商品经济的容量毕竟有限，所以农民向工、商业者转化必然会遇到不可逾越的界限。农业生产的水平最终会对工、商业的发展起制约作用。其次，农民通过购买土地转化为自耕农的情况是比较罕见的，自耕农产生的主要途径是通过农民战争剥夺地主的部分土地，在后一种情况下，农民不但不会支付地价，而且是凭空得到了地价。这就局部地抵消了手工业经济在这方面的优越性。最后，从事工、商业风险较大，个体小生产者最不富于冒险性。"舍本逐末"是农民在破产威胁之下被"逼上梁山"，并非完全出于自愿。当简单再生产还能够顺利维持的时候，农民宁愿"农之子恒为农"。

只有社会分工水平有了显著提高，商品经济在生产力发展的基础上突飞猛进，农民不是由于破产的威逼，而是出于追求更有利的发展生产的经济条件去转化为工、商业人口时，才能说价值规律起了决定性作用。这种调节作用越在封建社会前期，越显得微不足道；在封建社会后期，才逐渐明显起来。

第四节 商业利润

商业资本在客观上是为封建社会服务的，在主观上，却仅仅是为了获得利润而存在的。不论在任何社会形态中，只要有商业资本，就必然出现商业利润；但由于生产方式不同，商业利润产生的途径、利润本身的性质及利润率的高低，却有很大差别。

与其他社会形态一样，封建社会商业利润产生的途径也是贱买贵卖。不过，因为商业资本是在生产领域外独立地发生作用，这种买卖行为富有极大的欺骗性和掠夺性。就转运贸易和国际贸易而言，商品产地与消费者间迢迢万里，生产者不知道市场价格，消费者无从了解商品的原始卖价，商人于是就能从中上下其手，一方面欺骗生产者，低于所值地购买；一方面欺骗消费者，高于所值地出卖。通过这种经济诈骗，商业利润就大量地产生了。就投机商业而言，物价涨落受季节、丰歉的影响很大，货源极不稳定，商人买进商品的时间与出卖商品的时间有相当距离，所以，出卖产品的人不可能预料商品的最终卖价，消费者也很难知道商品的生产成本和原始卖价，投机商人因而也得到了骗取高额利润的条件。

此外，封建社会的商品交换具有偶然性，货币流通的水平较低，很多人不了解货币和商品的一般质量，这就使商人得以利用生产者和消费者的无知，伪铸恶币，伪造商品，获取高额利润。汉代已有"商则长诈"①的记载。当时商人还利用货币制度的紊乱，"以美贸恶，以半易倍"，②获取暴利。宋代商人也有"贩米而加以水，卖盐而杂以灰，卖漆而和以油，卖药而易以他物，如此等类，不胜其多"③的情况。明代牙行商人"多用赝银"，"溷杂贸易，欺侮愚讷"，其中有挣铜、吊铁、灌铅、淡底、三倾、炼熟诸色。④清代苏州市上的商人亦"多机巧，能为伪物。始与交易则出以尝试，外若可观，非信货也。能辨识之，然后出其佳者，价亦相去什佰"⑤。可见这种行为在中国历史上是司空见惯的通常现象。

商品经济水平的低下造成了商人资本猖獗的条件，这就是历史发展的辩证法。马克思在谈到资本主义社会以前的利润时，一针见血地指出：商业利润"不仅表现为侵占和欺诈，而且大部分是从侵占和欺诈中产生

---

① 《盐铁论·力耕》。
② 《盐铁论·错币》。
③ 《袁氏世范》卷3，《治家》。
④ 《天下郡国利病书》原第6册引《嘉定县志》。
⑤ 《古今图书集成·职方典》卷676，《苏州府风俗考》。

的"。商业资本"到处都代表着一种掠夺制度"。① 这是世界各国封建社会商业利润产生的共同规律。

封建性商业利润产生的特殊途径决定了利润率非常高。我国的实际情况完全足以证明此点。汉代的"商贾大者，积贮倍息"，"乘上之急，所卖必倍"。② 唐代商人由豫章诸县购买木材运往广陵出卖，"利则数倍"。③ 当时的大梁商人"以贾贩江湖之货为业，初一年自江南而返大梁，获利可倍"。④ 可见商业资本的年利润率一般都在百分之一百以上，有的可以高达百分之几百。⑤ 大致商品转运的路途越遥远，商业利润率越高，所以宋代商人从事海外贸易者，有的竟至"逾岁而归"，"获利几十倍"。⑥

对于利润率的研究，不仅要就每次商业资本的周转进行分析，而且应当考察每次周转所需的时间。宋人罗大经曾说："《史记·殖货传》曰：'贪贾三之，廉贾五之。'夫贪贾所得宜多而反少，廉贾所得宜少而反多。何也？廉贾知取予，贪贾知取而不知予也。夫以予为取则其获利也大，富商豪贾，若恶贩夫贩妇之分其利，而靳靳自守，则亦无大利之获矣。"⑦ 说出了几分道理，但仍未抓到痒处。实际上，"贪贾三之，廉贾五之"的真正秘密在于"廉贾"采取了薄利多销的办法，使资本周转的次数在单位时间内远远超过了"靳靳自守"的"贪贾"。因此，当我们考察转运贸易时必须注意：一方面，路途越远，获利越多；另一方面，路途越远，单位时间内资本周转的次数却随之越少。在这一意义上，海外贸易的高利润率会在一定程度上被资本周转次数的减少所抵消。

封建社会商业利润率特别高的根本原因是：第一，个体农民和小手工业者不是为了取得剩余价值而生产商品，他们出卖产品是为了换取另

---

① 《马克思恩格斯全集》第25卷，人民出版社1974年版，第369、370页。
② 《汉书·食货志》。
③ 《太平广记》卷331，《杨溥》。
④ 《太平广记》卷125，《崔无隐》。
⑤ 除唐代豫章贩木材一例外，其他各代都有获利数倍的记载。如：宋代"京师百货所居，市无常价，贵贱相倾，或倍本数。富人大姓皆得乘伺缓急，擅开阖敛散之权，取数倍之息"。（《宋会要·食货》卷37之14）。清代婺源人汪拱乾，自幼经商，"人弃我取，往往获利数倍"（《初月楼闻见录》卷9）。
⑥ 《鹤林玉露》卷2。
⑦ 《鹤林玉露》卷16。

一种商品的使用价值，或者是为了缴纳货币赋税，因此，商业资本不从属于生产，根本不存在商业利润为工业利润所限制、商业利润率同工业利润率平衡的问题。第二，地租是一个纯所得，是代表享受的财富，地主根本不过问生产过程，更不会把地租当作商品生产的产品看待，所以当地主出卖租谷时，尽管也力图提高卖价，但他毕竟不知道商品化的地租所包含的劳动量。此外，地主还经常把大量租谷积存起来，使之成为闲置的财富。在这种情况下，把部分地租用于买地带来的收益多呢？还是用于经商带来的收益多呢？他不会在二者间斤斤计较，因而地租率也就不可能成为商业利润率的限度，两者间也不会发生均衡。这些条件使商人可以从地主那里买到大量在价格上低于所值的谷物，从而使利润率能够超过地租率很多。

地租率虽然不是商业利润率的界限，后者甚至往往高于前者，但全社会的地租总量却是利润总量的天然界限，即商业利润总是少于地租，前者不能超过后者。其根本原因在于，利润的来源基本上就是封建地租。在资本主义社会以前，同商业资本进行商品交换的主要对手是"剩余产品的主要占有者"，即"奴隶主，封建地主，国家"。[①] 在商人和地主阶级贸易的场合，从高价出卖奢侈品得到的利润，显然是从地租中瓜分出来的一部分剩余劳动。如果商人低于所值地购买了地主的租谷，那么由此产生的利润也仍是一部分地租的转化物。既然在封建社会商人的主要贸易对手是地主阶级，而地租又是利润的基本来源，那么利润总量就不可能囊括地租总量。

在商人同农民贸易的场合，商业利润来源于商业资本对个体农民的盘剥。"商人兼并农人"是历代的通常现象，商业利润往往是促使农民走向破产的杠杆。在商人的盘剥下，当农民连简单再生产也无法维持时，商业利润实际上就掠占了自耕农和佃农的部分必要劳动。破产的自耕农补充了佃农的队伍，增加了向地主提供地租的劳动力。佃农的破产虽然部分地减少了提供地租的劳动力，但破产的自耕农补充了佃农队伍，劳动者竞争的加剧又提高了地主对佃农的剥削率，因此，商业利润掠占自

---

① 《马克思恩格斯全集》第25卷，人民出版社1974年版，第370页。

耕农和佃农的部分必要劳动，并不导致地租总量的减少，甚至能促使地租总量趋向增加。

封建国家通过专卖制度利用垄断价格榨取的高额利润，也是商业利润的一种。其中有一小部分由地主阶级缴纳，是瓜分地租的结果。其余大部分由劳动人民直接负担。由于国营专卖商业的利润率比商人资本的利润率高得多，所以专卖业利润对自耕农和佃农的必要劳动部分的掠占比一般的商业利润残酷得多，其作用和影响更加恶劣。

商业利润率往往比地租率高，地租总量却总是比利润总量多得多，产生这一现象的主要原因是：商业资本的总量与土地财富总量相比，有如小巫之见大巫；瓜分地租是商业利润的主要来源，掠占农民的部分必要劳动，只居第二位；剩余劳动最终来源于社会生产，商品流通不能产生任何财富，它只能造成财富的转移。

商业资本在周转的过程中不断再生产出商业利润，商人除消费部分利润外，总是把其余部分再转化为追加的商业资本，于是就形成了商业资本的积累。封建社会以自然经济占支配地位，商业资本活动的天地比较狭窄，因而缺乏商业资本无限积累的条件。这样，商人就只能根据"以末致财，用本守之"的原则，用利润购买土地，使部分商业利润地租化。此外，自耕农越是与商品经济发生接触，就越容易分化，商业资本还是促使自耕农加速破产的催化剂。由此可见，在中国封建社会中，商业资本能够从两方面促进土地兼并，既制造土地购买者，也制造出卖土地的破产者。不仅如此，贩卖奢侈品的商业还能刺激地主阶级和官僚贵族的消费欲望，使他们更加残酷地剥削佃农，更加贪婪地兼并土地。总之，商业资本对我国封建社会基本经济矛盾的激化，起到推波助澜的作用。

基本经济矛盾的激化意味着阶级矛盾的激化，对封建统治是一个严重威胁。为了缓和阶级矛盾和缓慢土地兼并的进程，历代统治者往往推行限制商业利润的政策。西汉政权曾一度置"平准"于京师，大农诸官"尽笼天下之货物，贵即卖之，贱则买之"，除为增加财政收入外，也是为了使"富商大贾无所牟大利"。[①] 宋代统治者因感到大商人"乘民之亟，

---

① 《史记·平准书》。

牟利数倍，财既偏聚，国用亦屈"，因而推行"市易法"，① 限制富商巨贾的暴利。战国时李悝的"平籴法"和历代的"常平仓"，都具有抑制商业利润和缓慢土地兼并的目的。但是，土地兼并的经济规律是不以人们的意志为转移的，商业资本的活动亦有其可资凭借的客观经济条件，所以这种打击商业资本、限制商业利润的政策至多只能收效于一时，无法从根本上解决问题，甚至连封建统治者也不得不哀叹："今法律贱商人，商人已富贵矣；尊农夫，农夫已贫贱矣！"②

中国封建社会存在土地买卖，商业利润的地租化是我国所特有的经济现象。有人认为，商人用利润购买土地，是货币资本不能大量积累，商业资本不易转化为工业资本，资本主义生产关系不易产生和发展的主要原因，是中国封建社会长期停滞的根本原因。我觉得这一论断是不能令人信服的。从政治经济学的角度对这一问题进行分析，就会发现，商人积累资本后是否投资于工业生产，与其说取决于土地能否买卖，不如说取决于社会分工水平、商品生产的规模和劳动力的具体状况。如果这些方面已经具备了商品生产进一步发展的条件，即令土地可以买卖，商人仍然不会使利润地租化，而是宁肯把商业资本转化为工业资本；反之，当资本主义生产的主要条件尚未具备时，即令土地不可以自由买卖，商业资本还是不会向工业生产投资，而宁愿在流通领域中独立地发挥作用。欧洲封建社会的绝大多数时期，土地基本上不能自由买卖，但商业资本并没有去发展手工业生产。在西方，土地买卖不仅不是资本主义产生和发展的障碍，恰恰是二者紧密地孪生在一起，同时出现的。俄国在17世纪时也发生过商人用利润购买土地和农奴的现象，但到18世纪时，由于生产力水平的提高和商品经济的发展，这一现象就自行消失了。只有商品生产发展到这样的程度，商业利润逐渐取决于商品价值时，商业资本才会开始转向工业生产。马克思说："不是商业使工业发生革命，而是工业不断使商业发生革命。"③ 又说："商人资本的发展就它本身来说，还不

---

① 《宋史·食货志》。
② 《汉书·食货志》。
③ 《马克思恩格斯全集》第25卷，人民出版社1974年版，第372页。

足以促成和说明一个生产方式到另一个生产方式的过渡。"① 由此可见，用土地买卖和商业利润的地租化论证中国封建社会长期停滞的特点，在理论上是不正确的。

---

① 《马克思恩格斯全集》第25卷，人民出版社1974年版，第366页。

第十一章 货币

在西方，"货币在中世纪早期的典型封建经济中几乎是没有地位的"①。但是在中国，春秋、战国之际已经处于金属铸币的较早阶段，而"铸币的广泛流通"是在"战国中期"，这已为近年考古发掘所证明。②商品经济发达较早的特点导致我国铸币出现得也较早。毋宁说，它是封建制形成时期的产儿。

货币是商品经济的伴侣，在实质上，它也是一种商品，不过是作为商品一般等价物的特殊商品。我们必须在研究商品经济时涉及货币，而且应当结合中国封建社会的具体复杂条件来分析货币关系。

货币与商品经济的关系既密切，又十分微妙和曲折，古人往往不能洞悉其中奥秘，有很多中间环节和内在因素是不能从史料中直接看出来的。因此，在研究货币问题时，必须注意以下两点：第一，充分运用抽象的方法，通过透视，观察史料所不能直接反映的本质问题；第二，对古人的货币理论，要持批判的态度，在引用其言论时，须特别慎重。

第一节 货币职能

有人认为，西方封建社会从奴隶社会首先继承下来的第一个货币职能，是世界货币的职能。这种看法值得商榷，因为即令是西欧封建社会的最初几个世纪，各民族的国内商业也不可能完全消灭，而只要有商业

---

① 《马克思恩格斯全集》第21卷，人民出版社1972年版，第449页。
② 中国科学院考古研究所：《新中国的考古收获》，文物出版社1961年版，第67页。

交换，世界货币职能以外的其他货币职能就会存在。但毋庸讳言的是，在西方中世纪早期，世界货币职能确实占有显著而突出的地位，因为当时的国内商业的确非常微弱，过境贸易是主要的商业形态。与西方不同，我国封建社会从一开始，就以国内的商业贸易占主要地位，对外贸易始终居于从属地位，因此，早在战国、秦、汉时期，价值尺度和流通手段两个货币职能就很重要，世界货币的职能从未取得压倒优势。在古人的意识中，"权轻重""通有无"的观念很早就形成了，甚至在自然经济色彩最浓厚的魏晋南北朝阶段，人们也知道："夫泉贝之兴，以估货为本，事存交易，岂假数多。"①

币制的统一与紊乱，对货币价值尺度职能的发挥，有显著影响。

秦汉以后，我国封建社会进入统一的中央集权的时代，为币制统一创造了有利的政治环境。秦始皇统一币制的功绩不可磨灭。隋文帝再度统一全国后，改铸新五铢钱，"自是钱币始一，所在流布，百姓便之"②。民间感到方便的主要原因之一，就是货币的价值尺度的职能比较容易顺利发挥。币制的统一与统一集权时期商业交往的顺畅是相适应的。

尽管我国历史上出现过货币统一的时期，但我们不能对此点估计过高。统治者划一币制的基本目的，是便利征税，防止官吏贪污。在封建社会，自然经济占支配地位，商品经济的水平较低，币制统一的物质条件并未具备，因此，秦汉以后，货币的划一是相对的，币制的紊乱却是通常现象，即令在全国统一的环境中，也往往出现严重的混乱。就货币材料而言，金、银、铜、铁常常同时并存，交互使用。铜铸币在极大多数时期是主要货币，但在同一时期，常常是轻重互异、大小不一。古人一贯称颂汉代五铢钱轻重适中，行用很久，而在王莽改制时却出现了币制大混乱的插曲。魏晋南北朝时期全国陷于大分裂，谈不上全国的统一货币，但就在南朝内部，币制也不统一，铜铸币的弊病是"形式不均"③，"轻重屡变"④。唐代行用的"开元通宝"钱也素称轻重适中，但在唐朝

---

① 《宋书·何尚之传》。
② 《隋书·食货志》。
③ 《宋书·颜竣传》。
④ 《南齐书·刘悛传》。

前期全国统一的阶段，就一度行用过"乾封泉宝"钱。"安史之乱"以后，当十、当五十钱登场，轻重杂行，币制紊乱进一步发展。如果把私铸恶钱考虑在内，紊乱的程度就更为严重了。宋代以后，随着金、银币的日益普遍，铁钱的使用和纸币的产生，币制复杂的情形更超过了以往历代。我们知道，有两种以上的货币同时并存时，实际只有一种货币能最终发挥价值尺度的职能，其他货币只有与这种主要货币相比较而确立价值比例关系后，才能当作价值尺度。但在自然经济占统治地位的条件下，这种比例关系往往不是一朝一夕所能确立的，所以在币制紊乱的条件下，货币的价值尺度职能不能正常地发挥，往往以歪曲的形式体现出来。

中国封建社会中央集权政体的存在，一方面有利于币制的统一；另一方面，它也是一个干扰货币的价值尺度职能的政治因素。

有的时候，这种干扰表现为货币的法定名价低于实价。唐代江淮钱监铸钱，"度工用转送之费，每贯计钱二千"①。这是名价低于价值一倍的例子。宋代也不断出现铸钱"得不偿费"，"所得不偿所费"②的情况。金代阜通、利用两监，"岁铸钱十四万余贯，而岁所费乃至八十余万贯，病民而多费，未见其利便也"③。为什么地主政权会做这样的赔本生意呢？明人靳学颜揭穿了其中秘密，他说："今之为计者，谓钱法之难有二：一曰利不酬本，费多而所得鲜矣。臣愚以为，此取效于旦夕，计本利于出入，盖民间之算，非天府之算也。天府之算，以山海之产为材，以亿兆之力为工，以修洁英达之士为役。果何本而何利哉！"④原来铸钱用的物料多半是贡物，不用花钱去买；铸钱用的人力是服役的亿兆人民，不用花钱去雇。⑤封建国家的政治特权和财政原则在这里歪曲和破坏了价值规律对铸钱的正常作用，造成了铸币名价低于实价的反常现象。

与上一种情况相反，当地主政权处于严重的财政危机之中，或遇战

---

① 《旧唐书·食货志》。
② 《建炎以来朝野杂记》甲集卷16，《财赋》。
③ 《金史·食货志》。
④ 《西园闻见录》卷92，《钱法》。
⑤ 并非全无出钱雇工及买物料者，但这种情形不占支配地位。

争等特殊事件而开支异常拮据时，统治者又会实行货币贬值的政策，或则用减重的办法铸造轻、小的恶钱，或则用改铸当十、当百大钱的办法提高名价。这就是唐人所概括的两种情况："惜铜爱工，改作小钱；或重号其价，以求赢利。"① 应该说，这是一种不合乎一般经济原则的财政手段，对商品经济的发展有害无利。宋人沈畸看到了此点，因说："古者军兴，锡赏不继，或以一当百，或以一当千。此权时之宜，岂可行于太平无事之日。"② 封建统治者这种使铸币名价高于实价的政策，同样对货币价值尺度职能的发挥，起严重的破坏和干扰作用。

地主政权以两种不同的方式使铸币的名价与实价相脱节，并非出于偶然。两种政策的交替使用是有规律性的。大致在农民战争之后，社会经济比较能够正常发展时，国家铸币的质量较高，或则名价与实价相符，或则前者低于后者；当土地兼并非常严重，财政危机已经爆发时，国家铸币就容易流于名价高于实价。西汉末，土地问题极端突出，王莽改制时遂用名价高于实价的大泉、小泉、契刀、错刀等新币剥削社会居民。唐代"安史之乱"以后，均田制已经基本上遭到破坏，再加上战火连年造成的军费增加，所以统治者铸造了当十、当五十的大钱。宋代的情况也是："国初惟要钱好，不计工费；后世惟欲其富，往往减工缩费，所以钱稍恶。"③ 这种铸币政策的交替变化，是中国封建社会周期性发展的经济特点造成的。

除了国家的铸币政策外，私人盗铸也是紊乱币制，干扰价值尺度职能的一个重要因素。当社会经济逐渐发展，商品货币关系日益频繁，货币必要流通量与日俱增时，尽管国家铸币质量较好，私铸恶钱仍能行用，因为官钱不能满足商品经济的需要。唐代前期，农业和手工业蒸蒸日上，虽然官铸的"开元通宝"钱"与铜之价颇等"，但"私铸小钱，才有轮廓及铁锡之属，亦堪行用"。在这种条件下，私铸非常有利，"故盗铸者破重钱以为轻钱"。④ 当地主政权陷于财政危机之中，为了增加收入而官

---

① 《通典》卷8，《食货典》。
② 《通考》卷2，《钱币考》。
③ 《通考》卷2，《钱币考》。
④ 《通典》卷9，《食货典》。

铸恶钱时，民间必然也仿铸恶钱成风。南朝人刘悛已经指出："轻钱弊盗铸，而盗铸为祸深。民所以盗铸严法不禁者，由上铸钱惜铜爱工也。"① 这种情况在历代都极为普遍。无论在上述哪种情况下，盗铸恶钱都造成币制混乱，影响价值尺度职能的正常发挥。

历代经常出现"钱荒"问题，对货币职能也有显著影响。发生"钱荒"的主要原因是：第一，我国封建社会历来以铜铸币为主要货币，而铜与贵金属有很大差别。金、银等贵金属除了当作货币使用外，在生产和生活中用途很少，因此，"不论把多少金银投入社会流通过程，也不致对直接生产过程和消费过程发生不利的影响"②。铜则不然，在生产和生活中都有较大的用途，因而在使用铜铸币的国家，必然发生铸币用铜与一般用铜的矛盾。南朝人颜竣已经有这样的顾虑："但虑采山事绝，器用日耗，铜既转少，器亦弥贵。设器直一千，则铸之减半，为之无利，虽令不行。"③ 唐人白居易曾指出，唐朝后期"钱荒"产生的原因是："官家采铜铸钱，成一钱破数钱之费也；私家销钱为器，破一钱成数钱之利也。铸者有程，销者无限，虽官家之岁铸，岂能胜私家之日销乎？"④ 清代也有类似的情况："统计各省每年打造铜器，需铜无算，若非销毁，从何而得？"⑤ 此外，贵金属的价值很高，少量的金、银就可以代表大量商品的价值；铜的价值低得多，必须有大量的铜铸币才能满足货币必要流通量的需要，而在生产力水平较低的条件下，铜的开采和冶铸总是不免受到很大的局限。铜铸币的材料特性决定了容易产生"钱荒"。

第二，当土地兼并严重，地主政权发生财政困难时，统治者往往采取大量征钱的税敛政策，而且这种赋税征钱总是远远超过了商品经济的水平，这是产生"钱荒"的一个重要原因。关于此点，以后还要详细讨论。

第三，在对外贸易中，大量铸币外流也是加重"钱荒"的一个因素。

---

① 《南齐书·刘悛传》。宋人范浚也说："欲为重钱而病难用，欲为轻钱而病盗铸。"（《香溪集》卷15，《议钱》）清代也有人为统治者叫苦说："其行大钱而不能久者，钱重则耗费繁而无济于国；钱轻则盗铸多而有害于民。"（《冷庐杂识》卷8，《大钱》）
② 《马克思恩格斯全集》第13卷，人民出版社1962年版，第145页。
③ 《宋书·颜竣传》。
④ 《白氏长庆集》卷46，《平百货之价；陈敛散之法，请禁销钱为器》。
⑤ 《皇清奏议》卷41，陈宏谋《请变通钱法疏》。

唐宋以后，随着对外贸易的开展，这种情形越来越显著。

第四，铸币的大量贮藏也是形成"钱荒"的一个原因。我们在以后讨论货币的贮藏手段职能时，再具体分析这方面的问题。

"钱荒"经常与铜荒孪生在一起，铜器的不足使其价格高于价值。尽管国家可以把名价与实价比较相符的铸币投入流通过程，但铸币和铜器在市场上相遇以后，铜的高价格必然会提高用于购买其他商品的铜铸币的购买力。可见"钱荒"对铜铸币的价值尺度职能的发挥，有不容忽视的干扰。

铜铸币有时低于所值、有时高于所值地流通，都不免使价值尺度和价格标度的货币职能受影响，但价值规律最终是要发生作用的，正如马克思所说："即使君主下命令使一马克今后成为两马克，但是贸易却总是告诉你：这两个新的马克只值从前一个马克。"[1] 古人通过经验也知道："夫币者，上之所制以驭天下之富，然而其轻其重，常转移于下，而上不能与之争。"[2] 不过，封建社会以自然经济为特征，商品货币关系不发达，价值规律的作用不是立竿见影的，所以商品价格偏离货币材料的价值以后，二者的重新吻合，需要经历一个曲折而漫长的过程。[3]

货币流通与货币贮藏的关系非常密切，贮藏手段职能就是从流通手段职能中派生出来的。古人也知道："蓄钱者，志于流通，初不烦上之人立法以敩其懋迁也。"[4] 因此，我们把这两个货币职能合并在一起讨论。

我国历史上的货币种类很多，金、银、铜、铁、纸币都当作流通手段使用过，但发挥流通手段职能的主要货币却是铜铸币。唐人杜佑曾说："凡万物不可以无其数，既有数，乃须设一物而主之。其金银则滞于为器为饰，谷帛又苦于荷担断裂，唯钱可贸易流注，不住如泉。若谷帛为市，非独提挈断裂之弊，且难乎铢两分寸之用。"[5] 这一议论中有一些不中肯之处，在这里不必加以批驳，但它却准确地说明了一个事实，即唐代以

---

[1] 《马克思恩格斯全集》第4卷，人民出版社1958年版，第124页。
[2] 《退庵随笔》卷7，《政事》。
[3] 《马克思恩格斯全集》第13卷，人民出版社1962年版，第151—152页。
[4] 《通考》卷2，《钱币考》。
[5] 《通典》卷8，《食货典》。

前，铜铸币确实是最主要的流通手段。两宋时期，基本情况仍然如此，并没有发生根本性质的变化。直到明清，铜铸币始终没有退出历史舞台，当时实行的是银、钱平行本位制。① 不过，贵金属银已经日益发挥着流通手段的职能，只是金、银仍未以铸币的姿态出现，仍以条块形式流通。

在不同的社会形态中，不同的货币职能所发生的作用会有很大差别。封建社会商品货币关系的发展水平很低，货币的流通手段职能的发挥不能与资本主义社会同日而语，而贮藏手段的职能却居于突出地位。正如马克思所说："商品生产愈不发达，交换价值的最初独立化为货币即货币贮藏就愈为重要。"② 中国封建社会刚刚诞生，就有"富人藏银满室，犹无厌足"③ 的现象。唐宋时期，商品经济水平有了空前的提高，但货币贮藏仍然成风。宋代"洛中第宅求售，评值外复索掘屋钱，盖其下多有宿藏"④。明清时期，尽管资本主义萌芽已在孕育，人们仍旧认为，"银之用广，富贵家争藏银"⑤。有的地主为了准备资金兼并土地，也往往窖藏大量金银。如宋代有一个大官僚，"家藏金多，率以银百铤为一窖"。嗣后，其子"将买田，发其一窖"⑥。清代云阳改氏在丰年变谷为钱，"尽取金钱埋之，九里皆满"，并对人说："有得意田，遂可弃无用金。"⑦ 在这种场合，货币贮藏在实质上就是地租贮藏。

在正常的情况下，货币应当首先满足商品流通领域的需要，被贮藏的货币只是流通货币的后备部分，是其蓄水池，应该对货币的流通起调节作用。中国封建社会却经常出现反常现象，即流通领域越感到货币不足时，人们越是把大量的货币贮藏起来，这就人为地造成了流通手段职能同贮藏手段职能的矛盾。唐朝后期闹所谓"钱荒"，市场上"见钱渐少，皆缘所在壅塞，不得通流"⑧。北宋王安石变法以前，"民间之钱固已

---

① 参阅彭信威《中国货币史》，上海人民出版社1958年版，第453、521页；杨端六《清代货币金融史稿》，生活·读书·新知三联书店1962年版，第3页。
② 《马克思恩格斯全集》第13卷，人民出版社1962年版，第124页。
③ 《汉书·食货志》。
④ 《清波杂志》卷6。
⑤ 《安吴四种》卷26，《再答王亮生书》。
⑥ 《夷坚甲志》卷18，《余待制》。
⑦ 《古今图书集成·食货典》卷63，《田制部》。
⑧ 《旧唐书·食货志》。

少矣",藏镪者多为富商大贾,普通地主则"未尝有积钱巨万于家者也"。① 实行变法以后,"钱荒"更严重了,不见大量货币投入流通过程,反而销钱为器,变相贮藏。当时"民间销毁,无复可办,销镕十钱,得精铜一两,造作器物,获利五倍"②。明代也有"银益独行,豪右之藏益深"③的情况。在通常情况下,货币流通的速度增加,可以减少货币必要流通量;但我国历代往往是"钱荒""银荒"最严重的时候,货币流通的速度不仅不能增加,反而在"商贾皆绝",④"百货不通"⑤的条件下更加降低了。

为什么会出现上述矛盾现象呢?根本原因是,地主政权大量征收货币赋税,人为地扰乱了货币流通规律。马克思说:"认为流通手段不足造成生产过程和流通过程的停滞,是一种流行的错觉,但决不能由此反过来说,例如,官方采取'通货管理'的拙劣手段所造成的流通手段的真正不足,也不会引起停滞。"⑥ 因此,我们一方面要批判货币数量说,一方面也要承认,我国封建政权的大量征钱确实是人为的"政府干涉",能够引起病态的流通停滞和货币贮藏。历代统治者一面制造"钱荒",一面限制民间藏钱藏银,看来矛盾,目的则一,都是为了尽量搜括民间钱币,解决财政危机。这只不过是一种掠夺社会居民的手段而已。

封建社会货币贮藏的职能本来就比较突出,地主政权的货币征税更助长了这种趋势,所以我国历代的流通领域不是以一定数量的货币不断流通为常态,而是以国家铸币为起点,货币窖藏为终点,使货币成为流通领域的暂时过客。无怪乎古人一再惊呼,累年鼓铸,积十年百年,宜乎贯朽,而民间反大叫"钱荒"。

中国封建社会一开始,就存在货币的支付手段职能。汉代手工业者带着农具到田间出卖,"或时贳"⑦,就是商品流通中用货币支付的事实。

---

① 《司马温公文集》卷7,《应诏言朝政阙失状》。
② 《宋史·食货志》。
③ 《西园闻见录》卷92,《钱法》。
④ 《新唐书·食货志》。
⑤ 《宋史·食货志》。
⑥ 《马克思恩格斯全集》第23卷,人民出版社1972年版,第141页。
⑦ 《盐铁论·水旱》。

不过，封建社会以自然经济占支配地位，商品流通有限，而且借贷信用主要建立于农民和地主之间，所以货币的支付手段职能体现在商品经济上较少，更多地体现在货币借贷的到期偿还和货币赋税、货币地租的定期缴纳方面。马克思说："货币的支付手段职能，是高利贷的真正的、广阔的和独有的地盘。……高利贷本身又是使货币充当支付手段的必要性得到进一步发展的主要手段，因为它使生产者越来越深地陷入债务，使他因背上利息的重负而不可能进行正常的再生产，从而使他失去了通常的支付手段。在这里，高利贷产生于货币的支付手段职能，而又扩大货币的这种职能。"又说："每一笔在一定期限到期的交款，如地租、贡赋、赋税等等，都必须用货币来支付。"① 我国的情况正是如此。须特别指出的是，由于中国封建社会的高利贷资本特别猖獗，赋税中的货币成分出现较早，所以货币的支付手段职能发挥得更早、更突出。

毫无疑问，中国封建社会的货币，在对外贸易中，也发挥世界货币的职能。我国历代货币散布于东西方很多国家，不断被考古学家发现，就是证明。在这种场合，货币是购买手段，却不是流通手段。由于封建社会的对外贸易极其有限，世界货币的职能也具有很大局限性。毋宁说，货币只是在偶然的机缘下才流往国外的。

第二节　货币的物质形态

世界各国在封建社会所使用的货币材料一般都是金、银、铜、铁、纸等。但各国商品经济的水平有高低之别，货币的物质形态也有很大差别。在同一个民族中，由于各个历史阶段的具体情况不同，货币的物质形态也必然发生相应的变化。在西方中世纪时期，白银是最主要的货币；在中国封建社会绝大部分时期，最主要的货币是铜铸币。

作为贵金属，黄金和白银特别适合充作货币材料，因为它们都有同质，易于分割，适于贮存，不易损坏、氧化及体积小而价值大的优点。铜也具有同质、可以贮存和短期内不易损坏等优点，但其质地坚硬，不

---

① 《马克思恩格斯全集》第25卷，人民出版社1974年版，第678页。

易分割，价值较低，因而铜以自然条块的形式充作货币的情况很少，往往是以铸币的形式进入商品流通过程。铜铸币体积小、价值低，不再需要加以分割，便于交易中使用。汉代有人反对以谷帛代钱，所持的理由是："交易待钱，布帛不可尺寸分裂。"① 北朝也有人认为："布帛不可尺寸而裂，五谷则有负据之难；钱之为用，贯镪相属，不假斗斛之器，不劳秤尺之平，济世之宜，谓为深允。"② 可见铜铸币作为货币使用，自有其便利之处。

为什么中国封建社会的绝大部分时期以铜铸币为主要货币，而不以金、银为主要货币呢？我的初步意见是，我国商品经济发达较早，对外贸易不占支配地位，地主经济与农民经济都同商品经济有较多的联系，在全部商品流通中奢侈品所占的部分远远不如一般日用品所占的部分大，这样，价值较高的金、银只适用于贵重奢侈品的贸易，不适用于一般谷物、布帛等普通商品的贸易，只有价值较低的铜铸币才能满足市场的要求。汉代已经有人懂得："宝货皆重则小用不给，皆轻则僦载烦费。"③ 所谓"宝货"自然是指铸币而言，但重货犹不适于"小用"，金、银更不宜于"小用"。铜铸币的广泛流通正说明中国封建社会"小用"的场合特别重要。明代也有人说："今天下交易所通行者，钱与银耳，用钱便于贫民。"④ 清人鞠珣也认为："近代以来，始闻用银，为其轻便而易行也。究之零星分厘，称使琐屑，是用银终不若用钱之便也。"⑤ 铜铸币的长期流通反映"贫民""零星分厘"地进行交易具有重要意义。西方中世纪的普遍用银，是由于过境贸易和远地转运贸易占主要地位，体轻价贵的奢侈品在很长时期中是最重要的商品，铜铸币价值既低，又不便携带，无从适应商品经济的需要。由此可见，有的时候，贵金属在货币流通中日益重要，反映商品经济水平有了显著提高；有的时候，使用铜铸币比使用贵金属更能反映社会居民与商品经济相联系的密切程度。我们不能不顾

---

① 《汉书·食货志》。
② 《魏书·食货志》。
③ 《汉书·王莽传》。
④ 《五杂俎》下卷12，《物部》。
⑤ 《切问斋文钞》卷18，鞠冠玉《定鼓铸疏》。

具体条件，笼统地肯定，使用金、银一律比使用铜铸币进步。

铜铸币虽然是我国封建社会最主要的货币，但贵金属金和银也很早就当作货币流通了。不过，后者往往是用于对外贸易，在国内市场上的行用只居从属地位。南朝梁初，"唯京师及三吴、荆、郢、江、湘、梁、益用钱，其余州郡则杂以谷帛交易，交广之域，全以金银为货"①。唐代"自岭以南，以金银为货币"②。明代"闽、广绝不用钱而用银低假"③。显然，南朝的"交广之域"，唐代的"岭南"及明代的"闽、广"都是对外贸易港口所在地，故使用的货币与内地不同，主要流通白银。在域外通商中，世界货币职能多半是由白银发挥，铜铸币的作用是第二位的。

明清时代，铜铸币还没有失去价值尺度的职能，但白银在货币领域中的地位和作用却日益重要起来，贵金属排挤铜铸币的过程虽未完成，然已开始。为什么发生这一现象呢？马克思说："随着财富的增长，不大贵重的金属逐渐为比较贵重的金属所排挤，失去价值尺度的职能。铜为银所排挤，银为金所排挤。"④可见明清时期贵金属在国内市场逐渐广泛使用，是社会生产力水平提高、财富增加、商品量膨胀的反映。普遍用银的一个次要原因是，随着生产技术的进步，采炼白银的劳动生产率有所提高，单位银量所包含的劳动量有所减少，所以白银也能在一定程度上适合于"小用"，其应用范围较以往扩大了。明人王世贞曾说："凡贸易，金太贵而不便小用，且耗日多而产日少；米与钱贱而不便大用，钱近实而易伪易杂，米不能久；钞太虚，亦复有浥烂。是以白金之为币长也。"⑤这段议论并不完全正确，却可说明"白金"日益适于"小用"的事实。当时尽管已经出现了贵金属排挤铜铸币的情况，但这一过程还没有发展到这样的程度，"使价值较低的金属变成辅币，使价值较高的金属变成货币"⑥。铜铸币仍然是最主要的货币。因为中国封建社会没有得到充分的发展，尤其是未能跨入资本主义社会，财富的积累受到很大局限，

---

① 《隋书·食货志》。
② 《元氏长庆集》卷34，《钱货议状》。
③ 《五杂俎》下卷12，《物部》。
④ 《马克思恩格斯全集》第23卷，人民出版社1972年版，第117页。
⑤ 《弇州史料后集》卷37，《笔记》上。
⑥ 《马克思恩格斯全集》第13卷，人民出版社1962年版，第145页。

第十一章 货币

所以黄金只是偶然地当作货币使用,从来没有在流通领域取得重要位置。

铜铸币和白银不仅在流通手段和世界货币两个职能的发挥上各有偏重,存在一定程度的分工,而且在流通手段和贮藏手段两个职能的发挥上,情况也是如此。铜铸币可以窖藏和长期贮存,毕竟比白银容易氧化;加之,铜的价值很低,只有大量贮藏才有意义,却不免由此带来一些不便。白银则价值高、体积小、不易氧化,贮藏起来有方便之处。明代有的地主"家藏白镪,皆铸大锭,锭四十斤"①。如果这些白银换成同价值的铜铸币加以贮藏,其困难和不便是可想而知的。大致宋代以后,随着白银流通的逐渐普遍,尽贮藏手段职能的货币,主要就是白银了。

铸币在使用过程中因磨损而减重后,仍能照常流通,是由于它具有流通手段职能,并且作为铸币使用。唐代的"欠陌钱"之所以能够流通,其原因就在于此。沿着这种趋势继续发展,基本上没有价值的纸币在市场上也可以当作流通手段使用。宋元以后,出现了交子、会子、宝钞等,纸币盛极一时,货币的物质形态又向前跨了一步。

在西方,美洲于17世纪末才开始发行纸币,英、俄二国发行纸币的开始时期也迟至18世纪末叶。按照世界通常情况,纸币的产生是以比较发达的商品生产、商品流通为前提的。只有商品货币关系发展到这样的程度,货币的流通手段职能已经相当突出,纸币才能投入流通过程。我国从北宋开始就出现了纸币,比美洲早五个世纪,比欧洲早六个世纪,而且这种纸币不是以贵金属为准备,却是以铜、铁铸币为准备的。上述特殊情况形成的原因确实应当加以探讨。

不仅宋元,就是到明清之际,中国的生产力和社会分工水平均无法与西方17、18世纪同日而语。在这种条件下纸币提前产生的主要原因是:第一,我国的地主经济和农民经济本来与商品经济的联系就比较多,在农民易于出卖农产品和手工业品,地租易于大量商品化的条件下,商品生产的水平尽管很低,商品货币关系却有可能比较发达。在土地兼并,农民破产而大批地"舍本逐末"的时候,商品经济还会病态地呈现繁荣。这些特殊因素使货币的流通手段职能的发展大大提前了。清人在回顾宋代

---

① 《涌幢小品》卷9,《吴刘心计》。

交子时，还以为"居者以藏镪为得，行者以挟券为便"①。可见我国纸币的产生与货币流通手段职能的突出有密切关系。第二，我国封建政体的特殊形式决定了国家必须开支大量的官禄、兵饷，土地兼并又往往引起严重的财政危机（详后），宋元时期连绵不断的战争更加重了地主政权的财政困难，在这种形势下，封建国家就把大量发行纸币作为弥补亏空的手段，加以滥用，从而使纸币恶性地膨胀起来。宋人李迨承认："自来遇岁计有阙，即添支钱引，补助支遣"，绍兴初，历年大量添印纸币即由此引起。② 元代末年行用"至正钞"，"军储供给，赏赐犒劳，每日印造不可数计"。③ 封建国家的通货膨胀政策使纸币这个早产儿又获得了畸形早熟的环境。

　　商品生产的不足使商业的发展缺乏稳固的物质基础。土地兼并下农民"舍本逐末"所造成的商业繁荣具有虚假性，不能持久。封建国家的财政危机也是时隐时现，在农民战争之后总是趋向缓和。这些因素使我国封建社会的纸币又具有如下两个特点：第一，财政因素使纸币流通极不正常，发行额适合于流通需要量的情况，百不一见。历代从原则上肯定纸币的人很少，大多数议论都把滥发纸币、通货膨胀当作使用纸币的必然后果。第二，由于缺乏稳固的物质基础，纸币的流通也很不稳定和经常，往往盛而复衰。宋元时期，纸币曾经盛行一时，但到明清两代，它不但没有更加广泛地使用，反而衰落了。元代"始终用钞，钱几废矣"，但到明代嘉靖、万历时，货币流通情况却是"钞久不行，钱亦大壅，益专用银矣"④。顾炎武曾明确地指出："今日上下皆银，轻装易致，而楮币自无所用，故洪武初欲行钞法，至禁民间行使金、银，以奸恶论，而卒不能行。及乎后代，银日盛而钞日微，势不两行，灼然易见。"⑤ 清代自顺治十八年（1661）停止造钞后，"以钱与银二品为币，相权而行"⑥。这种货币物质形态的逆转是反常的病态，如果我们不能认识中国

---

① 《陶庐杂录》卷5。
② 《建炎以来系年要录》卷111，绍兴七年。
③ 《元史·食货志》。
④ 《明史·食货志》。
⑤ 《日知录》卷11，《钞》。
⑥ 《退庵随笔》卷7，《政事》。

封建社会纸币早产的特殊条件和原因，就会对它的中衰现象感到茫然不解。

由此可见，我们只能根据中国封建社会的特点探讨纸币产生和泛滥的根源，却不能根据纸币的病态发展，过高地估计当时商品生产和商品货币关系所达到的水平；否则，就会被事物的现象所迷惑，得出不恰当的结论。

第十二章 城市经济和城乡对立

在这一章里，将从城市的产生、城市经济的特点、城市的内部结构及城乡对立关系等方面，对中国封建社会的城市进行分析。在研究这些问题时，必须把握中国封建城市各方面的特点，才能全面说明有关城市经济的各种现象之间的内在联系。

第一节 封建城市产生的特殊途径

西方在奴隶制时代，本来已经形成了不少城市，但进入封建社会以后，大多被破坏为废墟了。幸存的城市不但为数很少，并且是"一些残破不全而且失掉文明的城市"①，基本上失去了经济意义。它们一般只是一些行政中心、教会中心和设防据点。9世纪以后，直到11世纪，真正的封建城市才大批勃兴。马克思和恩格斯因此强调，这种城市"不是从过去历史中现成地继承下来的、而是由获得自由的农奴重新建立起来的"②。城市经济的再度兴起，是社会分工发展的结果。东方国家在中世纪早期，城市并未衰落，一般都具有经济意义。可见东西方封建城市的最初发展状况并不一致，各有特点。

中国封建社会的城市也具有形成较早的特点。奴隶制全盛的西周时期，城市并不发达，考古工作者根据大批古城遗址的发掘，认为奴隶制行将崩溃的东周时期"大批城市的兴起，是当时出现的一个新现象"③。

---

① 《马克思恩格斯全集》第7卷，人民出版社1959年版，第400页。
② 《马克思恩格斯全集》第3卷，人民出版社1960年版，第57页。
③ 夏鼐：《我国近五年来的考古新收获》，《考古》1964年第10期。

第十二章 城市经济和城乡对立

"春秋早期以前的都邑，一般只是统治者的居住地；作为在经济生活上起一定作用的城市，是在春秋晚期才出现的"。战国时期的古城一般都具有规整的墙垣和街道，这种类型城址的普遍出现，证明战国时期城市大量兴起了。"到战国中期，城市有了很大的发展。"[①] 因此，我国的封建城市基本上不是从奴隶制时代继承下来的，也不是封建社会形成几个世纪以后重新勃兴的，而是随着奴隶制的崩溃和封建制的确立而诞生的。史籍中的文字记载同考古发掘的结果完全吻合。现仅据《春秋左传》所载，当时筑城之举即在五十次以上。战国时期，有关城市的记载就更多了。如赵国攻燕，"得上谷三十城"。[②] 穰侯为秦攻魏，"拔魏之河内，取城大小六十余"。[③] 西周君曾献给秦昭襄王三十六城。[④] 乐毅攻齐，则"下齐七十余城"[⑤]。此类事例不胜枚举，战国时的城市是以千百计的。这些"城"，有的可能只是一些军事据点，还不是真正的城市；但可以断言的是，其中相当部分已经确实由军事、政治据点发展为封建城市了。

在我国封建城市形成的过程中，社会分工的发展和商品经济的繁荣并没有起决定性作用，真正起关键作用的因素是剥削阶级的政治、军事需要。据《春秋左氏传》所载，春秋时筑城的原因不外乎以下三种：第一，大小诸侯的国都是政治中心，都需筑城，大都、中都、小都之城各有定制，不得僭越。[⑥] 有的时候，统治者为了避免少数族的攻扰而迁都筑城。[⑦] 这也是出于军事上的考虑。第二，各国纷争中须在战略要地筑城，如《左传》载："季孙行父帅师城诸及郓。"注："郓，莒、鲁所争者。……以其远偪外国，故帅师城之。"[⑧] 鲁国历次筑城，多是为了"备齐""备晋"。第三，统治者为了达到某种政治目的而在一些地方筑城。如《左传》载，庄公"城小谷"是"为管仲也"。注："公感齐桓之德，故为管

[①] 中国科学院考古研究所：《新中国的考古收获》，文物出版社1961年版，第68页。
[②] 《史记·樗里子甘茂传》。
[③] 《史记·穰侯传》。
[④] 《史记·秦本纪》。
[⑤] 《史记·乐毅传》。
[⑥] 《左传》隐元年。
[⑦] 如："诸侯城卫楚丘之郛，惧狄难也。"（《左传》僖十二年）楚丘就是卫之国都。又如诸侯城缘陵，也是因为"辟淮夷，迁都于缘陵"（《左传》僖十四年）。
[⑧] 《左传》文十二年。

仲城私邑。"① 又如"齐人城郏"。注："郏，王城也。于是谷雒斗，毁王宫，齐叛晋，欲求媚于天子，故为王城之。"② 齐人是有明显的政治企图的。不过，封建社会的城市经济毕竟是在这些旧城的基础上发展和繁荣起来的，因此，我们必须从春秋时期的筑城去追溯封建城市兴起的历史渊源。

战国、秦、汉时期，封建城市的成批出现则与郡县制的确立有密切关系。据《史记》载，汉高祖生得魏豹，"尽定魏地，凡五十二城"③。此事在《汉书》作"五十二县"④。可见凡城皆县。高祖定齐，"凡得七十余县"⑤，说明战国时齐国的七十余城到汉代都变成了郡县治所。秦始皇堕坏城郭之后，汉高祖又"令天下县邑城"⑥。郡县制是中央集权的地主政权对全国进行统治的政治制度，郡县治所并非因工商业人口的自然集中而形成的城市，只不过是封建国家的一些政治、军事据点而已。

秦汉以后，直至明清，封建城市仍在陆续增加，其中大部分新增的城市，仍旧是由于政治、军事原因而形成的。明代有人指出："历考闽属，自国朝来，每因寇乱，设县即定。"⑦ 实际上，明政权新置的清平、崇义、和平等县，都是为了镇压农民起义而形成的城市。⑧ 陨阳地区也因为不断爆发农民起义，增置了竹溪、陨西、桐柏、南召、伊阳、山阳及白河等县。⑨ 关于明代的大小城市，曾有人概括地指出："今之所谓都会者，则大之而为两京、江、浙、闽、广诸省，次之而苏、松、淮、扬诸府，临清、济宁诸州，仪真、芜湖诸县，瓜州、景德诸镇。"⑩ 在这里，城市的大小是按首都、省会、府、州、县等郡县等级而定的。瓜州、景德等镇虽然是以手工业和商业的发展为主要条件而形成的市镇，但在全

---

① 《左传》庄三十二年。
② 《左传》襄二十四年。
③ 《史记·曹相国世家》。
④ 《汉书·曹参传》。
⑤ 《史记·曹相国世家》。
⑥ 《汉书·高祖纪》。
⑦ 《天下郡国利病书》原第26册引《闽中分处郡县议》。
⑧ 《阳明全书》卷9《添设清平县治疏》，卷10《立崇义县治疏》，卷11《添设和平县治疏》。
⑨ 《天下郡国利病书》原第24册《湖广》上。
⑩ （万历）《歙志》，《传》卷10《货殖》。

国中所占比重有限，而且被列于最后。明代是商品经济空前发展的时期，工商业城市尚且不占支配地位，明以前其他各代，郡县治所就更是封建城市形成的主要原因了。

虽然我们认为，政治、军事需要是中国封建城市形成的基本原因，但并不否认，这种城市一旦形成之后，内部就必然要出现手工业生产和商业活动。如北魏曾于天兴元年（398）"徙山东六州民吏及徒河、高丽杂夷三十六万，百工伎巧十万余口，以充京师"[1]。隋朝营建东都洛阳，亦"徙天下富商大贾数万家于东京"[2]，并命令"河北诸郡送工艺户陪东都，三千余家"[3]。南宋定都临安之后，"故都及四方士民商贾辐辏，并翄立官府"[4]，商品经济在这里大为活跃起来。清代有人主张在川楚陕交界地区建立县城，认为经过一段时间，"客商移住"，可以"渐成都会"[5]。这是几个最典型的例子。需要特别指出的是：在西方，是工商业的发展为城市的产生提供了前提；在我国，却是城市的产生为城市商品经济的活跃提供了条件。上述几例说明，这些城市中的工商业大多不是在当地土生土长起来的，而是从外地强制迁来的。因此，我们不应当根据中国封建城市的数量和规模过高估计城市商品经济的水平，只能实事求是地根据城市内部商品经济所达到的实际水平，来确定封建城市的经济意义究竟有多大。

中国封建城市的产生途径与西方不同，城市的政治、军事性质特别突出，我觉得这种城市可以简称为"郡县城市"。

第二节　城市的基本面貌及其特色

中国封建城市的特殊面貌，主要通过城市居民的成分表现出来。西方的封建城市是商品生产发展的产物，手工业者在整个中世纪都是最主

---

[1]　《魏书·太祖纪》。
[2]　《隋书·炀帝纪》。
[3]　《大业杂记》。
[4]　《老学庵笔记》卷8。
[5]　《三省边防备览》卷11，《策略》。

要的城市居民，除工商业者外，其他职业和成分的城市居民微乎其微。与此相反，我国郡县城市中的绝大部分居民是官僚、地主、军队和游手等消费人口，工商业者是绝对的少数。汉代王符就已指出："今察洛阳，浮末者什于农夫，虚伪游手者什于浮末。……天下百郡千县，市邑万数，类皆如此。"① 所谓"农夫"，主要是指洛阳一带的农村居民而言，并非城市人口，只有其中少数是城居的地主。"浮末"显然是工商业人口，在洛阳城中却比消费人口"游手"少得多。如果再把官吏和军队计算在内，工商业者就显得更少了。宋代汴京是最大的城市，人口很多，但其中仅屯驻的军队就占"数十万"。② 开封城中虽也有"九市之富，百廛之雄，越商海贾，朝盈夕充"，但城内到处是"天姬之馆，后戚之里，公卿大臣之府，王侯将相之第"。③ 明代燕京居民中除大量皇室、贵族、官僚、军队外，还有很多围绕着他们的阉竖、宫女、娼妓、僧侣、巨室之"苍头、使女"和乞丐。④ 大量消费人口的集中是历代城市的普遍现象。

在西方，尽管封建城市是在领主的领地上形成的，领主却很少居住于工商业城市中。在中国，封建地主入居城市则是司空见惯的事。一般地主的治家原则是尽量乡居，避免城居，但贵族、官僚、大地主和兼营工商业的地主却往往城居。明人庞尚鹏认为："累世乡居，悉有定业，子孙不许移家。住省城三年后，不知有农桑；十年后，不知有宗族，骄奢游惰，习俗移人，鲜有能自拔者。予尝言：乡居有十利。"⑤ 清人张英也说："子弟有二三千金之产，方能城居"，"若千金以下之业，则断不宜城居矣。"⑥ 事实说明，坚持乡居的只是庶族地主、中小地主，至于贵族官僚地主、豪强大地主、商人地主，大多数还是居住于城市之中。

在中国封建城市中，工商业者只占少数。不少论著在证明战国临淄是工商业城市时，往往引用下面一段记载："临淄之中七万户……其民无不吹竽鼓瑟，击筑弹琴，斗鸡走犬，六博蹋鞠者；临淄之途车毂击，人肩

---

① 《潜夫论·浮侈篇》。
② 《孝肃包公奏议》卷3，《请置发运判官》。
③ 《玉照新志》卷2。
④ 《五杂俎》，上卷3《地部》，上卷8《人部》。
⑤ 庞尚鹏：《庞氏家训》。
⑥ 张英：《恒产琐言》。

摩，连衽成帷，举袂成幕，挥汗成雨。家敦而富，志高而扬。"① 这段史料丝毫也不能反映临淄城中工商业发展的实际程度。居民中"吹竽鼓瑟，击筑弹琴，斗鸡走犬，六博蹋踘者"，都是游手之徒，根本不是工商业者。"临淄之途"的盛况只能说明人口众多，街道拥挤，并未指明这些居民的职业和成分。当然，我们并不否认临淄城内有工商业，只是不能根据这条史料过高地估计其发展水平。清初顺治时，南京"绅士、兵、民以及工商、伎艺等类，数逾百万"②。嘉庆时，江宁织工"殆千余人"③。尽管织工不能包括全部手工业者，但由于织工毕竟是其中最主要的部分，所以从这两条记载中可以看出，"数逾百万"的南京居民中，手工业者仍然只占少数。已经产生了资本主义萌芽的明清之际，南京的情况尚且如此，其他各代郡县城市中的居民状况，就更可想而知了。

城市商业在手工业作坊不够发达的条件下，只能以转运远地的奢侈品为主要业务，所以商业的活跃远远超过了商品生产的水平。唐人元稹曾这样描写过商人的城市贸易："求珠驾沧海，采珠上荆衡，北买党项马，西擒吐蕃鹦，炎洲布火浣，蜀地锦织成，越婢腊肉滑，奚僮眉眼明。通算衣食费，不计远近程，经游天下遍，却到长安城。……先问十常侍，次求百公卿，侯家与主第，点缀无不精。"④ 这种"估客"很少贩卖什么真正的手工业品，也没有和长安城中的手工业者发生多少联系，只是用一些奢侈品"点缀"城市中的"侯家与主第"。因此，转运商业的活跃并不能准确地反映城市手工业的发展程度。毋宁说，这种商业的发展主要取决于城市是否处于交通孔道、城市的政治地位高低、城内的消费能力大小。范蠡所居之陶，"为天下之中，交易有无之路通"，他认为在这里"为生可以致富矣"，于是定居下来。⑤ 唐代扬州是长江与运河相交之处，因而成为当时的大商业城市之一。一般中小城市的情况亦复大同而小异，明代郑州的商业贸易是："各方商贾辇运珍异并布帛菽粟之属，入城为

---

① 《战国策·齐》卷1。
② 《皇清奏议》卷15，卫贞元《东南绸缪宜豫疏》。
③ （嘉庆）《江宁府志》卷11，《物产》。
④ 《元氏长庆集》卷23，《估客乐》。
⑤ 《史记·越王勾践世家》。

市。"① 大部分商品并非本城所产。有的小城市中，甚至根本没有什么像样的工商业，如宋代泽州凌川县，非常荒寂，"市中唯有卖胡饼一家"②。

西方封建城市以手工业者为主要居民，故其发展和扩大受社会分工水平的限制，不可能畸形地膨胀为拥有数十万人口的大城市。到14世纪时，容纳两万人口的城市就被看作大城市了。甚至像伦敦这样一个著名城市，也只有四万居民。中世纪城市人口的平均数不过数千而已。中国封建社会的历代国都和郡县治所，居民以消费人口为主，其发展不受城市生产水平的限制，容易畸形地膨胀和扩大。战国时的临淄已经拥有居民数十万人，以后历代数十万人口的城市屡见不鲜。这种情况与西方相比，是大异其趣的。

综上所述，中国封建城市的一般面貌，大体可以描绘如下：政治、军事意义大于经济意义，消费意义大于生产意义，商业的繁荣远远超过了商品生产的水平。因此，我们不能根据大城市的畸形膨胀，过高地估计中国封建社会的商品经济水平，过低地估计自然经济的程度。

上述封建城市的特点导致城市的规划和布局也别具一格。

汉代长安城中，长乐宫、未央宫、桂宫、北宫和明光宫等，"占据了全城大部分地方"。工商业活动除在城内局促于区区的东西两市外，大量进行于城外。如昆明池南的柳市，安门南的会市，以及西安市附近的阎新村、好汉庙、枣园村和户县锺官城等，都有手工业作坊遗址。③ 这一布局说明，宫殿作为政治的象征，居于支配地位，工商业只居从属地位。

北魏的首都洛阳也是："京邑诸坊，大者或千户、五百户，其中皆王公卿尹、贵势姻戚、豪猾仆隶、荫养奸徒。"④ 棋盘式的坊制已经大体形成，其中很少工商业者。据《洛阳伽蓝记》和《洛阳伽蓝图》可知，大市及"工商货殖之民"所在的通商、达货、延酤、治觞、阜财、金肆等里均在城西的阊阖门、西明门之外，小市在东面的东阳门、青阳门之外，

---

① 《万历野获编》卷24，《郑州》。
② 《夷坚丁志》卷16，《鸡子梦》。
③ 刘庆柱：《秦都咸阳几个问题的初探》，《文物》1976年第11期。
④ 《北史·甄琛传》。

四通市及四夷馆在南面的宣阳门之外。① 至于城内的宫殿栉比，寺院骈罗，名宅林立，就更不待言了。工商业活动基本上是在城外，与汉都长安颇有相类之处。

隋代的大兴城，唐代的长安城，是中国历史上最典型的封建城市，考古工作者根据文献和发掘最后得出的结论是："从整个城市中宫殿区所占的地位、封闭式的坊制和受严格控制的市场情况来看，这种封建城市与欧洲中古时期的城市有着很大的差异。封建统治者控制着整个城市，是贵族、官僚、地主的集居之地。工商业虽然较前代获得了发展，有了固定的市场，但在整个城市中却不占主要地位，还受着严格的限制。"② 这一论述是有充分事实根据的，从而也是非常正确的。

宋代以后，坊市制打破了，商品经济在城市中有了空前的发展，但还没有使城市发生本质的变化。以明清时的北京为例，故宫盘踞在全城的中心，使交通上东西不能畅通，南北无从直达，必须绕道而行，显然表现城市的规划布局以政治为首要原则，很少考虑经济上的需要。内城的大量居民是"大臣、庶官、富家"③，而商业最繁荣的地方恰恰不在内城，而在正阳、崇文、宣武三门之外。④ 这说明商业活动仍居于从属地位。

不但历代都城如此，一般郡县城市的情况亦无二致。以唐朝为例，郡治所在的城市一般都有牙城、子城和罗城。牙城即衙城，是地方官吏的衙署坐落的地方，全城的中心部分，实际是首都宫城、皇城的缩影。最外面的罗城往往是随着商品经济的发展而后来形成的。唐代扬州的罗城"为扩展的长方形商业城"和居民区。⑤ 可见商业活动大多也在牙城、子城之外进行，罗城的性质和格局很像明清时北京的外城。

通过上述几例可以看出，宫殿、衙署是所有城市的核心，商业活动

---

① 《洛阳伽蓝记》卷2、3、4。
② 中国科学院考古研究所：《新中国的考古收获》，文物出版社1961年版，第97页。
③ 康熙《清实录》卷268，转引自李华《明清以来北京的工商业行会》，《历史研究》1978年第4期。
④ 参见《历史研究》1978年第4期，李华《明清以来北京的工商业行会》。
⑤ 南京博物院、扬州博物馆、扬州师范学院发掘工作组：《扬州唐城遗址1975年考古工作简报》，《文物》1977年第9期。

或则限于城内区区的市区，或则在城外进行，这种城市规划和布局充分说明：我国封建城市的政治意义大于经济意义。

当我们肯定郡县城市的一般特点时，也应当承认，从战国到明清，城市经济的面貌是有所改变的。尽管城市的政治、军事意义毫未褪色，城市的经济意义却随着社会分工的发展而日益加强。宋代坊市制度的打破就明显地说明了此点。明清时期，还出现了不少真正的手工业市镇。不过，即令到资本主义萌芽已经孕育的时期，就全国绝大多数城市而言，经济意义仍未超过政治、军事意义，郡县城市的特点仍占支配地位。部分因工商业发展而形成的市镇，虽然经济意义非常突出，有些也不免变成郡县治所，掺杂上郡县城市的某些色彩。如唐代扬州是著名的商业城市，但这里也设有大都督府，并且是淮南节度使的驻地。

我国封建城市的特点决定了城市容易兴衰无常。手工业生产的不足使城市缺乏稳定的经济基础，政治、军事因素的变动不居造成了城市消费人口的忽增忽减。战国时盛极一时的临淄，到秦汉以后，丧失了从前的夺目光彩。北魏重建的洛阳也曾经繁盛一时，但魏末大乱，东西魏分裂之后，随着首都地位的丧失，终于变成"城郭崩毁，宫室倾覆，寺观灰烬，庙塔丘墟。墙被蒿艾，巷罗荆棘。野兽穴于荒阶，山鸟巢于庭树。游儿牧竖，踯躅于九逵；农夫耕老，艺黍于双阙"①的荒城。唐代长安曾经是数百年的帝都，名闻中外的大城市，但到五代以后，由于国都东迁，一蹶不振，至北宋时，自含元殿至丹凤门及殿后广大区域，"尽耕为田"。太液池故迹数十顷，"其中亦耕矣"。②这简直是城市农村化了。明太祖定鼎金陵之初，曾"起取苏浙等处上户四万五千余家，填实京师。壮丁发各监局充匠，余为编户，置都城之内外"。到明成祖迁都北京时，取金陵民匠二万七千以行，"减户口过半"。③不但城市一般居民由政治权力摆布，手工业者也要受统治者的强制迁居，一次迁都就造成了严重的彼兴此衰。唐代扬州的繁荣虽然与商品经济有密切联系，但由于商品交换的意义远远超过商品生产的意义，缺乏足够的手工业生产做坚实的物质基

---

① 《洛阳伽蓝记序》。
② 《邵氏闻见后录》卷25。
③ 《天下郡国利病书》原第8册引《上元县志》。

础，所以"扬一益二"的地位在五代以后终为新起的真州所取代。城市经济发展的不稳定性和兴衰无常，也是中国封建城市的特点之一。

第三节 城市手工业和商业

前面讨论商品生产和商业形态等问题时已曾涉及城市手工业和商业，现在我们再从城市经济的角度对这些问题进一步探讨。

城市手工业包括官府手工业作坊、私营手工业作坊及为定货而生产的手艺。

在绝大多数时期，官府手工业是城市手工业中最主要的部分。战国时期，私营手工业的兴起虽然是一件新出现的大事，但根据考古发掘，"官营手工业仍然占主导地位"。当时不但各诸侯国从事手工业生产，其产品上标出"相邦""守相"等字样，而且地方官府也拥有手工业作坊，其产品上常有"郡""郡守""县""令"等字样。[①] 秦汉以后，历代关于官府手工业的记载就汗牛充栋了。

城市中的官府手工业所生产的商品微乎其微，绝大部分是直接供上层统治集团消费的。据考古发掘，秦都咸阳有一些制陶遗址，分布在宫殿建筑遗址附近，"应为宫廷服务的官府手工业作坊"[②]。汉代的东西织室是为统治者"织作文绣郊庙之服"的，[③]"齐三服官"也是类似的手工业机构。唐代的少府监所属的织染署，"掌供冠冕组绶及织纴、色染"，由于专供最高统治者所需，所以"凡绫锦文织，禁示于外"，[④] 以体现政治上的等级特权。南宋的文思院是当时最重要的手工业掌管机构，"凡仪物、器仗、权量、舆服所以供上方给百司者，于是出焉"[⑤]。清朝的织造，在京师有内织染局，在外地有江宁、苏州、杭州三织造局，"岁织内用缎匹，并制帛诰敕等件，各有定式。凡上用缎匹，内织染局及江宁局织造；

---

① 中国科学院考古研究所：《新中国的考古收获》，文物出版社1961年版，第62页。
② 刘庆柱：《秦都咸阳几个问题的初探》，《文物》1976年第11期。
③ 《汉书·宣帝纪》注引应劭曰。
④ 《新唐书·百官志》。
⑤ 《宋史·职官志》。

赏赐缎匹，苏杭织造"①。其他外地官府作坊的产品往往也是用于上供，如陕西"省城织局"，织成的秦缎、秦土绸、秦绵绸、秦绫、秦兼纱等，均"年年供进贡之用"②。山西潞安一带本不产丝，机户甚至到江浙买办湖丝，织造潞绸亦为了"上供官府之用"③。至于历代生产兵器的手工业作坊和将作监的建筑业，就更是百分之百地为封建政权生产了。

官府手工业的职能决定了它的规模特别巨大，这与中央集权的政体有密切的关系。皇室、贵族、百官的消费集中，统治者又能够征调全国的物料和工匠聚于官府，这是城市中大作坊产生的政治条件。汉代的"齐三服官，作工各数千人"④，已经够惊人了。唐代官府手工业的规模更大，"少府监匠一万九千八百五十人，将作监匠一万五千人，散出诸州，皆取材力强壮技能工巧者，不得隐巧补拙，避重就轻"⑤。宋代文思院所辖有三四十"作"之多，其规模可想而知。在西方中世纪，这样大的手工业作坊是很难想象的，原因在于那里不存在中央集权的封建国家。官府手工业的发展固然与社会分工的水平不无关系，但更重要的是取决于统治者的实际需要，因此，它不是稳定地向前发展，而是具有时大时小的特点。一个生活腐化、贪图享乐的皇帝执政，官府手工业可能突然膨胀起来；另一个提倡"茅茨不修"，反对"雕镂饰纹"的皇帝上台，可能大肆裁并官府手工业作坊，放散工匠。因此，我们不应当单纯根据官府手工业的规模衡量历代手工业发展的水平。

官府手工业的产品往往具有最高的工艺水平，其原因在于：第一，最高的统治者和最上层的贵族、百官，须要享用最高级的手工艺品。第二，官府手工业作坊中往往集中了全国的能工巧匠，有条件生产这些产品。隋朝建立之初，苏孝慈曾为隋文帝"征天下工匠纤微之巧，无不毕集"，⑥就是一个生动的事例。第三，官府手工业既然不是商品生产，统

---

① 朱启钤：《丝绣笔记》上，转引自彭泽益编《中国近代手工业史资料》第1卷，第70页。
② 《皇清经世文编》卷37，陈宏谋：《劝种桑树檄》。
③ （乾隆）《潞安府志》卷34，转引自彭泽益编《中国近代手工业史资料》第1卷，第463页。
④ 《汉书·贡禹传》。
⑤ 《唐六典》卷7。
⑥ 《隋书·苏孝慈传》。

治者又具有穷奢极欲的特性，所以在生产上就不计成本，不惜浪费。汉代齐三服官"一岁费数巨万"，蜀、广汉制造金银器，"岁各用五百万，三工官官费五千万，东西织室亦然"，① 是最典型的例子，以后历代莫不如此。

尽管官府手工业作坊规模很大，分工很细，却不免产生很多流弊，如工匠情绪不高，人力、物力浪费，管理上的官僚主义等。在私有制的社会里，大经济优越于小经济是商品生产的规律，官府手工业作坊虽然是大经济，但由于基本上不从事商品生产，所以虽然在技术上有优越性，在经济上却不能真正显示出优越性来。

私营手工业作坊是城市中最主要的商品生产部门。近年临淄考古调查中发现有一些陶片，上面有"某里人某"等印记，说明城郊分布着许多这种独立的小手工业者。还有些器物有"陶里""豆里"等字样，使人联想到某一行业的作坊已经集中在某一地区进行生产。已发掘的燕下都可以看作战国中期大城市的代表，其内城西侧是城内的手工业区，这里分布着冶铁、铸铜、烧陶的作坊，② 大概其中除官府手工业作坊外，也不可避免地有私营手工业作坊。历代私营手工业作坊有一些规模比较大的，如北朝的御史中丞毕义云，"私藏工匠，家有十余机织锦，并造金银器物"③。这虽然是官僚经营，属于非法性质，但毕竟已经存在有十余架织机的作坊。唐代定州何明远，是一个大富翁，"主官中三驿，每于驿边起店停商"，"赀财巨万，家有绫机五百张"。④ 大致这样大的作坊在农村无法容纳，很可能就在定州城内。扬州还有一个富人，"宅基雄壮"，"复有广厦，百工制作毕备"。⑤ 既云"广厦"，又有"百工"，这家作坊的规模不能算小。明清时的大作坊就非常普遍了。但在封建社会的绝大部分时期中，大作坊毕竟比较少，最通常的是小规模的作坊，正如农村是个体农民一样，在城市中的手工业也基本上是个体小作坊。战国窑址出土的

---

① 《汉书·贡禹传》。
② 中国科学院考古研究所：《新中国的考古收获》，文物出版社1961年版，第63、69页。
③ 《北史·毕义云传》。
④ 《朝野佥载》卷3。
⑤ 《稽神录》卷6，《吴延玼》。

陶器上的不同姓名印记之多，可以说明"每一个独立手工业者只拥有为数不多的产品"①。大致这些制陶作坊不会很大。历代手工业产品往往有铭记"某家"，名产品也以某姓某族所产而驰名，反映大多数作坊以手工业者的家族为核心组成，当然规模有限。私营的手工业虽不以获取利润为主要目的，但它始终进行交换价值的生产。由于大多数作坊规模很小，所以和个体农民一样，它们也是经常从事简单再生产，不免具有墨守成规、因循保守等特点，扩大再生产的进程非常缓慢。很多手工业者"家世其业"的情况就可说明此点。

唐宋以前，城市私营手工业作坊的内部生产关系如何，史料记载较少，很不容易弄清楚。可以肯定的是，到明清时期，已经有关于店主、工匠、帮工、客师及徒弟的大量记载。②大致这种店主、工匠、帮工、客师、徒弟之间的经济关系也同西方差不多，帮工、徒弟必须"都组织得最适合于师傅的利益"，双方之间存在"宗法关系"，③还不是赤裸裸的金钱关系。恩格斯在谈到这种作坊时说："在中世纪得到发展的那种商品生产中，劳动产品应当属于谁的问题根本不可能发生。当时个体生产者通常都用自己所有的、往往是自己生产的原料，用自己的劳动资料，用自己或家属的手工劳动来制造产品。……即使利用别人的帮助，这种帮助通常也是次要的，而且往往除工资以外还得到别的报酬：行会的学徒和帮工与其说是为了吃饭和挣钱而劳动，不如说是为了自己学成手艺当师傅而劳动。"④

煮盐、采矿等是重要的手工业生产，因均限于地理条件，不能在城市中进行，所以我们在讨论城市的私营手工业生产时，概不涉及这些生产部门。

手艺人是城市中最小的个体生产者，有的开设店铺，有的游走街衢，为消费者生产定货。他们基本上为满足城市居民的生活需要而生产，很少出城为城外的农村居民而生产。城市手艺人很分散，没有固定的组织，

---

① 中国科学院考古研究所：《新中国的考古收获》，文物出版社1961年版，第63页。
② 彭泽益编：《中国近代手工业史资料》第1卷第3章"手工业行会及其作用"。
③ 《马克思恩格斯全集》第3卷，人民出版社1960年版，第58页。
④ 《马克思恩格斯全集》第20卷，人民出版社1971年版，第295页。

人数却不会太少，因为国都和郡县城市中消费人口集中很多，需要大量手艺生产为他们服务。这种手工业者的产品不用经过商人资本的中介就直接送到消费者手中，但由于生产者领到货币报酬，购买生活资料和生产资料，仍能局部地促进城市中的商品流通。

城市居民中消费能力最强的是皇室、贵族、官僚、地主和商人，手工业生产主要是为了满足他们的消费性需要，所以官府手工业作坊和私营手工业作坊，甚至一部分手艺，除了生产一些一般生活用品外，就以大部分资金、物资和人力生产奢侈品。这就使我国城市手工业具有这样的特点：技术成就主要表现在产品的质量上，而不表现在劳动生产率和数量上。1972年，在湖南长沙市东郊马王堆一号汉墓出土的一件素纱单衣，只有48克重，望之犹如现代的尼龙纱，可谓精工之作，但织起来恐怕非短期内可以为功。汉代钜鹿陈宝光家用一百二十镊的织机织散花绫，"六十日成一匹，匹直万钱"[1]。宋代抚州所织之莲花纱，"都人以为暑衣，甚珍重"，莲花寺尼共四院织造此纱，"一岁每院才织近百端"[2]。定州刻丝也非常精致，"如妇人一衣，终岁可就"[3]。明代南京、苏州织造，"花样太巧"；松江大红布、太仓洗白布"太细"，"古人谓之服妖，费财劳人"[4]。皇帝的御袍，所织"柘黄""暗花"二式，"每机日可织一寸七分，二机合织，计半年方织完一匹"。改织"盘梭"之后，每种绒"每机日织一寸二分，二机合织，八月余方成一匹"[5]。上述数例说明，这种产品的质量可谓高矣，而劳动生产率也就低得很可怜了。因此，不应当孤立地根据手工艺品的技术成就，片面地过高估计历代手工业的生产力水平，因为这种生产是以消耗大量人力、物力和时间为代价的。我们在研究不同时期的手工业生产水平时，既要看到手工艺品的技术成就，也要注意一般日用品的生产能力；既要看到产品的质量，也不可忽略产品的数量。没有起码的质量作基础，数量毫无意义；只顾质量，不计数量，

---

[1] 《西京杂记》卷1。
[2] 《萍洲可谈》卷2。
[3] 《鸡肋编》上。
[4] 《明臣奏议》卷10，林俊《灾异陈言疏》。
[5] 《明神宗实录》卷361。

生产就失去了经济价值。

城市商业可分为市集贸易、转运贸易和铺户零售三种形态。

战国时，人们认为："市，朝则满，夕则虚。"① 大致这种市就是传统的"面朝后市"的市，即城市中的市集，与后代所谓"市之所在，有人则满，无人则虚"，② 在性质上基本相同。唐代国家规定："诸非州县之所，不得置市。其市当以午时击鼓二百下，而众大会；日入前七刻，击钲三百下，散。"③ 显然，这里所置之"市"，就是一般郡县城市中的市集。直到明清，城市中仍进行市集贸易，如河间府"其为市者，以其所有，易其所无，日中为市，人皆依期为集。在州县者，一月期日五六集；在乡镇者，一月期日二三集；府城日一集"④。大致中等以下城市都有这种市集贸易。最大的城市是国都，由于其中铺户贸易、转运贸易比较发达，经常性的市集贸易相对地有所减少。明代禁城之左有内市，"每月初四、十四、廿四三日俱设场贸易"⑤。又如："京师朔望及二十五俱于城隍庙为市，它时散处各方，而至此日，皆合为一市者，亦甚便之。"⑥ 清代北京护国寺"每月逢七、八日"市集，隆福寺"每月逢九、十日市集"。⑦ 可见国都内存在市集贸易在历代也是一个普遍现象。大致这种市集多数已改为庙会形式，亦有固定日期。

一般郡县城市的市集上所贩卖的商品，"其用物惟镰、锸、筐、筥、盆、碗、布、枲、席，其食物惟豆、麦、菽、粟、瓜、菜，其畜物惟马、牛、骡、驴、羊、豕、鸡、鹜"⑧。多是普通生产工具和日用农畜产品。明代耀州市集"在城中者，州日一集"，在县城者，"间日一集"，"所市惟布、米、薪、菜、鸡、豚之类，四方杂货，无蓄焉"。⑨ 可见除日用品外，很少出现奢侈品。只有京师的大庙会才既贩卖日用品，又贩卖书画

---

① 《战国策·齐》卷4。
② 《青箱杂记》卷3。
③ 《唐会要》卷86，《市》。
④ 《古今图书集成·职方典》卷88，《河间府风俗考》。
⑤ 《万历野获编》卷24，《内市日期》。
⑥ 《五杂俎》上卷3，《地部》。
⑦ 《陶庐杂录》卷1。
⑧ （道光）《定州志》卷7，《市集》。
⑨ （嘉靖）《耀州志》卷4，《市集》。

第十二章　城市经济和城乡对立

骨董、剔红填漆、名窑瓷器等奢侈品，"精粗毕备"。[①] 大致在普通郡县城市的市集上所出卖的商品，多是附近农民所生产的农产品和手工业品，也有一部分是农民从城市中购买的生产资料和生活资料。集市贸易必须适应农业生产的节拍，只能约定俗成地定期进行，以免过多地占用农民的生产时间。这种贸易是比较低级的商品流通形式，虽然也有商人参与，但更多的交换是在生产者和消费者之间直接进行。从"市期多相同而无相妨者，民各于附近交易故也"[②] 的记载可以看出，这种市集贸易尽管在城市中进行，仍然没有超越狭小的地方市场的范围。

从我国封建社会一开始，城市就是转运贸易的起落点。很多产于附近的商品首先集中在一个城市中，然后经转运商人远销各地；也有一部分商品是从其他地区转运而来，然后在某个城市中零销出售。城市往往成为大宗商品的集散地，其原因就在于此。关于汉代的城市，史料中充满了"东贾某地""西贾某地"的记载，这正是城市作为转运贸易起落点的证明。直到明清，这种情况继续普遍存在。如"河间行货之商皆贩缯、贩粟、贩盐铁木植之人。贩缯者至自南京、苏州、临清；贩粟者至自卫辉、滋州，并天津沿河一带间，以年之丰歉，或籴之使来，或粜之使去，皆辇致之；贩铁者，农器居多，至自临清、泊头，皆驾小车而来；贩盐者至自沧州、天津；贩木植者，至自真定；其诸贩磁器、漆器之类，至自饶州、徽州"[③]。越在封建社会早期，转运商品越以奢侈品为主，明清时期河间府自远地贩来的商品远远超过了奢侈品的范围，反映生产力水平和商品经济水平有了显著提高。但这样的商品流通并不能说明当时已经形成了民族市场，贸易的传统转运性质已经丧失，因为上述商品和贸易情况在唐宋时期，甚至两汉时期就已经存在，何况河间也并非全国的经济中心，不是建立在区域分工基础之上的经济联系的枢纽。

另一种城市商业是坐贾或铺户贸易。汉代的商人"大者积贮倍息，小者坐列贩卖，操其奇赢，日游都市"[④]。所谓"坐列贩卖"者，就是坐

---

① 《万历野获编》卷24，《庙市日期》。
② （嘉靖）《藁城县志》卷1，《坊市》。
③ 《古今图书集成·职方典》卷88，《河间府风俗考》。
④ 《汉书·食货志》。

贾。在北宋坊市制打破以前，坐贾只能在城市东、西两市等少数特定的商业区设立店铺。宋代以后，沿街设铺的情况说明铺户贸易比以往有了飞跃的发展。到明清之际，铺户已成了具有特定意义的专用名称，故有这样的记载："居货之贾，河北郡县俱谓之铺户。"① 当时的铺户贸易相当繁荣，如宣化府大市中，"贾店鳞比，各有名称"，有南京罗缎铺、苏杭罗缎铺、潞州䌷铺、泽州帕铺、临清布帛铺、绒线铺及杂货铺等。城内"各行交易铺沿长四五里，贾皆争居之"②。明清时期铺户贸易的繁盛同纺织业的发达有密切关系。与奢侈品贸易不同，大宗纺织品必须经过铺户的整购零销，才能送到消费者手中。此外，随着商品数量的增加，物价波动也很剧烈，必然也有一部分铺户专营或兼营投机商业。

随着铺户贸易的发展，铺户日趋稳定，其内部结构于是渐臻完备。如明代苏州皋桥西偏有一个由孙春阳开设的南货铺，"天下闻名"。铺内组织"如州县署"，设有六房，即南北货房、海货房、腌腊房、酱货房、蜜饯房和蜡烛房。"售者由柜上给钱，取一票，自往各房发货，而管总者掌其纲。"这个铺户从明代万历中开设一直维持到清朝，"已二百三四十年，子孙尚食其利"③。这样严密的组织说明铺户已经企业化了，数百年不衰的事实反映，货源和市场都相当稳定。

在历史发展过程中，城市中的市集贸易，绝对地说，不见得有所减少，但相对地说，却逐渐退居次要地位。转运贸易和铺户贸易必然随着商品生产的发展而居于优势地位。加之，在社会分工水平提高的条件下，城市手工业也有长足的进展。这些条件结合起来，就使中国封建城市的经济意义日见增强。

第四节 城市中的行会

行会制度是封建城市中的主要经济组织形式之一。在封建主义时代，城市的组织又总是在某种程度上模仿农村的组织。农村、城市在各国、

---

① 《古今图书集成·职方典》卷88，《河间府风俗考》。
② 《古今图书集成·职方典》卷155，《宣化府风俗考》。
③ 《履园丛话》卷24，《孙春阳》。

各民族各有特点，行会的组织形式、性质和职能也往往各具特色。我们应当结合中国封建社会的具体情况，分析我国的封建行会。

中国封建社会的行会最早出现于唐代。已发现的《房山石经》的题记中，有关于天宝至贞元间北方行会的记载。其中属范阳郡的行会有绢行、大绢行、小绢行、采帛行、采绵采帛行、小采行、新绢行、布行、染行、袱头行、大米行、白米行、粳米行、五熟行、生铁行、炭行等；属幽州的有油行、磨行等；属涿州的有肉行、果子行、椒笋行、新货行、靴行、杂货行、磨行等；以及未记所属州郡的屠行、什行等。① 这些行中有的可以肯定是手工业行会，如染行等；有的是商业行会，如椒笋行、杂货行等；还有不少则不能断定属于何者。我国行会的诞生比封建城市的形成晚了将近一千年，这是一个非常值得注意的特殊现象。

西方封建城市在11世纪形成以后，紧接着就产生了行会，为什么我国直到唐代才出现有关行会的记载呢？我觉得主要原因可能是：

第一，城市的政治、军事意义大于经济意义，工商业人口在城市居民中为数有限，因而不易产生与工商业有密切关系的经济组织。

第二，国都时东时西、时南时北，郡县城市盛衰无常，城市人口增而复减，工商业人口很不稳定。有的时候，"舍本逐末"的农村人口大量涌入城市；有的时候，不少工商业者又离开城市，弃末归农。这种情况使城市中不容易形成稳定的工商业组织。马克思和恩格斯在谈到西方封建行会时曾指出："这些只身逃入城市的劳工根本不可能成为一种力量，因为，如果他们的劳动带有行会的性质并需要受到训练，那末师傅就会使他们从属于自己，并按照自己的利益来组织他们；如果这种劳动不需要受到训练，因而不带有行会的性质，而是带有日工的性质，那末劳工们就不能组织起来，而永远是无组织的平民。"② 我国封建社会进入城市的农村居民，不是逃亡农奴，而是破产农民，他们并不期待自己转化为世袭的工商业者，大多从事于用不着受技艺训练的日工劳动，有的充作茶肆、酒楼中的庸保，有的为人负贩以糊口，有的甚至沦为奴婢。对于

---

① 中国科学院考古研究所：《新中国的考古收获》，文物出版社1961年版，第101页。
② 《马克思恩格斯全集》第3卷，人民出版社1960年版，第58页。

这些人，根本不存在组织工商业行会的要求。即令那些因"舍本逐末"而暂时转化成工商业者的人，也由于随时准备重返农村，不做久留城市的打算，所以很少受技艺训练，不易于按照手工业经营者的利益组成行会。

第三，中国封建城市在很长时期内缺乏组织行会的经济必要性。西方封建行会产生的经济条件是："联合起来反对勾结在一起的掠夺成性的贵族的必要性，在实业家同时又是商人的时期对共同市场的需要，流入当时繁华城市的逃亡农奴的竞争的加剧，全国的封建结构，——所有这一切产生了行会。"① 中国封建社会存在中央集权政体，不但封建结构与西方不同，而且地主也不是经常拥有私人武装，到处打家劫舍、杀人越货的西方式领主，城市手工业者用不着联合起来对付他们。我国农民可以随意进出城市，不像西方那样，逃亡农奴只有等到规定日期后才能成为合法的城市居民，所以城乡隔离不如欧洲严格，农民之间不存在为争取进入城市而加剧竞争的问题。中国城市内部的市场容量很大，还有农村的市场作补充，对于城市工商业者，只存在商品供不应求的问题，很少存在争夺市场的问题，他们没有必要在城市形成以后就组织起来以避免彼此间的竞争。这是行会制度在中国封建社会姗姗来迟的主要原因之一。

第四，中国封建城市中也有一部分固定的工商业者，但由于商品流通的意义大于商品生产的意义，手工业作坊为数有限，而城市行会主要是手工业者的组织，所以长期以来缺乏组织行会的要求和条件。加之，城市商业也以转运贸易和市集贸易为主，铺户贸易只居从属地位，因而商人集团也很不固定，不易组成商业行会。

虽然中国封建社会不易较早地形成城市行会，但随着城市工商业的发展，最终仍旧会形成比较稳定的工商业者，建立行会制度。大体上说，我国行会的产生有两个重要时期：第一个是唐宋时期；第二个是明清之际。两次形成的行会，性质和职能不完全相同，应当分别加以探讨。

唐宋时期形成的行会，与西方封建行会相比，在性质和职能上完全

---

① 《马克思恩格斯全集》第3卷，人民出版社1960年版，第28页。

不同。西方农村存在马克制度，城市行会是模仿马克组成的。中国农村根本不存在马克制度，而是通行乡里组织，因而工商业者的行会组织也就由模仿这种农村基层政权而来。与西方的行会不同，唐宋时期出现的行会不是工商业者保护自身利益的组织，而是封建政权对工商业者进行统治和征敛的工具。关于唐代的行会，为人所熟知的一条史料是贞元九年（793）敕："陌内欠钱，法当禁断，虑因捉搦，或亦生奸，使人易从，切于不扰。自今以后，有因交关用欠陌钱者，宜但令本行头及停居主人、牙人等检察送官。如有容隐，兼许卖物领钱人纠告，其行头、主人、牙人重加科罪，府县所由祗承人等并不须干扰。"[1] 仅凭这一记载，只知道行头可以把使用欠陌钱的人检察送官，其主要性质和职能尚无法判明。唐人贾公彦在解释《周礼》时，曾两次提到行头，认为他们相当于《周礼》中的"肆长"，原文是："肆长，谓行头，每肆则一人，亦是肆中给繇役者。"[2] 又说"此肆长，谓一肆立一长，使之检校一肆之事，若今行头者也"。而《周礼》中所载"肆长"的职能是"各掌其肆之政令"[3]。可见行头并不是工商业者的代表，而是代表地主政权在市场上掌握政令的职官。大概检察使用欠陌钱的非法行为就是执行国家政令的具体内容之一。所谓"给繇役"，就是指为官府服务而言。可惜有关唐代行会的材料极其有限，很难对当时行会的全貌做出信实的结论。有关宋代的行会，最常见的两条记载是："市肆谓之行者，因官府科索而得此名。"[4] "市肆谓之团行者，盖因官府回买而立此名。不以物之大小，皆置为团行，虽医卜工役，亦有差使，则与当行同也。"[5] 宋代确实是连乞儿、妓女和教学等人皆有行。事实说明，这种团行是地主政权对各行各业的城市居民进行"科索""回买""差使"的工具，承担上述义务的人，都须当行。行会虽然过问工商业的经营，但不是为了保护工商业者，而是为了对他们进行监督。唐代行头除检察欠陌钱外，朝廷法令还规定："诸行以滥物

---

[1] 《旧唐书·食货志》。
[2] 《周礼注疏》卷9，《地官》。
[3] 《周礼注疏》卷15，《地官》。
[4] 《都城胜纪·诸行》。
[5] 《梦粱录》卷13，《团行》。

交易者没官。"① 检察之责可能亦归行头，只是材料上语焉不详，无从查考。宋代则明文规定，行老的任务之一就是在本行业内帮助地方官进行治理："司县到任，体察奸细盗贼阴私谋害不明公事，密问三姑六婆、茶房、酒肆、妓馆、食店、柜坊、马牙、解库、银铺、旅店，各立行老，察知物色名目，多必得情，密切告报，无不知也。"② 显然，行老并非工商业者的代表，而是官府的耳目。行会的这种政治、经济职能，与农村基层政权的职能"司奸盗""督课役"等，如出一辙，没有本质上的区别。

宋代有这样一条记载："才立法，随有指挥，元不系行之人，不得在街市卖坏钱纳免行钱人争利。仰各自诣官，投充行人，纳免行钱，方得在市卖易。不赴官自投行者有罪，告者有赏。此指挥行，凡十余日之间，京师如街市提瓶者必投充茶行，负水担粥以至麻鞋头发之属，无敢不投行者。适因献丞相书言及是，又黎东美之前得子细陈述，相次闻，已有指挥，些少擎负贩卖者，免投行。"③ 是否可以根据这条史料断言宋代行会也具有垄断市场、防止竞争的职能呢？我觉得不能得出这样的结论。首先，不投行者私自贸易的有利地位，不是由于在生产上、经济上没有受到同行规程的限制而产生的，却是来源于少缴纳了赋税。纳免行钱以后才能取得参与贸易的权利，这种规定不是工商业者约定俗成的制度，而是封建国家的法令。其次，关键问题不是投行与否，而在于是否缴纳了免行钱，所以"不赴官自投行者有罪"，投行以后未纳免行钱者仍然不得私自贸易。最后，即令这种办法，也只推行于王安石变法时期，我们不能把这种规定看作历代行会的普遍现象。此外，这段记载还可以说明如下两点：第一，"提瓶卖茶""负水担粥"者，没有固定的经营地点，仍可以不投行，可见行会的出现与作坊和铺户的大量产生有关，只有这种定居的工商业者在城市中大批形成以后，地主政权才会考虑建立行会对他们进行统治和征敛；否则，工商业者就不可能从一般城市居民中分离出来，国家更没有必要对他们进行特殊的控制。第二，王安石变法时

---

① 《唐会要》卷86，《市》。

② 《为政九要》，转引自加藤繁《中国经济史考证》第1卷，商务印书馆1959年版，第351页。

③ 《通考》卷20，《市籴考》。

期，在农村实行免役法，在城市实行免行钱，二者性质类似，这再一次反映了农村是封建社会的出发点，所以城市的变法也在模仿着农村的变法。

宋代的行会不但没有真正限制同行之间的竞争，而且同行内部的分化极其严重。正如农村主户分为上户和下户，城市中各行内部也有上中下户等之分。[①] 正如农村中存在兼并土地的地主，城市工商业者中的"兼并之家"也大有人在。

尽管如此，仍应承认，唐宋时期行会的产生确实是城市工商业发展的结果，没有城市纳税居民的猛增，不可能出现行会，而工商业者毕竟是城市纳税居民中最主要的阶层。可以肯定，这一历史阶段中，城市手工业作坊和铺户贸易有了空前的显著进展。此外，也应当看到，行会毕竟是适用于城市工商业者的组织，虽然它对农村的基层政权进行模仿，二者仍然不能没有区别。随着历史的发展，行会总会逐渐具有某些与工商业者利益相联系的经济职能。如宋代杭州"城内外诸铺户，每户专凭行头于米市做价，径发米到各铺出粜"[②]。可见米行有定价等手续，归行会掌握。我们在强调中国封建社会行会的特点时，不能忽略行会在工商业者内部所发挥的这类作用。

明清之际，我国才真正形成了类似西方行会的工商业组织，或称会馆，或称公所，或称行，或称帮。其中有的是工商业不分，有的则工业行会与商业行会已经分开。[③]

当时的手工业行会已有限制竞争的规定，如防止外来人在本地开设铺户、作坊；对外来客师、徒弟的招收，多有限额规定，作坊主招收徒弟时，必须"三年为满，出一进一"，不得任意增加；客师的工资水平，亦有公议的标准；原料的分配，产品的规格、质量与价格等方面，均有统一的规定；铺坊开设的地点、铺户和作坊的数目，也有所限制；此外，还禁止输入和贩卖本城本镇以外的手工业品。[④] 这种行会同西方封建社会

---

① 《通考》卷20，《市籴考》。
② 《梦粱录》卷16，《米铺》。
③ 参阅刘永成《试论清代苏州手工业行会》，《历史研究》1959年第11期。
④ 参阅彭泽益编《中国近代手工业史资料》第1卷，第179—196页。

的行会，在性质和职能上基本相同。这种行会之所以不产生于唐宋，而出现于明清，是由于唐宋时期手工业者间和商人间都还没有处于严重的竞争之中；到明清之际，随着商品生产的扩大和商品流通的发展，手工业者间、商人间产生了日益加剧的竞争，于是他们组成行会，既消除内部的彼此竞争，也防止外来的竞争者在本地区侵犯他们的利益，扰乱当地商品经济的既成秩序。清代行规中就有这样的明文规定："盖闻百工居肆，各有规矩，以安其业。苟规矩不有，则和气不洽，而竞争起焉。我行铜艺居是邦者不下数十家，其间带徒弟雇工者每多争竞，较长计短，致费周旋。爰集同行商议条规，约束人心，咸归无事，庶几和气洽而斯业安也"。① 这种行会已经不是统治工商业者的工具，而是在经济上代表工商业者利益的民间组织。不过，由于我国城市是封建统治的据点，城市工商业不可能真正摆脱官府的控制和干预，所以这种新型行会也很难消除唐宋以来传统行会的政治色彩。如当时仍有这样的记载："其货有税，其铺有行。行者，应官取物。"②

正因为唐宋时期的行会不是工商业者为了避免竞争而组织起来的，城市工商业的发展就不会因行会禁止扩大经营规模而受到限制，这是我国历史上很早就出现大作坊的主要原因。尽管某些作坊规模较大，却没有产生防止竞争的工商业行会，原因在于，我国城市内部的市场容量很大，当时的大作坊还只稀疏地出现，就整个商品生产而言，水平仍然有限，工商业者间的竞争还不十分剧烈。

根据上述特殊情况，可以看出：第一，个别大作坊既然在我国出现很早，它不是手工业普遍发展的结果，而是手工业生产不够发达，竞争不够剧烈，行会限制仍未产生的结果，所以我们不能根据大作坊形成的个别现象，断言唐宋时期已经孕育着资本主义萌芽。第二，大作坊的出现早于限制竞争的行会的形成，就是到明清时期，这种新型行会也未能囊括了全部城市经济的领域，因而我国商品生产在进一步发展时所受到的行会阻力，远比西方为小。第三，西方的行会在初期曾经发生过进步

---

① 彭泽益编：《中国近代手工业史资料》第1卷，第182页。
② 《古今图书集成·职方典》卷61，《永平府风俗考》。

作用，只是在资本主义生产关系开始萌芽的时候，才成了商品生产进一步发展的桎梏。我国此类行会是与资本主义萌芽同时出现的，它的进步作用比较有限。

西方的城市经济，是商品生产的意义大于商品流通的意义，其手工业行会远远地超过了商业行会。我国封建城市是商品流通的意义大于商品生产的意义，因而最早形成的行会和最占优势的行会，是商业行会，而不是手工业行会。唐宋时期的行会主要是对市场进行统治和管理，对手工业作坊则干预较少。随着商品生产的进一步发展，到明清时期，手工业行会的数量越来越多，地位越来越重要了。

总之，中国封建社会两种类型的行会分两次出现，都是由商品经济的发展而引起的，但二者分别反映了不同时期商品经济的不同水平。

第五节　市集和市镇

早在南朝时期，已经有关于市集的记载，[①] 大概当时的市集尚为数有限。唐宋以后，有关这方面的记载多起来了，反映市集贸易逐渐兴起，并日益普遍。有的市集甚至发展为市镇，开始具有了城市的性质。不过，在市、虚、集、镇之间很难划清绝对界限，因为各级之间有很多中间、过渡环节。大体上，可以分作市集和市镇两级。

市集是与农村经济有密切联系的地方小市场。宋代有人用这样的诗句描写南方的虚市："农夫争道来，聒聒更笑喧。数辰竞一虚……或携布与楮，或驱鸡与豚。纵横箕帚材，琐细难具论。"[②] 在这里，从事贸易的主要是附近农民，买卖的商品多是农民的多余产品和副业产品。一直到明清，市集贸易的主要商品基本上仍是"日用常物耳，无珍奇"[③]。这种贸易与农村居民有关，必须定期集市，或间日，或三五日一集，才能适合农民生产时间的节拍。市集上从事交易的人聚散无常，往往是"朝实

[①] 沈怀远《南越志》："越之市为虚，多在村场，先期招集各商或歌舞以来之。荆南、岭南皆然。"岑仲勉先生考证，沈怀远为南朝宋人（《隋唐史》第564、574页）。

[②] 《参寥子诗集》卷1，《归宗道》。

[③] （万历）《绍兴府志》卷1。

暮虚",故南方多取名"墟市"。①"集"的含义就是"百货俱陈,四远竞凑",②即指附近农村的人、货集会于此,进行交易而言。大致市集上很少有定居的工商业者,所以日落以后,随即人、货星散,复归冷落。这种市集是商品流通的场所,而不是商品生产的场所。

从南朝到唐宋市集多盛行于南方,有关北方市集的记载比较少见。到明清时期,市集贸易已经遍布全国各地了。如明代有记载称:"岭南之市谓之虚,言满时少,虚时多也。西蜀谓之亥。亥者,痎也。痎者,疟也。言间日一作也。山东人谓之集,每集则百货俱陈,四远竞凑,大至骡、马、羊、牛、奴婢、妻子,小至斗粟、尺布,必于其日聚焉,谓之'赶集'。岭南谓之'趁虚'。"③清代也有类似的记载:"市,南方曰市,北方曰集,蜀中曰痎,粤中曰墟,滇中曰街子,黔中曰场。"④名称尽管各异,在性质上完全相同。为什么唐代以前,大城市和一般郡县城市早已形成而市集却很少,唐宋以后市集突然猛增呢?我们很难发现能够直接揭穿这一秘密的史料,只能根据市集贸易的性质和它产生、发展的条件,联系起来进行探讨。在这方面,我只能提出一些假设性的解释,以为进一步研究的引玉之砖。

从战国到南北朝,市集较少的主要原因是:农业的生产力水平尚低,农民能够出卖的多余产品为数有限,他们还不需要经常与市场接触。如果偶尔出卖一些产品,郡县城市中的市集贸易已经足以满足农民的需要。况且农村居民在一年中也只与市场接触几次,他们不会感到赴城市赶集有多大的不便。这样,就没有必要在农村普遍从事市集贸易。唐宋以后,亩产量有了巨大的增长,手工业品也随着农民副业的发展而有显著增加,农民之间、农民与手工业者之间的商品交换渐趋频繁,在这种条件下,农民仍然长途跋涉于城乡之间经常买卖商品,就感到非常不便。他们迫切要求就近交换商品,以便于常常同市场接触,于是三五日集会一次的市集就应运而生了。这是市集贸易发展的主要原因。

---

① 《池北隅谈》卷23,《虚实》。
② 《五杂俎》上卷3,《地部》。
③ 《五杂俎》上卷3,《地部》。
④ 《冷庐杂识》卷8,《市》。

第十二章　城市经济和城乡对立

市集贸易是农村小生产者间商品货币关系发展的水平和深度的重要标志。农民基本上不是商品生产者，他们所出卖的是其个体经济的多余产品。因此，市集贸易的发展并不能直接反映商品生产的发展。

市镇的建立，必须以一定数量工商业户的定居经营为前提，它和市集的"朝实暮虚"有明显的差别。明清时期，嘉兴府王店镇的兴起就是一个典型的例子：最初，工部尚书王逵"构屋于梅溪，聚货贸易，因名王店"。以后，王氏子孙继续经营，"王店日渐殷庶，遂成巨镇"①。又如，清代海州青口镇有不少"行铺"，其中"以油坊为最大"②。可见此镇不仅有铺户，而且有手工业作坊。这种市镇实际上已经具有城市的性质。再如衡山县的岳庙，逐渐发展为市镇后，"列肆而居者数百家，无异五都市中"③。江苏的朱泾镇，"人烟万井"，④ 拥有大量定居的工商业者。至于全国闻名的汉口镇，则一次大火就能延烧"商民店户八万余家"⑤。这样的大镇，不论在规模上或经济发展水平上，都超过了一般的郡县城市。

既然市镇形成的前提是一定数量工商业人口的聚居，市镇产生的原因就必然是：第一，社会分工有所发展，商品生产有显著增加。第二，大宗的转运贸易和经常性的零售贸易有空前的发展，原有的城市已不能满足商品流通的实际需要。一般的市镇，都有从事手工业生产和从事商品交换的工商业者，但有的市镇以商品生产为主，有的市镇以商业活动为主，各有侧重，形成为性质上略有区别的两类市镇。

以商品生产为主的市镇往往有某种著名的特定手工业产品。江西景德镇就以生产瓷器而成为驰名国内的重要市镇。广东的佛山镇则以生产铁器称著。这种手工业市镇上也有一定数量的商人，但他们中的大多数是以贩卖本镇产品为业的。明代景德镇的情况就是："欢业陶者于斯，贸陶者于斯。"⑥ 佛山镇有"烟火十余万家"，是四远商贾辐辏的重镇，很多商人就以贩卖铁器为业，故有"佛山之冶遍天下"，"铁钱则无处不需，

---

① 《古今图书集成·职方典》卷966，《嘉兴府纪事》。
② 《安吴四种》卷27，《青口议》。
③ 《广阳杂记》卷2。
④ 《阅世编》卷3，《建设》。
⑤ 《履园丛话》卷14，《祥异》。
⑥ 《陶录》，转引自《中国资本主义萌芽问题讨论集》下册，第697页。

四方贾客各辇运而转鬻之"的记载。① 以手工业生产为主的小市镇也有,苏州府吴江县的檀丘市,在明成化时,居民有四五十家,"多以铁冶为业"。屯村市在嘉靖时发展为市镇,"居民数百家,铁工过半"。② 类似的市镇在明代以后一定为数不少。

明清时期,虽然形成了不少手工业市镇,但绝大多数市镇是"商贾辐辏""商贾毕集""海舶辐辏""百货云集"的商业市集。在某种意义上,这种市镇也与郡县城市有类似之处,即商业的发展远远超过了手工业生产的水平。大致这种市镇中的商业同样也包括市集贸易、铺户零售及转运贸易三种形态。如河间府的乡镇皆有集,"一月期日二三集"③。南方的常熟县也是"乡镇为市,及期,远近村民黎明而集,日中而散"④。市镇的产生以铺户的存在为前提,所以铺户贸易在市镇的发展是不言而喻的。关于市镇商人"东贾某地""西贾某地"的记载,史不绝书,是转运贸易普遍存在的记录。有些市镇还是某些特定商品的集散地,如"海州三属,集镇百数,商贩贸易,以青口镇为最大,海、沭各镇所用布匹、纸张等物,皆由青口转贩"⑤。松江府东新市的形成过程是,"因乡民贸易不便",地方官遂"拓旧居成市,以通商贾之远者"⑥。在这里,农村居民发展转运贸易的要求成了东新市形成的直接原因,而东新市的产生又反过来扩大了转运贸易的范围。有的市镇不但是转运商业的起落点,而且由于坐落地点正处通商孔道而成为巨镇。如长洲县的浒墅镇是"南北运道之要冲";吴江县的平望镇地处"嘉兴、湖州二府必由之路",⑦"控扼嘉、湖之要道"⑧。可见市镇上的三种商业形态,与郡县城市基本上相同。

以手工业生产为主的市镇只属少数。大多数以商业为主的市镇,与郡县城市还有一个类似之处,即消费的意义大于生产的意义,商品流通

---

① 《南海县志》卷8。
② 参阅陈诗启《明代官手工业的研究》,湖北人民出版社1958年版,第18、19页所引材料。
③ 《古今图书集成·职方典》卷88,《河间府风俗考》。
④ (康熙)《常熟县志》卷9,《风俗》。
⑤ 《安吴四种》卷27,《青口议》。
⑥ (嘉庆)《松江府志》卷2,《疆域志·镇市》。
⑦ 《天下郡国利病书》原第4册《苏》上。
⑧ (同治)《松江府志》卷32,《乡都图圩村镇》卷4。

的意义大于商品生产的意义。这就决定了商业市镇也具有发展不稳定的特点，某些盛极一时、人烟万井的市镇，有时在特定条件影响下，突然衰落。据同治《松江府志》记载，泗桥镇在旧《志》中是"商贾辐辏"之地，但到同治时，情况却是"今荒寂，远逊他镇"①。又如青龙镇在宋代是"海舶辐辏之地，人号小杭州"，以后韩世忠、陈友谅等人先后用兵于此，再加上"市舶之区徙于太仓"，此镇终于"鞠为茂草"。② 明清之际商州龙驹寨镇的情况更为典型，该镇在明代万历、天启时，非常繁荣，"康衢数里，巨室千家。鸡鸣多未寝之人，午夜有可求之市。是以百艇联樯，千蹄接踵，熙熙攘攘"。经明末清初的战火之后，康熙初年的知州王廷伊说："本朝初兴以来，历经藩守诸贤招徕绥靖，顾欲及今日而跻万、启之盛，知必俟之百年累世而后或庶几焉。"③ 显然，这种商业市镇虽然具有不容忽视的经济意义，但与西方中世纪的手工业城市相比，仍然有很大的差别。

在中国封建社会中，郡县城市林立全国，稀疏出现的市集和市镇虽然独具风格，但亦不免在很多方面受前者的浸染，在一定程度上显示出一些郡县城市的色彩。

首先，市集和市镇也直接受封建政权的赋敛。宋代淳熙时臣僚奏："乡落有号为虚市者，止是三数日一次市合，初无收税之法。州县急于财赋，创为税场，令人户买朴纳钱，伸自收税。"④ 这是统治者对虚市开始征税的情况。以后地主政权三令五申，废止虚税，但全系具文，故开禧时臣僚仍奏："远方墟市之税，曩尝禁罢，州县仍令乡民买朴，其苛取反甚于州县。"⑤ 大致历史发展的必然趋势是，对市集的征税最后取得了法律的承认，禁罢虚税的法令终于销声匿迹了。明代税课司局除设于北京城门外，"各府州县市集多有之"⑥。清代也有很多关于征收"墟税"的

---

① （同治）《松江府志》卷30，《乡都图圩村镇》卷2。
② （嘉庆）《松江府志》卷2，《疆域志·镇市》。
③ （乾隆）《直隶商州总志》卷6，《田赋》。
④ 《宋会要·食货》卷18之8。
⑤ 《宋会要·食货》卷18之27。
⑥ 《明史·食货志》。

记载。① 历代地主政权对市镇的征敛，则更为重要，几乎是无镇无之，而且数量相当可观。

其次，与郡县城市类似，市镇也受封建政权的严密控制，而且有不少市镇最终转化为郡县治所。除工商业人口外，市镇上也居住着一部分官僚、地主和军队。明代嘉、湖、苏三府交界地区之乌镇，住有"仕宦及富人甚多"②。乌镇合并入乌青镇后，嘉庆时施儒奏请设县，理由是："乌镇大市，地僻人稠，商贾四集。……比年以来，民风恶薄，盐徒出没，盗贼猖獗。……欲求宁谧，必须在镇翔立县治，庶事权归一，民有依庇。又恐独见有碍，再三访诸有识耆老、晓事生儒及乡镇大小居民，俱各踊跃称便。"③可见本镇居民中有势力者，不少人是作为封建势力的耆老、生儒等地主分子，他们不是争取市民的立法，而是争取郡县法制。该镇历次设县的申请，虽因桐乡、吴江等县不肯割地而未能实现，却说明了市镇转化为郡县治所的必然趋势。实际上，郡县城市与市镇在性质上已经在逐渐接近，故二者间往往可以互相升降。如河中府河东县的永乐镇，在唐代是永乐县，而到宋代却"废为镇"。④ 至于升镇为县的事，就更是司空见惯了。所谓"乡镇统于郡县"，⑤ 更说明市镇已经编入郡县体制之中了。

最后，即令是以手工业生产为主的市镇，在直接受地主政权控制的政治条件下，其中也会存在相当数量的官府手工业。如景德镇的瓷窑中，就有大批为统治者烧造"御器"的官窑，还有几十座官搭民烧的民窑。在西方中世纪的城市中，这种情况是罕见的。

虽然市集和市镇也浸染了某些郡县城市的色彩，但二者间毕竟存在显著的区别。政治、军事需要是郡县城市产生的主要原因，工商业的发展则是市集和市镇形成的基本物质条件。如果说，郡县城市是政治、军事意义大于经济意义；那么，对于市集和市镇来说，就是经济意义大于

---

① 《清高宗实录》卷44，乾隆二年六月。
② 《万历野获编》卷29，《马祖师》。
③ （乾隆）《乌青镇志》卷3，《建置》。
④ 《河南邵氏闻见前录》卷17。
⑤ （乾隆）《乌青镇志》卷1，《沿革》。

政治、军事意义。

第六节 城乡对立关系

在对抗性的阶级社会中，城乡关系总是建立在对立和矛盾的基础之上的。各国封建社会的经济结构、政治体制各有特点，所以中世纪的城乡对立关系的表现形式也有所不同。我们应当结合中国封建社会经济、政治的具体情况研究当时的城乡对立关系。

郡县城市的特点大大削弱了我国城乡之间商品经济的自然联系。西方的领主都居住于农村，封建城市的手工业品有很大一部分是卖给领主及其侍从的，市民购买的城市手工业品为数极其有限，因而城乡间的经济联系比较密切。我国郡县城市中居住着大量的消费人口，市场容量很大，城市手工业作坊的发展水平与城市的规模很不相称，况且相当数量的手工业生产又属于非商品生产的官府作坊，上述条件结合起来，就使城乡间的商品交换关系不够密切。汉代农村居民在经济上十分孤立，"自年六七十翁亦未尝至市井"①。一直到清代，还有"终其身未尝入城市与人相往来者"②。入城赶集的农村居民多居住于郡县城市附近，远离城市的农村居民一般都在乡间的市集上从事贸易。即令他们必须进城出卖产品，购买用品，一年也只去少数几次，纯属偶然性质。如明清时，大名府每年在九月十二日举办城隍庙庙会，四方商贾均于此时摆集，日用各物具备，"乡村男女皆入市，凡一岁之需，皆于此时置办"③。可见这些乡村人口在平日很少与城市经济发生接触。

地租形态也可以说明我国城乡经济联系的相对薄弱。在西方，产品地租发展为货币地租，是以城市产业的发展为前提的，城市经济取得巨大发展以前，货币地租不可能占统治地位。我国从战国起，就形成了大批封建城市，但直到明清之际，仍然以产品地租占支配地位，这一特殊现象产生的主要原因是：第一，城市的政治、军事意义大于经济意义，

---

① 《史记·律书》。
② 《古今图书集成·职方典》卷230，《兖州府风俗考》。
③ 《古今图书集成·职方典》卷140，《大名府风俗考》。

城内商品经济比较薄弱，无力把广大的农村居民卷入商品货币关系的旋涡之中。第二，城乡间的经济联系较少，城市的手工业品主要为城内的市场所吸收，不能大量流往农村。在这种情况下，郡县城市尽管可以人为地大肆膨胀，农村经济却很少受到影响，乡间居民仍然过着自给自足的生活，所以农民继续缴纳传统的产品地租。

中国封建社会城乡关系中商品货币关系的相对薄弱，并不意味着城乡之间的剥削关系也比较缓和。实际上，这种人为的经济关系远远地超过了西方城市对农村的剥削，而且这种剥削形式与西方相比亦大异其趣。

首先，城居地主对农村榨取大量封建地租。尽管有不少地主坚持乡居原则，但总是有相当数量的官僚地主、豪强大地主和商人地主居住于城市中，他们的生活资料主要来源于农村剥削的地租。明代有这样的记载："其田主及有力家城居者，仓廒既设外乡，或设他县，每年不过计家口所食谷几何，量运入城。"[1] 实际上，除谷物外，他们所需要的其他用品和手工业品，也是变卖租谷后在市场上购买来的。封建社会的基本剥削关系是地主对农民的剥削，因为城乡关系中也包含了这种基本剥削关系，所以城乡间就形成了鲜明的贫富对立，如董煟所说："盖憔悴之民多在乡村，于城郭颇少。"[2] 这是城市剥削农村的必然结果。

其次，郡县城市是各级地主政权的治所，乡里组织只是地主政权的神经末梢，封建统治者通过城市的郡县地方政权和农村的乡里基层政权向农村居民征收课役，因而赋税和徭役就成了城市剥削农村的重要内容之一。此外，城市中集中了大量的消费人口，农村的破产农民有时又涌向城市，"舍本逐末"，这就不免引起城市粮食供应的紧张，阶级矛盾趋向激化，所以地主政权有时深以"物来稍少，其价甚贵，细民艰食"[3] 为虑。为了缓和阶级矛盾，巩固城市内部的封建统治，地主政权或则实行赈济，或则利用常平仓进行调剂，宋代就有"城市之民，青黄未接，食于常平者十家而九"[4] 的记载。统治者采用这种政策，虽然可以暂解城市

---

[1] 《弃草文集》卷5，《广积谷以固闽圉议》。
[2] 《救荒活民书》卷2。
[3] 《宋会要·食货》卷17之32。
[4] 《水心集》卷1，《上宁宗皇帝札子》卷2。

第十二章 城市经济和城乡对立

之急，却加剧了对农村的征敛，使城市剥削农村的关系更趋紧张。

复次，商人、高利贷者大量聚居城市，他们利用自己优厚的经济力量，既剥削城市的手工业者，也剥削农村的农民。在谷贱伤农的时候，农村居民往往"连车载米入市"①，卖给中间商人，受其盘剥。农民在农村市集出卖产品，"复有市贾贩之城市，庶人在官及末作游寓者均需焉"②。这是商人资本为城市服务，剥削农民的另一种方式。还有一些城市小商贩，则"鍮石打臂钏，糯米吹项璎，归来村中卖，敲作金玉声。村中田舍娘，贵贱不敢争。所费百钱本，已得十倍赢"③。他们以这样的手段骗取农民的财富。农民在走向破产，日食不给的艰难时刻，甚至要入城购买商品粮，受商人的敲榨和盘剥。清人杨锡绂曾说："力田所入，抵债去其大半，余又随手花销。甫交冬春，即须籴米而食。农民日食亦取给市铺，则价焉得不长也。"④ 总之，商人通过贸易、放债，从农民身上榨取了大量的利润和利息，这也是城市剥削农村的一个重要方面。

最后，郡县城市是各级封建政权的据点，郡县制本身就是地主政权对广大农村进行统治的工具，所以在政治上，就形成了城市统治农村的对立关系。这种情况使农民视入城为畏途。"百姓皆怕见官府，有终身不识城市者。"⑤ 这是政治上城乡对立的必然结果。

封建统治者是地主阶级的代表，他们与城居的地主在经济上和政治上都有密切的血肉关系，宋人苏辙甚至公然宣称："城郭人户虽号兼并，然而缓急之际，郡县所赖；饥馑之岁，将劝之分以助民；盗贼之岁，将借其力以捍敌。故财之在城郭者，与在官府无异也。"⑥ 可见中国古代的城市不但没有与地主的利益发生矛盾，二者间是休戚相关，完全一致的。

在西方，封建城市是从经济上剥削农村，但这种剥削是通过商品经济而实现的；在中国，城市也对农村进行经济上的剥削，但这种剥削不仅体现在商业利润上，更重要的还体现在赋役和地租上。政治上的城乡

---

① 《东坡奏议》卷12，《乞免五谷力胜税钱札子》。
② 《古今图书集成·职方典》卷278，《登州府风俗考》。
③ 《元氏长庆集》卷23，《估客乐》。
④ 《皇清经世文编》卷39，杨锡绂：《陈明米贵之由疏》。
⑤ 《四友斋丛说》卷13，《史》卷9。
⑥ 《栾城集》卷35，《制置三司条例司论事状》。

对立关系，在西方表现为农村的封建领主对工商业城市进行统治，在中国则表现为郡县城市对农村进行统治。中国封建城市的特点决定了城乡对立关系的特殊形式。

郡县城市对农村的统治和剥削，在实质上也就是地主阶级对农民阶级的压迫和榨取，因此，中国的城乡对立关系必然随着阶级斗争的一起一伏而时张时弛。实际上，农民反对城市的斗争，也就是劳动反对地租、赋役、利润和利息的斗争，反抗统治和压迫的斗争。

第七节　市民运动的特点

市民运动是封建社会城市居民所进行的政治斗争。在西方，城市居民几乎全是工商业者，所以市民运动也就是城市工商业者所发动的阶级斗争。中国封建城市中居住着大量官僚、地主、军队和游手，工商业者只是城市居民中的一部分，甚至在大多数时期只是一小部分，所以在经济意义上，我们所要讨论的市民运动并不是全部城市居民的政治运动，而仅仅是城市工商业者所发动的斗争。

虽然战国、秦汉已经出现了不少城市工商业者，但在很长的时期中并未爆发过工商业者的政治斗争。唐代"安史之乱"以后，建中三年，德宗以"河北河南连兵不息"，军费不足，又"以为泉货所聚，在于富商"，于是以借商为名，对长安的工商业者大肆掠夺，"京师嚣然，如被贼盗"，终于引起"长安为之罢市"。① 这是中国历史上工商业者第一次统一的政治斗争。但这次斗争好像一个偶然的火花，只闪现一次，以后就熄灭了，所以我们还不能把这次斗争正式称之为市民运动，至多可以看作市民运动的先驱。只有明清之际，城市工商业者发动的政治抗议此伏彼起，连绵不绝，才可以说市民运动的时代真正到来了。

在西方，市民运动具有城乡斗争的性质，市民反抗的实际就是农村领主对城市所施加的政治统治。在我国，市民运动具有城市内部政治斗争的性质，因为对工商业者进行压迫和掠夺的，不是来自农村的势力，

---

① 《旧唐书·卢杞传》。

第十二章　城市经济和城乡对立

而恰恰就是城市中的封建官吏。这一点是由我国封建城市的特点所决定的。宋人吕大防在《隋都城图》题记中说："隋氏设都，虽不能尽循先王之法，然畦分棋布，闾巷皆中绳墨，坊有墉，墉有门，遁亡奸伪无所容足。而朝廷官寺、居民市区不复相参，亦一代之精制也。"① 可见整个城市处于地主政权的严密控制之下，甚至城市设计都是根据这一原则而进行的。既然如此，城市中的工商业者及商业活动就处于封建官吏的控制之下了。早在战国、秦汉之际，封建国家就设置"市吏"了。② 不但首都设官统管两市，郡县也是如此，唐人说："汉代诸郡国皆有市长。晋宋以来皆因之。隋氏始有市令。"③ 唐代大、中、下都督府，上、中、下州，上、中、下县遍设市令。这些官吏不但"掌百族交易之事"，而且"以二物平市（谓秤以格，斗以概），以三贾均市（贾有上中下之差）"④。连商品的价格都由官吏规定，封建国家对市场的控制可谓严之又严了。即令是城郊新兴的工商业区，也必然最后受制于封建官吏，如清初苏州"阊门外一带，地方辽阔"，以研布为业的研匠在那里"数盈万余"，于是统治者决定"设官弹压，专司统率，立法稽查，庶杜酿患"⑤。不久，雍正又令苏州踹坊"照保甲之法，设立甲长，与原设坊总，互相稽查"⑥。通过坊总、甲长的设立，封建政权对农村的统治办法照搬到城市中去了。此外，历代行会、官牙受统治者控制，并且成为国家征敛工商业者的工具，是更为明显的。

西方在封建城市刚刚诞生的时候，就爆发了市民反封建领主的斗争，所谓"城市公社革命"开始于11世纪，蓬勃发展于12、13世纪。我国从战国开始就形成了大批封建城市，但在很长的历史时期中未曾爆发市民运动，直到资本主义萌芽已经出现的明清之际，才产生了这一新的阶

---

① 转引自中国科学院考古研究所西安唐城发掘队《唐代长安城考古纪略》，《考古》1963年第11期。
② 《韩非子·内储说》上、《汉书·尹翁归传》。
③ 《唐六典》卷30。
④ 《旧唐书·职官志》。
⑤ 雍正七年十二月初二日浙江李卫奏，《雍正朱批谕旨》第42册，第23、24页，转引自彭泽益编《中国近代手工业史资料》第1卷，第255页。
⑥ 《皇清文献通考》卷23，第17、18页，转引自彭泽益编《中国近代手工业史资料》第1卷，第420页。

级斗争。形成这一特点的根本原因是，中国的封建城市同西方的封建城市有明显的差别。关于此点，可以从以下几方面说明：第一，在很长的时期中，城市工商业的发展水平较低，城市中的市场容量较大，工商业者人数较少而且有利可图，所以他们尽管受封建国家的统治和榨取，却缺乏迫切的斗争要求。第二，城市中封建统治势力强大，工商业者势单力薄，在力量对比上不利于发动大规模的斗争。第三，西方的城市居民几乎是清一色的工商业者，他们很容易形成一个统一的斗争整体，一致向农村的领主进行斗争；而我国的城市居民复杂，在一个长时期内没有工商业者的行会组织，有时即使已经建立，也很不严密，甚至有一些工商业者不参加行会[①]，他们很难组织成统一的斗争队伍，发动大规模的市民运动。虽然如此，随着历史的发展，情况是有所改变的。明清时期市民运动的勃兴，说明工商业发展到一定水平后，城市中市民反封建的要求空前突出了，阶级力量对比也在不同程度上发生了变化。

封建城市中的工商业者内部的阶级关系也对市民运动的开展有很大影响。西方封建社会城市居民所进行的阶级斗争经历了三个阶段：11—13世纪的市民运动，即市民反领主的"城市公社革命"；13—15世纪的"行会革命"，即行会反对城市上层的斗争；14、15世纪的城市平民反对行东和商人的斗争。后两个阶段在时间上有所重叠，但斗争的性质却有显著区别。在这三种性质不同的斗争中，只有第一阶段的"城市公社革命"才是市民运动。在这一历史阶段中，城市工商业者内部的阶级矛盾尚不尖锐。马克思和恩格斯指出："帮工由于自己也想成为师傅而与现存制度结合在一起了。因此，平民有时也举行暴动来反对整个城市制度（但是由于这些平民的软弱无力，这种暴动没有任何结果），而帮工们只限于在个别行会内搞一些小冲突，而这些冲突是同行会制度的存在息息相关的。"[②] 平民是指从事日工劳动而没有参加行会的人，在城市居民中是极少数。作为主要居民的帮工和学徒则并未展开剧烈的斗争。在这种情况下，市民的上层比较敢于发动下层的群众，团结起来一致反对封建

---

① 如清代北京的"靴鞋行财神会"，最初有一百二十余家商号，参加行会组织的只有二十几家。参见李华《明清以来北京的工商业行会》，《历史研究》1978年第4期。

② 《马克思恩格斯全集》第3卷，人民出版社1960年版，第58、59页。

第十二章　城市经济和城乡对立

领主。我国到明清时期，行会制度并没有囊括城市中的全部工商业者，况且还有不少拥有大批工匠的大作坊，再加上大量流民流入城市，从事日工劳动的人比较多，这些条件使手工业作坊中的阶级矛盾较早地尖锐化了。因此，我国市民运动和工匠反雇主的斗争不是分属于两个不同的阶段，而是同时进行的。明代末年，爆发了最早的市民运动，即反矿使税监的斗争；同时，景德镇官、民窑陶工以停工、械斗等方式反对官、私雇主的斗争也开始了。① 清代更爆发了一系列工匠要求工资、反对雇主克扣工资的罢工和反对失业的"叫歇停工"。在这种情况下，软弱的作坊主就很难与下层工商业者联合起来反对封建政权，反而往往要借助官府的力量来镇压工匠和学徒。作坊主既有反封建政权的一面，也有惧怕群众斗争而向封建国家妥协的一面，这就使市民力量涣散，即使发动斗争，也很难取得较大的成就。

　　在研究市民运动时，必须辨明它的性质。市民运动是在资本主义萌芽条件下的反封建斗争呢？还是封建性质的工商业者的反抗斗争呢？关于这个问题，有些看法须要澄清。由于中国的市民运动与资本主义萌芽是同时发生的，就容易形成这样的错觉：资本主义生产关系的萌芽是产生市民运动的物质前提。仔细分析起来，这种似是而非的看法是既不全面，也不精确的。马克思说："在十四和十五世纪，在地中海沿岸的某些城市已经稀疏地出现了资本主义生产的最初萌芽。"② 欧洲在14世纪以前，还毫无资本主义萌芽的任何迹象，而"城市公社革命"恰恰发生在11—13世纪。可见市民运动是城市工商业发展的结果，并不是资本主义生产关系产生的结果。我国明清之际的市民运动也不是因资本主义萌芽而引起的。万历时，山西清源爆发过王朝佐领导的市民运动。③ 明人沈鲤也曾奏称，矿税"激为临清之变、武昌之变、苏州之变……而近日广东、辽东、陕西、云南尤复纷纷未已"④。万历时的资本主义萌芽基本上集中

---

　　① 参阅徐文、江思清《从明代景德镇磁业看资本主义因素的萌芽》所引资料。该文载《中国资本主义萌芽问题讨论集》下册。
　　② 《马克思恩格斯全集》第23卷，人民出版社1972年版，第784页。
　　③ 《涌幢小品》卷9，《王葛仗义》。
　　④ 《明臣奏议》卷33，沈鲤《请罢矿税疏》。

在长江三角洲江浙一带，至于山西、陕西、辽东等地，还完全谈不上有什么资本主义萌芽，所以反矿使税监的市民运动也仍然是一般工商业者反封建统治的斗争，并不完全是工场手工业产生的结果。我们并不否认明清之际的手工工场主可能参加市民运动，但这种资本主义势力的参与并不一定是爆发市民运动的充分条件和必要条件。当工商业发展到一定水平后，即使没有工场手工业，同样可以爆发市民运动。

西方市民运动阶段结束以后，在13—15世纪爆发的"行会革命"，也不具有资产阶级的性质，因为行会本身就是封建性质的工商业组织，并且它还是资本主义发展道路上的绊脚石。14、15世纪是工场手工业开始瓦解行会的时期。这时发生的工匠反对行东的斗争，不妨说是资本主义下无产阶级阶级斗争的先声，但这种斗争表明的是行会制度已处于瓦解和崩溃的过程中，富裕的行东正在向资本家转化，工匠再也没有上升为行东的希望，其唯一的前途是沦为被雇佣的无产者。

按照这一标准来衡量，明清时期手工业工人反对作坊主和手工工场主的斗争确实与资本主义萌芽有关，只是这种斗争并非通常所说的市民运动，它不但超过了"城市公社革命"的水平，而且也超过了"行会革命"的水平。

在谈到城市阶级斗争的时候，还应该看到中国郡县城市在这种斗争中的特殊职能。在西方，城市中帮工、学徒、平民反行东的斗争，工人反对工场手工业主人的斗争，均通过市民立法加以镇压和处理，封建领主根本不过问这种斗争。在中国，由于封建官吏直接控制城市，而且城内的商品经济主要满足官僚、地主的消费性需要，尤其是阶级斗争也破坏城市的封建秩序，所以封建官吏在阶级斗争面前总是站在作坊主、工场手工业主人一边，对劳动者进行镇压。如雍正十二年（1734）苏州府所立《奉各宪永禁机匠叫歇碑》载，统治者认为"不法之徒，不谙工作，为主家所弃，遂怀妒忌之心，倡为帮行名色，挟众叫歇，勒加银，使机户停织"，是非法行为，故正式下令："嗣后如有不法棍徒，胆敢挟众叫歇，希图从中索诈者，许地邻机户人等即时扭禀地方官审明，应比照把持行市律究处。"① 显然，

---

① 彭泽益编：《中国近代手工业史资料》第1卷，第417、418页。

官吏是站在机户一边镇压工匠的。又如乾隆初年，统治者还对景德镇私营的民窑下令，禁止窑工"纠结同行罢工抄殴"，并声称如有此等情况，"定即严拿，按律重处"。① 这种情况在西方是很少见的，因为西方当时的封建领主通常是不参预对工匠、工人的镇压的。

西方市民运动的结果，产生了由市民选举的参政员，组成了城市自己的武装力量，即义勇队；城市内部还独立地征收赋税，进行审判；在意大利，甚至出现了"城市共和国"；即令那些没有完全摆脱领主统治的城市，也在城市内部事务方面取得了自治权。正因为"城市的空气使人自由"，商品生产才能够大踏步地向前跨进。我国则在很长时期内根本没有爆发市民运动，明清之际虽然市民展开了斗争，但由于城市控制在封建统治者手中，市民的力量相对薄弱，市民上层与官府有勾结的一面，其软弱性比较显著，所以市民运动的局限性很大，无从产生城市自治权和自由城市。在这种条件下，不是"城市的空气使人自由"，而是郡县城市中的专制主义气氛使人窒息。

---

① 凌燽：《西江视臬记事》卷4，《条教·禁窑厂滋事》，转引自彭泽益编《中国近代手工业史资料》第1卷，第418页。

第四编

农业经济的再生产与周期性经济危机

人类的消费是一条永无止境的长河，既不能中断，更不能停止，不论任何社会形态，都必须进行再生产，因此，"在生产中成为结果的一切同时也是前提"①。

再生产可以分为简单再生产和扩大再生产。前者意味着社会经济的原地踏步；后者意味着社会经济的向前发展。封建社会以农业为主要生产部门，农民的个体经济规模很小，技术进步非常缓慢，扩大再生产的步伐极其迟缓。

当再生产过程进行时，人们不但生产着社会物质财富，而且也再现了一定的生产关系。我们在研究再生产问题时，必须分析我国封建生产关系的更新形式。再生产遇到严重困难和阻碍，往往是经济危机爆发的条件。在资本主义社会中，周期性经济危机的一再产生，是由生产社会化和生产手段的私人占有这一基本矛盾引起的。我国封建社会的再生产也一再遇到困难和阻碍，不断爆发经济危机，这种周期性危机是由生产过程的个体性与大土地所有制的矛盾引起的。

当再生产发生严重困难，农民连简单再生产也无法维持时，就被迫求助于高利贷资本。这是封建社会借贷关系产生的基本原因。封建农民是生产过程的组织者，他不仅把自己当作消费者，而且更重要的是当作生产者。因此，农民向高利贷资本借到的钱和物，不仅会当作生活资料消费，而且也被生产地消费。基于这种情况，高利贷资本放在本编中讨论。

我们把握住中国封建社会再生产的特点以后，就不仅能了解农业生产中各种经济结构所处的位置，而且能够认识生产力和生产关系在运动过程中的基本面貌。

---

① 《马克思恩格斯全集》第26卷第2分册，人民出版社1973年版，第56页。

第十三章 佃农经济与自耕农经济的再生产

农民经济的再生产规模，可以通过下述两种方式表现出来：耕地面积的增加或减少，是再生产规模在外延上的扩大或缩小；劳动强度的增减、生产垫支的多少及亩产量的高低，是再生产规模在内涵上的扩大或缩小。对佃农经济和自耕农经济来说，都是如此。不过，封建社会农业的扩大再生产，主要表现在内涵方面，其外延方面只居从属地位，因为农民很难任意扩大耕地面积。

现在首先分析佃农经济的再生产。

西方的农奴能够稳定地占有一块份地，耕地既不能扩大，也不易缩小，甚至份地的划分也只能在固定的制度下进行。因此，西方农奴经济再生产规模的变动，主要表现在内涵方面，很难表现在外延方面。我国的封建佃农虽然不能无限制地增加租地，但在一定条件下是可以增租土地的；在走向破产的过程中，有时佃农又不得不减少租地。这种佃农经济再生产的规模，不但能从内涵上，而且能从外延上，显示其变动。这说明租佃制使佃农经济再生产规模的变动具有更大的灵活性。

对佃农经济再生产规模变动影响较大的外部因素有两个：一个是自然条件的变动，如雨量的多少、灾荒的有无等，这种影响非常明显，战国时已经有人指出，上熟、中熟、下熟和小饥、中饥、大饥的产量悬殊。[①] 另一个是地租负担的轻重。马克思曾指出："直接生产者能在多大程度上改善自己的状况，使自己富裕起来，并生产出一个超过必要生活

---

① 《汉书·食货志》。

资料的余额……这完全取决于剩余劳动或徭役劳动的相对量。"① 就影响佃农经济再生产规模变动的内部因素而言，劳动强度占有突出的地位，所谓"治田勤谨则亩益三升，不勤则损亦如之"②，就是指此而言。

在佃农经济再生产的过程中，不仅农民的生产不断更新，而且租佃关系也在不断更新。实行租佃制的条件下，佃农与地主土地的结合是不十分稳定的，不论是五年一佃，还是十年一佃，过一个时期，地主和农民必须更新租佃关系。在我国，农民可以退佃，地主也可以撤佃，但在这种情况下，主佃关系的更换只不过意味着佃农由一个地主的依附者转变为另一个地主的依附者而已。当地主采取撤佃和改佃的手段更新租佃关系时，往往伴随着剥削率的提高，从而使佃农的再生产在日益缩小的规模上进行。这是我国佃农经济在再生产问题上所遇到的一个特殊的不利条件。

佃农经济总是和地主经济联系在一起的，当我们讨论再生产问题时，必然要涉及我国所特有的土地兼并问题。地主利用土地买卖而扩大田产，必须在追加的土地上建立新的租佃关系，这就引起了封建生产关系的日趋扩大。封建地主与资本家的经济职能有显著差别，资本积累与土地兼并也有本质的不同。资本家是生产的领导者和生产过程的组织者，资本主义再生产采取怎样的规模，取决于资本积累的程度和资本家的投资能力。当扩大再生产进行时，不仅雇佣关系在扩大，而且生产规模也在扩大。在中国封建社会中，地主只占取地租，不过问生产规模的扩大或缩小，只有佃农才是个体经济的实际组织者。因此，当租佃关系随着土地兼并而扩大时，地主拥有的佃农是增加了，但每户佃农的生产规模却没有进行扩大再生产。地主经济是靠排挤自耕农经济而扩大的，所以在土地兼并过程中，土地的再分配必然引起劳动者的再分配，即大量自耕农转化为佃农。前面已经指出，自耕农经济比佃农经济更具有发展生产的优越条件，因而自耕农的减少和佃农的增加，就全社会而言，意味着整个农业是在日益缩小的规模上进行再生产。自耕农的减少和佃农的增加

---

① 《马克思恩格斯全集》第25卷，人民出版社1974年版，第893页。
② 《汉书·食货志》。

第十三章 佃农经济与自耕农经济的再生产

还引起了农民租地竞争的加剧，促使剥削率随之上升。在这种情况下，每户佃农的再生产也只能在逐渐缩小的规模上进行。由此可见，在资本主义社会，雇佣关系的扩大再生产和生产规模的扩大再生产是朝着同一方向平行发展的；在中国封建社会，租佃关系的扩大却引起了社会范围内农业生产规模的日趋缩小。

往下，我们再分析自耕农经济的再生产。

自然条件的变化、垫支能力的大小和劳动强度的高低都是影响自耕农再生产的重要因素，在这些方面，自耕农经济与佃农经济相同。自耕农再生产不受地租多少的影响，却受课役轻重的影响。赋税、徭役的增减幅度比地租的增减幅度大得多，变化也迅速得多，所以在再生产过程中自耕农经济的规模所发生的变动也特别大。当我们分析再生产问题时，能够进一步认识自耕农经济比佃农经济更不稳定的特点。自耕农虽然比佃农更具有进行扩大再生产的优越条件，但它也具有被迫缩小再生产规模的不利条件。

自耕农的扩大再生产更易于从内涵上表现出来，不易于从外延上表现出来，因为他不像佃农那样追求扩大耕地，而是更趋向于集约经营。在破产过程中，自耕农连简单再生产也无法维持，生产规模的缩小更易于从外延上表现出来，而不易从内涵上表现出来，因为在走向贫困化的道路上，自耕农一方面出卖土地，一方面却增加劳动强度，力争提高亩产量。

如上所述，佃农经济和自耕农经济在再生产过程中经常发生生产规模上的变动，这种变动不但彼此相互制约，并且总是以地主土地所有制和自耕农小块土地所有制之间的此消彼长为前提。因此，了解土地兼并对再生产的影响和作用，具有重要意义。

第十四章 高利贷资本

无论任何社会形态，借贷关系往往与生产过程有密切的联系。在资本主义社会中，商品生产占支配地位，借贷资本就是为资本的循环和周转服务的；在封建社会中，绝大多数生产者是农民，高利贷资本就主要是同农民经济的生产过程发生联系。不过，它不是为农业生产服务，而是利用农民再生产的困难榨取小生产者，加速个体经济的破产过程。因此，在研究封建社会的借贷关系时，不应当把高利贷资本与商品生产结合起来讨论，必须在研究农民经济的再生产问题时，分析高利贷资本。

由于我们研究的是封建生产方式基础之上的借贷关系，所以这里所说的高利贷资本也具有明显的封建性，有关借贷关系确立的方式、高利贷资本的物质形态及利息的性质、利息率的高低等方面，都具有一定的特色。

中国封建社会的土地可以买卖，这一特殊条件使高利贷资本能够发生一些独有的作用，也给高利贷关系的研究带来了一些特别值得注意的问题。

第一节 高利贷信用确立的条件

马克思在谈到资本主义社会以前的高利贷资本时，指出这种生息资本有以下两种形式："第一是对那些大肆挥霍的显贵，主要是对地主放的高利贷；第二是对那些自己拥有劳动条件的小生产者放的高利贷。这种小生产者包括手工业者，但主要是农民。"因为在资本主义社会以前，

"农民阶级必然是这种小生产者的大多数"①。可见在中世纪，高利贷信用的主要债务人就是农民和地主。在中国封建社会中，作为债务人的农民阶级，既包括自耕农，又包括佃农。

农民阶级之所以往往落入高利贷资本的罗网之中，有两方面的原因。

首先，农民的个体经济具有不稳定的品格，其生产规模极其狭小，应付经济动荡的能力非常薄弱，小生产者在最不利的情况下也要设法维持再生产，当他们走向破产时，已经不能以正常的生产补偿生产条件，甚至无法维持生活，就只能向高利贷资本举债了。对于个体农民来说，高利贷信用几乎是每人都无法逃脱的天罗地网。我国从封建社会一开始，就出现了农民"卖田宅、鬻子孙以偿债"②的情况。唐人陆贽也指出："人之凶荒，岂遑赈救！人小乏则求取息利，人大乏则卖鬻田庐。"③这说明凶荒之岁，农民只得举债维持生计，而举债本身正是小生产者由局部破产到全面破产的一个过渡。从"佃户贫下到东作时，举质以备粮种"④的记载可以看出，农民举债同维持再生产有密切的关系。可是，高利贷资本不但不是拯救再生产的有效方剂，而且还是进一步摧毁农民经济的毒药。

其次，农民是小私有者，这种经济身份特别适合做高利贷资本的债务人。马克思曾经指出，"生产者对劳动条件的所有权或占有权"是高利贷信用建立的"根本的前提"⑤。在资本主义社会中，借贷关系往往不需要以财物做担保，以财物为担保的借贷一般都是"比较古老"的形式。⑥在封建社会中，债务的偿还远不如资本主义社会有保证。高利贷在建立借贷关系时，只是以预料中的偿还而保存资本，即只拥有一个收回本息的权利名义，而债务人是在走向破产的过程中才进行举债的，因此，高利贷资本为了减少放债的风险，就必然要求债务人提供一定的财物做担保。即使农民不能以一定的财物做担保，高利贷者也要力图摸清债务人

---

① 《马克思恩格斯全集》第25卷，人民出版社1974年版，第672页。
② 《汉书·食货志》。
③ 《陆宣公集》卷22，《均节赋税恤百姓第五条》。
④ 《天下郡国利病书》原第5册引范成大《水利图说》。
⑤ 《马克思恩格斯全集》第25卷，人民出版社1974年版，第674页。
⑥ 《马克思恩格斯全集》第25卷，人民出版社1974年版，第380页。

的财产状况。可见借方拥有一定数量的财产,是确立高利贷信用的一个前提条件。对于完全破产、一贫如洗的人,高利贷者"虑无可偿者,虽倍约,亦固吝不与"①。如果说,封建农民作为小私有者特别适合做高利贷者的放债对象,那么自耕农是比佃农更合理想的债务人。1973年,湖北江陵凤凰山十号汉墓出土的竹简中有"郑里廪簿",是封建政权贷民种食的记录,其中详细登记了每个举债人的户主姓名,"能田"几人,口几人,有田若干亩,贷谷石数。不但每户都占有土地,而且平均占有土地仅二十四亩七分弱,占地最多的一户也只有五十四亩。汉平帝元始二年(2)全国垦田数为8270536顷,户数为12233062户,平均每户合六十七亩半。② 从这一事例可以看出:第一,这二十五户都是拥有土地的自耕农,每户占有土地的亩数远低于平均数,说明他们不是殷实的自耕农,而是无法维持简单再生产的正在走向破产的自耕农。第二,地主政权把每户的劳动力、人口、土地亩数都登记下来,正是为了摸清债务人的经济状况,作为偿还债务的保障。

农民是小生产者,没有大量举债的经济能力。高利贷者为了减少放债所冒的风险,也不愿大笔放债,他们认为:"有轻于举债者,不可借与,必是无籍之人,已怀负赖之意。凡借人钱谷,少则易偿,多则易负,故借谷至百石、借钱至百贯,虽力可还,亦不肯还。"③ 因此,对于封建农民的借贷关系,一般都具有小笔借贷的特点。至于一无所有的破产者,自然连这种小笔借贷也无从问津了。

敦煌、吐鲁番发现的高昌文书、唐代文书中有大量的借贷契券,其中经常出现不能偿息还本时"一任掣夺家资杂物""听曳家资",若"身东西不在",由"妻儿抵当"的规定。④ 这种以财物担保的制度进一步发展,就出现了"保人代偿"的办法。借贷契券中"保人代还"的规定几乎俯拾即是。即令如此,债务人的还本付息也还是没有充分保障的,如

---

① 《海忠介公集》卷2,《劝赈贷告示》。
② 参阅裘锡圭《湖北江陵凤凰山十号汉墓出土简牍考释》,《文物》1974年第7期。
③ 《袁氏世范》卷3,《治家》。
④ 参阅《敦煌资料》第一辑及《敦煌吐鲁番社会经济资料》。此外,笔者也接触过一些我国未发表过的高昌文书和唐代文书。

唐代借官债者"主保逃亡"①的事,恐非罕见。宋代王安石变法实行青苗法时也规定:"客户愿请者,即与主户合保,量所保主户物力多少支借。"②可见佃农远不是理想的债务人。在城市实行市易法时,法令也规定:"听人赊贷县官财货,以田宅或金帛为抵当,三人相保则给之。"③在历史上,这种"保人代还"制有日渐严密的趋向,发展到极端,甚至出现了数人之间的"连环保"。典当业则可说是高利贷信用的实物"抵当"制的高度发挥。

此外,封建地租和国家赋税的征收,在某种意义上等于剥削了一个相当于利息的剩余劳动量,这种情况也容易迫使农民进行借债。在资本主义社会中,工人必须先支付生活费用,然后才能得到工资,但工人毕竟只预付生活费用,不对生产进行垫支,而且在周末或月末就可以领到工资。封建农民则不仅要预先支出生活费用,而且要对生产大量垫支,加之农业生产周期很长,春播以后要经过半年以上的时间才能在秋收后缴纳赋税和地租,补偿自己的劳动条件。在这种情况下,农民长期预支的费用必然使他损失了一个相当于利息的剩余劳动量。有的时候,还发生地主预征地租、国家预征赋税的情况。金代的猛安谋克户就曾向佃户"预借三二年租课"④。清代也有旗田地棍"今年索取明年之租",要求佃户"预完"地租⑤。地主政权的预征赋税则更为严重,北朝统治者曾经"预折天下六年租调而征之"⑥。隋末农民起义时,瓦岗军在讨隋炀帝的檄文中指责隋政权"头会箕敛,逆折十年之租"⑦。宋代陈求鲁在淳祐八年(1248)的上疏中说:"常赋之入尚为病,况预借乎!预借一岁未已也,至于再、至于三;预借三岁未已也,至于四、至于五。窃闻今之州县,有借淳祐十四年者矣。"⑧金代地主政权也有"加赋数倍,预借数年"⑨

---

① 《唐会要》卷93,《诸司诸色本钱》上。
② 《宋会要·食货》卷4之17。
③ 《涑水记闻》卷14。
④ 《金史·食货志》。
⑤ 《皇清经世文编》卷35,孙嘉淦:《八旗公产疏》。
⑥ 《魏书·食货志》。
⑦ 《旧唐书·李密传》。
⑧ 《宋史·食货志》。
⑨ 《金史·食货志》。

的时候。这种预征地租和赋税的情况使农民再生产的经济困难提前发生了，必然使他们更加迅速和严重地落入高利贷资本的魔掌之中。

地主阶级和封建国家可以预征地租和赋税，农民却不能够欠租欠税。在实行租佃制的条件下，佃农有时可以退佃改佃，地主认为"佃户之租，若今年无取，明年可以弃而不种，此田主切身利害"①。他们总是逼迫佃农当年完租，坚持"逋租及时勒索，勿致过时起息"②的原则。当农民再生产发生困难而不得不欠租时，"逋租"的"过时起息"已使农民处于债务人的地位。如果佃户不愿拖欠，就得另向高利贷资本借债以完租，同样陷于债务人的地位。地主"及时勒索"地租的事实，说明租佃制本身也是一个促成借贷关系的杠杆。

剥削阶级借债、求助于高利贷资本，多半是出于寄生性消费的需要。战国时苏秦到燕国"贷人百钱为资，及得富贵，以百金偿之"③。以后历代类似的记载很多。④ 这是借钱供仕途之用，与生产毫无关系。更多的情况是地主为了挥霍浪掷而借债，如唐代右龙武大将军李𪭯，"沉湎酒色，恣为豪侈，积债至数千万"⑤。清人张英则概括地指出："债负之来，由于用度不经"，所谓"用度不经"的内容，则包括赌博、挟邪和侈靡等。⑥此外，过重的赋税和职役往往也使一部分庶族地主、中小地主沦于破产境地，不得不向高利贷资本伸手。

一切拥有相当财力的人，只要他愿意把一部分钱、谷当作生息资本使用，就可以成为高利贷者。大体说来，除了专门经营高利贷资本的人以外，很多地主、官吏和商人都兼营高利贷业务。有的时候，地主政权为了财政需要，也部分地从事借贷剥削。唐代的"公廨本钱"就是一种官营的高利贷资本。

---

① 《西园闻见录》卷40，《蠲赈》前。
② 许相卿：《许云村贻谋》。
③ 《史记·苏秦列传》。
④ 如唐代"自大历以来，节度使多出禁军，其禁军大将资高者，皆以倍称之息贷钱于富室，以赂中尉，动逾亿万"（《资治通鉴》卷243，太和元年四月）。宋代有的中小地主"在布衣时贫甚，预乡贡，将入京师，无以为资，往谒大姓假贷"（《夷坚甲志》卷11，《何丞相》）。
⑤ 《旧唐书·李晟传》附李𪭯传。
⑥ 张英：《恒产琐言》。

第二节 高利贷资本的物质形态

借贷资本采取何种物质形态，主要取决于再生产的社会性质、商品经济的发展水平及债务人、债权人的经济地位。

资本主义社会以商品经济占支配地位，商品货币关系的高度发达决定了借贷资本必然采取货币形态。即令在个别情况下进行实物借贷，本息也仍然是按照货币计算的。在封建社会中，商品生产极不发达，高利贷资本的债务人绝大多数是农民，而自给自足的个体农民经济同商品货币关系的联系非常薄弱，他们从生产和生活的现实需要出发，一般要求借到生产资料和生活资料，并不愿借到货币后用以购买这些物资，多受一层商人的盘剥。因此，封建主义时代的借贷资本主要采取实物形态。汉代就不断有"贷种食"[①]"假与粮种"[②]"贷人种粮"[③] 的记载。湖北江陵凤凰山十号汉墓出土的竹简"郑里廪簿"记录了二十五户债务人，他们共借谷物六十一石七斗，由于简文不全，有五户不知所借数量，有两户数量不全，各户所借数量的不完全统计是五十石六斗，可见所缺的数量是十一石一斗。这里没有货币借贷，全部都是谷物借贷。[④] 唐代"贫下之人，农桑之际，多阙粮种，咸求倍息"，[⑤] 所借"粮种"自然是谷物。中国科学院历史研究所资料室所编的《敦煌资料》第一辑中共收录了借贷契券三十九件，其中借钱契只有六件，其他三十三件所借的都是实物，包括麦、粟、豆、生绢、缣、褐等，可见实物借贷占绝对支配地位。明代则有时把高利贷债务干脆称作"谷债"。[⑥] 由于实物借贷占支配地位，即令农民偶然借钱，也往往以谷物付息偿本。如南朝时有的地主"以短钱

[①] 《汉书·文帝纪》《汉书·昭帝纪》。
[②] 《后汉书·张禹传》。
[③] 《后汉书·顺帝纪》。
[④] 参阅裘锡圭《湖北江陵凤凰山十号汉墓出土简牍考释》，《文物》1974年第7期。
[⑤] 《全唐文》卷23，玄宗《发诸州义仓制》。
[⑥] 《弃草文集》卷5，《广积谷以固闽圉记》："谷债未了，租债又起。……其极贫者，生谷债本，竟莫能偿。……其有宁负田主租，不敢负谷家债。"在实行产品地租的前提下，"租债"也仍然是实物借贷关系。

一百赋民，田登，就求白米一斛，米粒皆令彻白"①。明清时期，还发现了一些借钱还谷的高利贷契约。② 大致这种借贷关系中尽管出现了货币，在实质上，本息仍然按实物计算。

在中国封建社会中，实物借贷并不是高利贷资本的唯一物质形态，有时也存在货币形态的借贷关系。所谓"缗钱锱银，市贩贷之；石麦斛斗，佃农贷之；匹布尺帛，邻里党戚贷之"③，说明随着债务人经济地位、社会身份的不同，高利贷资本的物质形态也有实物与货币之别。工商业者与商品货币关系有血肉联系，他们借债自然以借入货币为主。1964年新疆维吾尔自治区吐鲁番阿斯塔那左憧憙墓出土的唐代文书中有六件高利贷契券，其中四件是借钱契，两件是借练契。④ 大概这里货币借贷较多的情况与唐代当地处于中西交通孔道，域外通商比较发达有密切的关系。此外，地主借债是为了购买奢侈品和消费资料，与商品经济有较多的联系，因而也往往借入货币。西汉吴楚七国之乱时，借给"列侯封君"大量货币的"无盐氏"就是所谓"子钱家"，⑤ 这个名称就说明，"无盐氏"是经营货币借贷的高利贷者。

封建社会中既有实物借贷，又有货币借贷，但前者占绝对支配地位，这是由于：每户农民所借的实物虽然数量有限，但农民阶级在人口总数中占绝大多数，而且他们普遍借债，所以实物形态的高利贷资本的总量必然很大；工商业者虽然借入货币，但在自然经济占支配地位的情况下，他们人数有限，所借债务无几，何况商人往往是借贷关系中的债权人，很少扮演债务人的角色；地主阶级是一个极其富裕的阶级，他们一般也是高利贷者，借债的事情比较少见，因而所借货币总量也比较有限。由此可见，把封建社会的高利贷资本基本上当作货币经营资本，是不妥当的、不全面的。

高利贷资本的不同物质形态既与债务人的不同经济地位有关，也与

---

① 《宋书·晋平剌王休祐传》。
② 参阅傅衣凌《明清农村社会经济》一书。
③ 《皇清经世文编》卷7，唐甄：《富民》。
④ 参阅张萌才《吐鲁番阿斯塔那左憧憙墓出土的几件唐代文书》，《文物》1973年第10期。
⑤ 《史记·货殖列传》。

第十四章 高利贷资本

高利贷者的不同经济地位有关。

采取实物借贷或贷钱还谷方式的高利贷者，大多就是地主。他们的资本本来就是作为地租占有的租谷，他们所盘剥的债务人往往就是自己的佃农，利息只不过是地租以外的一个补充收入。地主既深知佃户的"抵当"能力，又了解农民再生产所发生的实际困难，由他们出借实物是最便当不过的了。宋代婺州佃农的稻种，"乡俗体例并是田主之家给借"①。有的地方官甚至正式下令："州县火客佃户耕作主家田土，用力为多，全仰主家借贷应副。今来旱损，其田主自当优恤赒给存养，无令失所。"② 把高利贷盘剥称作"优赒赒给存养"是欺人之谈，但这条记载却说明主佃之间的借贷关系是经常而普遍的。清代也有人指出："近见佃户缺食，便向主家称贷，轻则加三，重则加五，谷花始收，当场扣取。"③ 可见地主与佃农之间的实物借贷，是与我国封建社会相终始的。

出借货币的高利贷者，主要是商人。马克思曾经指出，在社会生产"不发达的状态下，真正的货币资本大部分掌握在商人手中，这样一来，商人的财产在其他人的财产面前形成货币财产"④。商人既然是主要的货币占有者，同时还是一个非常富有的阶级，因而他们就必然成为最主要的经营货币借贷的高利贷者。大致向他们举债的债务人，多半是城市的手工业者和城乡的地主，农民债务人的数量可能较少。

在中国历史上，既不购买土地，也不经营商业的高利贷者，无疑是存在的，但为数有限。在土地可以买卖的前提下，大多数商人和高利贷者都根据"以末致财，用本守之"的原则，相率转化为地主。这就形成了地主、商人、高利贷者"三位一体"的结合。在这种场合，一个身兼三重身份的高利贷者，既可以经营实物借贷，也可以同时经营货币借贷；既可以向农村农民放债，也可以同时向城市手工业者放债。但这种复杂的情况并不能扰乱我们的视线，无碍于前面所做出的基本结论，因为任何复杂的事物总是可以分解、还原为很多单纯的因素，而首先分析这些

---

① 《朱子大全》卷21，《乞给借稻种状》。
② 《朱子大全》卷99，《约束粜米及劫掠榜》。
③ 《实政录》卷2，《小民生计》。
④ 《马克思恩格斯全集》第25卷，人民出版社1974年版，第309页。

单纯的因素,正是研究复杂现象的必要基础。

高利贷资本以实物形态为主,是为了适应封建社会的特殊经济条件。马克思说:"商品形式越没有成为产品的一般形式,货币就越难获得。"①列宁也指出:"自然经济占优势,使货币在农村中成为罕见的和珍贵的物品。……农民对货币所有者的依附必然带有奴役的形式。"② 因此,向封建农民举放货币债务,必然给债务人带来付息还本的困难。在自然经济占支配地位的前提下,对个体农民来说,货币借贷并不比实物借贷进步。只有当商品经济水平已经很高,农民大多发展为商品生产者时,货币借贷的进步性才能真正显示出来。

第三节 利息与利息率

高利贷资本是以剥削利息为其生存基础的,一旦利息这个金蛹不能蜉化出来,高利贷者就失去了职能资本者的资格。在不同的社会形态中,借贷资本的利息的来源不同,从而其性质也有所区别。我们应当首先分析封建社会的利息的性质,揭示高利贷信用所体现的人与人之间的关系。

在封建社会,地租是剩余劳动的主要、通常形态,商业资本主要与地主经济发生联系,因而商业利润主要来源于地租的瓜分;但高利贷资本却与商业资本不同,它主要同农民经济,特别是同自耕农经济发生联系,因而利息的主要来源不是地租的瓜分,而是农民的必要劳动。

当自耕农的再生产发生困难,经济规模日趋缩小的时候,他总是企图借助于高利贷,暂时应付当前的燃眉之急,并寄希望于未来的经济恢复,但这实际上借债等于饮鸩止渴。古人也知道:"凡人之敢于举债者,必谓他日之宽余可以偿也;不知今日之无宽余,他日何为而有宽余。"③由于借债后增加了一重利息的负担,自耕农的债务像一个包袱,越背越重,"宽余"反而逐渐减少,生计愈加紧迫了。利息是迫使自耕农走向破产的加速器。至于高利贷者,亦贪得无厌,不仅要求得到利息,甚至逐

---

① 《马克思恩格斯全集》第25卷,人民出版社1974年版,第677页。
② 《列宁全集》第3卷,人民出版社1959年版,第342页。
③ 《袁氏世范》卷3,《治家》。

第十四章 高利贷资本

渐取得了对农民的"劳动条件本身的所有权,即土地、房屋等等的所有权"①。这样,自耕农一旦落入高利贷罗网,还本付息就吞噬了他的生产资料,直至妻、子被掠为奴婢。"卖田宅、鬻子孙以偿债",是农民借债后不可避免的厄运。

自耕农借债时已经在高利贷资本面前把土地当作偿还债务的担保,将来兼并这块土地的人实际上就是他的债权人。土地典卖往往比直接的土地买卖对兼并者更有利,高利贷者使自耕农推迟了出卖土地的时间,却也使他在将来更不利的条件下出卖土地。这种情况说明,从高利贷信用建立、以土地为担保开始,土地所有权已经逐渐地、暗暗地离开原来的主人,向债权人的手中过渡。因此,高利贷者所借出的资本相当于一个预付了的低廉地价,自耕农支付的利息相当于一个预纳了的高额地租。在这一意义上,高利贷资本是地价的变态,利息是地租的变态,自耕农的一部分必要劳动正在向佃农的剩余劳动转化。

佃农在力所能及的范围内所提供的剩余劳动是一个常数,在简单再生产能够维持的场合,这部分剩余产品已全部当作地租归地主占有,因此,在简单再生产无法维持,佃农必须借债的情况下,利息就只能从他的必要劳动中扣除出来。佃农没有土地可以抵当,所以在破产后高利贷者就剥夺他的财物、农具,直至掠买其妻、子以抵偿债务。完全破产的佃农已经失去了一切生计,无法再进行农业生产,从而不能再向地主提供地租。在这一意义上,利息是在挖地租的墙脚。

地主为了寄生性消费向高利贷资本借债,他所付的利息是从地租中分割出来的。这种剩余产品再分配的形式一目了然,无须赘述。需要说明的是,这种利息在全部利息总和中微不足道,因为地主借债是极其稀少的。

商人借债时所支付的利息是从利润中分割出来的。在全部利息总和中,商人提供的利息同地主提供的利息相比,所占的比重更小。

资本主义社会中,工业资本的利润率是利息率的天然限度,在一般情况下,后者比前者低得多,因为利息是从利润中分割出来的,如果二

---

① 《马克思恩格斯全集》第 25 卷,人民出版社 1974 年版,第 673 页。

者相等，或者利息率超过利润率，工业资本家向银行资本借款就成为不合算的事了。在中国封建社会中，年地租量与地价之比为地租率。是否地租率可以作为利息率的天然界限、地租率远高于利息率呢？答复是否定的。历代记载说明，利息率比地租率高得多。根据我接触到的材料，地价一般相当于几年的地租总量，有的时候甚至相当于二十年以上的地租总量。如果按照净租计算，二者间的差距就更大了。西汉吴楚七国之乱时，"列侯封君"向无盐氏举债千金，"一岁之中"，其息"什倍"，地租率无论多高，也无法与之相比。当然这是个别的例子，有很多政治因素起作用，不足以说明通常情况。就笔者所接触到的材料，历代利息率有高有低，但一般都在100%左右，故从汉代开始向来称之为"倍称之息"。唐代捉钱户借官本五十贯以下、四十贯以上，"每月纳利四千，一年凡输五万"，① 大致也是本息相当。宋代一般情况是，"私家举债，出息常至一倍"，② 当指年利息率而言。元代农民借债，"自春至秋，每石利息重至一石，轻至五斗"，③ 一年通计，也在一倍左右。清代"称贷者，其息恒一岁而子如其母"④。可见100%的年利息率是历代的通常现象，比地租率高若干倍。

为什么地租率不能成为利息率的界限，后者远比前者为高呢？第一，封建地租是地主所占有的一个纯所得，他可以把大量地租当作闲置财富储存起来，并不一定要全部用以购买土地或当作生息资本使用，所以地主在偶然的场合动用一部分地租购买土地或放债时，不会在地租率与利息率之间进行比较。第二，同样的道理，商业利润率也不会受地租率的限制，而且前者往往超过后者，所以商人充当高利贷者时，只会在利润率与利息率之间权衡轻重，也不会使地租率成为利息率的限界。第三，利息率最终取决于借贷资本的供求状况和农民的付息能力，前者是决定利息率的内部因素，后者是其外部条件。农民借债是由于再生产已无法照常进行，是生产反常的结果，因而利息率比地租率就具有不正常的特

---

① 《唐会要》卷91，《内外官料钱》上。
② 《宋会要·食货》卷4之23。
③ 《元典章》卷27，《户部》卷13，《私债》。
④ 李兆洛：《凤台县志·论食货》，《皇清经世文编》卷36。

点，这是前者特别高的主要原因。自耕农和佃农在生计、生产发生严重困难，逐步走向破产的条件下借债，"不以重利，惟得是图，且救目前之急"，① 处于"惟恐不得，莫敢较者"② 的不利地位，高利贷者因而得以利用个体生产者的迫切心情，最大限度地提高利息率。农民究竟借债多少，能够忍受多高的利息率，最终取决于他的负担能力和财产状况。在负担能力为定量的前提下，利息率越高，债额就越低，二者呈反比例增减。马克思说："高利贷者除了货币需要者的负担能力或抵抗能力外，再也不知道别的限制。"③ 这是导致高利息率的重要原因。

地主借债是出于寄生性消费的需要，有不少腐化奢靡的地主分子也往往在高利贷资本的困厄下典卖土地，沦于破产。因此，在地主向高利贷资本借债的场合，地租率仍然不是利息率的限界。其所以如此，是由于地主不过问、不参预生产过程，他不会在地租率与利息率之间权衡轻重；而资本主义社会的职能资本家却必然在借款时把利息率控制在利润率之下。在这个问题上，地主阶级的寄生性起了决定性作用。

小手工业者是个体生产者，其生产不是为了获得厚利，而是为了自己的生活，维持简单再生产。在这一点上，他们与农民很相似。因此，手工业者因再生产发生困难而向高利贷资本借债时，决定利息率的内部条件也是高利贷资本的供求状况，其外部条件也是借方的实际负担能力。在封建社会中，利息率主要由农村的借贷关系决定，所以城市的利息率也不会很低；否则，高利贷资本就会从城市流往农村。城乡的利息率是会发生竞争和比较的。

因为商业利润率并不必然高于高利贷利息率，借债经商往往得不偿失，所以商人大多身兼高利贷者，很少成为高利贷资本的债务人。

既然地租率不能限制利息率，后者的高度主要取决于借方与贷方之间的竞争，而农民的负担能力和抵抗能力又千差万别，所以尽管"倍称之息"通行于各代，但即令在同一时期利息率也很不稳定，高低悬殊很

---

① 《元典章》卷27，《户部》卷13，《私债》。
② 《金史·食货志》。
③ 《马克思恩格斯全集》第25卷，人民出版社1974年版，第677页。

大。马克思说:"在中世纪,任何一个国家都没有一般的利息率。"① 中国的情况也是这样,汉代无盐氏的"什倍"之息与"倍称之息"同时并存,就说明了此点。

地租率虽然不是利息率的限界,但由于地租是封建社会主要的剩余劳动表现形式,高利贷资本比土地财富少得不可比拟,因而地租总量必然远远超过了利息总量。地产之称为"本富",高利贷资本之称为"末富",其原因就在于此。

只有到资本主义社会取代封建社会时,随着生息资本的职能发生变化,利息率才会逐渐降低,高利贷资本才能被服务于工业资本的借贷资本所代替。

第四节　中国封建社会高利贷资本的猖獗及其对社会经济的作用

中国封建社会的特点为高利贷资本的活动提供了特别广阔的场所。

首先,如前所述,拥有小块土地的自耕农是高利贷者最理想的债务人,中国封建社会的特点之一,就是自耕农的大量存在,这是我国历史上高利贷资本的活动场所特别广阔的根本原因之一。

其次,与西方的农奴相比,中国的封建佃农缺乏"保障",在经济上特别容易走上破产的道路,再生产的规模往往会随着土地兼并和农民竞争的加剧而趋向缩小,这就使我国的佃农比西方的农奴更易于落入高利贷资本的魔掌。这是我国历史上高利贷资本的活动场所特别广阔的另一个重要原因。

复次,我国的地主经济的自给自足能力远逊于西方的领主经济,地租主要是谷物,地主必须出卖大量租谷,用以购买手工业品和奢侈品。地主经济与商品经济联系较多这一特点,使部分地主有时不得不向高利贷者借债。此外,土地买卖与地主阶级的腐化本性往往使某些地主走向破产,这一点也是西方领主所不能比拟的。当地主经济趋向萎缩时,地

---

① 《马克思恩格斯全集》第 25 卷,人民出版社 1974 年版,第 675 页。

第十四章　高利贷资本

主就不得不求助于高利贷资本了。因此，地主阶级之中虽然借债者只占少数，但与西方领主阶级相比，这个借债的少数所占的比重，却比西方大。

最后，马克思说："高利贷资本的存在所需要的只是，至少已经有一部分产品转化为商品，同时随着商品买卖的发展，货币已经在它的各种不同的职能上得到发展。"又说："高利贷资本的发展，和商人资本的发展，并且特别和货币经营资本的发展，是联系在一起的。"① 抛开实物形式的借贷不谈，货币借贷关系的发展同商品经济的发展是携手并进的。我国封建社会具有商品经济发展较早的特点，所以专门从事货币经营的那部分高利贷资本，也比欧洲封建社会更早地得到广阔的活动场所。

中国封建社会的上述特殊条件使高利贷资本表现得特别猖獗，因而它不仅能一般地发挥其经济作用，而且还能发挥一些显著的、突出的经济作用。

高利贷资本虽然具有吞并土地所有权的品格，但在西方封建社会，由于土地不能买卖，是所有权"硬化"了的财产，高利贷者很难转化为土地所有者。在高利贷盘剥下的破产农奴，对其份地只有占有权，没有所有权，根本无权出卖土地。这就使生息资本既难以兼并土地，也不易促进土地集中。中国封建社会具有土地买卖的特点，因而高利贷者既能兼并自耕农的土地，又能加剧整个土地的兼并过程。在土地高度集中的王朝末日，高利贷资本对社会危机的爆发，无疑起了火上加油、推波助澜的作用。

在地主和商人向高利贷者借债的场合，高利贷资本加剧了地主、商人对农民的剥削。利息率特别高这一点使借债的地主和商人也往往走上贫困化的道路，甚至最后破产。他们为了抵销这种不利趋势，就必然对小生产者"榨取得更厉害，因为他自己被榨取得更厉害了"②。在这一意义上，生息资本通过剩余产品的再分配大大加剧了地主、商人同农民、手工业者之间的阶级矛盾。

---

① 《马克思恩格斯全集》第 25 卷，人民出版社 1974 年版，第 671 页。
② 《马克思恩格斯全集》第 25 卷，人民出版社 1974 年版，第 675 页。

佃农、自耕农在高利贷的盘剥下沦为赤贫的破产者，最后被迫"嫁妻卖子"，使相当一部分农民转化成了奴婢。中国封建社会本来就具有奴隶制残余较多的特点，高利贷资本的特别狞猾使这一特点更加鲜明和突出。

资本主义社会中的银行资本是为工业资本服务的，它把闲置的资金集中起来借给工业资本家，以便投入生产过程，使之发挥职能资本的作用。封建社会的高利贷资本则使借债的小生产者"永远不能翻身"，[①] 使封建生产方式"精疲力竭"，"虚弱不堪"，"并迫使再生产在每况愈下的条件下进行"。[②] 它"不是发展生产力，而是使生产力萎缩"。对于领主所有制和中国的封建地主所有制，高利贷资本也只"发生破坏和解体的作用"[③]。因此，在封建主义时代，社会各阶级对高利贷者都极度憎恶。

高利贷资本不但一般地破坏生产力，而且加剧中国封建社会的土地兼并和由此引起的基本矛盾的激化，阶级矛盾的尖锐化、深刻化，而阶级斗争、农民起义最终会对某些王朝的生存构成严重威胁。地主政权从整个地主阶级的长远利益出发，为了缓和阶级矛盾，就会采取限制利息率的政策。有时，统治者贷放低利息率的国家贷款，以便与高利贷资本进行斗争，争夺生息资本的市场。汉代王莽改制时曾实行过"赊贷法"，法令规定，国家所得利息"无过岁什一"。[④] 北宋王安石变法时实行"青苗法"，半年取息二分，年息四分。这两次官债的利息率显然比私债的"倍称之息"低得多。此外，封建国家有时还对私债的利息率做强制性的限制，违者绳之以法。汉代旁光侯刘殷就曾"坐贷子钱""取息过律"而论罪。[⑤] 可见当时法令对利息率是有明文限制的。唐代也有类似的法令，如："天下负举只宜四分收利，官本五分收利"，禁止"回利作本"及"法外生利"。[⑥] 清初统治者也曾下令："今后一切债负，每银一两，止许

---

① 《马克思恩格斯全集》第 25 卷，人民出版社 1974 年版，第 678 页。
② 《马克思恩格斯全集》第 25 卷，人民出版社 1974 年版，第 674—675 页。
③ 《马克思恩格斯全集》第 25 卷，人民出版社 1974 年版，第 674 页。
④ 《汉书·食货志》。
⑤ 《汉书·王子侯年表》。
⑥ 《唐会要》卷 88，《杂录》。

月息三分，不得多索及息上增息。"① 这里的年利息率相当于三分六厘，只有私债利息率的三分之一。在西方的中世纪，"教会本来就禁止任何放债取息的行为。法律和法庭对于借贷很少给予保障"②。中国封建社会的法律对借贷是给以一定保障的，如唐令规定，"负债违契不偿"要受法律的制裁。③ 限制利息率也说明较低的利息率得到了法律的承认。这些都是中国历代高利贷资本特别猖獗的反映。但法令从来不表彰、不提倡高利借贷，对高利贷资本始终持打击、抑制态度，则与西方的情况如出一辙。这说明高利贷资本在东方和西方所起的作用是一样的。

由于高利贷资本破坏社会生产力，利息同地租往往结合、重叠在一起对农民进行竭泽而渔地剥削，所以在剧烈的阶级斗争中，农民不但要求减租，而且还力争减息。因此，利息率的高低除了取决于上述经济条件之外，还取决于阶级力量的对比和阶级斗争的状况。农民为争取减息而进行的斗争，最终是为了改善其再生产的条件，对社会进步起推动作用。

只有当资本主义兴起，行将取代封建社会的时候，高利贷资本才能起一点进步作用。这种作用表现在两个方面：一方面，它瓦解旧的生产方式，为新的生产方式的发展、壮大排除障碍；另一方面，它"形成独立的货币财产"，并"把劳动条件占为己有，也就是说，使旧劳动条件的所有者破产，因此，它对形成产业资本的前提是一个有力的杠杆"。④ 这种作用可以概括为一句话，就是促进原始积累的进程。直到明末、清前期，中国的原始积累还没有大规模进行，所以高利贷资本在我国历史上始终起反动作用，如果说也曾起过一点进步作用，也是极其有限的。

---

① 《清世祖实录》卷38，顺治五年闰四月。
② 《马克思恩格斯全集》第25卷，人民出版社1974年版，第675页。
③ 《唐律疏议》卷26，《杂律》。
④ 《马克思恩格斯全集》第25卷，人民出版社1974年版，第689—690页。

第十五章　土地兼并和经济危机

我国封建社会不断爆发周期性经济危机，其根源就是土地兼并及由此引起的基本经济矛盾的尖锐化。在危机袭来的时候，主要的生产关系，即租佃关系，日益扩大和膨胀，而社会再生产的规模却在逐渐缩小和萎缩，个体农民连简单再生产也无法维持。这时，生产关系同生产力的矛盾、农民阶级同地主阶级的矛盾都极度地尖锐化了，因而不断爆发农民起义。

灾荒是危机的伴侣。自然灾害是任何时候都会发生的，但在危机阶段，农民抵抗天灾的能力大大地被削弱，灾荒的严重程度和破坏性超过了任何时期。在土地兼并加速、危机趋向深刻化的过程中，大量破产的农民转化成了流民。因此，我们在研究经济危机的这一章中，还将涉及"荒政"问题和流民问题。

第一节　大土地所有制的发展与经济危机的爆发

正如资本主义社会的基本经济矛盾是经济危机爆发的根本原因一样，封建社会大土地所有制同生产过程个体性的这一基本矛盾，也是中世纪经济危机爆发的社会根源。西方封建社会的土地不能买卖，大土地所有制本身没有什么变动，基本矛盾就只有在生产力水平不断提高的过程中，随着个体经济的发展而趋向尖锐化。封建社会末期的农奴制危机，就是由此引起的。随着生产力水平的提高，中国封建社会也必然会在末期经历最后的危机；但因为土地能够经常买卖和转手，所以除此之外，基本经济矛盾还不断由于土地兼并和大土地所有制的扩大而趋向尖锐，引起

第十五章 土地兼并和经济危机

经济危机一再爆发。后一种危机是中国封建社会所特有的现象,在世界史上是仅见的。

在土地加速兼并和危机爆发的时候,农民连简单再生产也无法维持,社会生产在日益缩小的规模上反复进行。产生这一现象的主要原因是:

第一,前面已经指出,土地兼并必然引起自耕农和佃农的破产,这里要补充说明的是,自耕农经济比佃农经济更趋向于集约耕作,当土地兼并、租佃关系扩大、自耕农大量转化为佃农的时候,农业耕作就必然随之粗放化了。这正如宋人李觏所说:"贫者无立锥之地而富者田连阡陌。富人虽有丁强,而乘坚驱良。食有粱肉,其势不能以力耕也,专以其财役使贫民而已。贫民之黠者则逐末矣、冗食矣,其不能者乃依人庄宅为浮客耳。田广而耕者寡,其用功必粗。……或地非己有,虽欲用力,末由也。"①

第二,土地兼并和农业粗放化,使社会上涌现出大量相对过剩劳动人口和农民之间租地的竞争随之加剧,为地主乘机提高剥削率提供了方便条件。前面已经指出,佃农的实际耕地面积一般都较自耕农为多。当自耕农大量转化为佃农时,耕种相同面积土地所需要的劳动力必然因农业经营的粗放化而有所减少,失业农民势必与日俱增,地主从而可以利用农民竞争的加剧大肆划佃增租、夺佃增租。地租由五成而六成、七成、甚至八成,大都发生在危机阶段,其秘密就在于此。佃农既然连必要劳动也被地主所侵占,其再生产的规模自然就越来越小。佃农队伍的膨胀和佃农经济的萎缩,意味着整个社会的再生产在日益缩小的规模上进行。

第三,自耕农和佃农在加速贫困化的道路上,大大降低了同自然灾害作斗争的能力,天灾在危机阶段显得特别严重。明代有这样的记载:"弘治以前,岁常丰稔,间有凶荒,亦十之一二而已。正德以来,水旱相仍,斗米百钱者相望。"② 这决不是天灾的分布在时间上果真有什么前轻后重的变化,而只是反映弘治以前,土地兼并尚不严重,农民阶级抵抗自然灾害的力量尚较强;正德以后,经济危机正在酝酿、成熟,农民阶

---

① 《李直讲文集》卷16,《富国策》第二。
② 《天下郡国利病书》原第2册引《大名府志》。

级在地主阶级敲骨吸髓的剥削下，大大削弱了同自然灾害作斗争的能力。这是危机阶段社会生产遭受严重破坏的一个重要方面。

不仅如此，就是在正常年景，农民在经济状况恶化的情况下，也会违失农时，造成减产。宋人董煟就曾指出："按《四时纂要》及诸家种艺之书，八月三卯日种麦，十倍全收。今民非不知种，但贫而无力，故后时乎。"① 这实际是一种纯人为的减产，与自然灾害毫无关系。

第四，在农民经济走向枯萎的过程中，由于产量的降低，即使佃农所负担的地租量和自耕农所负担的赋税量不变，必要劳动产品也必大为减少；而当危机爆发的时候，地主政权希图解脱其严重的财政危机，总是竭泽而渔地更加加重赋税。这样，剥削量不仅相对地加重了，而且绝对地加重了。

第五，农民在土地兼并过程中大批破产、相率逃亡时，往往被迫"拆屋毁砖，卖取百十钱以糊口"，② 甚而至于"伐其桑枣，撤其庐舍，杀其耕牛，委其良田。累世之业，一朝破之"③。这对社会生产是一种严重破坏，使农村呈现出一片荒芜景象。

第六，地主阶级大量兼并土地之后，除用于剥削地租之外，往往把一部分土地闲置起来。唐人皮日休曾尖锐地指出："今之宅树花卉犹恐不奇，减征赋惟恐不至。苟树桑者，必门噬户笑。……今之田，贫者不足于耕耨，转而输于富室，富者利广占而不利广耕。"④ 清代也有类似的记载："其买田者大率客户，然田虽买而无人为耕，大率买二十顷田而所耕者不过二顷，以客居之人，非游宦则商贾，不能涂体沾星以从事南亩，而本地之人，则已死亡过半矣。"⑤ 在经济危机爆发的时候，一方面形成了相对过剩的劳动力，一方面又因农民死于贫困而产生劳动力不足的问题；一方面耕田者失去土地，一方面兼并土地的地主又使相当数量的土地成为非生产性的闲置土地。这种地力、人力的巨大浪费对社会生产造

---

① 《救荒活民书》卷2。
② 《皇清经世文编》卷41，陈用光《论营田水利摺子》。
③ 《司马温公文集》卷36，《赈赡流民札子》。
④ 《皮日休文集》卷7，《请行周典》。
⑤ 《皇清经世文编》卷41，陈用光《论营田水利摺子》。

成的破坏是非常严重的，也是十分令人痛惜的。

总之，土地兼并和经济危机对农业生产造成的损失是极其明显的。甚至古人也看到："自阡陌之制行，兼并之祸起，贫者欲耕而或无地，富者有地而或乏人，野夫有作惰游，况邑居乎！沃壤犹为芜秽，况瘠土乎！饥馑所以不支，贡赋所以日削。"① 历代统治阶级中有很多人有鉴乎此，纷纷议论兼并之害，大唱其限田高调。但唱者自唱，土地兼并依然自行其事，根本无法禁断。清人顾琮曾经向统治者建议，每户土地"以三十顷为限"。乾隆皇帝却现实主义地回答说："尔以三十顷为限，则未至三十顷者原可置买；即已至三十顷者，分之兄弟子孙名下，不过数顷，未尝不可置买。何损于富民，何益于贫民？"② 只要土地买卖的原则存在，"限田"和"抑兼并"的所有政治主张，就只不过是某些人的幻想而已。所有这方面的政策和法令，都在地主阶级疯狂追求土地的欲火中灰飞烟灭了。

在资本主义社会中，经济危机阶段出现的是生产过剩的问题；在中国封建社会中，经济危机阶段所出现的是生产不足的问题。这种经济危机不但阻碍生产力的发展，而且摧残原有的生产力。

第二节　危机爆发时期的"荒政"问题

在经济危机爆发的严峻时刻，自然灾害的袭击显得特别凶猛，农业生产受到严重摧残，其后果，不但使地主政权税收锐减，而且也使阶级矛盾大大加剧，统治者也清楚地知道："大抵凶荒之余，必有盗贼攘夺之患，计出无聊，势使然也。"③ 为了缓和阶级矛盾，维护封建统治，保证财政收入，地主政权就经常推行所谓"荒政"。宋人董煟曾承认："凶年粜粟以活百姓……可以使盗贼不作而长保富赡，其于大姓亦有补矣。倘使小民转徙沟壑，流移他所，大姓之田，何暇自耕？土地荒芜，必有所

---

① 《李直讲文集》卷6，《国用》第四。
② 《退庵随笔》卷9，《政事》。
③ 《鲁斋集》卷9，《水灾后札子》。

损。"① 可见"荒政"是地主阶级从其根本的、长远的利益出发而推行的，赈恤饥民不是为了给劳动人民保证生活资料，而是为了给地主保证劳动力，给国家保证税源。"荒政"是地主阶级的阶级政策。

荒年放赈是统治者推行"荒政"的主要措施之一，即国家拿出一部分存谷无偿地发放给饥民，使其能暂时勉强度日。这个办法的实效如何呢？首先，在经济危机阶段，地主政权正处于严重的财政危机之中，根本没有充足的存谷供赈济之用，而嗷嗷待哺的饥民则往往遍地都是，因而不免杯水车薪之叹，受惠者寥寥无几。宋人袁燮就曾说："长民之吏，虑蠹放太多，未必能以实告。故饥民不可胜计而济粜不能遍及。"② 再加上官吏的贪污中饱，"荒政"的实效就更无足轻重了。更重要的是，统治者对生产的恢复一筹莫展，而不能从根本上发展生产，各种赈济充其量也只是治标而已，不能对农民再生产的进行有所裨益。

其次，历代的义仓、常平仓也是救荒的一些惯用措施。这些制度不但不能起救荒的作用，反而往往变成地主政权掠夺农民的手段。唐代设立义仓时，统治者公开宣布的目的和办法是："王公以下，垦田亩纳二升。其粟麦粳稻之属，各依地土。贮之州县，以备凶年。"③ 但实际情况怎样呢？从武则天执政开始，"公私窘迫，贷义仓支用"。自中宗神龙以后，"天下义仓费用向尽"。④ 义仓输米在历史发展过程中不但不再具有救荒的性质，而且终于变成了合法的"地税"。这是一个最典型的例子。宋代实行"常平法"的原意也是"专为凶荒赈粜"，而事实上仍不免于"州县窘匮，往往率多移用"，政府虽然"差官核实"，法令却"亦不过具文而已"。⑤ 宋代设立义仓同样是为了"备水旱"，熙宁以后，存米不再留于诸乡，而是"并入县仓，悉为官吏移用"。不久，又"输郡仓，转充军仓，或资他用。故凶年无以救民之死，失古人立法之意矣"。⑥ 不仅义仓和常平仓如此，就是丰储、广惠等仓也由于"有司鄙吝"，"往往久不

---

① 《救荒活民书》卷2。
② 《絜斋集》卷1，《论对陈人君法天札子》。
③ 《通典》卷12，《食货典》。
④ 《通典》卷12，《食货典》。
⑤ 《救荒活民书》卷2。
⑥ 《建炎以来朝野杂记》甲集卷15，《财赋》卷2。

第十五章 土地兼并和经济危机

支动，化为埃尘"。① 上述措施实际上不过是统治者施行欺骗性"仁政"的一些装潢而已。

有的地方，民间设立社仓，也以备荒赈民相标榜，但这种办法同样无济于事。宋代社仓就发生过这样的事："主其事者多非其人，故有乡里大家诡立名字，贷而不输，有至数千百石者。然细民之贷者则毫发不敢有负。"结果是"所在社仓，索然一空"。到真正荒年俭岁，"乡民遂失常年社仓所贷一月之食"。② 社仓不但没有成为济贫赈乏、克服饥荒的手段，反而成了"乡里大姓"发财致富的工具。民营的社仓和官营的义仓有着相同的归宿，可见这种现象不但普遍存在，而且是合乎规律的。

最后，每遇荒年农业减产，农民就力图加强副业生产，出卖手工业品，籴粮以食，冀图有所弥补；一部分自耕农和佃农甚至转化为工商业者，或者沦为雇农。这时，农业生产锐减，食用商品粮的人口猛增，因而导致粮价高涨。无力籴粮的人口只得转死沟壑，普遍出现饿殍遍野的景象。地主政权往往用"以工代赈"的办法救荒，但受雇的饥民又受到粮价上涨之苦，致使一部分雇值又转入了出卖谷物的地主和商人的荷包。地主们尽管存放着大量租谷，却既不肯放赈，也不轻于减价出粜，而是继续居奇抬价。唐代曾经有这样的记载："时属蝗旱，粟价暴踊，豪门闭粜，以邀善价。"③ 宋代以后，类似的记载俯拾即是，不胜枚举。清代这种情况更为严重，"有田之家多贮米谷，待价昂贵，然后出粜，谓之'栈固'"④。当时甚至有人利用高利贷信用从事谷物投机，哄抬粮价，以谋厚利。⑤ 这样发展下去，民不聊生，就会爆发农民起义。针对这种情况，统治者进行"劝分"，就是动员拥有大量租谷的地主减价粜粮，以缓和阶级

---

① 《救荒活民书》卷1。
② 《正谊堂全书》卷4，《建宁社仓利病》。
③ 《旧唐书·王播传》附王起传。
④ 《清高宗实录》卷189，乾隆八年四月。
⑤ 《皇清奏议》卷44，汤聘《请禁囤当米谷疏》："从前各省产米地方，向有富户所收稻谷囤积经年，非遇价昂，坚不出粜。然此犹一邑之中，不过以一己之收为一家之积，为害尚未甚大。近闻民间典当竟有收当米谷一事，子息甚轻，招来民众，囤积甚多。在典商不过多中射利，而奸商刁贩遂恃有典铺通融，无不乘贱收买。即如一人仅有本银千两，买收米谷若干石，随向典铺质银七八百两；飞即又买米谷，又质银五六百两不等；随收随典，辗转翻腾。约计一分本银，非买至四五分银数之米谷不止。……典商、囤户坐享厚利，而小民并受其困矣。"

矛盾。有的时候，地主政权自行减价籴谷，压低粮价。但这些行政措施往往不能收到预期效果。清人魏禧曾说："米方大贵，有司乐于市恩，动辄降减米价，以博小民一时欢心；不知米价减则富户不乐粜，而四方客米亦不来矣。"① 有时地主政权亲自出马，强制低价收籴，其效果仍无改变，因为这样一来，"是使有谷之家愈更闭匿，不敢入市，谷价益贵，人不聊生"②。上述办法既然失效，统治者有时干脆放任谷价高涨，以便引诱米商前来粜粮，解决缺粮问题。南朝宋孝武帝曾经下诏："东境去岁不稔，宜广商货，远近贩鬻米者，可停道中杂税。"③ 唐代卢坦在宣歙正式倡行放任粮价上涨的政策以后，历代不少官吏也纷纷仿行此法。④ 这种办法往往又带来新的问题，因为客运谷物的结果，必然使丰收地区的粮价也随之上涨，而在经济危机爆发的时候，非灾区也有很多破产、失业农民和"舍本逐末"的小工商业者须要籴粮以食，因此，执行这种粮价政策，表面上好像缓和了灾区的粮食紧张状况，实际上等于把经济危机和灾荒向更广大的地区扩散，使局部的危机发展而为全面的危机。

不仅如此，在危机和灾荒合并发作的时候，往往为地主提供了兼并土地的有利机会，宋人王柏就曾指出："且籴价何为而骤高也？以岁旱而无籴也，是籴价不高于丰稔之地，实高于旱歉之乡。然高价之利不归于旱歉之乡，实归于丰稔之地。彼歉者既歉矣，而又尽索其家，具积数倍而仅可易常年之一。彼丰者既丰矣，而又坐享高价，以常年之一而可得数倍之利。是丰者再丰而歉者再歉。"⑤ 这说明丰收地区的地主可以利用丰、歉地区粮食的差价，趁农民之危，通过谷物买卖兼并灾区农民的财产，加速他们的破产过程。

通过上述分析可以看出，危机阶段地主政权所推行的"荒政"不但

---

① 魏禧：《救荒策》。
② 《司马温公文集》卷5，《言蓄积札子》。
③ 《宋书·孝武帝纪》。
④ 《能改斋漫录》卷2，《增谷价》："范文正治杭州，二浙阻饥，谷价方涌，斗钱百二十。公遂增至斗百八十，众不知所为。公仍命多出榜沿江，具述杭饥及米价所增之数，于是商贾闻之，晨夜争进，唯恐后，且虞后者继来。米既辐辏，遂减价至至百二十。包孝肃公守庐州，岁饥，亦不限米价，而商贾载至者遂多，不日米贱。予案此策本唐卢坦在宣歙，土狭谷少，所仰四方之来者，若价贱则商船不复来，益困矣。既而米斗价一百，商旅辐辏，民赖以生。"
⑤ 《鲁斋集》卷7，《赈济利害书》。

不能从根本上改变生产衰败的局面，而且就是作为应急的办法也往往无效，有时甚至还把危机和灾荒扩散到更广大的地区，使经济危机的广度和深度更加发展。这里不仅是地主阶级及其政府机构的腐败问题。从根本上说来，这是地主的大土地所有制对于社会发展不相适应时必然产生的结果。

第三节　危机爆发时期的流民问题

经济危机爆发之际，随着土地兼并的加剧，自耕农纷纷破产，一部分佃农也在残酷的剥削下嫁妻卖子，先后逃亡，于是"安土重迁"的"编户齐民"就大量转化成了"易动难安"的流民。尽管各个历史时期都有流民，但只有在危机阶段，再生产遇到特别严重的困难，流民问题才特别严重和突出。

流民的流徙是有规律的。汉武帝时，关东就出现过流民二百万口，大概与当时土地兼并的加速有关。西晋时期，秦、雍、并等州连年发生旱灾、蝗灾和疾疫，各州流民纷纷徙往汉川、邺及梁、益、兖等州"就谷"[①]。北宋神宗时，"江南狭乡百姓"扶老携幼，流往"汙莱弥望，户口稀少"的荆南、安、复、岳、鄂、汉、沔等地，"远来请佃，以田亩宽而税赋轻也"[②]。明代汉中府"地方广阔，延袤千里，人民数少"，河南、山西、山东、四川及陕西所属八府流民十余万人，"或因逃避粮差，或因畏当军匠，及因本处地方荒旱"，大批逃往汉中府金州等处，这一带对流民留居的有利条件是，"地土可耕，柴草甚便，既不纳粮，又不当差"[③]。清代"益州沃野千里，地肥美，民殷富，三楚、三吴流徙之众麋聚其间。川东北边境土沃不及川西，而地广赋轻，开垦易以成业，故流徙亦多。汉川距吴、楚稍远，其地之肥饶较川楚边境为胜，谋食更易，故吴、楚之侨居蜀者，又复转徙汉川"[④]。根据上述事实可以归纳如下：第一，流

[①]　见《晋书》(《李特载记》《东海王越传》《苟晞传》《王澄传》等)。
[②]　《宋史·食货志》。
[③]　《明臣奏议》卷10，马文升《巡抚事宜疏》。
[④]　《三省边防备览》卷8，《民食》。

民多由土地兼并严重，地少人多的狭乡流往地广人稀的宽乡，他们在那里容易占有土地，转化成为自耕农。第二，流民多由赋税徭役较重的地区流往赋役较轻或根本没有赋役的地区，他们在那里易于维持简单再生产。第三，流民多由垅墒的地区流往土地肥美的地区，那里粮价较低，容易谋生，故这种流徙亦称"逐熟"。总之，流民一般是从经济危机严重的地区流往危机不太严重的地区。正因为流民是为了逃避较重的剥削而流徙，所以这种流徙具有阶级斗争的性质，是对地主阶级的反抗。流民到地广人稀的地区后从事开垦，对农业生产的发展有积极意义，这一事实说明，除了农民起义和农民战争之外，农民所进行的各种形式的阶级斗争，都能对社会进步起推动作用。

从社会经济的全貌进行分析，流民虽然能够在开垦荒地方面做出贡献，对经济危机的克服却基本上不起作用，也不能从根本上扭转整个农民阶级的贫困化厄运。

首先，流民的流徙并不能缓和土地兼并问题，甚至在他们逃出的地区，地主却获得了更加方便的进行土地兼并的机会。唐代就有逃户田宅"妄被人破除"的情况，有的官吏还"破除逃户桑地以充税钱"。① 这些土地显然在"破除"之后为地主阶级所兼并。宋代有"兼并之家乘时贱市流民田"②的记载，地主用一定的财力购买到更多的土地，增强了兼并能力。流民徙居地广人稀的地区后，该地区劳动力的竞争必然加剧，地主又可以乘机提高地租剥削率。

其次，流民外徙后虽然免除或减轻了自己的赋役负担，却增加了未逃户的负担。地主政权往往把逃户的赋役分摊在未逃户身上，这种办法叫作"摊逃"。结果，未逃户的赋役负担成倍增加，于是也相继逃亡，转化为流民。唐朝后期李渤曾奏称："臣出使经行，历求利病。窃知渭南县长源乡本有四百户，今才一百余户；阌乡县本有三千户，今才有一千户。其他州县，大约相似。访寻积弊，始自均摊逃户。凡十家之内，大半逃亡，亦须五家摊税，似投石井中，非到底不止。摊逃之弊，苛虐如斯。"③

---

① 《唐会要》卷85，《逃户》。
② 《韩魏公集》卷16，《家传》。
③ 《旧唐书·李渤传》。

第十五章 土地兼并和经济危机

宋代欧阳修也看到了类似的情况，"百姓贫困逃移而州县例不申举，其本户二税、和籴不与开阁，税则户长陪纳，和籴则村户均摊。已逃者既破其家，而未逃者科配日重"。代州崞县境内，"其一村有逃及一半人户者，尚纳全村和籴旧额，均配与见在人"。① 明代同样有"粮存难办，以故丁逃而累及于户，户逃而累及于甲，人不得不尽甲而逃"② 的现象，故有人哀叹："辗转贻害，历年相仍，十室九空，流移日甚。见今田野之间，环堵萧然，将来未见底止。"③ 由此可见，重税引起流民，未逃户的赋役随之加重，乃至也不得不逃亡，流民集团就像雪球一样越滚越大，阶级矛盾也日趋深刻化。

最后，流民"逐熟""就谷"同样不能改善整个农民阶级的生活状况和再生产条件。流民本来是"只为灾伤物贵，存济不得，忧虑饿杀老小，所以须至趁斛斗贱处逃命"④。他们来到丰收地区之后，除一部分当了雇农之外，并不一定立刻就能从事生产；即使生产，也要等到收获季节才能消费自产谷物。所以流民必须购买粮食，这就会引起当地粮价大幅度上涨。清代陕西、河南流民大批涌往襄阳"逐熟"，地方官叫苦说："今流民就食益众。……来日益多，粟日益少，价日益增，粟日且尽。昔不忍于外省之民饥，今深忧夫本境之民馁矣。"⑤ 又如陕西之西安、同州等地，每逢饥馑，"流播之民，踵接道路"，纷纷流往商州，"以千百计"。康熙六十年（1722）时，"阖境秋收，可云中岁"，但由于大量流民徙入，在冬春之际，"米价腾涌，斗值制钱五百五十文，民以大困"。因而商州的地方官抱怨说："由是言之，商即不饥，而秦饥即商饥也。"⑥ 可见流民"逐熟"不但不能从根本上改善农民阶级的生活，客观上反而等于是饥荒的扩散，丰收地区的农民也遭了池鱼之殃。

农民逃亡是阶级斗争的形式之一，具有反赋役的性质，大量流民的出现预示社会秩序的混乱，甚至是大规模农民起义即将爆发的指示计。

---

① 《欧阳文忠全集》卷116，《乞减放逃户和籴札子》。
② 《天下郡国利病书》原编第1册引《保定县志》。
③ 《明文在》卷29，周用《理河事宜疏》。
④ 《宋文鉴》卷45，富弼《论河北流民》。
⑤ 俞森：《郧襄赈济事宜》。
⑥ 《乾隆续商州志》卷9，《书》，王学潜《上潼商道李公书》。

统治者只要看到农民逃亡、流民成群，就知道自己已经坐在火山口上了。如何应付流民问题呢？地主政权所采取的最简单的办法，就是用行政法令把农民强制束缚在某一地区，严禁流徙。但这种强制不但无效，反而会激起流民进一步的反抗，使反课役的斗争发展成武装起义。西晋末年，地主政权下令"召还"秦、雍等州流民入汉川者，进行强制性"逼遣"，这次事件终于成了爆发流民起义的导火线。① 明人周洪谟很了解此点，他说："余惟流民若流水也，在顺其性而导之耳；使或逆之，则泛滥而壅溃矣。"②

地主政权还经常采用"安辑流亡"的措施对付流民问题。宋人董煟就提出过这样的主张："流民如水之流，治其源则易为力，遏其末则难为功。若本处地方赋敛稍宽，自然安土重迁，谁肯移徙！……至于一动之后，中途官司禁遏抑勒，使之复回，此又非所宜也。"③ 强调"治其源则易为力"是有道理的，但统治者"宽赋敛"的政策并不能真正起釜底抽薪的作用，因为产生流民的最深刻根源是土地兼并和经济危机，横征暴敛只不过是农民逃亡的一个次要原因而已。

有的时候，地主政权也确实考虑到安置流民垦田，谋求问题的解决。如唐代大历元年（766）制称："逃亡失业，萍泛无依，时宜招绥，使安乡井。其逃户复业者，宜给复二年，无得辄有差遣。如有百姓先货卖田宅尽者，宜委本州县取逃死户田宅量丁口充给。"④ 元代政府也曾下令："流民趁食他乡不能还业者，所在官司常加优恤，有官田愿种者，从便给之，并免差税五年。"⑤ 类似的记载，历代都有。这种政策也不能真正解决实际问题，因为流民大量逃亡的时候，也正是土地兼并加速进行的危机阶段，地主政权根本没有多少土地可以分配给流民；即令个别地区能够安置少量流民从事生产，也无补于全国的大局。

封建政权在个别地区蠲免税差，安置流亡，非但不能使农业生产真

---

① 《晋书·李特载记》。
② 《三省边防备览》卷13，《文艺》，引周洪谟《创治郧阳府记》。
③ 《救荒活民书》卷2。
④ 《唐会要》卷85，《逃户》。
⑤ 《元典章》卷3，《圣政》卷2，《恤流民》。

第十五章　土地兼并和经济危机

正恢复，反而会由于各地区间赋役畸轻畸重，进一步引起新的混乱。唐人陆贽在谈到两税法实行后的"田野垦辟"政策时说："顷因兵兴，典制弛废，户版之纪纲罔缉，土断之条约不明，恣人浮流，莫克禁止。纵之则凑集，整之则惊离。恒怀幸心，靡固本业。是以赋税不一，教令不行。长人者又罕能推忠恕易地之情，体至公徇国之意，迭行小惠，竞诱奸甿，以倾夺邻境为智能，以招萃逋逃为理化。舍彼适此者，既谓新收而获宥；倏忽往来者，又以复业而见优；唯怀土安居，首末不迁者，则使之日重，敛之日加。是令地著之人恒代惰游服役，则何异驱之转徙，教之浇讹！……所贵田野垦辟者，岂不以训导有术，人皆乐业乎？今或牵率黎烝，播植荒废，约以年限，免其地租。苟农夫不增而垦田欲广，新亩虽辟，旧畬反芜。人利免租，颇亦从令。"① 问题提得很尖锐，也反映了社会真实情况。清代四川地广人稀，地主政权也曾以免租三年诱致湖广、陕西人民前往垦耕，结果是农民"将田地开垦三年后，躲避纳粮，而又他往"②。这和唐代的情况如出一辙。

产生流民的表面原因是重赋和灾荒，更重要的根源则是土地兼并，而经济危机往往不是个别地区的特殊问题，总是具有全社会的规模。在全面的社会危机无法克服的前提下，统治者任何小修小补的改良政策和措施，都不能真正解决流民问题。只有农民起义使生产关系得到相当幅度的调整，土地占有状况有显著改变以后，"易动难安"的流民才能再度转化成为"乡居地著"的"编户齐民"。

---

① 《陆宣公集》卷22，《均节赋税恤百姓第三条》。
② 《清通考》卷2，《田赋考》。

第十六章　经济危机爆发时期各种矛盾的激化

经济危机爆发的根本原因是大土地所有制同生产过程个体性的矛盾在土地兼并条件下的极度激化，随着这一基本经济矛盾的加剧，我国封建社会所固有的一切矛盾都由缓和而尖锐化，由隐伏而表面化。这些矛盾的激化最终导致阶级矛盾的白热化，爆发大规模的农民起义和农民战争。

第一节　生产萎缩同分配集中的矛盾

在经济危机阶段，由基本矛盾派生出来的第一个矛盾，就是生产萎缩同分配集中的矛盾。

关于危机爆发时期生产遭到摧残和破坏的原因，在上一章中已经具体分析过了；现在应当集中研究分配集中的问题。马克思指出："分配的结构完全决定于生产的结构，分配本身就是生产的产物。"① 在中国封建社会中，作为主要生产手段的土地的分配集中，是产品分配集中的物质前提。

当土地兼并还不十分严重，自耕农较多的时候，产品的分配就不可能高度集中。因为有一定数量相当于净租的产品不归剥削阶级所占有，而是归自耕农所占有，自耕农在人数上远远超过地主，所以这部分产品的分配相当分散。当地主阶级疯狂兼并土地，自耕农大批破产的时候，原来归自耕农占有的那一部分净租就集中到地主阶级手中了。这是危机

---

① 《马克思恩格斯选集》第2卷，人民出版社1972年版，第98页。

第十六章 经济危机爆发时期各种矛盾的激化

阶段分配集中的最简单的表现形式。

事实上，在危机阶段，分配集中的程度大大超过了土地兼并的程度。

首先，土地兼并和佃农耕作的粗放化使农村出现了很多破产失业的农民，大大加剧了租地的竞争，从而引起剥削率的上升。这时，地主不但占有了原来归自耕农占有的净租，而且利用高剥削率向佃农的必要劳动进攻，这是分配集中超过土地兼并程度的表现之一。

其次，前面已经指出，在危机阶段，由于自耕农纷纷出卖土地，土地税增加，地价大幅度下降，而粮价却在生产萎缩的条件下大幅度上涨。这就使地主阶级能够高价出卖租谷，低价兼并土地。而地租量的增加、粮价的上涨和地价的下落，不仅是剥削率增高的反映，也是地租率上升的反映。

再次，地主除了兼并农民的土地以外，还往往利用荒年农民的困境，低价兼并他们的其他财物。清人魏禧曾说："饥荒之时，贫民多卖衣服器用以给食，而富民乘人之急，甚至损价十之九者。"[①] 这样的购买几乎等于无偿掠夺，也是促使分配集中畸形发展的一种形式。

最后，生产的萎缩本身就是造成分配相对集中的一个物质基础。当产量大幅度下降时，即使地租量不变，由于必要劳动的减少，地租在产品总量中所占的比重也必然大为增加了。

此外，在危机阶段，官僚集团的膨胀、商业利润的反常增加、高利贷资本的积累，等等，也都对分配的集中起不容忽视的作用。

经济上生产萎缩同分配集中的矛盾，在政治上体现为阶级矛盾的激化。汉武帝时，西汉的经济危机开始在酝酿之中，地主阶级"广其田宅，博其产业"的结果，已造成了分配上的"畜其积委"，他们"务此而亡已，以迫蹙民"，因而使"富者奢侈羡溢，贫者穷急愁苦"，[②] 阶级矛盾渐趋激化。到汉哀帝时，经济危机不但成熟，而且已经极其深刻化了，连统治者也承认："诸侯王、列侯、公主、吏二千石及豪富民多蓄奴婢，田宅无限，与民争利，百姓失职，重困不足。"[③] 唐代后期，均田制在中国

---

① 魏禧：《救荒策》。
② 《汉书·董仲舒传》。
③ 《汉书·哀帝纪》。

历史上最终破坏，地主土地所有制发展到一个新水平，危机的深度达到了空前的程度，因而生产萎缩同分配集中的矛盾也超过了以往任何时期。在生产上，"农耕尽废""杼轴其空""人多转徙，田亩汙莱"。① 在分配上，"富商大贾，并诸寺观，广占良田，多滞积贮"；② 有的大地主在田庄中"积谷如坻，皆为滞穗"，甚至被皇帝称作"足谷翁"。③ 北宋没有发生大规模的农民战争，经济危机一直延续到南宋，土地兼并与分配集中的程度于刘克庄奏中可见一斑："昔之所谓富贵者，不过聚象犀珠玉之好，穷声色耳目之奉，其尤鄙者则积坞中之金而已。至于吞噬千家之产业，连亘数路之阡陌，岁入号百万斛，则开辟以来，未之有也"。④ 董煟对宋代的贫富分化更作了集中的描述："所谓上户者，田亩之跨连阡陌，蓄积之红腐相因。然今之乡落，所谓上户者亦不多矣！中下之户，凶荒之余，所入未能供所出。"⑤ 两极分化是分配集中的表现，也是阶级矛盾尖锐化的根源。明朝前期，土地比较分散，中期以后，兼并成风，所以在分配上形成了这样的变化："宪、孝两朝以前，士大夫尚未积聚。……时至正德间诸公竞营产谋利，一时如宋大参恺、苏御史恩、蒋主事凯、陶员外骥、吴主事哲，皆积至十余万。"⑥ 至于明朝末年拥有王府庄田的皇族，就更不待言了。

总之，生产萎缩同分配集中的矛盾意味着农民阶级所受的剥削更残酷了。劳动人民对这种分配状况感到再也无法容忍，于是一次又一次地提出"均贫富"的口号，在起义过程中对地主经济进行猛烈的冲击。明末农民战争甚至提出"均田"口号，力图消灭造成分配集中的物质根源。

第二节　剥削阶级内部瓜分地租的矛盾

当经济危机爆发的时候，剥削阶级内部为瓜分地租而进行的斗争也

---

① 《陆宣公集》卷4，《议减盐价诏》。
② 《唐大诏令集》卷117，《遣使宣慰诸道诏》。
③ 《北梦琐言》卷3。
④ 《后村大全集》卷51，《备对札子》。
⑤ 《救荒活民书》卷2。
⑥ 《四友斋丛说摘抄》卷6。

第十六章　经济危机爆发时期各种矛盾的激化

尖锐化了。这种矛盾大体包括地主政权同地主之间的矛盾和地主阶级内部官僚地主、特权地主同庶族地主、中小地主之间的矛盾。

地主政权同地主之间为瓜分地租而产生的矛盾是由财政危机引起的，财政危机则总是和经济危机形影不离地孪生在一起的。西汉前期，"府库余货财，京师之钱累巨万，贯朽而不可校，太仓之粟陈陈相因，充溢露积于外，至腐败不可食"。到武帝执政时，随着土地兼并的加速，情况发生了变化，"财赂衰耗而不赡"。武帝虽然采取了很多措施，广辟财源，仍然不能避免"府库益虚"的情况。① 唐代开元年间，"入河湟之赋税满右藏，东纳河北诸道租庸充满左藏，财宝山积不可胜计"②。"安史之乱"以后，随着土地兼并的加速和战争的频仍，终于出现了"太仓空虚，雀鼠犹饿"③ 的局面。北宋中期冗官、冗兵、冗费的严重程度，是财政危机最集中的体现，而当时也正是经济危机逐渐成熟的时期。明代"洪、永、熙、宣之际，百姓充实，府藏衍溢"，但"世宗以后，耗财之道广，府库匮竭"。到神宗时，就"储积益以空乏"④ 了。历代都有府库一盈一虚的发展轨迹，总是和土地配置的集中或分散合拍的，因而财政危机的不断出现也是合乎规律的，是经济危机的必然后果。揆诸事实，财政危机的形成不外收入减少与开支增加两方面的原因，而这两个方面都和土地兼并有密切关系。

经济危机爆发的时期，国家财政开支的增加往往主要是由官禄、兵饷的增加引起的。

地主阶级在社会生产逐渐发展和繁荣的过程中日益富裕起来，干禄仕进的欲望随之强烈，纷纷通过赀选、察举和科举等渠道挤入官僚集团。地主政权则采取优礼士大夫的政策，满足他们的这种要求。大体上，土地兼并越严重，地主阶级越富裕，官僚集团越膨胀，国家所开支的官俸就不可能不水涨船高，与日俱增。西汉自武帝确立察举制开始，每岁举人，并辅之以"征召"和"公车上书"等途径，故"博开艺能之路，悉

---

① 《史记·平准书》。
② 《唐语林》卷3。
③ 《元次山集》卷7，《问进士第三》。
④ 《明史·食货志》。

延百端之学，通一伎之士，咸得自效"，① 官吏人数逐年增加。唐初官员很少，太宗控制很严，但从武则天执政开始，破格用人，此后更置"员外官""斜封官"，不一而足。终于出现了这样的情况：内外官员"数逾十倍，皆无厅事可以处之，故时人谓之'三无坐处'：谓宰相、御史及员外官也"②。"安史之乱"以后，随着土地兼并的加剧，这种情况就更严重了。北宋开国之初，"设官分职，尚有定数；其后荐辟之广，恩荫之滥，杂流之猥，祠禄之多，日增月益，遂至不可纪极"③。据当时人估计，每隔三十年，官吏就可增加一倍！这一规律在历代一再发生作用，是财政危机不断爆发的重要原因。

土地兼并还造成了兵饷开支的增加。当土地比较分散，自耕农比较众多的时候，封建国家往往采取征兵制，兵饷的开支非常有限。西汉初年的正卒、戍卒多由自耕农和中小地主充当，不愿亲自服役的人尚须纳钱代役。唐初的府兵都是军府州的受田农民，政府不但不给待遇，府兵还得自备衣服、粮食和一部分武器。汉武帝开始实行募兵，历昭、宣二帝至王莽，征兵越来越少，募兵日趋重要。唐代的府兵制在唐玄宗时期终于最后破坏，统治者也不得不最后改行募兵制。汉、唐两代兵制的这种类似变化显然与土地兼并有密切关系：自耕农的锐减必然使征兵制下的兵源枯竭，大量破产失业农民的出现却为募兵制提供了充足的兵源。宋代禁军、厢军从一开始就是采取募兵制的，但由于统治者为了瓦解农民起义的群众基础，在荒年大肆募兵，所以随着土地兼并的加速，失业人口的增加，军队数量从宋初的二十多万增加到英宗时的一百一十多万，不到一百年中增加到六倍。北宋的冗兵也是造成冗费的一个重要原因。明初实行卫所屯田制，军队从事生产，"军饷不仰藉于县官"，"上下交足"。以后"屯田坏于豪强之兼并"，④ 有的卫军竟至成了权贵的佃农。⑤ 募兵制于是代之而起。应募者"得受糈于官"，国家则大量招募失业农民

---

① 《史记·龟策列传》。
② 《通典》卷19，《职官典》。
③ 《廿二史札记》卷25，《宋冗官冗费》。
④ 《明史·食货志》。
⑤ 《明史·年富传》："英国公张懋及郑宏各置庄田于边境，岁役军耕种。"

第十六章 经济危机爆发时期各种矛盾的激化

为兵,目的是"笼而驭之,毋使流为奸宄盗贼"①。情况与宋代基本上相同。明朝兵制变化的结果,"边兵悉仰食太仓,转输往往不给",因而造成了"府库匮竭"②的局面。历代事实说明,土地兼并引起兵制改革,兵制改革引起财政危机,这是一条共同的规律。

统治集团的奢侈浪掷是造成财政危机的另一个原因,而他们的腐化程度也往往随着土地兼并的节拍,亦步亦趋地逐渐加深。地主阶级占有的土地越多,其消费能力越强,在生活上就必然更加追求声色狗马。这是由剥削阶级的本性所决定的。汉武帝时,土地兼并正在加速进行,贵戚官僚已经"争于奢侈",③蔚然成风。到成帝时,危机更加深刻化了,所以公卿、列侯、亲属和近臣都"奢僭罔极,靡有厌足",其"被服绮縠,设钟鼓,备女乐,车服嫁娶葬埋过制"。④这种情况非独发生于汉,历代皆然,是国家财政开支增加的一个不可忽视的因素。

在财政危机爆发的时候,国家财政收入的减少也是由土地兼并和经济危机引起的。尽人皆知,自耕农是一个最有能力提供赋税的劳动阶层,当土地比较分散,自耕农比较多的时候,封建政权有足够的税源,大多不太感到财政拮据。当土地兼并严重,自耕农大量破产,佃农无力纳税,而地主阶级又采取飞洒、诡寄等手段千方百计逃税时,国家就会感到税源枯竭。在这种情况下,由于地主阶级在分配集中的条件下大量占有租谷,却又"不佐公家之急",想方设法匿财漏税,地主政权同地主之间在瓜分地租问题上的矛盾就尖锐化了,统治者对"官取其一,私取其十"的地租再分配状况就会表示不满,进行指责。

封建国家为了把自己从财政危机中解救出来,总是在经济危机阶段进行各种各样的变法和改革。王莽改制、杨炎两税法、王安石的方田均税法、朱嘉的推排经界及张居正的一条鞭法,都是为了改善地主政权在地租再分配中的地位,增加税收。针对地主的飞洒、诡寄,统治集团中不断有人高唱"仁政必自经界始"的千古滥调。但是不管上述改革方案

---

① 《客座赘语》卷2。
② 《明史·食货志》。
③ 《史记·平准书》。
④ 《汉书·成帝纪》。

设想得多么美妙，推行起来却总不免碰壁。失败的基本原因是：第一，财政危机是由经济危机引起的，任何天才的改革家和杰出的变法家都对土地兼并规律无能为力，而只要土地关系得不到大幅度的调整，财政危机的克服就根本无从谈起。第二，所有的变法和改革，都具有明显的增加税收的目的，在当权者过分强调扩大税源的情况下，任何措施的优越性都会被湮没。第三，一切财政改革都必然遇到地主的非法反抗，而经济危机、财政危机合并发作的时候，也往往是地主阶级腐化、吏治极度败坏的时刻，因此，地主行贿，官吏卖法，双方上下其手，就能够使一切法令变质，达不到预期的目的。

地主政权在瓜分地租的斗争中失败以后，只得回过头来进一步榨取劳动人民。统治阶级内部的斗争，是在阶级对立的基础上进行的，改革、变法的失败往往又反转来促使阶级矛盾更加尖锐化。只有农民战争才能大幅度调整土地关系，使经济危机和财政危机的局面转向经济恢复，从而使整个社会逐渐转向重新发展。

在地主政权不择手段地大肆"头会箕敛"时，地主阶级内部各阶层间也总是由于瓜分地租而展开剧烈的斗争。西汉晁错说："秦始乱之时，吏之所先侵者，贫人贱民也；至其中节，所侵者富人吏家也；及其末涂，所侵者宗室大臣也。"[①] 可见地主政权除剥削农民阶级外，在侵犯地主阶级的利益时，常常是自下层而上层，先从庶族地主和中小地主身上开刀的。当历代财政危机爆发的时候，在瓜分地租的斗争中，拥有政治特权的皇族、大贵族、大官僚、寺观地主及豪强乡绅，总是能够受到优免。曹操在"官渡之战"后，曾指斥袁绍统治下的社会病态是："豪强擅恣，亲戚兼并，下民贫弱，代出租赋，衒鬻家财，不足应命。"[②] 实际上，非但袁氏统治下的河北是这样，历代王朝末日普遍如此。宋代统治者就公开承认："赋调之不平久矣。自开阡陌，使民得以田租私相贸易，富者贪于有余，厚价以规利；贫者迫于不足，移税以速售。故富者跨州轶县，所占者莫非膏腴，而赋调反轻；贫者所存无几，又且瘠薄，而赋调反

---

① 《汉书·晁错传》。
② 《三国志·魏·武帝纪》注引《魏书》。

第十六章 经济危机爆发时期各种矛盾的激化 ◆◇◆

重。"① 所谓"下民贫弱"和"贫者",既包括农民,也包括一部分被赋税压榨得喘不过气来的庶族地主和中小地主,他们是瓜分地租的斗争中的失利者,因而提出财政改革以打击官僚地主、豪强地主的变法家往往出自这一阶层。宋代轮充衙前、里正的是中小地主,明代赔累不堪的粮长,也是中小地主。宋代悠然于差役之外的是拥有特权的官户和形势户,明代对于缙绅地主职役的优免也有明文规定。② 因此,在瓜分地租的斗争中,特权地主、大地主同庶族地主、中小地主之间的斗争是不可避免的。历代"党争"多发生在危机阶段,大多与这种瓜分地租的斗争有关。东汉的党锢,唐代的"二王八司马"改革和"牛李党争",宋代围绕着王安石变法的新旧党争及明代的东林党都发生在土地兼并和财政困难特别严重的时期,不是历史的巧合,而是因为有共同的社会条件。

瓜分地租的斗争往往引起争夺土地的斗争,而胜利者却总是特权地主阶层。宋代因职役负担过重,发生了"有鬻田减其户等者,田归官户不役之家"③ 的现象。明代民间有谚语称:"将钱买田,不如穷汉晏眠!""有田膺户门,因田成祸门!"④ 有人讥笑买地的庶族地主:"多买田地笑汝痴,解头粮长后边随;看他耕种几年去,交付儿孙卖与谁!"⑤ 历代经济危机爆发的时候,不但自耕农的土地为地主阶级所兼并,而且庶族地主、中小地主的部分土地也向官僚地主、豪强地主手中集中。唐代开元、天宝之际,土地兼并成风,"于是甲舍、名园、上腴之田为中人所名者,半京畿矣"⑥。有的官僚地主甚至"恃势夺民田数十顷,其主退为其耕夫"⑦。南宋开禧时有人指出:"天下所谓占田最多者,近属勋戚之外,寺

---

① 《宋会要·食货》卷70之116。
② 《阅世编》卷6,《徭役》:"缙绅例有优免,不与焉。贡监生员优免不过百余亩。自优免而外,田多家富者亦并承充。大约两榜乡绅,无论官阶及田之多寡,决无签役之事。乙榜则视其官崇卑,多者可免二三千亩,少者亦千亩。……其余平民大概有田千亩以上充布解、北运……五百亩以上充南运,二三百亩以上充催兑。"
③ 《宋史·食货志》。
④ 《天下郡国利病书》原编第22册引《宁波府志》。
⑤ 《西园闻见录》卷24,《田宅》。
⑥ 《新唐书·宦者列传》序。
⑦ 《太平广记》卷134,《施汴》。

观而已。"① 明代也有类似的记载："勋戚甲第通衢连云，而庄田客店布散畿辅。其侵夺民利，遗害多端。"② 至于王府庄田的特权性质，就更不待言了。

土地越向特权地主手里集中，国家的财政危机越是严重，瓜分地租的斗争越趋尖锐，统治者就越要对劳动人民加强剥削。随着庶族地主和中小地主的纷纷破产，阶级矛盾的广度和深度就更加发展了。这时阶级斗争和统治阶级内部的斗争就会交织在一起，在农民起义和农民战争的推动下最后埋葬一个又一个的腐朽王朝。

第三节 生产人口、农业人口减少同消费人口、非农业人口增加的矛盾

古人一贯承认："四民之中，惟农最苦"，因为地租、赋税、利息、利润最后均直接、间接地落在农民阶级身上。但由于商品经济水平很低，农业是唯一的主要生产部门，农民仍然很少迁居改业。只有在经济危机袭击的时候，农民才大批"舍本逐末"，或干脆转化成游食之众，于是就发生了生产人口、农业人口减少同消费人口、非农业人口增加的矛盾。

在危机阶段，为什么农民纷纷改业呢？主要原因是剥削的苛重。土地兼并使地主对佃农的剥削率上升，使处于财政危机中的地主政权更加对农民横征暴敛，使高利贷者和商人乘人之危加倍盘剥个体农民。各种剥削从四面八方向农民进逼，世代务农的农民再也无法坚守故业，于是"民贫穷者变其业"③。明人邱浚深知此中奥妙，所以做了这样的总结性结论："后世田不井授，人不皆农，耕者少而食者多。"④ 土地兼并确实是产生这一矛盾的总根源。

生产人口、农业人口减少的过程中，改业农民的出路取决于社会所提供的客观条件，而这些条件本身又都和土地兼并有密切关系。

---

① 《宋会要·食货》卷70之104。
② 《昭代经济言》卷13，杨廉《陈时宜以隆治道疏》。
③ 《汉书·晁错传》。
④ 《大学衍义补》卷25，《市籴之令》。

第十六章　经济危机爆发时期各种矛盾的激化

首先，地主兼并大量土地以后，生活日益腐化，需要大量手工艺品和奢侈品，这就为"舍本逐末"的农民提供了转化成工商业者的出路。西汉人严安说："今天下人民用财侈靡，车马、衣裘、宫室皆竞修饰。……侈而无节，则不可赡，民离本而徼末矣。"① 这些"徼末"的人口，大多从事手工业品的制造和买卖。直到清代还有人说："贱菽粟而贵珍错，贱布帛而贵文绣，于是百人致之以给一人之食，百人作之以供一人之衣。而此百人者，即其舍本而逐末者也。"② 这种奢侈品的生产能够浪费大量的劳动，从而手工业生产可以容纳大批的农村改业人口。清代法式善曾说："今之论治者，率欲禁奢崇俭，以为富民之术，殊不知天地生财，止有此数，彼亏则此盈，彼益则此损。富商大贾、豪家巨室，自侈其宫室、车马、饮食、衣服之奉，正使以力食人者得以分其利，得以均其不平。……上之人从而禁之，则富者益富，贫者愈贫也。吴俗尚奢而苏、杭佃民多易为生，越俗尚俭而宁、绍、金、衢诸郡小民恒不能自给，半游食于四方，此可见矣。"③ 这段议论站在地主阶级的立场歌颂统治阶级的"自侈其奉"，把劳动人民的被剥削状况说成是"分其利"，"均其不平"，是完全错误的，但却说明了地主阶级消费性需要与农民改业之间的联系，这一点符合客观事实。

其次，在土地兼并过程中，地主阶级不但越来越富裕，而且生活越来越腐化，他们需要庞大的侍奉人员和多种多样的城市服务性行业。危机阶段，官僚集团的膨胀也使这种需要大大增加。这就为农民改业提供了另一种机会。宋人罗大经指出："今之富者，大抵皆奸富也，而务本之农皆为仆妾于奸富之家矣。"④ 说的就是这种情况。明人赵完璧也说："上富之家，待而举火者五六十人，最下者亦不减二三十人。"有的是"预卖其力而募升斗"，有的是"托身于佣作而为佽"。⑤ 这些人中，大都为地主阶级从事服务性劳动。城市茶楼酒肆中的佣保，斗鸡、走狗、击筑、歌

---

① 《汉书·严安传》。
② 《退庵随笔》卷7，《政事》。
③ 《陶庐杂录》卷5。
④ 《鹤林玉露》卷13。
⑤ 《西园闻见录》卷40，《蠲赈》前。

舞的游手，也都是直接间接为统治阶级服务的消费人口。

　　复次，破产农民为了逃避赋税，寻找出路，"或托迹为僧，或占募军伍"①。在危机阶段，寺观地主也是兼并土地的一支重要力量，寺院经济的发展正可以迎合农民改业的趋势。危机阶段，募兵制盛行、职业兵大增，这同样为破产农民提供了改业的机会。僧道虽然有一部分从事农业生产，士卒也有一部分耕垦屯田，但他们中的大部分却是非生产人口。

　　非农业人口及消费人口的增加对农业生产的破坏非常严重。从我国封建社会一开始，就有农民转化为"奇巧末技商贩游食之民"②的记载。唐代后期的独孤郁严厉地指责这种社会病态："夫古有四人，今转加七，计口而十分之，其所以尽悴出赋而衣食其九者，农夫蚕妇而已；绛衣浅带以代农者，人十之一；缦胡之缨，短后之服，仰衣食县官者，人十之一；髡头坏衣，不耕不蚕，坐而供养者，人十之三；审曲面势，以饬五材，鬻工而衣食者，人十之二；乘时射利，贸迁有无，取倍称之息而衣食者，人十之二；游手倚市，以庇妻孥，以给衣食者，人十之一；其余为农桑之薮焉。"③所论不免有夸张之处，农业人口断不止仅占总人口的十分之一，但这段话却确实集中反映了这一问题的严重性。如果从危机以前与危机阶段人口职业分布的变动进行观察，就更可看出土地兼并和赋税苛暴所起的决定性作用。明人何良俊曾说："余谓正德以前，百姓十一在官，十九在田，盖因四民各有定业，百姓安于农亩，无有他志。……自四五十年来，赋税日增，繇役日重，民命不堪，遂皆迁业。昔日乡官家人亦不甚多，今去农而为乡官家人者已十倍于前矣；昔日官府之人有限，今去农而蚕食于官府者五倍于前矣；昔日逐末之人尚少，今去农而改业为工商者三倍于前矣；昔日原无游手之人，今去农而游手趁食者又十之二三矣。大抵以十分百姓言之，已六七分去农矣。"④清代龚定盦说："自乾隆末年以来，官吏士民狼艰狈蹶，不士不农不工不商之人，十将五六。又或飧烟草，习邪教，取诛戮，或冻馁以死；终不肯治一寸之丝、一粒

---

① 《通典》卷7，《食货典》。
② 贾谊：《新书·瑰玮篇》。
③ 《全唐文》卷683，独孤郁《对才识兼茂明于体用策》。
④ 《四友斋丛说》卷13，《史》卷9。

第十六章 经济危机爆发时期各种矛盾的激化

之饭以益人。承乾隆六十载太平之盛，人心惯于泰侈，风俗习于游荡。"①何良俊是明代嘉靖时人，龚定盦所指为清代乾隆以后的情况，这两段记载说明，生产人口、农业人口的减少和消费人口、非农业人口的增加，是逐渐发展的，但只有到危机阶段，才达到了最严重的程度。

农业是封建社会最主要的生产部门，农业生产的衰败意味着生产力的摧残、社会的贫困、税源的枯竭和阶级矛盾的激化，历代统治者为了维护封建统治，从地主阶级的长远利益出发，往往提倡"崇本抑末"，推行"劝农"政策。远在商鞅变法时，秦孝公就下令："大小僇力本业，耕织致粟帛多者，复其身；事末利及怠而贫者，举以为收孥"。秦始皇在琅玡刻石上更大书特书："皇帝之功，勤劳本事，上农除末，黔首是富。"② 汉代晁错等人也反对"背本趋末"，坚决主张"驱民归农"。如果说，从战国到秦汉，封建政权"重农抑商"的政策或者尚有打击工商奴隶主的性质，具有时代特点；那么以后历代统治者一贯反对"雕文刻镂以伤农事，锦绣纂组以害女红"，斥责所谓"淫巧"，就是从纯粹封建社会的情况和需要出发了。一直到清代，雍正皇帝还老调重弹地说："今若于器用服玩之物争尚巧华，必将多用工匠以为之。市肆之中多一工作之人，即田亩之中少一耕稼之人。此逐末之所以见轻于古人也。"③ 应该说，这种"重本抑末"的政策，在一定的意义上，具有进步性。但是，在土地兼并规律经常发生作用的前提下，只要危机不断爆发，这个矛盾就无法避免。对于剥削阶级来说，"风俗自淳而趋于薄也，犹江河之走下而不可返也，自古慨之矣"④。对于农民来说，只要"仰困于租税而俯困于兼并"⑤ 的境遇不改变，就不能阻止他们"舍本逐末"，游食都市。司马光洞悉此中秘密，所以尖锐地指出："劝农者言也，害农者政也。"⑥ 危机时期的"劝农"只能是徒托空言，因为任何人也解决不了土地兼并问题和重赋苛徭问题。

---

① 《定盦文集》中，《西域置行省议》。
② 《史记·始皇本纪》。
③ 《清通考》卷39，《国用考》。
④ 《云间据目抄》卷2，《风俗》。
⑤ 《栾城集》卷20，《私试进士策问》。
⑥ 《司马温公文集》卷3，《论劝农上殿札子》。

当经济危机严重，农业人口大量减少的时候，必然出现"天下之人食力者什三四，而资籴以食者什七八"①的现象，这是造成粮价上涨、地价下跌的重要原因。这种情况有利于地主兼并土地，可以反转来促使危机更加深刻化，阶级矛盾更加尖锐化。

---

① 《大学衍义补》卷25，《市籴之令》。

第十七章　生产关系与生产力在发展过程中的相互制约

中国封建社会尽管一再爆发经济危机，但危机阶段并不构成历史发展的全部过程。除了这个阶段之外，还存在社会经济的恢复阶段和发展阶段。生产力是最活跃、最革命的因素，迟早会调整生产关系，克服经济危机，为经济的恢复和发展开辟道路。但危机的克服不是通过和平的改革，而是通过剧烈的阶级斗争才能实现的。

危机阶段、恢复阶段、发展阶段的周而复始地往复出现，使中国封建社会的发展过程具有周期性特点。认识这一点，充分估计其作用和影响，能够帮助我们理解很多中国历史的特殊现象。

第一节　危机阶段向恢复阶段的过渡

在危机阶段，我国封建社会所固有的一切矛盾都随着基本经济矛盾的激化而极度地尖锐化了，这些矛盾最终会加剧阶级矛盾，使农民起义和农民战争合乎规律地爆发。剧烈的、大规模的阶级斗争是推动社会经济由危机阶段向恢复阶段过渡的强大动力。

农民起义和农民战争怎样克服破坏生产力的经济危机呢？

首先，农民起义沉重地打击了地主土地所有制，使大土地所有制有所削弱，局部地调整了生产关系，大大地缓和了基本经济矛盾。明代有人说："自古乱世则大家先覆。"[1] 古人也知道农民起义首先打击的是大土

---

[1] 《西园闻见录》卷4，《教训》。

地所有者。在危机阶段,土地不但兼并到地主阶级手中,尤其集中于官僚地主、特权地主阶层手中,而这一阶层总是寄生在旧王朝的肌体之上的。我国的农民战争不仅规模大,而且往往能够推翻腐朽的封建王朝。随着旧王朝的覆灭,原来的官僚地主、特权地主阶层就大部分埋葬了。秦末陈胜、吴广起义时,"诸郡县苦秦吏者,皆刑其长吏,杀之以应陈涉"①。隋末农民起义爆发以后,"得隋官及山东士子皆杀之"②。唐末黄巢领导农民军攻克长安后,"杀唐宗室在长安者无遗类",起义群众"尤憎官吏,得者皆杀之"③。元末农民战争则把蒙古贵族全部驱逐出黄河流域,解放了他们据为己有的大量土地。明末李自成、张献忠分别领导农民军横扫全国,大顺政权在北京的"追赃比饷"对贵族、官僚的打击尤为有力,无怪乎统治集团惊呼"衣冠之祸深!"④贵族、官僚及其他特权地主的死丧逃亡必然空出大量土地,这就为生产关系的调整创造了条件。此外,一般庶族地主也受到了农民起义的沉重打击,农民军"均贫富""均田""割富济贫"的口号不仅针对特权阶层,也是针对整个地主土地所有制提出来的,所以庶族地主阶层的削弱也有利于土地关系的调整。

地主土地所有制的严重削弱意味着相当部分失去土地的农民可以转化成占有土地的自耕农。前面已经指出,自耕农比佃农和雇农更有发展生产的能力,所以自耕农的增加为农业生产的恢复和发展创造了前提。秦末农民战争以后,西汉初年,"未有兼并之害",⑤"邑里无营利之家,野泽无兼并之民"⑥。隋末农民起义之后,均田制在唐初推行得更有效、更广泛了。明代初年的移民垦荒及清初的垦荒政策,都培植了相当数量的自耕农,是元末、明末两次农民战争的必然结果。

自耕农所占比重的增加和人口的减少使农民战争之后,新建王朝的初期,经常出现劳动力不足的情况。在这种条件下,相对过剩的劳动力不存在了,农民之间为租地而进行的竞争大为缓和,地主招佃却发生了

---

① 《史记·陈涉世家》。
② 《旧唐书·窦建德传》。
③ 《通鉴》卷254,广明元年十二月。
④ (乾隆)《长治县志》卷8,《风俗》。
⑤ 《汉书·食货志》。
⑥ 《东观汉记》卷13,《杜林传》。

第十七章　生产关系与生产力在发展过程中的相互制约

困难，地主之间为招佃而展开竞争，就使剥削率大为降低。清初衡州府就发生过这样的情况："兵燹以后，死徙多而耕户少，向之阡陌，半就汙莱。募佃以垦，三年后始议输租。又必先减其岁入之额，而后肯为卒业。稍有水旱，佃辄藉口以逋其入。少加督课，遂以迯将去汝，睚眦主人。主人惟恐田汙，不得不听命于佃。至于催科之急，徭役之繁，佃不与也。"① 历代这方面的记载很少见，这条材料很值得珍视。这里只把劳动力的缺乏归之于"兵燹"，没有指出自耕农增加的影响，是其不足之处。但对地主经济地位的降低，主佃双方关系的描述却符合客观情况。大致每次大规模的农民起义和农民战争以后，都会出现剥削率下降的趋势。佃农经济地位的改善，对农业生产的恢复和发展同样具有重大意义。

其次，随着基本经济矛盾的缓和，我国封建社会的其他矛盾也缓和下来了。破产失业人口的减少和自耕农的增加、佃农经济地位的改善，使地主政权可以改革兵制，减少兵饷的开支。有的时候实行征兵制，有的时候实行卫所屯田，有的时候即使实行募兵制，兵额也为数有限。这对财政危机的克服有明显的影响。

农民起义和农民战争以后，行政机构大为精简，官吏人数有大幅度减少，国家的官禄开支亦随之锐减。地主政权为了缓和阶级矛盾、改善财政收支状况、提高行政效率，往往在新王朝建立之初，实行精简机构的政策。西汉文帝曾因旱蝗而"损郎吏员"。② 绿林、赤眉起义之后，光武帝曾经下令："今百姓遭难，户口耗少，而县官吏职所置尚繁。其令司隶州牧各实所省减吏员。县国不足置长吏可并合者，上大司徒、大司空二府"。结果，"并省四百余县，吏职减省，十置其一。"③ 隋末农民起义以后，唐初"大省内官，凡文武定员六百四十有二而已"。④ 就地主阶级而言，仕宦的欲望也大为减少。唐初贞观年间，"天下丰饶，士子皆乐乡土，不窥仕进，至于官员不充。省符追人赴京参选，远州皆率衣粮以

---

① 《古今图书集成·职方典》卷1249，《衡州府风俗考》。
② 《汉书·文帝纪》。
③ 《后汉书·光武帝纪》。
④ 《通典》卷19，《职官典》。

相资送，然犹辞诉求免"①。士大夫"不窥仕进"是事实，但说由于"天下丰饶"，他们"皆乐乡土"，却流于失实。永徽以后，天下更"丰饶"了，士子们又"选集之始，雾积云屯"。②可见他们"不窥仕进"，另有原因。宋初有一段可供参考的记载："昔者承五代之乱，天下学者凋丧，而仕者益寡，虽有美才良士，犹溺于耕田养生之乐，不肯弃其乡间而效力于官事。当此之时，至调富民而为官。"③"凋丧"二字透露了一点真实消息，其含义不外乎两方面：在政治上，大批官僚、士大夫死于隋、唐两代农民战争，所以唐初、宋初的地主学者心有余悸，视干禄仕进为畏途，不敢轻易问津；在经济上，地主阶级在剥削率下降的情况下陷于相对贫困，他们必须"溺于耕田"，首先富裕起来，才能守住阵脚，然后再求登上仕途。由此可见，国家精简机构的政策和地主"不乐仕进"的思想结合起来，就使官僚集团大为缩减，既有助于克服财政危机，也使地主阶级内部瓜分地租的矛盾缓和下来。

此外，地主阶级是寄生腐化的阶级，但腐化的程度却有轻重之别，农民战争往往可以发生改变社会风尚的作用，使新上台的统治者的腐化程度有所降低。秦末农民起义推翻了"肆志广欲"的秦二世，代之而起的是"身衣弋绨""以示敦朴"的汉文帝。隋末农民起义推翻了穷奢极欲的隋炀帝，代之而起的是"惟欲清净"的唐太宗。清初有记载称："迨明末，奢侈极矣。经兵火之后，渐反俭约。"④地主阶级，尤其是官僚集团的"渐反俭约"，也有助于地主政权减少开支，克服财政危机。

农民战争以后，封建国家不但因精兵简政、"渐反俭约"减少了支出，而且由于自耕农的增加而在税收入上得到可靠的保证，这就从增加收入方面克服了财政危机。

随着生产条件的改善、地主阶级对奢侈品需求的减少和国家机构的调整，消费人口和非农业人口在农民战争以后就有一个重新归农的动向，乡居地著的编户齐民再度在人口总量中占绝对优势，从而使消费人口、

---

① 《封氏闻见记》卷3，《铨曹》。
② 《唐会要》卷74，《选部》上。
③ 《栾城集》卷20，《私试进士策问二十八首》。
④ 《古今图书集成·职方典》卷432，《河南府风俗考》。

非农业人口的增加同生产人口、农业人口减少的矛盾也趋于缓和。秦末农民战争以后，西汉前期"民咸归乡里"①。在文、景时期，"流民既归，户口亦息"②。唐末农民战争以后，河南一带"虽困于輦运，亦未至流亡"，因为农民感到"丘园可恋"③。明清之际也有类似的记载："成化前俗朴厚而民富，弘治间奢靡。自壬申'盗'起，岁入损少，乃更简俭，多弃贾为农。"④ 可见明末李自成起义以后，也发生过生产人口、农业人口比重上升的情况。这种现象说明，危机时期的社会病态被农民的阶级斗争部分地克服了，农业生产得到恢复，并将在此基础上大踏步向前发展。

综上所说，农民起义和农民战争使生产关系得到调整，经济基础同上层建筑的矛盾有所缓和，因而危机阶段的一切矛盾，或者被克服，或者趋于缓和。从危机阶段过渡到恢复阶段以后，社会病体的高烧减退了，创伤正在平复，恢复健康的条件基本上具备了。

第二节 经济发展阶段

社会经济经过相当时期的恢复以后，并不就此停步不前，而是必然要经历一个生产发展阶段，使农业和手工业超越以往任何时期，达到新的水平。正是由于经济发展阶段在历史上断断续续地一再出现，我国封建社会才能够缓慢地不断前进。

西汉经过高祖、文帝、景帝的"与民休息"，恢复阶段过去后，终于迎来了汉武帝时期的经济发展阶段。当时"非遇水旱，则民人给家足"；"众庶街巷有马，阡陌之间成群"。地主阶级"罔疏而民富，役财骄溢"。封建政权"都鄙廪庾尽满而府库余财。京师之钱累百巨万，贯朽而不可校。太仓之粟，陈陈相因，充溢露积于外，腐败不可食"⑤。中国封建社会的第一次鼎盛局面就出现在这一个发展阶段。东汉在光武帝、明帝及

---

① 《史记·高祖功臣侯表》序。
② 《汉书·高惠高后文功臣表》。
③ 《旧五代史·食货志》。
④ 《天下郡国利病书》原第13册引《漳德府志》。
⑤ 《汉书·食货志》。

章帝初年，"天下无事，务在养民"，① 社会经济得到恢复，"齐民岁增，辟土世广"②。到章帝、和帝时社会生产终于跨入了发展阶段。和帝永兴元年的垦田达到七百三十二万顷余③，已接近东汉的最高垦田数。黄巾起义以后，三国时期尽管战乱频仍，但在各地大兴屯田，流民归本，社会经济仍在缓慢地恢复。到西晋太康年间，发展阶段的端倪已经显露，"于时民和俗静，家给人足"④。"八王之乱"和"永嘉之乱"以后的十六国大混战打乱了历史发展的正常步伐，大致到北魏时社会经济再次得到恢复。隋统一后不久，又形成了经济发展形势，"开皇十七年，户口滋盛，中外府库无不盈积"⑤，一派繁荣气象，全国人口达到八百九十万余户，四千六百余万口。⑥唐代从高祖历太宗、高宗到武周，约八十年，是"休养生息"的恢复阶段，到唐玄宗时，出现了开元、天宝的盛世景象。据杜佑估计，当时全国人口最少也在一千三、四百万户左右。⑦我国历史上第二次鼎盛局面就出现在唐代的经济发展阶段。黄巢起义以后，五代十国及北宋初年的太祖、太宗、真宗三朝是恢复阶段。由于唐末、五代有长期的战争，社会经济迈着艰难的步履前进，所以这次恢复阶段历时特别久。宋仁宗执政的半个世纪是经济发展阶段。仁宗即位前夕，垦田数由宋初的二百余万顷增至五百二十四万余顷。⑧ 天圣年间，主客户总数突破了千万大关。⑨ 明初恢复阶段较短，很快就跨入了经济发展阶段，可能与元末农民大起义对蒙古贵族的打击特别沉重有关。到洪武二十六年（1393），垦田已达八百五十余万顷，人口超过了一千六百万户，六千零五十万余口。⑩ 成祖、宣宗、英宗等数朝是明代的经济发展阶段。宣宗时，"仓庾充羡，闾阎乐业，岁不能灾。盖明兴至是，历年六十，民气渐

---

① 《后汉书·郡国志》注。
② 《后汉书·和帝纪》。
③ 《后汉书·郡国志》注。
④ 《晋书·世祖武帝纪》。
⑤ 《隋书·食货志》。
⑥ 《通典》卷7，《食货典·历代盛衰户口》。
⑦ 《通典》卷7，《食货典·丁中》。
⑧ 《通考》卷4，《田赋考》。
⑨ 《通考》卷11，《户口考》。
⑩ 《明史·食货志》。

第十七章　生产关系与生产力在发展过程中的相互制约

舒，蒸然有治平之象矣"①。"民气渐舒"反映恢复阶段已经过去，发展阶段已初露端倪。英宗继仁、宣两朝，"海内富庶，朝野清晏"②，经济呈现繁荣景象。成化、弘治以后，就开始向危机阶段过渡了。清初民族战争的破坏特别严重，再加上"圈地"等特殊落后、野蛮的经济关系，所以恢复阶段特别长。大致到康熙末年，才向发展阶段过渡，出现了"国富民殷"的局面。康熙六十年（1721），全国户口数达到将近三千万口；而到乾隆二十九年（1764），猛增到二亿零五百余万口。③ 嘉靖、道光开始，危机的征兆就逐渐明显了。因为各代的具体条件不同，发展阶段的出现有早有晚，经历的时间有长有短，但在重要的大朝代，这个阶段一般是存在的，大多约有半个世纪的时间。

在接触发展阶段的史料时，须注意以下几点：第一，所谓"家给人足""国富民殷""海内清晏"，都有粉饰太平的成分，实际上，当时的劳动人民处于被剥削、受奴役的地位，仍然是贫困的。但这些记载毕竟反映了社会经济的发展。第二，历代户口数、垦田数也极不可靠，我们也只能从中看出一个大致的情况，不可过分相信这些统计数字。第三，危机阶段的户口数和垦田数，有时比发展阶段多，有时比发展阶段少。这些数字的减少，部分是由于隐漏所致，实际数并不一定少。只有像唐代"安史之乱"以后那样战火连年，户口才会真正减少。即令户口数增加，也不能说明经济仍在继续发展，因为社会经济进入危机阶段后，人口的增长还会有一个惯性，不可能立即停顿下来。

经济发展阶段，实际上也是从恢复阶段到危机阶段的一个过渡。在这个阶段中，一方面，可以看到生产发展和经济繁荣的景象；另一方面，也可以发现土地兼并正在加速进行，危机的萌芽已在孕育之中。很多有关社会、财政改革的倡议和对社会问题的指责，都在这个阶段初步提出，就是因为危机的预兆已经为人们所觉察。西汉在武帝时，社会上尽管一派繁盛景象；另外，却"罔疏而民富，役财骄溢，或至并兼，豪党之徒以武断于乡曲，宗室有土，公卿大夫以下争于奢侈"，所以有人看出：

---

① 《明史·宣宗纪》。
② 《明史·英宗纪》。
③ 《清史稿·食货志》。

"物盛而衰，固其变也"。这时有人提出"限民名田，以澹不足，塞并兼之路"①的主张，绝非偶然。危机因素在发展阶段还仅仅是一股暗流，但对财政收支却已产生了一定的影响，而统治者对财政问题一般是非常敏感的，所以财政上的入不敷出很容易在上层统治集团中引起波澜。汉武帝时期的一系列财政改革和"告缗""算缗"，就是经济危机萌芽的政治反映。东汉殇帝时，发展阶段已经接近尾声，"郡国欲获丰穰虚饰之誉，遂覆蔽灾害，多张垦田，不揣流亡，竞增户口，掩匿'盗贼'"②。繁荣已具有虚假的性质，危机的孕育逐渐无法掩盖了。王符是和帝、安帝以后的人，他所说的"贫生于富，弱生于强，乱生于治，危生于安"，③可以看作由发展阶段向危机阶段过渡的集中写照。唐代的开元、天宝时期素称"盛世"，杜佑却尖锐地指出，当时均田制"法令弛坏，兼并之弊，有逾于汉成、哀之间"④。开元初年，宇文融进行括户，一次竟括得"客户凡八十余万"⑤。随着经济危机的孕育，财政问题亦露端倪，因而和籴、变造、回造纳布及大量铸钱等措施接踵而来。北宋仁宗时，"天下生齿日蕃，辟土益广"，同时却出现了"势官富姓占田无限，兼并冒伪，习以成俗，重禁莫能止焉"⑥的现象。范仲淹的"庆历新政"就是在这种历史条件下应运而生的。"新政"昙花一现，成就较小，不能简单地归之于范仲淹本人的"知难而退"，不成熟的危机只能引起不成熟的改革。只有危机阶段正式开始以后，成熟的改革家王安石才能登上政治舞台，大刀阔斧地进行变法。明代一直到英宗时，社会经济还保持正常发展的势头，然而从仁宗开始，由于皇庄的扩张和土地兼并，流民逐渐增加，"迨至宣德、正统、天顺、成化年间，民困财竭，一遇大荒，流移过半"⑦。周忱等人的一系列改革及"金银花"就都出现在这个发展阶段。宪宗以后，危机阶段正式开始，到万历时就产生了张居正的改革和一条鞭法。上述历代史实说明，经济发

---

① 《汉书·食货志》。
② 《后汉书·殇帝纪》。
③ 《潜夫论·浮侈篇》。
④ 《通典》卷7，《食货典·田制下》。
⑤ 《旧唐书·宇文融传》。
⑥ 《宋史·食货志》。
⑦ 《皇明经世文编》卷62，马文升《抚流移以正版籍疏》。

展阶段既是恢复阶段的继续，也是危机阶段的准备、孕育期。

既然发展阶段土地兼并正在加速进行，自耕农经济正遭受摧残，为什么危机仍未立即爆发，社会生产还在继续发展，国家呈现鼎盛局面呢？第一，人口的增加和垦田的扩大对发展生产起了显著作用。东汉殇帝时，"齐民岁增，辟土世广"。唐代开元年间，人口超过了八百万户①。在土地利用方面，"繇来榛棘之所，遍为粳稻之川"；②"四海之内，高山绝壑，耒耜亦满"③。宋仁宗时的"生齿日蕃，辟土益广"，也是相同性质的社会现象。人口的增加和垦田的扩大使社会总产量有所上升，局部地抵销了土地兼并对生产带来的损失。第二，随着人口密度的提高和每户农民平均耕地面积的减少，自耕农和佃农必然就用提高亩产量的办法抵制这种不利生产的经济因素。大致在恢复阶段，地广人稀，亩产量不会很高；单位面积产量的显著提高主要是在经济发展阶段。第三，农民还可以用加强家庭副业生产的办法弥补由剥削加重带来的损失，这是发展阶段手工业品增加、商品经济非常活跃的原因之一。

总之，在发展阶段，社会经济面貌表现得特别复杂，好像一个表面上非常健康的人，已经种下了病根，疾病的征候开始有所表现，但还没有恶性发作。中国封建社会就是不断通过这个阶段，迈着迟滞的步伐取得进展。

第三节　社会经济发展的周期性特点及其影响

中国封建社会发展过程一再经历的危机阶段、恢复阶段和发展阶段不可能是截然分开的，各个阶段之间不可避免地有一些交错、过渡的现象。不仅发展阶段有恢复阶段的残余和危机阶段的萌芽，危机阶段也可能残存一些发展阶段的余波，恢复阶段也可能保留一些危机的残迹。不过，各个阶段都有一种经济特征占支配地位，所以虽然有交错、复杂的情况，我们仍能用抽象的方法大体上划分出上述三个阶段。

---

① 《唐会要》卷84，《户口数》。
② 《册府元龟》卷497，《邦计部·河渠》。
③ 《元次山集》卷7，《问进士》。

这三个阶段是周而复始地发展的。由危机阶段开始，依次经过恢复阶段和发展阶段，重新又回到危机阶段，这就使我国封建社会的经济发展具有周期性特点。大致从一次危机到下次危机爆发之前，可以算作一个周期。在通常情况下，每一个周期须经历二三百年。西汉、东汉、唐、明、清是几个比较典型的朝代。

有的时候，在其他外在因素的影响下，周期会暂时中断，也可以说是某一个特定的阶段会突出地延长。譬如，东汉末黄巾起义以后，到西晋的太康年间，历史本来应该沿着走向发展阶段的道路继续前进，这时突然发生了"永嘉之乱"和晋室南迁，"五胡十六国"的民族混战打乱了历史前进的步伐。又如北宋后期，经济危机已经十分严重，本来会爆发大规模的农民起义，但金人的南攻使民族矛盾上升为主要矛盾，阶级矛盾下降为次要矛盾，因而危机阶段无法结束，一直持续到元代，经过元末红巾大起义，明初才重新出现了恢复阶段。虽然有上述几次反常情况，但在绝大多数时期，历史是沿着正常轨道发展的，所以我们仍应把三个阶段的反复发展看作历史的规律。

三个阶段的相互交替，也就是生产力与生产关系的辩证发展过程。在危机阶段，大土地所有制的恶性膨胀不仅阻碍生产力的发展，而且对后者形成摧残和破坏，发展阶段已经提高的生产力水平又被大幅度降低，生产关系同生产力发生了严重的矛盾。农民起义和农民战争以后，恢复阶段到来，生产关系得到一定程度的调整，又能适应生产力的发展，因而危机被克服了。在发展阶段，生产关系适合生产力发展的一面占主要地位，社会进步能够取得成就。这个阶段不能长期持续，不久就又为危机风暴的袭击所打断。这种周期性特点使我国封建社会扩大再生产的进程一再遭到波折，历史迈着退一步、进两步的步伐艰难地前进，经历了一条异常迂回曲折的道路。我觉得，这是中国封建社会长期停滞的最主要的原因。毛泽东说："地主阶级这样残酷的剥削和压迫所造成的农民的极端的穷苦和落后，就是中国社会几千年在经济上和社会生活上停滞不前的基本原因。"[①] 只有充分认识了我国所特有的周期性特点和危机的破

[①] 《毛泽东选集》（一卷本），人民出版社1964年版（1966年横排本），第587—588页。

第十七章　生产关系与生产力在发展过程中的相互制约

坏作用，才能进一步理解这一原理。在恢复阶段和发展阶段，我国农民比西方的农奴更具有发展生产的优越条件；只有危机爆发的时候，农民才陷入了极端的穷苦和落后，丧失了改进生产技术的一切能力，甚至连简单再生产也无法维持。正是危机阶段的一而再、再而三地不断出现，才造成了中国封建社会的长期停滞。

一种生产方式处于上升阶段时，生产关系与生产力是适合的，这是历史唯物主义的一个重要原理。两汉时期，中国封建社会还处于早期阶段，就爆发了经济危机，生产关系同生产力就发生了矛盾，这种现象是否违背上述原理呢？答复是否定的。当一种以私有制和剥削制为基础的生产方式处于上升阶段时，生产关系同生产力既有适合的一面，也有矛盾的一面，只不过是前者占支配地位而已，我们不能把这种"适合"理解得太绝对化了。西方资本主义社会确立以后，在巴黎公社以前，一直处于上升阶段，但在19世纪20年代就爆发了商业危机，从40年代开始就不断爆发生产过剩的经济危机，马克思和恩格斯在撰写《共产党宣言》这一光辉文献时就说："几十年来的工商业历史，只不过是现代生产力反抗现代生产关系的历史，即反抗那作为资产阶级及其统治的存在条件的所有制关系的历史。"[①] 可见资本主义社会的上升时期，也同样发生过生产关系同生产力的矛盾，只不过矛盾的一面没有压倒二者适合的一面，生产力仍能克服危机，为其继续发展开辟广阔的道路而已。秦汉以后，我国封建社会的情况同样是如此。

西方封建社会的农民起义次数较少，只有封建社会初期，爆发过一些反农奴化的斗争，到14世纪以后，才连续发生大规模的农民起义和农民战争。中国封建社会从秦汉到明清，爆发过大小数百次的农民起义和农民战争，在世界历史上确实是仅见的。这一特殊现象产生的社会根源，就是经济危机的不断发作。秦、隋两代为时短暂，相当于经济发展阶段，危机还没有成熟就爆发了大规模的农民战争，与统治者的横征暴敛有关，情况比较特殊。其他如西汉末、东汉末、唐末、元末、明末等农民战争都爆发在危机严重的时刻。从北宋中期到南宋末，虽然没有发生全国规

[①]《马克思恩格斯全集》第4卷，人民出版社1958年版，第471页。

模的农民战争，但小起义此伏彼起，从未间断，显然与危机的长期持续有密切关系。其他如明清时期的小规模农民起义，也都是由于土地兼并而引起的。由此可见，经济危机和土地兼并对我国封建社会的阶级斗争，发生过重大影响。

经济危机对劳动力的再生产有严重影响，不少劳动人民在饥寒交迫中转死沟壑。统治者对农民起义的血腥镇压总是造成大量人口的伤亡。所以在恢复阶段，人口一般都比较少，到发展阶段时，人口就逐渐增加，往往能超过前朝的最高统计数字。当危机再度袭来的时候，人口就又趋向减少。马克思说："每一种特殊的、历史的生产方式都有其特殊的、历史地起作用的人口规律。"[1] 中国封建社会人口大增大减的规律，就是因经济发展的周期性特点而引起的。

中国封建社会发展的周期性特点，对官僚、军队的一增一减，财政制度的变化，都有明显的影响，前面已经讨论过了。关于工商业发展的周期性问题，将在下一章讨论。

危机阶段、恢复阶段和发展阶段的反复发展，在两千多年的历史过程中是有所变化的。大致在封建社会前期，唐中叶均田制最后破坏以前，危机深刻化的程度比较差，不但在恢复阶段和发展阶段危机的成分比较淡薄，就是在危机阶段也能出现小幅度的经济恢复。西汉后期能够有"昭宣之治"的昙花一现，就是明显的例证。唐中叶以后，地主土地所有制发展到了一个新的阶段，所以经济危机空前地深刻化了，恢复阶段和发展阶段的危机成分越来越多了。因此，宋、明、清三代的农民起义在每一个阶段都始终不断，与各个王朝相终始。沿着这种趋势顺其自然地发展到我国封建社会的天然终点，就会因生产关系与生产力的极度矛盾而爆发封建制的总危机。只是由于近代中国的历史在中途转入了半封建半殖民地的岔道，这一总危机才未能爆发。当然，我们对于封建社会末期生产关系对生产力的束缚，生产力发展所受的阻碍，也不能理解得太绝对化了，因为正是在这一历史阶段，能够突破旧生产关系的生产力还是最后形成了，没有这一物质基础，资产阶级革命就无从爆发。

---

[1] 《马克思恩格斯全集》第23卷，人民出版社1972年版，第692页。

第十七章　生产关系与生产力在发展过程中的相互制约

每一个周期中，各个阶段的长短不同，各阶段间交错的程度和表现形式也有所差别，在同一历史时期各地区所处的阶段也可能很不平衡，这些具体问题都需要研究断代史的人进行专门的探讨，非本书所能穷尽。

第十八章 商品经济发展的周期性特点

农业是封建社会主要的生产部门,因此,农业经济发展的周期性特点对手工业和商业的兴衰起伏,城市经济的繁盛和萧条,城乡对立关系的一弛一张,都有显著的影响。在这一章里,将专门讨论在农业经济制约下商品经济发展的周期性特点。

第一节 危机阶段商品经济的病态发展

在危机阶段,会出现农业生产萎缩同工商业发展的矛盾。

当农村土地兼并严重,农业生产遭到摧残和破坏时,工商业却并不萧条,往往能够保持发展阶段表现出来的繁荣势头,继续前进。这种情况不是社会分工发展的结果,而是农民破产、"舍本逐末"和大量地租商品化的结果。

农民本来是谷物的生产者,在自然经济占支配地位的前提下,农民籴谷而食是不可想象的,但在危机阶段,这却是千真万确的事实。宋人王柏说:"古人有言:谷贱则伤农,谷贵则伤民。今之农与古之农异,秋成之时,百逋丛身,解偿之余,储积无几,往往负贩佣工以谋朝夕之赢者,比比皆是也。农人以终岁服勤之劳,于逋负拟偿之时,则谷贱而倍费;及其不惮经营之艰苦,籴于青黄未接之时,则谷贵而有倍费。是谷贵谷贱俱为民病也。"[①] 李觏也认为"谷甚贱则伤民,贵则伤末"的说法是"一切之论",实际情况是"贱则伤农,贵亦伤农;贱则利末,贵亦利

---

① 《鲁斋集》卷7,《社仓利害书》。

第十八章 商品经济发展的周期性特点 ◆◇◆

末"。为什么农民在谷贱时会粜谷呢?"小则具服器,大则营昏丧,公有赋役之令,私有称贷之责,故一谷始熟,腰镰未解而日输于市矣。粜者既多,其价不得不贱,贱则贾人乘势而罔之,轻其币而大其量,不然则不受矣。故曰:敛时多贱,贱则伤农而利末也"。当农民"仓廪既不盈,窦窖既不实","土将生而或无种也,未将执而或无食也"的时候,"于是乎日取于市焉。籴者既多,其价不得不贵,贵则贾人乘势而闭之,重其币而小其量,不然则不予矣。故曰:种时多贵,贵亦伤农而利末也"。① 这些议论说明农民经济发生困难时,既出卖谷物,又购买谷物,同商品经济的联系大大加强了。农民破产为商业资本的活跃提供了场所,而农民卖谷是由于必要劳动的被迫损减。

农民在破产的过程中,必然要加强副业生产,尤其是手工业生产,以弥补农业方面的亏损。在生活困难,为租、债所逼而出卖手工业品时,他们就会不计成本地低价抛售。农民认为:"若家有织妇,织与不织,总要吃饭,不算工食,自然有赢。"② 可见农民在贫困化的条件下丧失了利用价值规律的能力。在危机阶段,农民出卖的手工业品仍然很多,对商业的繁荣也有刺激作用,但由此引起的商品经济的发展,并不是农民生产能力提高的反映,而是其再生产规模日益缩小的表现。

农民因为破产而加强同商品经济的联系,这种联系又反转来加速"商人兼并农人"的过程,使他们进一步走向破产。这就是危机阶段的一种反常社会现象。

有的农民为了避免彻底破产的命运,就走上了弃农经商、"舍本逐末"的道路,干脆转化成小工商业者。这种情况对商品经济的繁荣也有刺激作用。但由此引起的工商业的发展,不是以社会分工水平的提高为基础,而是建立在牺牲农业生产的基础之上。

前面已经指出,土地兼并为大量地租的商品化提供了物质条件,地主在出卖租谷后又须购买商品,这是危机阶段商业活跃的另一个因素。脑满肠肥的地主所需要的商品大多是奢侈品,所以在危机阶段,城市手

---

① 《李直讲文集》卷16,《富国策第六》。
② 《沈氏农书》。

工业以生产奢侈品为主,一般生活日用品的生产则相形见绌。这和资本主义社会的情况正好相反,因为在那里,"每一次危机都会暂时减少奢侈品的消费"①。大量地租商品化不是农业发展的结果,而是剥削加强的结果;城市奢侈品生产的增加不是手工业发展的表现,而是地主消费能力加强的表现。

危机阶段财政危机的爆发、瓜分地租的斗争的激化,也能够人为地造成商品经济的繁荣。农民的破产和分配的集中使地主阶级掌握了大量租谷和绢帛,地主政权失去了自耕农这个主要税源以后,就得通过和籴、和市从地主手中取得国家需要的农产品和手工业品。汉代常平仓调剂物价的作用比较突出,是否具有增加收入和套购地主物资的目的和职能,史有阙文,不得而知。东晋南朝时期,江南大土地所有制有迅猛发展,南齐统治者曾在京师和四方"出钱亿万,籴米谷丝绵之属"②。唐代均田制破坏时期,土地兼并空前剧烈,地主土地所有制正在向新的阶段发展,所以从开元二十五年起大兴和籴。这一措施在宋代更普遍和重要了,故马端临说:"平籴法始于魏李悝,然丰则取之于民,歉则捐以济民,凡以为民而已,军国之用,未尝仰此,历代因之。自唐始以和籴充他用,至于宋而籴遂为军饷边储一大事。熙宁而后,始有结籴、寄籴、俵籴、均籴、博籴、兑籴、括籴等名,何其多也!"③邱浚也说:"唐以前,所谓籴者,聚米以赈民;宋以后,所谓籴者,聚米以养兵。"④和籴作为财政手段,大兴于唐、宋以后,在宋代又独盛于危机爆发的熙宁以后,说明这一措施与土地兼并有密切关系。大量和籴、和市必然使封建国家同商品经济的联系也加强了。

地主政权为了和籴、和市,必然会碰到两个问题,一是物价高涨;二是货币不足。为了压低物价,解决"人苦斛贵,官苦籴贵"⑤问题,为了增加货币收入,解决购买手段问题,统治者就采取赋税大量征钱的政

---

① 《马克思恩格斯全集》第24卷,人民出版社1972年版,第456页。
② 《南齐书·武帝纪》。
③ 《通考》卷6,《市籴考》。
④ 《大学衍义补》卷25,《市籴之令》。
⑤ 《宋会要·食货》卷6之33。

第十八章 商品经济发展的周期性特点

策。汉代商品经济比较发达，赋税中货币部分本来不少，但到东汉桓、灵时期，由于危机爆发，进一步规定"税天下田，亩十钱"①。唐代后期，杨炎两税法推行以后，大量征钱，在统治阶级中曾引起过激烈的辩论。北宋在"熙宁以前，民间两税皆用米麦布帛，虽有沿纳诸色杂钱，然皆以谷帛折纳，盖未尝纳钱也"。"自熙宁以来，民间出钱免役，又出常平息钱，官库之钱贯朽而不可较，民间官钱搜索殆尽。"② 明代"宣德、正统年间"，江北布政司税粮发付边方及京仓上纳者，"多系布绢之类，来京籴买，未尝专要银两"。到弘治年间，上述拨京、边二仓之粮不再收绢帛本色，而是改为"俱要煎掣净银"③。"金银花"和一条鞭法的大量征收货币，在明代尤为突出。地主政权增加货币收入的另一个重要手段是实行盐、铁、酒、茶的专卖制度。汉武帝的盐铁政策与"算缗""告缗"同时实行，显然是为了增加财政收入。唐中叶均田制破坏以后，从第五琦变盐法开始，不断实行盐、茶官卖。宋以后，榷征的范围越来越广。中国封建社会后期这种制度的发展固然与这些产品的增加有关，更重要的恐怕还是由于地主土地所有制的发展，因为封建国家须通过这些渠道征收大量钱币，压低物价。

封建国家大量征钱，人为地造成市场上供过于求的局面，对物价的下跌有显著的影响。据《后汉书》载，东汉灵帝时吕强说："比谷虽贱而户有饥色，案法当贵而今更贱者，由赋发繁数，以解县官。"章怀注曰："县官调发既多，故贱粜谷以供之。"④ 农民因纳税而出卖谷物，引起谷价下跌，可见赋税所收并非本色。唐代两税法实行以后，大量征钱，宪宗承认："建中初定税时，货重钱轻，是后货轻钱重，齐人所出，固已倍其初征。"⑤ 北宋熙宁变法时期，发生过"钱日益重，货日益轻"⑥ 的情况。黄梨洲在谈到明代历史时也说："天下金银纲运至于燕京，如水赴壑"，"银力已竭而赋税如故也，市易如故也"。"故土田之价不当异时之十一"，

---

① 《后汉书·灵帝纪》。
② 《栾城集》卷37，《乞借常平钱置上供及诸州军粮状》。
③ 《明臣奏议》卷8，马文升《陈灾异疏》。
④ 《后汉书·吕强传》。
⑤ 《旧唐书·裴垍传》。
⑥ 《忠肃集》卷5，《论役法疏》。

"百货之价不当异时之十一"。① 明代后期，谷价未见下落，但若不实行赋税征银，恐怕还会上涨得更厉害。清代由于民间完粮皆以粮折钱，以钱折银，故有人哀叹："天下之苦银荒久矣。"② 可见土地兼并加剧时，历代都实行类似的政策，这种政策从唐中叶以后更加突出。封建国家大量征收货币，引起市场供过于求，谷价、物价下落，纳税居民的负担成倍增加。统治者采用这种手段，本来是为了同地主斗法，改善自己在瓜分地租斗争中的地位，但劳动人民却不免"倍输""三输"之苦，遭了池鱼之殃。

危机阶段，国家大量征收货币，对商品经济的影响具有二重性。一方面，人为地迫使纳税居民把大量谷、绢勉强提供到市场上来，大大地增加了商品流通量，造成了商业的虚假繁荣；另一方面，由于货币大量集中在政府手中，市场上货币不足，影响商品流通。唐代后期因闹钱荒，"州县禁钱不出境，商贾皆绝"③。宋代也因为"公私上下并苦乏钱"而"百货不通"④。事实说明，赋税中货币部分所占的比重并不完全适应商品经济所达到的水平，二者的矛盾正反映自然经济仍然占支配地位。

广大农村基本上过着自给自足的生活，很难获得货币，所以货币赋税给纳税居民带来了很大的不便。唐代白居易曾抱怨称："今则谷帛之外，又责之以钱。钱者，桑地不生铜，私家不敢铸，业于农者何从得之？"⑤ 明代纺织业有很大发展，纺织品充斥市场，商品经济空前繁荣，但就在这种情况下，周忱实行以布代银的政策时仍然受到这样的好评："松民善织，故布为易办，而文襄以布代银，实万世良法。"⑥ 这反映市场上出现的大量纺织品，多数仍然是家庭织妇的产品，作坊产品只占少数。直到清代，农民还为货币赋税所苦，"穷民小户有谷帛而无售主，有鸡豚而待市贩。或代为设法，或曲示变交，田父村叟感而流涕"⑦。所以有人

---

① 《明夷待访录·财计》卷1。
② 《安吴四种》卷26，《银荒小补说》。
③ 《新唐书·食货志》。
④ 《宋史·食货志》。
⑤ 《白氏长庆集》卷46，《息游惰》。
⑥ 《云间据目抄》卷4，《赋役》。
⑦ 《皇清经世文编》卷29，赵廷臣《请定催征之法疏》。

说："折色害民而本色便民，昭然可见。"① 农村居民为了纳税而大量向市场提供商品，并不真正说明商品经济的发展，因为纳税者一手缴纳货币，一手出卖产品，征税者一手收回货币，一手购买产品，只不过是人为地给赋役课敛披上商品货币关系的外衣而已。邱浚锐敏地看到了这种实质，因说："名曰和买，其实非民间所有而欲以出卖者，亦是州郡于民常赋之外敛钱收买以应官司之求。"② 实际上，常赋征钱与这种和买完全相同。我国历史上虽然稀疏地出现过货币地租，但它从来没有获得排挤产品地租的力量，而货币赋税在财政收入中所占的地位，远远超过了货币地租在全部地租中所占的比重。这一情况说明，地租中货币部分的微乎其微准确地反映了商品经济所达到的实际水平，赋税中货币部分的较大比重则是由经济危机和财政危机造成的。

综上所述，在经济危机阶段，赋税的货币征收水平超过了商品经济的水平，商业的繁荣超过了社会分工水平，工商业人口的增加超过了农业劳动生产率所允许的水平。必须一层一层剥去这些外衣，才能准确地估计自然经济的支配地位和商品经济的真实水平。

危机阶段商品经济的发展是病态的，同生产力的衰落，尤其是农业的萎缩有尖锐的矛盾，因而很难持久。马克思说："超过劳动者个人需要的农业劳动生产率，是一切社会的基础。"③ 土地兼并对农业的摧残最终会对商品经济产生不利的影响。

首先，农产品的减少对手工业生产有严重的影响。古人知道："枲二十病农，九十病末。"④ 枲贵往往就是因农业减产而引起的。金代曾有"以陶为业"的手工业者，因为农业岁歉而被迫"就食山东"⑤。清代川、楚、陕三省交界地区之棚民，"多资木厢、盐井、铁厂、纸厂、煤厂佣工为生"，但"必年谷丰登，粮价平贱，各处佣工庶几尚有生计；倘遇旱涝之时，粮价昂贵，则佣作无资"⑥。农业减产除了使工商业者感到粮食供

---

① 《皇清经世文编》卷29，任源祥《赋役议》下。
② 《大学衍义补》卷25，《市籴之令》。
③ 《马克思恩格斯全集》第25卷，人民出版社1974年版，第885页。
④ 《史记·货殖列传》。
⑤ 《续夷坚志》卷4，《王生冤报》。
⑥ 《三省边防备览》卷14，《艺文》，卓秉恬《川陕楚老林情形亟宜区处》。

应不足外，还使手工业作坊的原料陷于缺乏。宋代由于"人工料物种种高贵"，增价数倍，致使"炉户难以兴工"。①产品成本的增加意味着市场的缩小和经营者无利可图。

其次，农业的衰落使某些以农村为市场的手工业生产者感到销路越来越狭窄了，不免走向贫困，难以继续经营。宋代一个铁工曾经自述其每况愈下的不幸境遇："始小人贫时，无以自业，恃炭铁为命，而世久无事，所锻冶必农器。适岁荐饥，农不得利，率逋亩去为末业，耕者日益落。吾为犁、銚、镈、锄，穷一日力，仅得一器，辄一月十五日不售。故甚窭如昔时。"②大致危机阶段，一般生产农具的手工业者的遭遇都是如此。

手工业生产因农业减产而衰落的记载很多。如清代南京城内有五处米市，"本城以丝为生"，因农业歉收，故"机坊大坏，失业尤多"③。有的地方也由于气候失常，"米珠薪桂，尽已乏绝"，而"百工商贾亦无所牟其利"。④

总之，危机阶段商品经济的繁荣缺乏可靠的基础，是不健康的、虚假的，因而不但难以持久，而且对社会进步也没有积极意义。

第二节 恢复阶段和发展阶段的商品经济

农民起义和农民战争使农业上的经济危机和国家的财政危机得到克服，同时也使危机阶段病态的商品经济再度转变为恢复阶段常态的商品经济。

在危机阶段，农业的萎缩虽然对商品生产有不利的一面，但促使商品经济呈现虚假繁荣的因素仍在继续发生作用，所以商业发展的势头仍然存在。只有从危机阶段过渡到恢复阶段以后，病态的商品经济才能真正有显著的收敛。农民战争使农村土地关系得到调整，农民的再生产状

---

① 《宋会要·食货》卷34之17。
② 《香溪集》卷5，《铁工问》。
③ 《安吴四种》卷26，《为秦易堂侍读条画白门荒政》。
④ 《切问斋文钞》卷19，王予中《议赈说》。

第十八章 商品经济发展的周期性特点

况有所改善,这就为大量"浮末""游惰"人口的归农创造了条件,使消费人口、非农业人口增加同生产人口、农业人口减少的矛盾得到克服。绿林、赤眉大起义后,东汉初年,"民人归本,户口岁息"[1] 是工商业者减少、农民增加的证明。隋朝虽然还没有发展到危机阶段,但土地兼并的程度比唐初严重得多。江南地区大土地所有制的膨胀在局部地区已经接近危机阶段的水平,因为南朝时期很少爆发大规模的农民起义,土地关系始终未能大幅度调整。南北朝后期有关商品经济的记载并不算少,隋末农民起义之后,在武德、贞观年间,却再也看不到大量的商贾了。到武后时期,有关商人活动的记载才渐渐出现。这一现象,说明隋末农民起义也起了削弱病态商品经济的作用。唐朝后期,蕃商充斥各大城市,奢侈品的贸易盛极一时,富商大贾趾高气扬,不可一世。唐末黄巢领导的农民战争对商人势力给以沉重的打击。唐僖宗承认王仙芝部农民军威胁东都,使"工商失业以无依"[2]。黄巢在广州大杀蕃商的事闻名古今,对专门从事奢侈品贩运的海外贸易是沉重打击。五代十国时期,一般商业和海外通商有显著削弱,贩卖民生日用品的商业活动却仍在继续进行。明末李自成起义以后,清初的"商贾不通,城市罢织",[3] 虽然与"扬州十日""嘉定屠城"等摧残破坏有关,但也要看到,社会风气的"更简俭"及人"多弃贾为农",[4] 也起了不容忽视的作用。从表面上看,商业的衰落好像是历史倒退的现象,但由于商品经济的病态得到克服,工商业者返本归农,有利于农村生产的恢复,在实质上,这仍然是社会进步的象征。

危机阶段,国家大量征收货币赋税也是一种不健康的现象。农民起义之后,随着财政危机的克服,赋税中货币所占的比重有明显下降,产品所占的比重又有所上升,这就大大削弱了地主政权与商品经济的联系,也使农民不再被迫提供大量商品。东汉末年,桓、灵二帝一再据亩征钱,黄巾农民大起义后,曹操终于改革税制,规定"收田租亩四升,户出绢

---

[1] 《汉书·礼乐志》。
[2] 《唐大诏令集》卷117,《宣抚东都官吏敕》。
[3] 《皇清奏议》卷2,赵弘文《请定江南赋役书》。
[4] 《天下郡国利病书》原第13册引《彰德府志》。

二四、绵二斤"①，全征产品。唐代两税法实行后大量征钱，黄巢起义之后，情况发生了变化。五代十国时期，吴国宋齐邱认为租税征钱会使人民"将兴贩以求之，是教民弃本而逐末耳"，主张"悉收谷帛本色为便"。徐知诰采纳此议的结果，"野无闲田，桑无隙地"。②南唐夏赋"淮供见缗，民苦之"，改为纳帛代钱以后，"民无怨望"。③楚国"以帛代钱"，也有积极的效果，"民间机杼大盛"。④明清时期，由于商品经济的水平确乎有很大的提高，货币在赋税中所占的比重，总的说来，比较突出，但由于当时危机的因素仍然不能忽视，货币征税的程度还是超过了商品经济的水平，所以人们认为"折色害民而本色便民"⑤。历代事实说明，由危机阶段过渡到恢复阶段以后，赋税征钱之风暂时收敛，本色征敛有所加强，这就使农民不必再人为地出卖产品，从而使危机阶段的病态商业有所削弱。

　　大致恢复阶段是商品经济最萧条的时期，因为导致商品经济病态发展的危机因素已经消失，而农民在战争之后一时也没有多少多余产品可以出卖，大量人口归农使工商业人口亦显著减少。由恢复阶段逐渐向发展阶段过渡时，随着社会生产的稳步上升，农民出卖的多余产品又会渐渐增加，商业于是又趋向活跃。但这种繁荣与危机阶段的繁荣迥然不同，它不是建立在牺牲农业生产的基础之上，而是建立在农业发展的基础之上；它不是远远超过社会分工的发展水平，而是与后者基本上适应；在商品生产的领域内，奢侈品的生产有所削减，而一般民生日用必需品和农具的生产却有所加强。应当说，这种商品经济的发展是健康的。

　　发展阶段是农业由恢复阶段向危机阶段过渡的中间环节，社会经济既包括生产上升的因素，也包括危机孕育的因素，因而在商品经济领域内也呈现比较复杂的现象：一方面，农业的发展和社会分工水平的提高促使商品经济健康地发展和繁荣；另一方面，土地兼并和危机因素也促

---

① 《三国志·魏·太祖纪》。
② 《十国春秋》卷3，《吴睿帝本纪》。
③ 《马令南唐书·李元清传》。
④ 《通鉴》卷274，同光三年闰十二月。
⑤ 《皇清经世文编》卷29，任源祥《赋役议》下。

使商品经济病态地虚假繁荣。因为两种因素合并在一起发生作用，大致发展阶段是商品经济最繁荣的时候。汉武帝时期，"民去本"而"商贾滋众"。① 唐代玄宗执政前夕，"天下诸津，舟航所聚，洪舸巨舰，千轴万艘，交货往还，昧旦永日"。同西域的贸易，在天宝年间更是"兴贩往来不绝"。② 这是两个最突出的例子。明清两代情况有特殊之处，社会分工水平确实有空前提高，所以不仅在发展阶段，就是在危机阶段，一般民生日用必需品的生产也仍然不见衰落。正德、嘉靖以后，尽管有农业上的经济危机发生作用，但由于耕作技术改进已经达到空前的水平，农业仍然能够为工商业的发展提供相当的条件。资本主义萌芽的孕育更非历史上一般危机阶段的工商业可比。因此，明清时代危机阶段商品经济的繁荣程度大大超过了发展阶段。这是由时代特点所决定的。

一般说来，发展阶段商品经济繁荣的原因具有二重性，但生产力发展所起的作用占支配地位，孕育中的危机因素所起的作用只居从属地位。

第三节 商品经济周期性发展的某些影响

中国封建社会的商品经济也不断经历危机阶段、恢复阶段和发展阶段往复地发展，具有周期性特点。认识了这种特点，就能够对历史上某些有关商品经济的奇特现象、古人对商品经济的某些观点进行适当的解释。

土地兼并和经济危机往往能促使工商业病态地发展和繁荣，使商品经济的水平超过社会分工水平，这种情况使很多属于商品经济范畴的现象能够提前出现。由于工商业的病态发展缺乏巩固的物质基础，虚假的繁荣总是盛而复衰，所以提前出现的某些现象往往是昙花一现，不能长久生存或继续发展下去。唐代的飞钱是中国历史上最早出现的汇兑制度，但到南宋和元代以后却消失了。唐代的柜坊也是新出现的为商人资本服务的重要经济组织，但同样没有健康地成长起来，入宋之后，却变成赌

---

① 《汉书·食货志》。
② 《唐会要》卷86，《关市》。

场，丧失了原来的职能，终于在元代最后消失了。① 其所以如此，就是由于商品经济的繁荣有虚假性。只有清代形成的钱庄和票号，才具有坚实的物质基础，能够长期生存下来。纸币的发展情况也很不正常。北宋产生交子、会子以后，纸币在宋元时期盛极一时，但没有保持继续发展的势头，入明以后，显示出了衰落的趋势，白银和铜铸币又成了占优势的货币。这种现象既与商品经济的虚假繁荣有关，也与宋元时期长期持续的财政危机有关，统治者滥发纸币造成的通货膨胀起了不小的作用。不分析飞钱、柜坊的昙花一现和纸币的盛而复衰，就不仅找不到这些怪现象产生的原因，而且还会错误地过高估计商品经济和社会分工的实际水平。

我国历史上商品经济的繁荣，既有健康的一面，也有病态的一面；既能够发挥积极作用，也能够产生消极影响。这两个方面交替发展，是古人"本""末"观点形成的社会根源之一。

战国时韩非已经形成了"本""末"概念，他说："仓廪之所以实者，耕农之本务也，而綦组锦绣刻画为末作者富。"② 所谓"本"，是指农业而言；所谓"末"，是指手工业和商业而言。这是比较笼统的说法，实际上，只有手工业生产者的专职经营才算"末"，农民家庭织妇所从事的生产仍然是"本"而不是"末"。李悝曾说："雕文刻镂，害农之事也；锦绣纂组，伤女工者也。农事害则饥之本也，女工伤则寒之原也。"③ 通常所说的"抑末"，就是要"抑""雕文刻镂"和"锦绣纂组"，并不"抑""女工"。东汉人王符不但区别了手工业的"本"和"末"，而且对商业也进行了同样的区别："夫富民者，以农桑为本，以游业为末；百工者，以致用为本，以巧饰为末；商贾者，以通货为本，以鬻奇为末。三者，守本离末则民富，离本守末则民贫。……故力田所以富国也，今民去农桑，赴游业，披采众利，聚之一门，虽于私家有富，然公计愈贫矣；百工者，所使备器也，器以便事为善，以胶固为上，今工好造雕琢之器，巧伪饰之，以欺民取贿，虽于奸工有利，而国界（计）愈病矣；商贾者，所以通物也，物以任用为要，以坚牢为资，今商竞鬻无用之货，淫侈之

---

① 参阅加藤繁《柜坊考》，《中国经济史考证》第1卷，商务印书馆1959年版。
② 《韩非子·诡使篇》。
③ 《说苑·反质篇》。

第十八章　商品经济发展的周期性特点

币，以惑民取产，虽于淫商有得，然国计愈失矣。"[①] 在王符看来，手工业以"致用""备器"为目的的生产就是"本"，以"巧饰"为手段而"造雕琢之器"就是"末"；商业以交换一般"任用为要"的商品为主就是"本"，"鬻奇"，"鬻无用之货、淫侈之币"就是"末"。可见工商业的所谓"本"，就是指恢复阶段、发展阶段制造、贩卖一般民生日用必需品及生产工具的常态工商业；所谓"末"，就是指危机阶段制造、贩卖奢侈品的病态工商业。这是关于"重本抑末"理论的最完备、最细致的发挥。大致从战国到西汉，随着封建土地制度的形成和土地兼并的发展，已经有人看到了工商业人口增加同农业人口减少这一矛盾的萌芽，所以一再提出"重本抑末"的主张。西汉末年经历了我国封建社会的第一次经济危机，因而东汉时出现了王符关于农、工、商的全面的"本""末"理论体系。明清之际的黄梨洲也说："今夫通都之市肆，十室而九，有为佛而货者，有为巫而货者，有为优倡而货者，有为奇技淫巧而货者，皆不切于民用。一概痛绝之，亦庶乎救弊之一端也。此古圣王崇本抑末之道。世儒不察，以工商为末，妄议抑之。夫工固圣王之所欲来，商又使其愿出于途者，盖皆本也。"[②] 黄梨洲把"不切于民用"的工商业称作"末"，把"切于民用"的工商业称作"本"，主张抑前者，崇后者，这种观点同王符的"本""末"观相同。不同之处只在于，黄梨洲更侧重于发展"切于民用"的工商之"本"，不能不说这是反映了明清时期商品经济有空前发展这一事实。

"重农抑商""崇本抑末"不仅仅是一种经济观点，而且还是各代封建政权的经济政策。"不做无益害有益"，向来是统治者的座右铭。他们都把奢侈品的制造称作"淫巧"，加以指斥和否定。"劝农"政策是这一问题的另一个方面，为历代统治者所倡导。

不具体分析商品经济发展和繁荣的复杂原因，笼统地把工商业的发展归之于社会分工水平的提高和生产力的发展，就会对某些奇怪的社会现象无法解释。以唐朝历史为例，在前期，社会生产蒸蒸日上，商品经济的发展自然容易用生产力的发展加以解释；"安史之乱"以后，农业生

[①] 《潜夫论·务本篇》。
[②] 《明夷待访录·财计》卷3。

产一落千丈,人口大量减少,但商品经济历久不衰,飞钱和柜坊恰恰产生于这个经济凋敝的时期。原因何在呢?不少人引用前期生产发展的材料,说明后期工商业的繁荣,颇有难通之处。只有认识了唐朝后期商品经济的病态性质,才能用当时的实际社会条件,切实地解释这种现象。

对于"重本抑末"观点的作用和影响,也应当历史地、辩证地对待,不能简单地全面否定或全盘肯定。就"重农抑商"政策反对病态商品经济、鼓励农业发展而言,无疑具有进步性。只有到封建社会末期,社会分工水平有大幅度提高,资本主义生产将要排挤封建经济关系的时候,统治者盲目地强调"崇本抑末","妄议抑之",才具有落后性和反动性。不全面地评价这种观点和政策,就会错误地把中国封建社会长期停滞的主要原因说成是"崇本抑末"观点。

第四节 城市经济的一起一伏和城乡对立关系的一张一弛

中国封建城市的起伏兴衰,既与商品经济的繁荣和萧条有关,也与阶级斗争的激化同缓和有关。城乡对立关系则随着经济、政治形势的发展也相应地发生变化。由于我国农业经济和商品经济的发展都具有周期性特点,城市经济和城乡关系也随波逐浪,迂回曲折地蹒跚前进。

在经济危机阶段,城市像患了肥胖症一样膨胀起来。其主要原因是:第一,地主阶级在土地兼并的过程中日益富裕和腐化起来,他们不但迫切地要求城居,而且具备了城居的经济条件。在城市里,地主的消费性需要可以得到充分的满足。

第二,在危机爆发的时候,阶级矛盾极度地尖锐化了,农民起义总是首先在农村爆发的,暴风骤雨式的阶级斗争使地主感到乡居不如城居安全,于是纷纷迁居城市。因为郡县城市是封建国家统治、镇压人民的政治、军事据点,这里可以作为地主的避难所,把他们收容进来。隋末农民起义时,隋炀帝就曾"诏民悉城居"[①]。宋代有的地主也"因避寇,

---

① 《通鉴》卷182,大业十一年二月。

第十八章　商品经济发展的周期性特点

徙居州城"①。南宋时，闽中建宁一带的破产农民"以借禾为名"，对地主"发其廪""杀其人""散其储"，在这样的阶级斗争形势下，地主们吓破了胆，"皇皇为之不安"，像崇宁一乡，"大家相率逃避于州县者，不可胜数"。②明人庞尚鹏虽然竭力提倡地主乡居，但也认为，"惟避寇方许暂寓城中"③。城市较高的物质生活把地主吸引到城市里来，农村的阶级斗争和农民起义又把地主逼赶到城市里去，因此，在危机阶段，城居的地主大量地增加了。

第三，土地兼并使农村分出一批又一批的流民，他们除了开垦荒地、参加起义以外，也有相当部分涌入城市谋生。清人朱泽澐说："自井田毁，限田之制累朝不能行，非通都大邑财货聚积之所，则取财之途不广。"④ 城市是失业人口比较易于糊口的场所，自然就能够吸引不少流民徙居城市。宋仁宗时，危机已露端倪，刘敞就曾发现，"城中近日流民甚多，皆扶老携幼，无复生意"⑤。南宋隆兴时，危机更深刻化了，又有大量"流民聚城郭，待赈济"⑥。明代嘉靖时，"连岁大侵，四方流民就食京师，死者相枕藉"⑦。清代危机的严重程度超过了以往任何历史时期，不但发展阶段的危机成分空前增加，就是在恢复阶段，土地兼并也不容忽视，所以在康熙时期就实行税制改革，"摊丁入亩"。在这种情况制约下，康熙末年就出现了流民入城的严重现象。当时人周祚显说："臣奉命巡视北城，习见夫辇毂之下，聚数十万游手游食之徒，昼则接踵摩肩，夜不知投归何所，是皆著籍之农氓也。或因赌博输负，或因逋租欠税，辄轻离父母，抛弃妻孥，而浪迹于都市。在家仅遗鳏寡老弱佃种田地，耕不能肇敏，耘不能赴时。"⑧ 乾隆时，危机因素有增无已，流民入城的情况更严重了，"乡村流户扶老挈幼，纷纷至京"⑨。大量流民涌入城市，使城市人口畸形地膨胀起来。

---

① 《夷坚丁志》卷6，《叶德孚》。
② 《正谊堂全书》卷4，《建宁社仓利病》。
③ 庞尚鹏：《庞氏家训》。
④ 《皇清经世文编》卷28，朱泽澐《养民》。
⑤ 《公是集》卷32，《上仁宗论水旱之本》。
⑥ 《救荒活民书》卷3，《赵令良赈济法》。
⑦ 《明史·食货志》。
⑧ 《皇清奏议》卷24，周祚显《驱游惰以归本业疏》。
⑨ 《皇清奏议》卷54，顾光旭《请除赈灾通弊疏》。

第四，危机阶段，官吏和军队迅猛增加，其中大部分居住于城市之中。阶级矛盾的激化和农民起义的不断爆发，也使封建政权把军队集中在国都和郡县城市之中，加强镇压力量。

第五，危机阶段，商品经济的病态发展必然使城市的手工业者和商人大量增加。他们大多以制造和贩卖奢侈品为业，而城市中官僚、地主的增加又为此类商品提供了广阔的市场。消费和生产完全吻合，从而使城市工商业者的增加具备了可靠的基础。黄梨洲所说的"今夫通都之市肆，十室而九，有为佛而货者，有为巫而货者，有为优倡而货者，有为奇技淫巧而货者，皆不切于民用"，① 就是这种情况的集中写照。

最后，随着剥削阶级城居人数的增加，围绕在他们周围直接、间接为其服务的人员也必然随之增加，除了家内服侍的奴婢、仆役外，茶楼、酒肆中的佣保和歌女、舞伎也都属于这种性质。

综上所述，危机阶段城市人口的增加和商品经济的繁荣不是社会分工发展的结果，而是农村凋敝的反映；不是一种健康的状况，而是表现为过度的臃肿。顾炎武深明此中奥妙，因云："人聚于乡而治，聚于城而乱。聚于乡则土地辟，田野治，欲民之无恒心，不可得也。"② 所谓"治"，是各种矛盾缓和的同义语；所谓"乱"，是各种矛盾尖锐的同义语。因此，城市膨胀的时候，封建社会所固有的一切矛盾都极度地激化了，这些矛盾集中起来就体现为城乡对立关系的紧张。

城乡对立的尖锐化，在经济上主要表现在城市对农村剥削的加强上面。危机阶段，城市中集中了大量消费人口和非农业人口，需要农村提供农产品和各种消费资料，提供手工业原料，而这时农村却正陷于生产萎缩的困境之中，农业一蹶不振。为了解决城市供应问题，统治者就会对农村横征暴敛，城居的地主就会对佃户敲骨吸髓，城市的商人和高利贷者更会乘机大肆盘剥农村。于是，城乡关系就日趋紧张了。

在政治上，城乡对立关系的尖锐化主要表现在城市对农村统治的加强上面。危机阶段，阶级矛盾异常剧烈，而封建社会的阶级斗争主要是

---

① 《明夷待访录》，《财计》卷3。
② 《日知录》卷12，《人聚》。

第十八章 商品经济发展的周期性特点

由农村的农民发动和进行的。为了对劳动人民加强镇压，维护封建政权，郡县城市中的官吏和军队就必然要加强统治农村。而大量官僚、地主集中在城市中居住，又使农民阶级同地主阶级的矛盾在一定程度上体现为农村对城市的斗争。因此，在政治上城乡对立关系的激化，实质上就是阶级斗争的激化。

由此可见，城乡对立关系的激化，也就是剥削与反剥削、统治与反统治斗争的激化。这种紧张关系只有经过大规模的农民战争，才能真正缓和下来。

在恢复阶段，由于农民起义对城市的冲击和各种社会矛盾的趋向缓和，城市人口顿减，肥胖症得到了治疗，因而城市有萧条的趋势。秦末农民战争之后，西汉"天下初定，故大城名都散亡，户口可得而数者，十二、三"[1]。东汉末年经过黄巾起义和董卓之乱后，"京师萧条"[2]，一蹶不振，失去了昔日繁华的光彩。隋末唐初的"城郭空虚"[3]，也是同样的现象。清朝初年有的地方则出现了"城无完堞，市遍蓬蒿"[4]的情况。不应当把这种城市萧条看作历史的倒退，应该把这一现象看成病态城市向常态城市过渡的结果，具有一定的进步意义。随着这一变化，城乡对立关系虽然仍旧存在，但毕竟比危机阶段有显著的缓和。

经过一段经济恢复，当新的经济发展阶段到来时，城市人口又有增加，城市工商业又渐趋繁荣，大致这种繁荣也是既包括健康的因素，也包括病态的因素，所以发展阶段是城市经济最繁荣的时期。不过，在这一阶段，与农村经济一样，也是健康的因素相对病态的因素居于优势地位。由于当时已经包括病态因素，导致城乡对立关系会比恢复阶段紧张。当下次危机袭来的时候，病态因素又把健康因素排挤掉了，城乡对立遂又进入了极度紧张的状态。

我国封建社会的农业经济具有周期性发展的特点，因而城市经济和城乡对立关系也具有同样的特点。

---

[1] 《史记·高祖功臣侯年表》。
[2] 《后汉书·郡国志》注。
[3] 《旧唐书·李密传》。
[4] 《明清史料丙编》，第910页。

第五编

中国封建社会史的分期

在以上四编中，我们主要从横切面解剖中国封建社会形态的各个方面，虽然有时也不得不涉及某些历史现象的前后发展和变化，但毕竟不能就大的轮廓从纵的方面分析中国封建社会的基本发展脉络。在这一编中，我打算简单讨论一下中国封建社会史内部的分期问题，以补前文之不足。因为这个问题很大，牵涉的方面很多，限于个人的水平和能力，不可能就此进行详细的分析和深入的研究，只能抓住几个主要的方面，粗线条地勾画出一个轮廓，供大家参考。

第十九章 从理论上探讨封建社会史分期的标准

划分封建社会史的不同历史时期，可能有两种办法：一种是不从理论上确立分期标准，单纯根据历史发展的脉络把我国封建社会史划分为若干阶段；一种是单纯从理论上确立原则，然后加以运用，譬如肯定奴隶社会史、封建社会史、资本主义社会史都可以一律划分为上升阶段和下降阶段。我觉得这两种办法各有片面性，应当既确立理论上的分期标准，又结合历史发展的实际情况，研究分期问题。只有如此，才能实事求是地反映历史发展的真实面貌，同时又找出历史发展的规律性。

从理论上探讨这一问题，还须尽可能全面地分析历史，即既须研究生产力、生产关系的发展，也须兼及上层建筑的变化；既须注意统治阶级地位、作用的演变，更应当分析阶级对立和阶级斗争。问题这样复杂，其中必然有最主要的因素和环节，应当首先加以重视；否则，就会陷入五里雾中，茫然而不得其解。首先应当研究的是哪一方面的问题呢？列宁曾经指出："马克思主义给我们指出了一条指导性的线索，使我们能在这种看来迷离混沌的状态中发现规律性。这条线索就是阶级斗争的理论。"[1] 根据这一经典指示，我觉得首先研究封建社会的阶级斗争及其在不同时期的特点，在此基础上再探讨经济、上层建筑各领域的发展和变化，是解决这一问题的一把钥匙。这是因为，阶级斗争是经济斗争、政治斗争、意识形态领域斗争的焦点，政治又是经济的集中表现，抓住了这个中心环节，就有利于抓住整个链条。

封建社会的阶级斗争主要是在地主阶级与农民阶级之间进行的，在

---

[1] 《列宁选集》第2卷，人民出版社1972年版，第587页。

研究阶级斗争时,既要分析地主阶级的地位及其变化,也要分析发动和从事斗争的农民阶级,尤其要把着重点放在后一方面。尽管地主阶级在当时处于统治地位,但劳动人民却是创造历史的动力,是历史舞台上的主人翁。在这一方面,马克思列宁主义经典作家给我们留下了丰富的宝贵财富,可供借鉴。

经典作家并没有就封建社会史的分期问题做过什么具体的结论,但他们对资本主义社会史的分期所发表的意见却对我们有很大启发,有助于从中学习他们的观点和方法,探讨目前我们需要解决的这个问题。

列宁在《打着别人的旗帜》这篇光辉的著作中说:"马克思的方法首先是考虑具体时间、具体环境里的历史过程的客观内容,以便首先了解,在这个具体环境里,哪一个阶级的运动是可能推动社会进步的主要动力。"又说:"这里谈的是历史上的大时代,无论过去或将来,每个时代都有个别的、局部的、时而前进时而后退的运动,都有脱离一般运动和运动的一般速度的各种倾向。我们无法知道,这个时代的某些历史运动的发展会有多么快,有多么顺利。但是我们能够知道,而且确实知道,哪一个阶级是这个或那个时代的中心,决定着时代的主要内容、时代发展的主要方向、时代的历史背景的主要特点等等。"[①] 从上述经典理论可以看到:第一,政治运动,即阶级斗争,是决定不同时代的主要标志;第二,哪一个阶级所发动的政治运动和阶级斗争是"推动社会进步的主要动力",哪一个阶级就是"时代的中心"。

列宁根据这一理论,在1915年把资本主义社会的历史划分为三个时期:"(1) 1789—1871年;(2) 1871—1914年;(3) 1914—?"并且接着说:"这里的界限跟自然界和社会上所有的界限一样,是有条件的、活动的、相对的,而不是绝对的。我们只是大致地挑出那些特别突出、引人注目的历史事件作为大的历史运动的路标。第一个时代是从法国大革命到普法战争,这是资产阶级上升的时代,是它的全盛时代。这是资产阶级上升的阶段,一般说,这是资产阶级民主运动的时代,特别是资产阶级民族运动的时代,是迅速摧毁过时的封建专制制度的时代。第二个

---

① 《列宁全集》第21卷,人民出版社1959年版,第121、123页。

第十九章 从理论上探讨封建社会史分期的标准 ◆◇◆

时代是资产阶级绝对统治和衰落的时代,是从进步的资产阶级变成反动的和最反动的财政资本的时代。这是新的阶级即现代民主派准备和慢慢聚集力量的时代。第三个时代才刚刚开始,在这个时代里,资产阶级处于第一个时代的封建主所处的'地位'。"[①] 从上述经典指示中可以看出:第一,列宁虽然分析了三个时期中资产阶级的地位和变化的情况,但重点仍在于说明,哪一个阶级是时代的中心,其运动有什么变化。在第一个时期中,资产阶级的民主运动、民族运动是推动社会进步的主要动力;在第二个时期中,工人运动正在准备和聚集力量,无产阶级逐渐转化为时代的中心;在第三个时期中,无产阶级革命就成了推动社会进步的主要动力。第二,列宁所选出的划分不同历史时期的"路标"是"那些特别突出、引人注目的历史事件",即法国资产阶级革命、巴黎公社革命和第一次世界大战的爆发。其中两个"路标"是革命运动中的大事件,第一次世界大战也是俄国无产阶级革命爆发的前夕。第三,列宁谈三个时期中资产阶级的地位,并不是因为资产阶级是资本主义社会的统治阶级,所以对它特别重视,根据它的地位变化来划分不同的历史时期;而是要着重说明,资产阶级怎样由革命的动力逐步变成了革命的对象,即始终立足于分析革命运动。

按照列宁的原则,我们应当排除几种不适合的分期标准。

首先,不立足于分析革命运动,单纯根据地主阶级的状况和变化,把历史划分为军功地主时期、门阀地主时期、庶族地主时期,等等,是不适当的。在研究分期问题时,这些条件是应当加以考虑的,但它们绝对不能作为划分历史时期的主要依据。

其次,也不能主要根据国家政权的分合,以隋类秦,以唐比汉,以五代十国匹魏晋南北朝,把历史划分为国家体制分合演变的若干时期。中国历史上由分而合、由合而分的现象确实也出现过好几次,对社会、政治也有重大影响,但这一问题与列宁所确立的分期原则毕竟无直接关系,所以过多考虑这方面的因素,也不合适。

最后,单纯根据经济发展情况划分历史时期也不符合列宁的原则。

[①] 《列宁全集》第21卷,人民出版社1959年版,第124—125页。

如根据地租形态把封建社会史划分为劳动地租时期、产品地租时期及货币地租时期，或根据生产关系同生产力适合与矛盾的情况划分为上升时期和下降时期，都不免流于忽略阶级斗争。经济状况、剥削形式对阶级斗争是有显著影响的，在研究阶级斗争的阶段性时应当结合考虑这些因素，但它们毕竟不宜于当作划分不同历史时期的标准。

从战国到秦朝，地主阶级确实是当时的时代中心，地主阶级所发动和进行的夺权运动、变法运动和统一运动，确实是推动社会进步的主要动力，但这个时期为时短暂，与汉代以后长达两千余年的历史相比，很难自成一个独立的时期，因而我不主张机械地运用列宁的理论，把两百多年和两千多年平列起来。

根据列宁的原则，我认为以中国历史上农民起义、农民战争的发展变化划分封建社会史的不同时期，是比较合适的，因为毛泽东指出："在中国封建社会里，只有这种农民的阶级斗争、农民的起义和农民的战争，才是历史发展的真正动力。"① 可见在中国封建社会历史的绝大多数时期中，农民阶级是时代的中心，农民的运动是推动社会进步的主要动力，不同历史时期的农民起义决定着各个时代的主要内容及其发展的主要方向，也能反映各个历史时期的历史背景和主要特点。

---

① 《毛泽东选集》（一卷本），人民出版社1964年版（1966年横排本），第588页。

第二十章　中国封建社会史前期、后期的划分及社会发展的巨大变革

根据中国历代农民起义和农民战争的发展变化，我主张把中国封建社会史划分为前期和后期。此外，本章中还将分析这两个时期社会、政治等各方面的巨大变革，以便进一步使历史面貌显示出明晰的阶段性来。

第一节　农民起义纲领性口号的变化

以北宋为路标，可以把历代农民起义的历史划分为两个不同的时期。大致从陈胜、吴广起义开始到五代十国，农民起义的纲领性口号主要把斗争矛头指向封建皇帝和地主政权；北宋以后的农民起义尽管也反对封建国家的政治压迫，却把打击地主经济的斗争口号公开写在自己的斗争旗帜上，以此显示了不同于前期的时代特点。

秦末农民起义爆发的时候，革命农民以"天下苦秦久矣"为号召，高高举起"伐无道，诛暴秦"[1]的旗帜，展开了大规模的斗争。汉末的黄巾起义以"苍天已死，黄天当立"[2]为口号，等于公开宣布，要以农民政权代替汉政权。隋末农民起义之初，窦建德说："今水潦为灾，黎庶穷困，而主上不恤，亲驾临辽。加以往岁西征，疮痍未复，百姓疲弊，累年之役，行者不归。今重发兵，易可摇动，丈夫不死，当立大功。"[3] 其

---

[1]《史记·陈涉世家》。
[2]《后汉书·皇甫嵩传》。
[3]《旧唐书·窦建德传》。

反抗隋朝徭役、兵役的色彩是非常明显的。瓦岗军则在檄文中直呼隋炀帝为"昏主",历数其十大罪状,并于最后指斥:"罄南山之竹,书罪无穷;决东海之波,流恶难尽。"① 杜伏威领导的江淮起义军与苗海潮起义军合并时,辅公祏更明确地指出:"今同苦朝政,各兴大义。"② 我国封建社会前期的农民起义也沉重地打击了地主土地所有制,但这一斗争内容却没有反映在斗争口号之中。唐末农民战争的领导人之一王仙芝自称"天补平均大将军兼海内诸豪都统"③,虽然包含了"平均"财富的要求,但提得尚不够明确;而这次大起义旗帜鲜明地指责唐政权"吏贪沓④,赋重,赏罚不平"。黄巢"冲天大将军"的称号⑤,也说明农民军的首要奋斗目标仍是推翻李氏王朝。

从北宋开始,农民起义的纲领性口号发生了显著的变化。宋初王小波、李顺起义时,王小波义正辞严地宣称:"吾疾贫富不均,今为汝均之!"⑥ 南宋初年的钟相、杨幺起义对"均贫富"的口号加以补充,钟相曾说:"法分贵贱贫富,非善法也。我如行法,当等贵贱,均贫富"。⑦ 所谓"等贵贱",是要否定地主的政治特权;所谓"均贫富",是要否定地主的经济地位。斗争矛头都是直接指向地主本身的。元末农民起义军攻占福建邵武时也提出过"摧富益贫"的口号⑧。明末农民起义军不但在某些地方"以割富济贫之说明示通衢"⑨,而且旗帜鲜明地提出了"均田"的政治口号⑩,这就把土地从一般财富中区别出来,从而使斗争矛头对准了封建生产关系的核心。太平天国的"天朝田亩制度"是这一系列纲领性口号的继续和最高发挥。

农民起义和农民战争是封建社会阶级斗争的最高形式,除此之外,

---

① 《旧唐书·李密传》。
② 《旧唐书·杜伏威传》。
③ 《通鉴》卷252,《考异》引《续宝运录》。
④ "沓"原误作"杳"。——编者注
⑤ 《新唐书·黄巢传》。
⑥ 《渑水燕谈录》卷8。
⑦ 《三朝北盟会编》卷137。
⑧ 嘉靖《邵武府志》卷2,《黄镇成抈碑》。
⑨ 丁耀亢:《出劫纪略》。
⑩ 《罪惟录·李自成传》。

第二十章　中国封建社会史前期、后期的划分及社会发展的巨大变革　◆◇◆

农民阶级还经常进行各种方式的斗争。这种经常性的小规模斗争也分别在前期和后期显示了各自的时代特点。五代十国以前，农民经常性斗争的主要方式是逃避国家的课役。汉武帝晚年，"民所疾苦"，"惟吏多私，征求无已，去者便，居者扰"，故"关东流民二百万口，无名数者四十万"①。这是一种反课役的斗争方式。南朝萧齐时期，农民有的"竟不编户，迁徙去来，公违土断"，致使国家有"版籍顿阙"之苦②。北朝也有"户口逃散，生长奸诈，因生隐藏，出缩老小，妄注死失"③的情况。隋统一后，同样也是"禁网疏阔，户口多漏。或年及成丁，犹诈为小；未至于老，已免租赋"④。唐代初年，逃户问题尚不严重，但从武则天执政以后，"偷避徭役"，"王役不供，簿籍不挂"⑤的现象又逐渐普遍起来。这种反课役的斗争是中国封建社会前期经常性斗争所采取的主要方式，它和农民起义反对地主政权的口号是相吻合的。

北宋以后，农民逃避课役的斗争仍然非常普遍，但农民对地主本人的反抗却作为一项新的斗争形式丰富了阶级斗争的内容，从而使经常性的阶级斗争显示了时代特点。仅就宋代而言，这种例子就很多，如栾衢州"俞八与佃主徐三不足，因集保户持杖劫夺米谷不计数目，并擒捉徐三等同往祠神烧香"；"臣僚言：今岁诸道间有荒歉之所，饥民乘势劫取富民廪谷。……顷绍兴间，严陵小饥，民有率众发人廪谷者"；"臣僚言：近闻天台饥甿结集恶少，以借米为名，恐喝强取财者相继，交斗互敌，杀伤甚众"⑥；"京、江浙大饥，民多相率持杵棒投劵富家，取其粟"⑦；"婺州富人卢助教，以刻核起家，因至佃仆之居，为仆父子四人所执，投置杵臼内，捣碎其躯为肉泥"⑧；湖州一带"土俗小民悍强，甚者数十人为朋，私为约无得输主户租"⑨。宋以后，历代有关抗租、借米、抢米、

---

① 《汉书·石奋传》。
② 《南齐书·虞玩之传》。
③ 《魏书·元晖传》。
④ 《隋书·裴蕴传》。
⑤ 《唐会要》卷85，《逃户》。
⑥ 均见《宋会要辑稿·兵》卷13。
⑦ 《通考》卷166，《刑考》。
⑧ 《通考》卷173，《刑考》。
⑨ 《吕东莱集》卷7，《薛常州墓志铭》。

吃大户等斗争方式的记载逐渐增多，明清两代甚至爆发了一系列农民反抗地主的佃农运动和奴仆运动。① 封建社会后期出现的这些斗争方式与"均贫富""均田"口号是相吻合的，都把斗争矛头指向地主经济。

中国封建社会前、后期农民起义还有一个显著的区别，就是前期各王朝的经济恢复阶段，很少爆发具有一定规模的农民起义，即令偶尔爆发，也非常罕见。西汉初年和东汉初年，情况比较明显，只有到武帝时才爆发了一系列起义，但那已经是经济发展阶段的事了。唐初武德年间的农民零星反抗，只能看作隋末农民起义的继续，并不是由经济恢复阶段的条件所引起。只有永徽四年（653）睦州女子陈硕真领导的起义具有一定规模，但仅此一次而已。到宋代以后，情况发生了变化，经济恢复阶段爆发农民起义已成为司空见惯的事。北宋从太祖到真宗，先后爆发的主要农民起义计有：杭州的张绍伦起义，益州的王小波、李顺起义，郾城的宋斌起义，益州的王均、赵延顺起义，河南的刘用起义，曹州的王长寿起义，宜州的陈进起义等。明初仅洪武年间的主要农民起义就有：湖南罗田县的王佛儿起义，四川眉县人彭普贵领导的白莲教起义，宁波府僧人白莲宗起义，陕西沔县王金刚起义等。清初顺治、康熙时的佃农起义风起云涌，不胜枚举。中国封建社会前、后期在经济恢复阶段农民起义爆发的不同情况，说明阶级斗争的深度和广度在后期大大超过了前期。

阶级斗争的变化使地主阶级缓和阶级矛盾的措施也发生了相应的变化。前期农民起义首先打击封建政权，所以主要由封建国家向农民进行赈贷，常平仓和义仓都是直接归统治者掌管的。后期农民起义首先打击地主经济，所以除国家继续进行赈贷外，"州里富人"进行"赈济"的记载突然大量出现，甚至封建统治者还要以"劝分"的方式动员地主赈灾。很显然，地主本人对缓和阶级矛盾比前期关心得多了。

为什么农民起义和农民战争在前期和后期发生这一系列变化呢？最深刻的根源是土地制度、剥削关系发生了一定程度的变化。

---

① 参阅傅衣凌《明清之际的"奴变"和佃农解放运动》，《明清农村社会经济》，生活·读书·新知三联书店1961年版；又《明末南方的"佃变"、"奴变"》，《历史研究》1975年第5期。

第二十章　中国封建社会史前期、后期的划分及社会发展的巨大变革

第二节　地主土地所有制的发展和自耕农的佃农化

前面在讨论地主土地所有制在土地关系总和中所起的主导制约作用时，已经指出，以唐代均田制的最终破坏为标志，可以把土地制度的发展过程划分为两个阶段。在前一个阶段，国有土地较多，所以统治者能够不断推行徙民给田、赋民以田、占田、均田等土地制度。在后一阶段，由于地主土地所有制发展到了一个新的阶段，大田产空前膨胀，所以前期的上述田制就失去生命力，基本上不能大规模推行了。刘恕也看到了这一变化，他曾说："后魏均田制度，似今世佃官田及绝户田出租税，非如三代井田也。魏、齐、周、隋，兵革不息，农民少而旷土多，故均田之制存。至唐，承平日久，丁口滋众，官无闲田，不复给授，故田制为空文。"① 用人口增加解释"官无闲田"是错误的，北宋人口就不多，却不能恢复占田制和均田制。"官无闲田"的真正原因是地主土地所有制的空前膨胀。至于以受田农民与后期的"佃官田"者相比，亦属不伦不类，因为受田农民是自耕农，"佃官田"者是佃农，二者的经济地位有显著不同。但刘恕毕竟看出土地制度变化的关键是官家闲田的有无和多少。这一变化，确实是中国封建社会前、后期一系列社会变化的根本物质前提。

宋以前，地主政权之所以能够经常掌握大量无主荒地，实行占田制和均田制，正是由于地主土地所有制尚不十分巩固，其发展水平尚低。曹魏实行屯田的重要条件之一，就是"大乱之后，民人分散，土业无主，皆为公田"②。宋代的叶适也说："至于汉亡，三国并立，民既死于兵革之余，未至繁息，天下皆为旷土。未及富盛而天下大乱。虽当时天下之田，既不在官，然亦终不在民。以为在官则官无人收管，以为在民则又无簿籍契券。但随其力之所能至而耕之。"③ 不但当时国家能处理这些土地，甚至私人也很容易占有一块无主抛荒田，如晋人郭翻，"贫无业，欲垦荒

---

① 《困学纪闻》卷16。
② 《三国志·魏·司马朗传》。
③ 《通考》卷2，《田赋考》。

田，先立表题，经年无主，然后乃作"①。在天下战乱的时候，李典、田畴等人能够率领大批宗族进入山区，也是由于他们在那里有"营深险平敞地而居，躬耕以养父母"②的条件。永嘉之乱以后，庾衮初则进入林虑山，继则登于大头山，能够"田于其下"，③也是山区土业无主的说明。南渡大族在会稽一带大肆"求田问舍"，更是明显的例子。

　　唐代均田制破坏以后，随着地主土地所有制的日趋巩固，唐宋之际虽然也发生战争，"兵革之余"也出现抛荒田，但地主政权却再也不能推行占田制和均田制了。天宝十四年（755）的一道制文称："天下诸郡逃户有田宅产业妄被人破除，并缘欠负租庸先已亲邻买卖，及其归复，无所依投。永言此流须加安辑，应有复业者，宜并却还。"④五代时期，后周政权规定，"逃户庄田，许人请射承佃，供纳租税。如三周年后，本户来归业者，其桑土不以荒熟，并庄田交还一半。五周年内归业者，三分交还一分"。被契丹"打虏向北"而归业者，"五周年内，其本主还来识认，不以桑土荒熟，并庄园三分中交还二分。十周年内来者，交还一半。十五周年内来者三分中交还一分"。⑤宋以后，这种情形就更为普遍了。尽管这些土地有属于自耕农者，但这毕竟是土地私有权进一步巩固的表现，而土地私有权的巩固必然意味着地主土地所有制的巩固。外逃人口的土地私有权的保留，地主政权便不能把这些土地当作无主荒田分配给六十还田的农民占垦了。

　　明代顾炎武说："汉武帝时，董仲舒言：'或耕豪民之田，见税什五'。唐德宗时，陆贽言：'今京畿之内，每田一亩，官税五升，而私家收租，有亩至一石者。……兼并之徒，居然受利。……'仲舒所言，则今之分租；贽所言，则今之包租也。然犹谓之'豪民'，谓之'兼并之徒'。宋以下，则公然号为'田主'矣。"⑥这种地主称呼的变化，也反映了地主土地所有制在封建社会后期有了长足的新发展。

---

① 《太平御览》卷839，引《晋书》。
② 《三国志·魏·田畴传》。
③ 《晋书·庾衮传》。
④ 《唐会要》卷85，《逃户》。
⑤ 《五代会要》卷25，《逃户》。
⑥ 《日知录》卷10，《苏松二府田赋之重》。

第二十章　中国封建社会史前期、后期的划分及社会发展的巨大变革 ◆◇◆

随着土地制度的上述演变，发生了自耕农大量佃农化的情况。在封建社会前期，虽然无从知道自耕农与佃农在农民总数中各占多少，但可以肯定，当时的自耕农是为数不少的，占田制、均田制能够在相当广泛的范围内普遍推行，就可以说明此点。宋代开始，佃农在农民的总数中就占绝对优势了。宋初应该是宋代自耕农较多的时候，但赵普已指出："邓州五县，其四在山，三分居民，二皆客户。"① 宋代一般地方也多是"客户多而主户少"②。南宋时土地兼并极端严重，陆九渊说："所谓农民者，非佃客庄，即佃官庄，其为下户自有田者亦无几。"③ 如果把主户中的地主除去，佃农就更显得比自耕农多了。宋代官方统计数字，仁宗前客户只占40%，仁宗时降为35%左右，英宗以后再降为32%左右。这些统计数字是不可信的，华山同志曾指出，客户的实际比重大大超过了上述数字。④

唐代的客户是指那些逃避课役的人，他们"多浮寄于闾里，州县收其名，谓之客户"⑤。在经济关系上，客户还没有什么特定的意义。到宋代，客户就成为专指租佃土地的农户的特称。虽然其中有些是租佃官田用以剥削种户的二地主，但绝大多数客户却是"受人之土"的"不占田之民"⑥，即佃农。宋代主客制度的建立，标志着自耕农佃农化的过程基本上完成了。

地主土地所有制和租佃制的发展、佃农的增加，对国有土地也产生了影响。第一，宋代地主政权不断进行土地买卖，而且形成了制度。如史料上有这样的记载："天下系官田产在常平司有出卖法，如折纳、抵当、户绝之类是也。"⑦ 出卖官田时，往往还采取"实封投状，限满拆封"的投标方式。显然，地主政权与地主的土地所有权几乎非常相似了。宋以前，由国家买卖土地的事是比较少见的。第二，在封建社会前期，除

---

① 《续资治通鉴长编》卷27。
② 《灌园集》卷14，《与张户曹论处置保甲书》。
③ 《象山集》卷8，《与陈教授书》。
④ 华山：《关于宋代的客户问题》，《历史研究》1960年第1—2期合刊。
⑤ 《文苑英华》卷747，柳芳《食货论》。
⑥ 《徂徕集》下，《录徽者言》。
⑦ 《宋会要辑稿·食货》卷1之31。

曹魏通过租佃制剥削屯田客外，地主政权主要采取分配土地剥削自耕农的办法保证收入。从宋代开始，地主政权也仿效地主大量通过租佃制剥削佃农，榨取地租。官田上的"添租划佃"同私田上的"撤佃增租"完全相同，如出一辙。宋代佃耕官田的国家佃农与封建社会前期耕种国有土地的占田农民、均田农民在经济地位上有很大不同。

  西方封建社会从公元5世纪到9世纪，是自由农民农奴化的历史阶段。大致到公元10世纪时，自由农民已经很少了。我国的自耕农并非真正的自由农民，但他们毕竟不是最主要的封建农民，因为租佃制是中国封建社会的基本生产关系，所以在封建制日益发展的过程中，也必然会发生一个自耕农走向佃农化的过程。认识这一点，对于研究中国封建社会前期的历史，具有重要意义。如果在这个问题上比较模糊，就容易导致下述的错误结论：或者把战国、秦汉时代的大量自耕农当作奴隶社会的自由民，借口佃农数量不占压倒优势而否认两汉是封建社会；或者以自耕农较多、佃农较少为理由，否认地主土地所有制是当时占支配地位的经济关系，错误地肯定土地国有制是唯一的基础。我们应当取发展的观点，把前期的某些现象看作历史阶段性的特殊产物，这样就能够正确分析历史实况了。

  自耕农经济的个体性和不稳定性，固然是导致其走向破产并转化为佃农的因素，但地主政权的沉重课役是促使自耕农走向佃农化的更重要的催化剂。早在战国时期，就有这样的情况："悉租税，专民力，所以备难充仓府也，而士卒之逃事状（藏）匿，附托有威之门，以避徭赋，而上不得者万数。"[①] 魏晋南北朝时期，民间"迭相荫冒，或百室合户，或千丁共籍，依托城社，不惧熏烧，公避课役"[②]。中国封建社会的前期，自耕农数量既多，他们进行阶级斗争时必然首先反对封建国家的课役，这就是农民起义不断提出"伐无道，诛暴秦"，"苍天已死，黄天当立"等战斗口号的原因之一。农民起义及其纲领性战斗口号具有反课役的性质，也就是具有反佃农化的性质。

---

 ① 《韩非子·诡使篇》。
 ② 《晋书·慕容德载记》。

第二十章　中国封建社会史前期、后期的划分及社会发展的巨大变革 ◆◇◆

在中国封建社会前期，佃农进行阶级斗争时，也往往首先反对地主政权。当时就大多数佃农而言，尚不能摆脱封建国家的直接课敛。秦代曾为人"佣耕"的陈胜，尚有戍边之役。汉代的口赋、算赋、更赋合计起来，比田租重得多，而这些赋役是列为编户的佃农所难幸免的。曹魏、西晋实行按户征税的制度，佃农只要单立户口，自然就得负担课役。唐代实行按丁征敛的租庸调制，破产后沦为佃农的农民有的仍须缴纳正税，所以地主政权在均田制剧烈破坏时期，为了蠲免"单贫不济"户的赋役不得不宣布每乡各"量放丁"若干。两税法实行后，佃户还必须负担"居人之税"。在前期，客户不负担课役的情况也有，但在法律规定上，这种客户的数目是有限制的。如曹魏时，"给公卿以下租牛客户数各有差"①，给客并非漫无限量。孙吴推行"复客制"，史料中记载的免役客户的数字亦有法令上的明文规定。西晋品官荫占客户，各有限数。李雄据蜀时，为了优待帮助过他的范长生，曾经特别宣布："复其部曲，不豫军征，租税一入其家。"② 这是一种特许，可见一般情况下，部曲是服役和"豫军征"的。"豪族多挟藏户口以为私附"的事实在魏晋南北朝时大量存在，但这是法律所不允许的，所以东晋山遐为余姚令时，能"绳以峻法，到县八旬，出口万余"。③ 最高统治者也往往"诏禁募客"④。或则明令规定："豪势不得侵役寡弱，私相置名。"⑤ 受官僚地主剥削的客户尚不能全部免除课役，一般庶族地主所奴役的佃客自然就更须按法令负担一部分赋税和徭役了。佃农向地主缴纳地租，换得了土地使用权，剥削关系在某种程度上为人与物的关系所掩盖；相形之下，地主政权对客户的榨取则赤裸裸地暴露了它的掠夺本质。在这种情况下，尽管佃客也反对地主的剥削，但更倾向于首先反对地主政权，所以他们参加农民起义时，也会提出"伐无道，诛暴秦"及"苍天已死，黄天当立"的口号。

---

① 《晋书·王恂传》。
② 《晋书·李雄载记》。
③ 《晋书·山遐传》。
④ 《晋书·王恂传》。
⑤ 《晋书·食货志》。

◆◇◆ 中国封建社会形态研究

宋代实行主客户制度以后，主户是负担课役的"税户"，客户则基本上免除了对国家直接纳税服役的义务，虽然他们也缴纳身丁钱，但这些负担在整个赋税中不占重要地位。在主客户制度下，佃农、地主、国家三者间的基本关系是："农夫输于巨室，巨室输于州县。"[①] 赋税尽管也是佃农的劳动成果，但它是从私租中扣除出来的，地主政权是通过剩余产品的再分配对佃农进行榨取。在这种情况下，封建国家对佃农的剥削就会被地主向佃农征取私租的关系所掩盖，因而佃农进行阶级斗争时必然把矛头集中在地主身上。此外，宋以后佃农在农民总数中占绝对优势，他们的要求一定会突出地反映在农民起义的纲领性口号中。由此可见，"均贫富""均田"这些口号，是佃农的政治口号，其出现是自耕农大量佃农化的结果。

如上所述，中国封建社会前、后期农民起义口号的变化，不能过多地从斗争经验的积累和斗争水平的提高上加以解释，应当更多地考虑其深刻的社会根源，认识其产生的必然性。

第三节 赋役制度的变化及地主政权 同地主斗争方式的演变

封建国家征敛课役，主要通过剩余劳动产品再分配的渠道实现，决定剩余劳动产品分配方式的土地占有状况也必然能够决定课役征敛所采取的方式，并能对地租瓜分中地主政权同地主之间的斗争产生一定的影响。在这些方面，中国封建社会前、后期也显示了巨大的差别。

在我国历史上，始终存在着按土地、按财产、按户等征税的办法和按丁、按口、按户征税的办法，但在前期和后期有所不同，即各有其侧重面。大致在前期各代，按土地、按财产、按户等征收的赋税所占的比重远不如后期为大，按丁、按口、按户征收的赋税所占的比重远比后期为大。

据蒙文通同志计算，汉代的更赋与田租均按物价折钱，比例为二千

---

① 《鲁斋集》卷7，《赈济利害书》。

第二十章　中国封建社会史前期、后期的划分及社会发展的巨大变革 ◆◇◆

六百文比七百文，如果再加上口赋、算赋的平均数每户三百五十七文，①按人口计算的各项赋税的总和就相当于田租的4.3倍弱。可见按亩征收的田租在赋税总量中是微乎其微的。曹魏的租调制是"收田租亩四升，户出绢二匹、绵二斤"②。汉代亩产三斛，三十税一是一斗，十五税一是二斗，说明曹魏亩收粟四升，按亩征收的赋税又比汉代大为减轻了。西晋课田"夫五十亩，收租四斛"，③平均每亩八升，虽然比曹魏增加了一倍，但仍比汉代少二升至一斗二升。魏晋的户调都是不问资产、按户征敛的赋税，与汉代的口赋、算赋、更赋性质接近。唐代前期的正赋租庸调都是按丁征收的，按户等征收的户税和亩纳二升的地税都不是最主要的赋税，只不过是正税的补充而已。

中国封建社会前期所以能够实行上述一系列具有时代特点的税制，就是由于地主土地所有制的发展水平还不高，自耕农较多，占田制、均田制能够一再推行。只有在相当多的农民都能占有土地的情况下，他们才有能力提供不问土地、财产多少而只问户、丁、口的赋税。

与上一情况相照应的是，在中国封建社会前期，地主政权与地主之间的矛盾，在对农民的剥削方面，主要的争夺对象是劳动人手，即双方首先争夺对农民的直接剥削权。在这种斗争中，封建统治者所采取的办法不外乎下面两种：第一种是禁止豪族门阀无限制地荫占人口、大肆募客，限定免除课役的客户的数目，争取对大多数客户进行直接剥削。第二种是设法使失去土地的农民尽量转化成自耕农，甚至以国有土地为诱饵，使客户、佃农尽可能摆脱地主的控制，重新变为国家的编户，占田制、均田制的实行就部分地具有这一目的。

魏晋南北朝时，一般地主认为"素无部曲"则"无以自立"。④他们竞相招募客户、部曲的结果，"天下之半，并为部曲"⑤。这就引起"编户

---

① 蒙文通：《中国历代农产量的扩大和赋役制度及学术思想的演变》，《四川大学学报》1957年第2期。
② 《三国志·魏·太祖纪》。
③ 《初学记》卷27，引《晋故事》。
④ 《南史·殷孝祖传》附琰传。
⑤ 《文苑英华》卷745，何之元《梁典总论》。

之命，竭于豪门；王府之蓄，变为私藏"①。针对"编户虚耗"，"国弊家丰"的状况，于是有人主张对客户、部曲"征之势门，使返田桑"。② 北魏的三长制，南朝的土断，隋代的输籍定样，唐代的括户，都是统治者为争夺劳动人手而实行的制度和措施。关于此点，隋代高颎建议实行输籍法的目的说得再清楚不过了："定其名，轻其数，使人知为浮客，被强家收大半之赋；为编氓，奉公上，蒙轻减之征。"这里所谓"浮客"，就是"避公税，依强豪作佃家"的农民。③ 当时大量无主荒地的存在给地主政权提供了实行这种政策的有力武器。

从唐代后期实行两税法开始，一直到明代的一条鞭法、清代的摊丁入亩，不断发生税制改革，而历次改革的基本精神是一致的，即按亩征收的田税和按财产征收的赋税越来越重要，按口、按丁、按户征收的赋税越来越退居次要地位。杨炎两税法包括"田亩之税"和"居人之税"，"其田亩之税率以大历十四年垦田之数为准，而均收之"，④ 显然是按亩征收。其"居人之税"是按户等高下征收，而户等本身主要是以财产多少决定的。陆贽所谓"唯以资产为宗，不以丁身为本。资产少者，则其税少；资产多者，则其税多"，⑤ 可以说是抓住了两税法的实质。为什么唐德宗时会实行这样的税制改革呢？宋元之际的马端临非常中肯地指出：唐"中叶以后，法制隳弛，田亩之在人者，不能禁其卖易，官授田之法尽废，则向之所谓输庸调者多无田之人矣。乃欲按籍而征之，令其与豪富兼并者一例出赋，可乎？……必欲复租庸调之法，必先复口分、世业之法，均天下之田，使贫富等而后可；若不能均田，则两税乃不可易之法矣"⑥。可见两税法实行的真正原因就是均田制的破坏和地主土地所有制的发展。宋代的地主土地更为膨胀，"二税"已与唐之"两税法"有所区别，全系按亩征收的地税。按户等服职役和徭役的办法也体现了唐代两税法"居人之税"的精神，所以充当衙前、里正的地主分子叫苦不迭。

---

① 《宋书》卷42，史臣曰。
② 《晋书·颜含传》。
③ 《通典》卷7，《食货典·丁中》。
④ 《新唐书·杨炎传》。
⑤ 《陆宣公集》卷22，《均节赋税恤百姓第六条》。
⑥ 《通考》卷1，《田赋考》。

第二十章　中国封建社会史前期、后期的划分及社会发展的巨大变革

明代创鱼鳞图册，"图其田之方圆，次其字号，悉书主名及田之丈尺四至，编类成册，其法甚备"，①说明统治者对田税的重视达到了空前的程度。明初定役法，"田一顷出丁夫一人，不及顷者以他田足之，名曰'均工夫'"②。甲役虽然每户承担，但实行一条鞭法后也和其他职役、徭役一起"计亩征银"③了。清朝则实行"摊丁入亩"，地丁制度按亩征税，比明代的一条鞭法更彻底了。康熙规定"盛世滋丁，永不加赋"，反映国家对户口大大放松，统治者再也不会同地主争夺劳动人手了。

唐代杜佑说："夫夏之贡，殷之助，周之藉，皆十而取一，盖因地而税。秦则不然，舍地而税人，故地数未盈，其税必备，是以贫者避赋税而逃逸，富者务兼并而自若。"④ 夏、商、周是奴隶社会，其赋税制度可置而不论。秦汉以后的赋税重人轻地确实是事实，它适应了自耕农较多、地主土地所有制发展不够充分的条件，但这种税制也特别有利于促使自耕农走向佃农化。中国封建社会后期的赋税制度则与前期相反，表现了重地轻人的倾向，这同地主土地所有制的充分发展和佃农大量存在的情况是相适应的。

由于封建社会后期的土地制度和赋税制度发生了变化，所以地主政权同地主为瓜分地租而斗争时，就不再以争夺劳动人手为主，而是改变为税地与反税地的斗争。在封建社会前期，只出现过一次东汉初年的"度田"，而且毫无效果，草草收兵，以后就销声匿迹了。但在北宋以后，王安石变法时实行"方田均税法"，南宋朱熹大行"推排经界"，明代张居正大规模清丈土地，都是矛头对准地主的飞洒、诡寄等伎俩的新的斗争方式。

第四节　城市经济及商品货币关系的发展

城市经济，在中国封建社会的前期和后期有显著的差别。

---

① 《明实录·洪武实录》卷180。
② 《明会要》卷54，《食货》。
③ 《明史·食货志》。
④ 《通典》卷4，《食货典·赋税》。

前面已经指出，郡县城市的主要特点之一，是政治、军事意义大于经济意义，这一特点在前期远较后期为突出。在五代十国以前，历代城市中进行商业活动的主要场所称市，一般居民区的每一个单位称里，在隋唐以后称坊，市与坊是截然分开的。当时在里、坊是不能开设店铺，甚至不能随意临街开门，只有汉魏的列侯及食邑满万户以上的贵族、隋唐的三品以上的官僚，才有权出入不由坊门，得以向街开宅第门。① 每一个里或坊的四周围以高墙，置坊正一人，"掌坊门管钥，督察奸非"②。凡坊角都设武候铺，有士卒守候。日暮击鼓八百声为号闭坊门。五更二点天亮时，鼓自内发，"坊市皆启"③。隋官令狐熙任汴州刺史，"禁游食，抑工商，民有向街开门者杜之"④。在这种居民区是很少有商业活动的。当时的店铺和商业活动都限制在市区，但法令规定，"禁五品以上过市"⑤，有的时候，一般人"入市有税"⑥。历代国都均设有市，如汉代长安有东市、西市，洛阳有金市、南市；北魏洛阳有东市、大市、四通市；隋代长安有都会市、利人市，洛阳有丰都市、通远市；唐代长安有东市、西市，洛阳有南市、北市，其他州郡治所亦有东、西市或南、北市。⑦ 在我国封建社会前期，市在城市中所占的面积极其有限。汉代长安的市区与"长安闾里一百六十"⑧ 相比，恐怕是显得很小的。唐代长安有宫城、皇城及一百余坊，而东、西二市各仅占二坊之地。⑨ 据考古发掘，西市呈正方形，长宽各仅1050米而已。⑩ 宫城东西四里，南北二里余；皇城东西五里余，南北三里余；外郭城东西十八里余，南北十五里余。⑪ 如果以两市面积与宫城、皇城及整个外郭城相比，就更显得很小了。隋唐时期

---

① 《初学记》卷24，《居处·宅》；《唐会要》卷86，《街巷》。
② 《通典》卷3，《食货典·乡党》。
③ 《新唐书·百官志》。
④ 《隋书·令狐熙传》。
⑤ 《新唐书·太宗纪》。
⑥ 《隋书·食货志》。
⑦ 日本人加藤繁《宋代都市的发展》及《唐宋时代的市》所引材料甚多，可参阅。见《中国经济史考证》第1卷，商务印书馆1959年版。
⑧ 《三辅黄图》卷2，《长安城中闾里》。
⑨ 《唐两京城坊考》卷3、4。
⑩ 考古研究所西安唐城发掘队：《唐长安城西市遗址发掘》，《考古》1961年第5期。
⑪ 《长安志》卷8。

第二十章　中国封建社会史前期、后期的划分及社会发展的巨大变革 ◆◇◆

的洛阳城，据《唐两京城坊考》之《东都外郭城图》所载，北市相当于一坊之地，南市相当于二坊之地，与全城一百一十三坊①相比，亦显得非常有限。因此，就实际情况而言，我们不应当对隋唐时期城市经济的繁荣做过分的渲染。

我国城市经济的大发展主要是在宋代。发展的标志就是坊市制度的打破。大致从唐末五代开始，坊市限隔开始松动，有的坊内逐渐设立店铺，但尚不得临街开门，买卖商品的人必须从坊门出入。从北宋仁宗时起，坊市制进一步崩溃，工商业者遂得以在城内外到处沿街设铺，向街开门。随着坊市制的打破，"坊"的名称虽然保留，但已不再具有专指居民区的含义，实际变成了街名、巷名和界名，如临安的"吴山坊"亦俗呼"吴山井巷"，"融和坊"亦俗呼"灌肺岭巷"，"市西坊"又称"三桥街"等。② 甚至某些地方"东市""西市"的名称也失去了专指商业区的意义，转变为单纯的地名。宋代由于城市居民和工商业者日众，尤其是有不少人溢于城外，统治者因适应新的情况，把城内外划分为若干区，称"厢"，特置文武官吏进行统治，所以有的经济史家认为"厢制"是城市人口增加、城市地域扩大的结果。由于坊市制瓦解了，坊门晨昏启闭的制度、街鼓制度都废除了，夜市却从此大盛，成了正常的城市生活现象。③ 上述一系列城市经济的新面貌，反映出中国封建城市在前期和后期确实发生了巨大变化。

虽然如此，还不能说宋代城市的经济意义已经压倒了政治、军事意义，尤其是消费意义大于生产意义、商品流通意义大于商品生产意义这些郡县城市的特点，仍和过去差不多。城内大量增加的茶楼、酒肆、饭馆、饼店、妓馆、瓦子等，都是针对官僚、地主、商人的消费性需要的服务行业，对工商业的真正发展并不十分重要。蒙文通同志据《宋会要辑稿·食货》的记载进行统计，北宋熙宁时期征收商税的场务设于各级城市者，课额在十万贯以上的只汴京一处；在五万贯以上十万贯以下者，

---

① 《唐两京城坊考》卷5。
② （咸淳）《临安志》卷19，《府城坊巷》，转引自加藤繁《中国经济史考证》第1卷，第257页。
③ 本段多据加藤繁所做结论，不一一列其所引史料。

有十处；在三万贯以上五万贯以下者，有二十八处。他接着指出，这三十九个城市中"竟没有一个不是'州'的治所所在，其中很多还是'路'的首府。这一事实，说明了当时的大都市，一般都是政治中心"。蒙文通同志还分析了商税对象、商品内容，据以得出结论说："宋代的都市既一般地不是商业性都市，当然更谈不上是手工业城市了。"① 只有到明清两代，才成批地兴起了一些工商业城市和市镇，元代以前，真正的工商业城市仍然是个别的，极不普遍。

从宋代开始，商品货币关系比五代以前也取得了一定程度的发展，主要表现在以下几个方面：第一，在前期，钱帛兼行说明商品货币关系的发展水平还不高，明清之际的黄宗羲敏锐地最早觉察到了此点，他说："唐时民间用布帛处多，用钱处少。"② 入宋以后，钱帛兼行大为削弱，白银的货币职能空前增加，而且开始正式发行纸币，这是商品货币关系发展的主要标志。第二，商税虽然自先秦以来就始终存在，但只有到北宋以后，其地位才真正重要起来。唐代前期商人亦受田纳税，反映不少商人还与农业有关。两税法实行以后，才开始有了独立的商税。但商税在财政总收入中的比重大致不会很大。宋代则专门设立"商税务"征课商税，遍及于一般州县。神宗时，全国共有一千二百多个县、军、监，而全国所设的"商税务"竟达二千一百多个。③ 北宋统治者重视商税，只能是商品货币关系发展的结果。

宋代城市经济的发展、商品货币关系的加强，固然与农业生产的发展、农民出卖多余产品的增加有关，但不容忽视的是矿冶业、手工业的显著提高也起了很大的作用。据华山同志统计，由唐到宋，银矿由五六十处增加到八十余处，铁矿由五处增加到七十处，铅矿由四处增加到三十处，锡矿自两处增加到十六处。宋代铜矿虽然只有唐代的一半左右，但宋神宗时的铜课却比唐宣宗时多二十余倍，比元和中多约五十倍。唐代在玄宗时处于极盛阶段，全国每年铸钱三十二万七千贯；宋神宗时每

---

① 蒙文通：《从宋代的商税和城市看中国封建社会的自然经济》，《历史研究》1961 年第 4 期。
② 《明夷待访录·财计》卷 1。
③ 本段有关商税部分多据蒙文通《从宋代的商税和城市看中国封建社会的自然经济》文，史料不再一一列举。

年铸铜钱五百余万贯,铁钱八十八万余贯,合计约六百万贯,比唐代多十九倍。[1] 其他如瓷器制造方面名窑倍增,造纸、印刷等业也有突飞猛进的增长,都大大促进了商品经济的发展。一般研究自然经济和商品经济时,都强调从魏晋南北朝到唐朝的商业大发展,实际上,由唐到宋的进展意义更加重大,上述数字和情况生动地说明了此点。

随着商品经济的发展,工商业者参加农民起义也作为一个新的社会现象出现在历史舞台上。绿林、赤眉起义时,商人杜吴乘机杀了王莽,但他毕竟不是农民起义的直接参加者。从唐末农民战争开始,才产生了商人参加,甚至领导农民起义的事。王仙芝、黄巢都出身于私盐贩。王小波、李顺也因"贩茶失职"而起来斗争。宋代还有人这样说:"今之盗贼所以滋多者,其窠穴有二:一曰贩卖私盐之公行,二曰坑冶炉户之恣横。二者不能禁制,则盗贼终不可弭。"[2] 可见进入中国封建社会后期以后,工商业者发动、参加阶级斗争已成司空见惯的事了。明末农民起义时,不但有不少工商业者参加农民军,李自成甚至针对工商业者的要求提出了"平买平卖"的政策,说明他们已经成为农民起义军不得不考虑的一个重要的社会力量。至于风起云涌的市民运动、齐行叫歇等,就更是工商业者独立的政治斗争了。

中国封建社会后期的很多历史现象在唐朝后期和五代十国就出现了,但均处于萌芽状态,尚不够成熟。从"安史之乱"到北宋建立是一个向新时期过渡的阶段(关于此点,以后还要进一步分析)。正因为这些新现象到北宋时期才真正成熟,所以我主张以公元960年为"路标",把中国封建社会史划分为前期和后期。

第五节 统一集权趋势的加强

中国历史从战国进入封建社会以后,在长达两千余年的发展过程中,有时从统一集权走向分裂割据,有时由分裂割据走向统一集权,但就总

---

[1] 华山:《宋代的矿冶工业》,《山东大学学报》1959年第2期。
[2] 《宋会要辑稿·兵》卷13之39。

的情况而言，统一集权占支配地位，分裂割据居从属地位。大致在封建主义时代的全部历史中，统一集权的时间共计一千三百余年，分裂割据的时间共计约一千年。从发展的观点看，分裂割据有越来越削弱的趋势，统一集权有越来越加强的趋势，而这种彼弱此强的最主要的变化，发生在五代、北宋之交，也就是中国封建社会前期与后期之交。

统一集权进一步强化的主要表现之一，是从公元10世纪以后，大分裂割据局面很少再出现了。在中国封建社会前期，曾经发生过三次大的分裂割据：一次是战国时期，历时两个世纪余；一次是魏晋南北朝时期，历时约四个世纪；一次是"安史之乱"到五代十国时期，历时两个世纪余。但在中国封建社会后期，只发生过一次宋金对峙的局面，历时仅一个半世纪，而且这次分裂是由民族矛盾造成的，并非由汉族内部的社会经济条件所引起。可见统一集权趋势在后期的强化是非常明显的。

表现之二，是统一集权时期的割据分裂战争大为减少。秦汉是统一集权的时期，但爆发过"吴楚七国之乱"；西晋是统一集权的时期，但爆发过"八王之乱"；东晋在南方自成统一局面，但荆扬之争不断酿成内战；唐代"安史之乱"以后的藩镇战争连绵不断。在中国封建社会后期，北宋没有发生什么大的分裂割据战争；明代虽有"靖难之变"，但举行政变的朱棣不但不代表分裂割据势力，而且他的胜利大大加强了中央集权，使政治中心同军事中心在北京相结合，有效地克服了离心力。只有宁王宸濠的叛乱是割据战争，但旋起旋灭，远不能与"吴楚七国之乱"和"八王之乱"相比。至于"寘鐇之叛"，规模更小，就愈加不足挂齿了。事实说明，割据、叛乱在后期比前期少得多。

表现之三，是分封制发生的变化。秦朝本来没有实行什么分封制，西汉统治者错误地总结历史经验，"激秦孤立亡蕃辅，故大封同姓以镇天下"[1]。王、侯在封国有很大权力，"跨州兼郡，连城四十；宫室百官，同制京师"[2]，俨然是一种割据势力。正因为封国制本身存在严重问题，才须要汉景帝、汉武帝一次一次地削弱受封王侯。西晋恢复封国制，"封诸

---

[1] 《汉书·高五王赞》。
[2] 《汉书·诸侯王表》。

第二十章　中国封建社会史前期、后期的划分及社会发展的巨大变革 ◆◇◆

王以郡为国",而且在封国按邑户置军,① 诸王出专重镇,从而形成割据局面。分封制在唐初曾经引起一场大辩论。太宗一再表示"欲法周汉故事,分圭以王子弟,裂地以封功臣",结果"诸儒议论纷纭,事卒停寝",李世民所向往的世袭刺史制也未能实行。最后虽然形式上"封诸王或王功臣",但仅仅是"崇以爵等,食其租税而已",即刘秩所说的"设爵无土,署官不职"②,所谓分封制成了毫无内容的躯壳。宋代仍"承唐制,宗王襁褓即裂土而爵之;然名存实亡,无补于事"。受封者所得到的,只是"宗正有籍,玉牒有名,宗学有教,郊祀明堂遇国庆典皆有禄秩,所寓州县有廪饩"而已,所以有人斥"其无封建之实,故不获维城之助"。③ 元代分封制夹杂不少民族因素,可置而不论。明代好像又有所逆转,太祖在建国之初就分封诸子于各省各府,但赵翼对明朝"分封宗藩之制"总结得很好:"外以壮藩卫而实无事权。其有才者如燕、晋诸王,或统兵以镇边塞,然不为例。其分封内地者,不过设三护卫,不致有尾大不掉之患。其用意亦深远也。"④ 可见"靖难之变"是燕王的特殊条件造成的,属于例外,在内地则分封制并未引起割据分裂。就分封制的前后变化而言,唐初的一场大争论是划分前后两个历史阶段的分水岭,从此以后,分封制就基本上不再成为引起分裂割据的因素了。

表现之四,是中央对地方控制的加强。在我国封建社会前期,中央政权也曾试图对地方政权加强控制,最典型的莫过于汉、唐两代监察区的设置。从汉武帝起在郡县之上设州,刺史的职掌是"以六条问事",即对所辖郡县进行监察,发现"二千石长吏不任位者",于岁初诣京师奏事,案验属实,"然后黜退"。最高统治者是"以使者为腹心,而使者以从事为耳目",⑤ 由此加强中央集权。此制实行的结果,最后向反面转化,刺史、州牧逐渐掌握了地方的军事权、行政权和审判权,所以灵帝时"天下方乱,豪杰各欲据有州郡,而刘焉、刘虞并自九卿出领州牧,州牧

---

① 《晋书·地理志》。
② 《唐会要》卷46,《封建》。
③ 《宋史·宗室传》序。
④ 《廿二史札记》卷32,《明分封宗藩之制》。
⑤ 《后汉书·朱浮传》。

之任自此重矣"①。强化中央集权的监察区终于变成了地方割据的行政区。唐代置道,最初为十道,开元时增至十五道,"每道置采访使,检察非法,如汉刺史之职"②。以后改采访使为观察使,并领都团练使,"其僚属随事增置",并"分天下为四十余道,大者十余州,小者二三州",③ 终于也转化成了瓦解中央集权的割据政权。汉唐两代统治者设置监察区,结果都是事与愿违。

宋代以后,情况发生了变化。北宋也在州县之上新增路一级地方政权,其长官安抚使的职权甚大,"凡兵民之政皆掌焉",④ 但却没有因此造成地方割据。元代的地方政权更见复杂,几乎是省、道、路、府(州)、县五级制,其中最高一级是行中书省,"凡钱粮、兵甲、屯种、漕运、军国重事,无不领之"⑤。但也没有因为实行这种制度引起尾大不掉之患。明代改行省为承宣布政使司,效果与元代大体相同。清代在省一级又置巡抚、总督,其总督甚至统辖数省,"掌治军民,综制文武,察举官吏,修饬封疆",⑥ 确实是大权在握的封疆大吏,却没有发生总督、巡抚割据叛乱的事。"三藩之变"和晚清1900年刘坤一等督抚的所谓"保境安民",都别有原因,不同于一般的叛乱或割据。

欧洲封建社会的专制主义中央集权制是在14、15世纪时形成的,当时统一的民族市场已具雏形,所以政权集中是经济集中的反映。是否中国封建社会后期中央集权的加强也是商品经济发展、民族市场形成的结果呢?我认为不应当机械地搬用外国情况的结论。一般说来,欧洲各国版图有限,只要商品经济发展到一定水平,已经形成某些以工业生产为主的中心地区,就易于产生民族市场。我国幅员辽阔,在宋代还根本看不到什么以工业生产为主的经济中心地区,明清两代的江南即令有了资本主义萌芽,那点极其薄弱的商品经济也根本无力把偌大的一个国家连结成一个统一的民族市场,何况自然经济在全国范围内始终占支配地位。

---

① 《通典》卷32,《职官典·州牧刺史》。
② 《旧唐书·地理志》。
③ 《通典》卷32,《职官典·州牧刺史》。
④ 《通考》卷11,《职官考》。
⑤ 《元史·百官志》。
⑥ 《清史稿·职官志》。

第二十章　中国封建社会史前期、后期的划分及社会发展的巨大变革　◆◇◆

就实际情况而言，明清两代在江南只形成了区域市场，在其他大多数地区甚至连区域市场也还没有产生，所以把各个区域市场联结为民族市场的可能性还根本不存在。

既然如此，为什么前期一再发生大的分裂割据，而后期中央集权却加强了呢？具体事物应当具体分析。我对国家与法权史没有什么研究，在这里只想提出几点极其不成熟的粗浅看法，供大家参考。

战国时期的分裂和混战是奴隶制崩溃、春秋霸政的后果，当时也正是全国走向统一集权的阶段，具有过渡性质。黄巾起义以后四百年大分裂造成的主要原则有两个：第一，农民的人身依附程度特别严重，豪强门阀又容易占有连成一片的大田庄，家兵、部曲、坞堡在这种条件下应运而生，这是瓦解中央集权的基本因素。第二，复杂的民族大混战也是造成大分裂的一个重要原因。至于当时自然经济的加强能起多大的作用，不宜估计过高，因为隋朝统一政权的再现，基本上不是商品经济发展的结果。唐朝后期走向藩镇割据的主要原因，是大土地所有制向新的阶段发展，上层建筑不能适应经济基础的变化，从而发生了紊乱。其具体表现就是府兵制的破坏和骄兵的产生，节度使因此遂成为"既有其土地，又有其人民，又有其甲兵"的独立小王国。北宋建立后，在兵制上进行了改革，摸索出一套能够适应新的经济情况的政治、军事制度，所以统一集权又实现了。[①] 用单一的原因解释中国封建社会前期分裂割据较严重的现象，未必能令人信服。

中国封建社会后期中央集权强化的主要原因，是历代统治者总结前期的经验教训，结合后期的实际情况，制定了一些加强中央集权的有效措施，这些措施的基本原则就是使各级地方政权"事权分化"。宋代不但以文臣知州，而且在地方官身旁设置了一个通判，专门进行牵制。元代在地方各级政权设置由蒙古人担任的达鲁花赤，低级事务官也有由蒙古族或他族人担任的必阇赤、怯里马赤、回回令史等，这就利用民族差异使地方权力不易集中于一人之手。明代在地方上设立布政使、都指挥使、

[①] 关于这个问题，可参阅拙文《唐五代时期的"骄兵"与藩镇》，《光明日报》1963年7月3日。

— 365 —

提刑按察使，造成三司分掌民政、军政、刑狱的鼎立局面，大大防止了地方权力的加强。清代总督、巡抚主要由满人担任，省下的知府、知县则基本上是汉职，中央利用这种地方官的民族差异来进行箝制。总之，中央得以有效控制地方的重要条件，是不允许地方高级官员集军政大权于一身，偶尔有这种必要时也决不允许其长期如此。

是不是中央集权，关键不是看皇帝同宰相、内阁、朝臣间的关系，而是决定于中央同地方之间的关系。如果中央能够有效地控制地方，即令宰相、内阁权力很大，似乎分散了皇帝的权力，也仍然是中央集权；如果中央已经不能控制地方，即令皇帝不设宰相，也仍然是割据局面。皇帝个人在中央的权力的大小，只体现专制主义原则贯彻得如何，并不直接反映中央集权原则贯彻得怎样。所以我在这里只讨论地方政权内部的"事权分化"，没有涉及中央政权内部权力配置的变化。

第六节 中国封建社会史前期、后期划分的意义

中国封建社会没有发展到自己的天然终点，就转入了半封建半殖民地的轨道，这就引起这样一些问题：鸦片战争以前，中国封建社会究竟发展到什么阶段呢？从北宋开始的封建史的后期相当于封建社会全过程的什么阶段呢？从战国到五代又相当于哪一个阶段呢？为了明确这些问题，应当首先看一下封建社会的全过程的一般发展状况。

欧洲封建社会是发展到自己的天然终点的典型封建社会，最后进入了资本主义社会，所以了解西欧中世纪史的分期情况，对我们会有启发。

西欧中世纪史的传统分期方法，是划分为三个阶段：第一个阶段，从公元5世纪到公元10世纪，这个历史阶段中的主要时代特点是，自由农民正在农奴化，农民发动的阶级斗争具有反农奴化的目的和性质，在政治上各国陷于严重的分裂割据状态；第二个阶段，从公元10世纪以后到公元15世纪，在这个历史阶段中的主要时代特点是，城市经济正在勃兴，商品经济日益发展，市民运动、行会革命、工匠反行东的斗争风起云涌，开始出现资本主义萌芽，发生大规模的农民起义，中央集权制的形成；第三个阶段，即公元16、17世纪，在这个历史阶段中的主要时代

第二十章 中国封建社会史前期、后期的划分及社会发展的巨大变革

特点是，资本主义生产关系迅速发展壮大，资产阶级革命相继爆发。

与上述三分法不同，后来又有人提出二分法，即把中世纪史划分为封建社会的上升阶段和下降阶段。其具体划分是：从公元5世纪到公元15世纪是上升阶段，在这个历史阶段中的主要时代特点是生产关系适合于生产力的性质；公元16、17世纪是下降阶段，在这个历史阶段中的时代特点是生产关系已经成为生产力发展的桎梏。上述介绍说明，在二分法中，上升阶段大体相当于三分法中的前两个阶段，下降阶段大体相当于三分法中的第三阶段。

根据以上简介，我觉得从北宋开始到明清的所谓"后期"，不能当作下降阶段，因为即令到鸦片战争前夕，我国资本主义生产关系还没有大踏步发展，资产阶级革命还杳无踪影。因此，我国封建社会根本还不存在下降阶段，也还不存在三分法中的第三阶段，这是由于社会历史始终没有达到西欧在公元16、17世纪所达到的水平。姑不论上升、下降阶段的划分在原则上是否合适，就我国具体情况而言，根本就不具备按这一原则划分历史时期的可能性。

如果与三分法相对照，我以为从战国到五代十国，相当于西方的第一阶段；从北宋到明清，相当于西方的第二阶段。在前期，自耕农走向佃农化的过程有点类似西方自由农民走向农奴化的过程，农民起义反对赋税徭役也很像西方农民反对农奴化的起义斗争。西方封建社会早期根本不存在中央集权制，我国从秦汉开始就进入了以专制主义中央集权为政治特征的历史时期，但在北宋以前，毕竟也出现过三次大的分裂割据局面。在后期，坊市制的打破有点类似西方城市经济的兴起，商品货币关系的发展、市民运动的出现、资本主义萌芽的产生与欧洲的相应阶段非常相似。北宋以后中央集权的进一步加强与西方中央集权制的形成亦相照应。中国农民起义"均贫富""均田"口号的提出，经济恢复阶段农民起义的增加，阶级斗争向广度、深度的发展，同西方大规模农民起义的出现，都说明在这个相应阶段，阶级斗争的水平都有空前的提高。须要特别声明的是，我觉得到鸦片战争前夕，中国历史还没有发展到西方中世纪第二阶段尽头的水平，因为货币地租还没有占支配地位，原始积累阶段尚未正式到来。

是否明清时期生产关系已经完全不适合生产力的性质，变成其桎梏呢？还不能这样说。果真如此，那中国封建社会就存在下降阶段了。明清之际生产关系束缚生产力的情况有逐渐发展的严重趋势，但对二者相适合的一面还不能估计过低，中国人口向几亿发展恰恰是清代的事。此外，还须特别指出，我国历代存在土地兼并及由此引起的生产关系同生产力的尖锐矛盾，明清时期生产力所受到的束缚，大部分还是这种传统因素在起作用，所以经过一次大规模的农民战争以后，清代经济又大步向前发展了。这说明尽管生产关系同生产力的矛盾空前地激化了，但生产力发展的余地还不算太狭窄。单纯根据明清是中国封建社会的最后阶段断言生产关系已经完全不适合当时的生产力，是不妥当的，因为明清之际距中国封建社会发展的天然终点还有一个相当的距离。

按照传统的三分法，一般把中世纪的第一阶段叫作早期，把第二阶段叫作发展期，把第三阶段叫作晚期或解体期。我国封建社会缺乏第三个阶段，甚至第二阶段也没有发展到尽头，所以我觉得袭用西方的名称不太合适，还是决定根据中国的具体情况，姑且称作前期和后期。这种叫法在过去史学界已经有不少人使用过，也可以说是一种约定俗成的叫法。

第二十一章 在前、后期基础上的段落划分

把中国封建社会史划分为前期和后期以后，就会发现，每一期经历的时间太长了，在编写历史书和讲授中国通史时仍有不便之处，因此，在前、后期的基础上再把每一期划分为若干段落，是必要和可取的。

在划分段落的问题上，我觉得有以下几点值得注意：第一，不必建立统一的划段标准，只要实事求是地按照历史发展的实际状况因时制宜地划分就行了。第二，凡是大的朝代不应当加以腰斩，要基本上保持完整，理由是：首先，写历史书必须大量利用考古材料，而不少考古材料只能断定是某些朝代的遗物，不能断定其确切年代，如果腰斩大王朝，这些文物资料就无法利用（而且也不利于陈列、展览文物）。其次，文化史往往是每一个大王朝自成起迄，腰斩大王朝不便于文化史的介绍。

根据上述原则，我主张把中国封建社会前期的历史再划分为战国、秦汉、魏晋南北朝、隋唐五代四个段落。

从战国到秦统一，是中国封建制确立的历史时期，在这个段落中，地主阶级是时代的中心，它所发动的夺权运动、变法运动和统一运动，是历史前进的主要动力。当然，无论在战胜奴隶主的斗争中，还是在实现统一的过程中，都是由劳动人民提供了战斗部队和物质基础。战国时期也是中国封建社会的第一次大分裂的阶段，但历史发展的总趋势是由分裂走向统一。此外，当时阶级关系极其复杂，阶级矛盾异常尖锐，这一情况反映到意识形态领域，就出现了"百家争鸣"。就列国形势讲，是统一最后战胜了分裂；就阶级关系讲，是地主阶级最终取得胜利，确立了它的绝对统治地位。因此，到战国后期，法家取得了统治地位，基本上结束了"百家争鸣"的局面。

关于战国开始的年代，现在一般通行的说法是公元前475年，即周元王元年。按此年并没有发生什么重大历史事件，只是由于司马迁在《史记·六国表》中从这一年开始记叙，今天就采用了这个年代。我觉得以公元前475年作为封建社会开始的绝对年代，是不妥当的。这是因为：第一，司马迁是在秦火之后，无书可据的情况下，不得已而"因《秦记》，踵《春秋》之后，起周元王，表六国时事"，① 并不是因为这一年有什么特别重大的意义。我们则不是要给春秋、战国断限，而是借此划分奴隶制时代和封建主义时代，与司马迁的出发点根本不同，所以不应采用《史记·六国表》的六国开始的纪年。第二，列宁主张以大的历史事件作为划分时代的"路标"，公元前475年既然没有发生重大历史事件，自然不适合作"路标"。我们在选择"路标"的时候，还应注意哪些大事件是在社会性质变化中具有重大意义的。根据这一原则，我认为把公元前453年作为战国开始的年代较为合适，理由是：首先，这是韩、赵、魏三家灭智氏的一年，三个封建国家同时确立的确是一件划时代的大事。紧接着就出现了魏国李悝的变法，这也是战国时期的第一次改革运动，具有重大意义。其次，过去一般人都以公元前403年作为"三家分晋"的年代，因为周威烈王在这一年承认三晋为诸侯。我觉得周天子这种象征性的承认并不重要，关键是三晋立国的实际时间，所以用公元前453年断限为宜。

第二个段落是秦汉时期。在这一段落中，地主阶级建立了自己的绝对统治，专制主义中央集权制和董仲舒的"罢黜百家、独尊儒术"等，为以后两千年的封建社会开了先河，奠定了基础。土地兼并问题一再出现，大规模的农民战争爆发了三次，历史发展的周期性特点已经充分显示出来。可以说，这将近四百年的历史是以后各代历史的示范。此外，我国多民族国家的基础是在这一时期奠定的，中国的版图亦在此时初具雏形。由此可见，解剖秦汉史是解剖中国封建社会史的一把钥匙，秦汉段落在中国历史上占有特别重要的地位。

黄巾大起义可以看作秦汉史的总结，所以这一段落以结束于公元184

---

① 《史记·六国表》序。

第二十一章　在前、后期基础上的段落划分

年为宜。此后汉朝还苟延残喘了三十六年，但已名存实亡，大可不必以公元220年为断限，因为三方鼎立之局早在曹操时期就开始了。

第三段落是魏晋南北朝，这一时期的时代特点是：在经济上，自然经济特别强化，商品货币关系严重衰落；农民的人身依附和地主对农民的超经济强制大大加强了。在政治上，由于地主能够稳定地控制劳动人手，比较易于稳定地占有土地，所以上层地主在政治上也能够稳定地居于特权地位，这就形成了门阀政治；豪强门阀是瓦解统一集权的社会基础，因而这四百年中出现了大分裂割据。在民族关系方面，民族矛盾特别尖锐复杂，但民族同化①的过程也在默默地、日积月累地进行。民族矛盾是加剧大分裂的一个不容忽视的因素。南北朝后期，超经济强制渐趋缓和，豪强门阀已经腐化、削弱，寒门兴起渐掌机要，民族界限日益消除，因而中国封建社会史走向第二次大统一的条件终于具备了。

第四段落是隋唐五代时期。这个段落具有中国封建社会由前期向后期发展的过渡性质，所以既多前一段落的残余，又有后期某些历史现象的萌芽。均田制、租庸调制、府兵制是从北朝继承下来的，崇尚谱牒的余风仍然残存，三省六部制是东汉以后中央政权结构演变的总结。从公元8世纪到北宋建立的二百年，随着均田制的最终破坏和地主土地所有制向新的时期发展，出现了很多新事物，它们往往是中国封建社会后期某些历史现象的萌芽。两税法是北宋二税制、明代一条鞭法、清代摊丁入亩的序幕，"二王八司马"的改革是宋代王安石变法、明代张居正改革的先声，王仙芝"天补平均大将军"的称号是以后历代农民起义"均贫富""均田"口号的预兆，韩愈的儒家"道统"说多少透露了宋明理学

---

① 现在通常用"民族融合"一词，我在这里用了"同化"一词，理由是：恩格斯在《反杜林论》中说："比较野蛮的征服者，在绝大多数情况下，都不得不适应征服后所存在的比较高的'经济情况'；他们为被征服者所同化，而且大部分甚至还不得不采用被征服者的语言"（《马克思恩格斯选集》第3卷，人民出版社1972年版，第222页）。通常所说的"融合"，恩格斯在这里称作"同化"。斯大林在《马克思主义和语言学问题》中虽然提到了"语言的融合"，但他把这种"争取一种语言的统治地位的斗争"说成是"一些语言的被同化和另一些语言的胜利"（人民出版社1972年版，第39页），而把社会主义革命在世界范围内胜利后"各民族的语言"在相互合作、"互相丰富"，由此形成"新语言"的过程称作"各种语言溶合为一种共同语言"（第40页）。既然恩格斯、斯大林都提到"同化"，还是称"同化"为宜，以便与将来的民族"溶合"相区别。

的消息。因此，隋唐五代是一个承上启下的历史阶段。

中国封建社会后期的历史可以再划分为宋辽金元、明清两个段落。

在宋辽金元这个段落中，历史发展的时代特点是：工商业有空前的进步，具体表现在坊市制的打破、冶铁、冶铜、铸钱、瓷器制造、印刷业的突飞猛进的提高和纸币的出现等方面；在生产关系方面，租佃制的进一步普及和主客户制的确立标志着自耕农的佃农化过程已经完成，地主对农民的超经济强制有显著的缓和，随着"划佃增租"的出现地租剥削有所加强；地主阶级的保守、反动性空前增加，反映在意识形态领域，出现了一大批理学家，而随着手工业和商业的发展，工商业者的代言人叶适和陈亮也提出了新的唯物主义思想；专制主义中央集权比以往有进一步的显著加强，分裂割据的情况从此大为减少；农民起义明确地提出了"均贫富"的口号，抢米、抗租、吃大户等斗争此起彼伏；在民族关系方面，民族战争特别频繁，落后民族一再占领中原，使社会生产的发展走了一条比一般时期更加迂回曲折的道路。

在明清段落，中国封建社会发展到了最高峰，其具体表现是：商品经济高度发展，最后产生了资本主义生产关系的萌芽；市民运动风起云涌，"齐行叫歇"不断发生；大土地所有制比宋代更进一步，明代的王府庄田是过去历史上所罕见的现象；针对土地兼并的空前严重，农民起义把传统的"均贫富"口号提高到了"均田"的高度，无论在发展阶段和恢复阶段，都能爆发具有一定规模的农民起义；在思想领域中，顾炎武、黄梨洲、王船山、戴震等人均能别开生面，提出一些新的观点；中国多民族国家的版图在这个段落中最后定了型；中外接触超过了以往任何时期。

明清时期有一个比较奇怪的现象须要特别提出。大致从元代"随田佃客"出现以来，在明清两代，北方农民的人身依附程度显得较差，南方的超经济强制则有逆转而强化的趋势，因而大量存在世仆、佃仆、庄奴、奴仆等劳动者。就生产力而言，北宋以后南方就超过了北方；就生产关系而言，南方却出现了上述落后形式。这是什么原因呢？目前尚无人接触这一问题，我怀疑南方是否出现了第二度农奴化。西方第二度农奴化的产生与资本主义商品经济的发展有关，我国在明清时期资本主义萌芽还相当微弱,是不是传统的封建城市人口的膨胀对商品粮需要的增加同资本主义萌芽结合起来促成了第二度农奴化的提前出现呢?希望研究明清经济史的同志们能够证实或者推翻我的上述假设。

中国佃农化的过程到北宋建立才结束,共经历了一千四百年,而欧洲农奴化的过程只经历了约五个世纪;从北宋到明清亦历时近九个世纪,这个时期还没有发展到尽头,而欧洲中世纪的发展阶段只经历了五个世纪;我国封建社会的前期和后期还必须再划分为若干段落,而西方根本不存在这个问题。产生这一系列问题的根本原因,就是中国封建社会阶段特别长,这与社会发展的经常停滞有关。理解了这一点,就不会对上述现象感到难于解释。

最后,将中国封建社会史的前期、后期和各个段落列表如下:

表 21-1

分期			段落划分		
各期名称	起迄	历时	各段落名称	起迄	历时
前期	前453—公元960年	1413年	战国	前453—前221年	232年
^	^	^	秦汉	前221—公元184年	405年
^	^	^	魏晋南北朝	公元184—581年	397年
^	^	^	隋唐五代	公元581—960年	379年
后期	公元960—1840年	880年	宋辽金元	公元960—1368年	408年
^	^	^	明清	公元1368—1840年	472年

结束语

本书分别就土地制度、剥削关系、农民的经济地位、手工业和商业的各种形态进行了粗略的分析；既就单位周期的三个往复出现的阶段进行了分析，也粗线条地勾画了两千余年封建社会史的前、后期轮廓。在结束的时候，将根据前面的论述，大胆地提出自己对中国封建社会形态的基本经济规律的看法。

与世界各民族的封建社会相同，在中国历史上农业同样是国民经济的基础，对工商业居于支配地位。手工业和商业的发展必然以农村为出发点，在很大程度上受农业经济的制约，甚至工商业组织也是由模仿农村的类似组织而来。因此，首先解剖农业生产，尤其是农业中的生产关系，是全面了解封建社会的钥匙，也是确定中国封建社会形态基本经济规律的基础。每一个社会形态的经济面貌、经济关系都是多方面的，极其复杂的，但我们所能表述的基本经济规律却不可能面面俱到，只能抓住关键，言简意赅地进行表述，所以这里不直接涉及中国封建社会的工商业。

在农业经济中，土地所有制又是决定性的因素。它是决定人与人之间的关系的物质基础，是地租产生的根据，也是决定农民经济地位及分配形式的关键。中国封建社会形态的各方面的一切特点，最终来源于地主土地所有制所具有的土地买卖、土地兼并这一特点。从这一观点出发，我觉得可以把中国封建社会形态的基本经济规律表述如下：

"用主要通过买卖方式兼并土地的办法，用剥削依附佃农的办法，来保证地主占有地租和满足其经常增长的寄生性消费。"

关于这个概括，需要声明以下几点：第一，这里是把危机阶段作为每个周期中的基本阶段来考虑的，所以尽管农民起义之后有土地分散的趋势，地主阶级的寄生性消费会有所削减，但在基本经济规律的表述中，只应涉及土地兼并和寄生性消费的增长。第二，我所以要把占有地租和满足地主寄生性消费同时提出，是由于考虑到，在土地兼并存在的前提下，地租除一部分用于消费外，也有相当部分用于购买土地。如果只提满足寄生性消费，就会忽略地租在土地兼并中的作用，看不到中国封建地主对增加地产的无限冲动。第三，我所以称作"寄生性消费"，是由于考虑到，在生产过程中地主与资本家不同，前者只剥削地租，却不对生产进行投资，也没有实际上组织生产过程的职能，剩余劳动全部是他的纯所得，所以地主的消费具有纯粹的寄生性质。虽然如此，我们也不否认，当封建制代替奴隶制时，地主阶级曾经是一个起过进步作用的阶级。但这种进步性只在于地主阶级能够采用适合于生产力性质的新剥削方式，这一点并不能说明它在这种生产关系中不是一个完全寄生的阶级。第四，我所以特别用了"依附佃农"这一名称，是为了突出中国封建生产关系采用租佃制这一特点，以与西方的农奴份地制相区别。

我初步认为，关于中国封建社会形态的基本经济规律的这一表述，既可以阐明基本生产关系，又可以使我们在把握基本经济矛盾的基础上把中国封建社会看作一个具有历史过渡性的生产方式；这个概括既不违背一般的封建社会形态基本经济规律的共同特征，又能在一定程度上揭示这一普遍规律在中国的特殊表现。

上述意见很难说是正确的和全面的，因为用简单的概念全面概括复杂的经济关系，须要具备很高的抽象艺术，而单凭我一个人的能力想做到这一点，几乎是不可能的。只有经过普遍的、广泛的全面讨论，集思广益，从各个角度把问题、情况和看法提出来，才有可能得到一个正确的、科学的结论。这里只不过是抛砖引玉而已。

（《中国封建社会形态研究》，生活·读书·新知三联书店1979年版）